Lisop/Huisinga

ARBEITSORIENTIERTE EXEMPLARIK

BVJ GJA Druck'83 / Wetzlar

Verlag Werner - von - Siemens Schule Wetzlar

CIP-Kurztitelaufnahme der Deutschen Bibliothek
ARBEITSORIENTIERTE EXEMPLARIK
Lisop/Huisinga
Wetzlar 1984

ISBN 3-924393-00-1

Inhalt

Seite

* Alle mit Initialien versehenen Teilkapitel sind dem Arbeitsgebiet ausschließlich eines Autors entnommen und nur von einem Autor verfaßt worden.

Seite

Zweites Kapitel

Zur Konfrontation mit der Erfahrung:
Ein Seminarbericht

Seite

Drittes Kapitel

Seite

Viertes Kapitel

Die Theorie der Arbeitsorientierten Exemplarik

Vorwort

Große historische Umbrüche im Verhältnis von Produktionsmitteln und Produktivkräften erbrachten nicht nur neue Gesellschaftsformationen, sondern auch neue Schulen, ja Bildungssysteme. Zweifellos stehen wir heite zu Beginn des Zeitalters der Mikroelektronik vor tiefgreifenden gesellschaftlichen Umwälzungen. Sie werden vor dem Bildungswesen nicht haltmachen, wie die Pläne zur Verkabelung der Schulen zeigen.
Welches sind die Folgen?
Werden wir zu einer Gesellschaft von „Kanalarbeitern" oder gibt es Wege, nicht gegen sondern mit den neuen Technologien Autonomie, Kreativität, Sachkompetenz und soziales Engagement im Denken, Fühlen, Wollen und Handeln zu steigern?

Vor dieser Herausforderung sahen wir uns in unserer praktischen Arbeit und in den theoretischen Studien unausweichlich.
Die uns Anvertrauten – Auszubildende, jugendliche und erwachsene Schüler, Studenten, Jugendgruppen und Führungskräfte – spiegelten in ihrer Persönlichkeit, ihren Potentialen und Arbeitshaltungen die technisch-ökonomischen Gärungsprozesse so scharf, daß sich unsere Fach-, Sozial- und Selbstkompetenz bis an die Wurzeln erneuerte.

Das Ergebnis war – angesichts des Zerfallsprozesses von Pädagogik und Didaktik – eine prinzipielle Neuorientierung des wissenschaftlichen Denkens wie des pädagogischen Handelns.

Wir verstehen dieses Buch als Einladung an Lehrer, Diplompädagogen, Sozialarbeiter, Gewerkschafter, Pfarrer, Jugendleiter, Ausbilder und Dozenten, sich diesem Prozeß der Neuorientierung anzuschließen.

Für Ihre Notiz

Erstes Kapitel

Absicht und Anlaß

1. Warum und für wen ein neues Prinzip des Lehrens und des Lernens?

> Ein Mann kommt zum Psychiater.
> „Herr Doktor, helfen sie mir! Ich denke immer, ich bin eine Maus; und wenn ich eine Katze sehe, gerate ich in Panik.“
> „Dann stellen sie sich doch einfach vor, Sie wären ein Hund. Sie wissen doch, vor Hunden haben die Katzen Angst.“
> „Ja, schon! Aber: woher wissen dann die Katzen, daß ich ein Hund bin?“

Mit der *Arbeitsorientierten Exemplarik* wollen wir Wege zur Neubegründung des Lehrens und Lernens in der Erwachsenen- und Jugendbildung, in den Gewerkschaften, Hochschulen und Schulen eröffnen, weil in den letzten 15 Jahren neue Didaktiken wie Pilze aus dem Boden geschossen sind, und nichts als Orientierungslosigkeit bewirkten.
Zu den inzwischen schon als klassisch geltenden Grundströmungen der bildungstheoretischen Didaktik gesellten sich die kritische, skeptische, kommunikative, diskursive, konstruktive, interaktive, analytische, systemtheoretische und strukturalistische Didaktik jeweils mit verschiedenen Varianten sowie die Erfahrungsorientierung, die Bewußtseinsorientierung und Schülerorientierung; der Situationsansatz, der Strukturgitteransatz und andere mehr.

Man kann diesen Boom an didaktischen Strömungen nun nicht einfach mit dem wissenschaftlichen Selbst-Darstellungszwang der Theoretiker oder mit dem Hang der Praktiker zum „Selbstgestrickten" erklären. Vielmehr muß man sich vergegenwärtigen, daß es heute zwischen der ökonomisch-technischen Entwicklung, der psychosozialen Lage der Menschen und dem Bildungssystem Unstimmigkeiten gibt, deren Folgen das Lernen so tiefgreifend beeinträchtigen, daß weder die überkommene noch die alternative Pädagogik ihr Ziel erreichen.So, wie durch die gesellschaftlichen Veränderungen die Lebensbereiche voneinander isoliert und atomisiert wurden und ihres Sinnes verlustig gingen, so versucht die Pädagogik nämlich nurmehr fragmentarisch und auf dem Wege der Anleihe bei anderen Wissenschaften, ihr Selbstverständnis, ihre Eigenständigkeit und Praxisorientierung zu finden. Damit ist aber eine Lage entstanden, in welcher der Pädagogik ihr Objekt – die allseitige Entfaltung des Menschen – ebenso entgleitet, wie sie sich selber zu verlieren droht.

Durch die Zerstückelung des öffentlichen und privaten Lebens und des ihr entsprechenden Bewußtseins – sinnfällig z.B. in der Zerrissenheit nach Berufsmensch und Privatmensch und innerhalb dieser Teileinheiten in viele einzelne „Lebenswelten" und Rollen – bleiben die Menschen gefesselt an äußere und vereinzelte Erscheinungsformen, ohne das Wesen ihrer Selbst wie der Gesellschaft je fasssen zu können. Die Pädagogik entspricht dem, insofern sie wie der Psychiater im obigen Witz das durch Spaltung und Zerrissenheit gekennzeichnete Leiden dadurch zu beheben trachtet, daß sie die eine reduzierte Problemsicht durch eine andere ersetzt. Der Psychiater im Witz will heilen, indem er den einen Wahn gegen den anderen austauscht, dabei im Rahmen der Wahnvorstellung durchaus der Realität folgend.

Die Pädagogik glaubt, aus Einzelperspektiven, die für sich genommen durchaus realistisch sind, das gesellschaftliche Ganze und den Menschen als Einheit deuten zu können, Bildung als ganzheitliche zu ermöglichen. Der Anspruch auf Verwirklichung von Subjektbildung im Sinne der Einheit von Individualität und Kollektivität; Denken, Fühlen und Wollen; Körper-, Verstandes- und Gefühlspflege blieb bislang jedoch unerfüllt. Es gelang der Pädagogik nicht, die hierfür zentrale Kategorie des gesellschaftlichen Ganzen derart zu entfalten, daß die Entsprechungen zwischen der Totalität des gesellschaftlichen Lebensprozesses und der Entfaltung der menschlichen Wesensglieder Körper, Gefühl, Verstand und der Wesenskräfte des Menschen, nämlich Denken, Fühlen und Wollen, praktisch handhabbar geworden wären für die Entscheidung über Inhalte, Ziele und Verfahren des Lernens.

Genau hierin besteht aber der Entwicklungsbeitrag der *Arbeitsorientierten Exemplarik*

Sie erwuchs aus einem mehrjährigen – Theorie und Praxis verzahnenden – Forschungsprojekt, in dem neue Wege zu Verbindung von fachlicher Qualifizierung und Selbsterfahrung, Gesellschaftswissenschaft und Psychologie gesucht und wissenschaftstheoretisch die Verknotung von Arbeitsorientierung, Dialektik und Exemplarik gelöst werden sollte. Nicht zuletzt ging es uns darum, Widerstand, Abwehr und Störungen in Lernprozessen als Lernwünschen zu erkennen und entsprechend produktiv zu wenden.

Das vorliegende Buch gehört nach traditionellem Verständnis in die Erziehungswissenschaft. Diese wird von uns aber im weitesten Sinne als neue, integrative Humanwissenschaft grundgelegt. Es werden sich daher imLaufe der Lektüre reichlich Verknüpfungen mit der Soziologie, Ökonomie und Psychologie finden. Wir konnten und können diese Verknotungen, sollte kein Lehrbuch der Erziehungswissenschaft entstehen, nicht entfalten. Wir hoffen aber, daß die Grundlage unserer Entscheidungen für oder gegen bestimmte wissenschaftstheoretische Positionen, Lehrsätze oder Methoden sichtbar wird.
Da wir pädagogisches Denken und Handeln ausschließlich als vermittelt aus der Theorie und Praxis begreifen, dieses Buch sich aber auch an Praktiker wendet, soll schon hier unser Verständnis von Theorie und unsere Wertschätzung von Theorie skizziert werden. Unter Theorie verstehen wir ein nach ausgewählten logischen Regeln systematisch geordnetes Aussagegefüge über Objekte und Objektbereiche als Teile eines Ganzen. Dabei muß der Zusammenhang von Erscheinung und Wesen, Strukturen und Prozessen, Entstehungsbedingungen und Veränderungen, Normen und Gesetzen, Ursachen und Wirkungen zur Erkenntnis gelangen. Im vorwissenschaftlichen Bereich gilt Theorie zumeist als Gedankengebäude, das Phänomene oder Probleme zwar systematisch betrachtet, aber auf eine Weise, die von der Praxis abgehoben ist. „Grau ist alle Theorie", heißt es. Grau, d.h. soviel wie farblos, nicht imstande zu beleben, anzuregen, zu erhellen. Dies sei die Theorie deshalb, weil sie so allgemein, so grundsätzlich, so prinzipiell sei. In dem, was sie an Gesetzmäßigkeit darstellt, ginge die Konkretion und Vielfalt der Praxis unter. Theorie verlöre daher ihre Anwendbarkeit für die Praxis. Nun ist, was solcherart in der Vorstellung von und in der Kritik an Theorie mitschwingt, in der Tat nicht falsch. Betrachtet man z.B. ökonomische Theorien, so

entdeckt man einen so ausgeprägten hypothetischen Charakter und so viel Modellkonstruktion, daß Theorie und Wirklichkeit als zwei unvereinbare Extreme erscheinen.
In der Pädagogik findet sich ähnliche Praxisferne dort, wo von obersten Sinnormen her versucht wird, Handlungsanweisung abzuleiten. Der Mensch gerät dabei zu einem ungeschichtlichen, abstrakten Wesen, und die konkreten Lebensbedingungen werden nicht gewichtet. Solche Art Theorie, nämlich normativ fixierte Handlungsanweisungen, die einer zuvor nicht berücksichtigten Realität übergestülpt wird, ist in der Tat „grau".
Wieviel Theorie mit Praxis zu tun hat, zu tun haben soll und wie „brauchbar" sie für die Praxis zu sein habe, auch darüber gibt es unterschiedliche Auffassungen. Weniger in der Praxis als in der Wissenschaft selber. Selbstverständlich stellt sich die Frage in den sogenannten Handlungswissenschaften, wie der Pädagogik bzw. Erziehungswissenschaft, schärfer als z.B. in der Linguistik oder Geographie.
Theorie ist unserem Verständnis zufolge nicht Handlungsanweisung. Sie ist aber für das Entscheiden und das Handeln unabdingbar, wenn diese nicht vorwissenschaftlich spontaneistisch sein sollen, sondern aufgeklärt. Dies heißt, daß zunächst die für bestimmte Fragestellungen relevanten Tatbestände, Relationen und Prozesse erfaßt und in einen Erklärungszusammenhang gebracht werden. Für aufgeklärtes Handeln tragend ist es also, die Ziele des Tuns zu klären und zu diesen das Ursachen- bzw. Determinantengefüge der vorfindlichen Ausgangssituation in Beziehung zu setzen, bevor über Wege entschieden wird.

Dieses auch für pädagogisches Denken und Tun kennzeichnende Vorgehen verlangt wissenschaftliche Theorie, weil die Alltagserfahrung alleine zu großen Gefahren der Reproduktion gesellschaftlich verursachter Vorurteile und – aufgrund der Eingeschränktheit der individuellen Erfahrung und Denkweise – zu viele Möglichkeiten logischer Fehlschlüsse enthält. Dies wertet die Alltagserfahrung und die individuelle Reflexion dieser Erfahrung nicht ab. Sie benennt aber deren objektive Grenzen.
Andererseits hieße es, die pädagogische Praxis und die sie bestimmende psychosoziale Dynamik verkennen, würde man annehmen, Theorie könnte rezeptologische Handlungsanweisungen bereithalten. Dazu müßte sie enzyklopädisch sein, zukünftige gesellschaftliche Entwicklungen langfristig vorwegnehmen und sozusagen nach handlungsrelevanten Stichworten in einem Nachschlage-Mammutwerk geordnet werden. Eine allumfassende, ganzheitliche

pädagogische Theorie gibt es nicht. Immer, und das ist das Ausschlaggebende, verlangt Theorie, verlangen Einzeltheorien zu Teilbereichen nach der Vermittlung durch den Praktiker, wo sie handlungsrelevant werden. Der Praktiker muß die jeweilige Situation des Alltags analysieren, muß die Ziele in den Blick nehmen. Dazu bietet Theorie Hilfe. Entscheiden und die pädagogische Strategie entwickeln muß er selber.

Die *Arbeitsorientierte Exemplarik* ist vornehmlich für die Erwachsenenbildung und für die außerschulische Jugendbildung entwikkelt und erprobt worden. Dies heißt nicht, daß der Schulunterricht im klassischen Sinne ihr verschlossen wäre. Ganz im Gegenteil! Fächerübergreifender und fächerintegrierender Unterricht, Projekte, Phasenunterricht, Blockunterricht, exemplarische Verfahren welcher Art auch immer deuten organisatorisch darauf hin, daß Schule gerade ein besonders geeignetes Terrain der *Arbeitsorientierten Exemplarik* ist. Andererseits gibt es aufgrund der institutionellen und bürokratischen Verhärtungen unter den Bedingungen des heutigen Massenbetriebes und des Notendrucks sowie der Ausbildungsplatzmisere schwierige Hürden. Der Themenkomplex Schule und Neubegründung von Pädagogik durch *Arbeitsorientierte Exemplarik* ist ein so weitläufiges und brennendes Problem, daß wir hierzu besondere Materialien herausgeben werden.

Angesprochen sind mit der *Arbeitsorientierten Exemplarik* alle Arten von Lehr-/Lernprozessen, in denen es nicht ausschließlich um den Erwerb von (Einzel)faktenwissen oder Techniken bzw. deren übendes Training geht, sondern um Denken, Fragen, Aufgabenlösen in übergreifenden Zusammenhängen unterschiedlicher Gegenstandbereiche. Ferner um solches Lernen, wo für den Lernprozeß selber wie für die Übertragung des Gelernten das Zusammenwirken von fachlicher Kompetenz, Ich-Stärke, Selbstreflexion und differenzierten Kommunikatonsformen (nach Wahrnehmen und Mitteilen) unabdingbar sind.
Wir sprechen in den folgenden Kapiteln häufig von Unterricht. Es wird dies vielleicht für den einen oder anderen Leser ein Ärgernis sein, weil er bei Unterricht ausschließlich an Schulunterricht und/oder lehrerzentrierte Unterweisungsformen denkt. Unserem Verständnis nach ist jeder nach Regeln organisierte, institutionalisierte und ausdrücklich auf Ziele gerichtete Lehr-/Lernprozeß Unterricht.

Was wir schreiben, ist das Ergebnis von Literaturstudien, von individuellem Nachdenken, von Diskussionen miteinander, mit Studenten und Kollegen und von Hospitationen. Vor allem aber resultiert es aus unserer pädagogischen Praxis. Es war dies, für jeden von uns unterschiedlich, die Ausbildung kaufmännischer Lehrlinge, die Unterrichtsarbeit in Berufsfachschulen und beruflichen Gymnasien sowie in der beruflichen Fort- und Weiterbildung Erwachsener; ferner die außerschulische Betreuung von Jugend- und Kindergruppen. Es ist dies noch und in gemeinsamer Erfahrung die universitäre Ausbildung von Diplompädagogen und Diplomhandelslehrern sowie gewerkschaftliche Bildungsarbeit.

Die *Arbeitsorientierte Exemplarik* ist demnach zwar im Rahmen der Hochschule entwickelt worden, aber von Anfang an nicht ausschließlich für sie. Das liegt nicht nur daran, daß wir parallel zur Hochschule in anderen Bildungsbereichen tätig waren, uns insbesondere für Kooperationsfragen zwischen Hochschule und Gewerkschaften aus didaktischer Sicht interessierten. Wichtig ist sicherlich auch, daß „unsere" Studenten in der Mehrzahl vom zweiten Bildungsweg kamen, Berufserfahrung hatten, eine Tätigkeit in der beruflichen Bildung anstrebten und in großer Zahl neben ihrem Studium in der gewerkschaftlichen Bildungsarbeit, bei Volkshochschulen oder in Jugendverbänden pädagogisch aktiv waren. Was ihnen in den Hochschulseminaren zur Erkenntnis gelangte, mußte darum in seinen didaktischen Elementen (wenngleich nicht imitatorisch) stets übertragbar sein.

Der Aufbau des Buches folgt dem Spiralverlauf, der für das Lehren und Lernen nach der *Arbeitsorientierten Exemplarik* kennzeichnend ist und den wir in Kapitel 4 darstellen. Aus dem Spiralverlauf folgt, daß wir weder damit beginnen können, die Theorie oder das Modell der *Arbeitsorientierten Exemplarik* zu beschreiben, noch damit, entsprechende Unterrichtsbeispiele vorzuführen. Vielmehr müssen wir zuerst den Zusammenhang entfalten, aus dem das neue pädagogische Prinzip erwuchs, und wir müssen, wenngleich mit vielen Beispielen, die Einheit dessen zur Erkenntnis bringen, woraus sich die *Arbeitsorientierte Exemplarik* legitimiert. Erst dann kann das Modell, das Systematische Instrument, beschrieben werden.

Wir nennen die *Arbeitsorientierte Exemplarik* ein pädagogisches *Prinzip*. Hierunter verstehen wir Grundsätze des Denkens und Handelns im Sinne wissenschaftstheoretischer und philosophischer Bildekraft ebenso wie Hilfsmittel zum Erkennen ausschlag-

gebender Merkmale in Entscheidungssituationen. Das Charakteristische der *Arbeitsorientierten Exemplarik* als Instrument in Entscheidungssituationen liegt darin, daß sie hilft, hinter den Erscheinungsformen deren Wesen und Analogien aufzuspüren. In der Pädagogik ist dies wichtig, weil alle Entscheidungen aus Analogieschlüssen resultieren. Wir grenzen uns ab gegen ein weitverbreitetesVerständnis von (didaktischem) Prinzip, das darunter lediglich die Bevorzugung oder die Unabweislichkeit eines Verfahrens (Unterrichtsmethode) versteht.
Lernen erfolgt durch Verknüpfungen von Informationen mit vorhandenem Wissen, Denk- und Gefühlsmustern. Eine der Hauptgefahren in der Darbietung neuer „Stoffe" liegt deshalb darin, Verknüpfungen zu stimulieren, die dazu führen, daß die Lernangebote lediglich im archivierenden Sinne mit dem vorhandenen Wissen verknüpft werden, dagegen keine Veränderungen der Verhaltenspotentiale angestrebt werden.
Es verbietet sich schon deshalb, Unterrichtsbeispiele an den Anfang dieses Buches zu setzen. Weil den Beispielen nämlich der theoretische und der praktische Zusammenhang fehlt, wären sie abstrakt.

Die Entscheidungen aus dem Gesellschaftlichen Implikationszusammenhang, die den Kern der *Arbeitsorientierten Exemplarik* bilden, blieben notgedrungen verdeckt, weil sie mit den in der Pädagogik bislang üblichen Denkmustern nicht erfaßt werden können. Auf die gleiche Erkenntnisbarriere würde die Vorstellung der *Arbeitsorientierten Exemplarik* als Modell stoßen.
Da die *Arbeitsorientierte Exemplarik* eine Neuorientierung der Pädagogik in Theorie und Praxis darstellt, muß ausgegangen werden von den Zusammenhängen, aus denen sie entstanden ist und für die sie wirken soll. Dies sind, vereinfacht ausgedrückt, die pädagogischen Probleme, vor denen wir un unserer Arbeit gestanden haben, betrachtet als Spiegel der pädagogischen Probleme unserer Zeit und betrachtet aus den Widersprüchen zwischen gesamtgesellschaftlicher Entwicklung, Sozialcharakter der Menschen, Bildungssystem und herrschenden Leitbildern. Mit diesen Widersprüchen beschäftigen wir uns in den folgenden Teilen dieses Kapitels.

Der Seminarbericht im zweiten Kapitel stammt aus den Anfängen der *Arbeitsorientierten Exemplarik*. Da er, gemessen am Ergebnis unserer Suche nach einer Neubegründung von Pädagogik, veraltet ist, entsteht die Frage nach seiner Funktion im Aufbau dieses Buches. Verglichen mit den vorherrschenden Praktiken von Seminar-

arbeit in den Hochschulen, Volkshochschulen, Gewerkschaften usf. entspricht das, was im zweiten Kapitel geschildert wird, aber immer noch den weitverbreiteten und als fortschrittlich geltenden Versuchen der Verbindung von kognitivem und sozialem Lernen. Der Leser hat dadurch die Möglichkeit, sich seine pädagogischen Erfahrungen vergleichend zu vergegenwärtigen. Er kann seine Erfahrungen, seine didaktische Ausgangslage mit der unseren konfrontieren. Altmodisch gesprochen, findet eine Begegnung, ein Kennenlernen statt, welches die Chance bietet, aufmerkend und kritisch zugleich zu lesen.
Der in Kapitel zwei durch Aktualisierung von Erfahrung stimulierte Prozeß der Reflexion über Sinn, Möglichkeiten und Grenzen des Zusammenhangs von kognitivem und sozialem Lernen wird in Kapitel drei fortgesetzt. Dann freilich gewendet zu den theoretischen Grundlagen praktischen Tuns.

Die zu jeder Neuorientierung erforderliche Reorganisation der Verknüpfung von Kenntnissen, Fertigkeiten und Haltungen, von Denkmustern und Verfahrenstechniken, von Wissen und Wertungen kann erst erfolgen, wenn nach der Vergegenwärtigung der Ausgangssituation auch die zugehörigen Lehrmeinungen ins Bewußtsein gehoben worden (Kapitel 3). Die Einsicht in Stimmigkeiten und Widersprüche eröffnet nämich dann erst den vollen Blick für die Notwendigkeit und Möglickeit eines neuen Modells. Es ist dies der Grund dafür, daß die Theorie der *Arbeitsorientierten Exemplarik* erst im vierten Kapitel behandelt wird.

2. Leitbilder

Bildung entspringe aus Schlüsselerlebnissen. Diese Auffassung wird überall dort vertreten, wo zum Ausdruck gebracht werden soll, daß Bildung nicht nur das Wissen und den Verstand betrifft, sondern den ganzen Menschen: Wissenschaft, Künste, Fertigkeiten und Techniken ebenso wie Situationen, Szenen, Bilder des Lebensalltags; die Pflicht wie die Lust, das Richtige wie das Schöne, das algemein Gültige wie das Individuelle.
Es ist mehr als eine Modeerscheinung, daß die Pädagogik vor fast einem Jahrzehnt die sogenannte Alltagswende vollzog und daß sie begann, sich außer mit Subjektivität mit der Bedeutung von Biographien und Lebenszusammenhang für die Persönlichkeitsentwicklung und für das Lernen zu interessieren.

Die Distanz zum Wissenschaftsbetrieb und die Nähe zum Menschen, die durch das zum Ausdruck gebracht werden sollte, was global mit Alltagswende bezeichnet wird, drückte Skepsis gegenüber solchen wissenschaftlichen Verfahren aus, welche sich über die aus der Lebenswirklichkeit von Menschen entstehenden Bedürfnisse hinwegsetzen oder welche Sinnfragen mit dem Hinweis auf Sachnotwendigkeiten beantworten.
Die pädagogischen, auch die didaktischen Trends der vergangenen zwei Jahrzehnte sind vor allem, so meinen wir, Ausdruck der Suche von Wissenschaftlern nach verlorengegangener Praxis und von Praktikern nach verlorengegangener Theorie. Mag sein, daß sich dabei in den letzten Jahren das Vokabular so rasch gewandelt hat wie die Verpackung von Standard-Konsumartikeln; daß, wie bei diesen, nur noch über die Verpackung identifiziert wird. Die Sache selber, um die es geht, ist älter und nichts anderes als das ungelöste Problem des Verhältnisses von Theorie und Praxis.
Wenn man uns fragte, ob wir vor zehn, fünfzehn Jahren statt von Absicht und Anlaß von „erkenntnisleitendem Interesse" gesprochen und unsere wissenschaftstheoretische Position an den Anfang gestellt hätten, so wäre die Antwort: Wohl möglich! Solch ein Anfang wäre damals Ausdruck des durch die historische Situation geprägten Verhältnisses von Wissenschaft und Praxis gewesen. Speziell: an der Reform der Universität, am Aufbau neuer Studiengänge so mitzuwirken, daß diese Arbeit als Ausdruck der Auseinandersetzung über die Beziehung zwischen Wissenschaft und Gesellschaftspolitik gelang. Mit dem Begriff „erkenntnisleitendes Interesse" sollte und soll ja auf die gesellschaftsbezogene Verwertung(sabsicht) der wissenschaftlichen Arbeit verwiesen werden; wenn auch unter besonderer Berücksichtigung für oder der Konstruktion von wissenschaftlichen Verfahren.
Schlüsselerlebnisse haben, insofern sie Verknüpfungen zwischen Sein und Sollen, zwischen Wollen und Dürfen, Wollen und Können, Erfahrenem und noch nicht Begriffenem berühren, prägenden Charakter. Dieser kann aber durchaus partikular sein, insofern er nur einzelne Bereiche der gesellschaftlichen Praxis oder Teile der Persönlichkeitsstruktur, des Denkens oder der Emotionen betrifft. Bildung dagegen hat ganzheitlichen Charakter, sie ist die zu Bewußtsein gelangte Einheit von Biographischem und Geschichtlichem, individuellem Lebenszusammenhang und Gesellschaftlichem Implikationszusammenhang. Bildende Wirkung erhalten Schlüsselerlebnisse darum erst durch Aufklärung des gelebten Lebens und dessen Sinnhaftigkeit als gesellschaftlicher wie als individueller.

2.1 Widerfahrenes: Geschichte, Schule, Elternhaus

- Der Geruch von Schweiß und Kölnisch Wasser und das Stampfen der Blockabsätze auf das schwarzgeölte Parkett ließen mich hochschnellen. Drei Schritte noch: Jetzt! Meine Klassenlehrerin wandte sich ruckartig zu den Schülern. Ihr rechter Arm flog hoch und das Parteiabzeichen am mattglänzenden Kleid bewegte sich mit Busen und Arm auf und nieder. Mich ekelte.
  Gerade aufgerichtet, mit aneinandergedrückten Knien und weit unter den Sitz gewinkelten Füßen saß ich dann und starrte auf die Schuhspitze, die blitzschnell gegen Schienbeine stieß. Beim Kontrollieren der Haushefte wie bei jedem Gang durch die Reihen.
  Die Jungen, die von „da unten" kamen, aus der Gegend mit den verwahrlosten Häusern, wohin ich mich nie getraute, duckten sich kaum noch, wenn die Knöchel von Mittel- und Zeigefinger auf ihren Schädel hämmerten; und ihr traurig stumpfes Haar widerstand der Faust, die sie in Reih und Glied zog.
  Waren sie es, an die ich mich erinnerte, als ich aufbegehrte gegen die Festnahme von Kindern und Jugendlichen, die auf dem Schwarzmarkt handelten?
  Was war ich in diesen Kindern allen?
  Was ließ mich Mitleid empfinden mit Lehrern, die sich auf den Boden warfen, um nach einem – in der Rechenaufgabe – verschwundenen Zehner zu suchen; die einen Reise- und Fahrtenbericht als journalistisch vorzüglich bezeichneten, als Aufsatz „mangelhaft" benoteten?
  Was ließ mich leiden in den neun Schulen, die ich zwischen Maas und Memel besucht habe, was ließ mich Schule wie im Rausch genießen und schließlich Berrufsschullehrerin werden?

- Meine Mutter steht auf und setzt den Kessel mit Teewasser auf den Herd, bevor das Eßgeschirr abgeräumt wird und Tassen, Sahne und Kluntjes Samstagstimmung verheißen. Es ist die Stunde gemeinsamen Abspannens von einer Woche Arbeit, die Stunde des Belebens beim Tee, beim Erzählen; bevor Fegen und Schweineschrubben der Sonntagsruhe vorausgehen. Ich präge mir die Handgriffe meiner Mutter ein. So wird also Tee zubereitet. Bei uns, und in Friesland. Es treibt mich geradezu, den Aufsatz „Beschreibe, wie bei Euch Tee gekocht wird", niederzuschreiben.
  Gespannt und freudig nehme ich mein Heft, als die Arbeiten zurückgegeben werden. Ausreichend! Keine nennenswerten Feh-

ler, keine stilistischen Anmerkungen oder Tadel.
Schlicht: Ausreichend.
Aber so wird Tee gekocht! Ich habe genau hingeschaut, genau beschrieben! Und so, wie meine Mutter es macht, ist es richtig. Mein Großvater macht es so, und der hat es von seinen Eltern und die von ihren, und unser Name steht schon lange in den Kirchenbüchern. Wer eine zwei hat? Der sich von seiner Mutter hat diktieren lassen; dessen Familie zugezogen ist.
Bildung als Verstörung und Enteignung; Entfremdung statt Aneignung.
Gegen Lehrer verschließ Dich!
Und was trieb mich in die Jugendarbeit, was in die Lehrlingsbildung, was in die Erziehungswissenschaften?

– In einer kabarettistischen und pantomimischen Vorführung für Pädagogen ist von erzieherischen Hammersätzen die Rede.
Väterliches Repertoire sei: Das tut man doch nicht! Das ist nun einmal so! Das weiß doch jeder! Das versteht sich von alleine! Das hat man auszuhalten!
Einige wenige Lacher der Zuhörer und Zuschauer.
Mütterliches Repertoire sei: Da sieht man's wieder mal! Wie oft soll ich das noch sagen! Was kannst Du eigentlich! Wenn ich sehe, wie Du das anfaßt! Da zeigt sich doch, was für ein Nichtsnutz Du bist!
Kräftiges Gelächter!
Schräg vor uns sitzt jemand, der Lehrer ausbildet! Wir sehen, wie die Arme hochfliegen, wie dann Oberkörper und Kopf vorn übersacken vor Lachen und Johlen.
Was suchte diese Person, als sie sich entschloß, Lehrer zu werden, Lehrer auszubilden?

Die tiefste Schicht der Veranlassung sind wohl unabweislich die erzieherischen Einwirkungen auf uns selbst. Sie haben unsere Leitbilder hervorgebracht. Und diese gerieten und geraten in Bewegung bei jeder neuen Begegnung mit Lernenden und Lehrenden. Am einschneidensten ist dies wohl beim erstmalig wirklichen Verlassen der Primärgruppe der Fall, nämlich bei der Einschulung. Was in der allerfrühesten Mutter-Kind-Beziehung und danach im Familienzusammenhang grundgelegt wurde an Vertrauen und Mißtrauen, emotionalen und intellektuellen Erlebnis- und Verhaltensweisen, an Verhaltensmustern aufgrund von Normen und Sanktionen, an Fähigkeiten und Bedürfnissen wird nun erprobt. Was bringen die vorhandenen Verhaltensmuster ein? Wie dekkungsgleich ist das Ergebnis mit dem bisher Erlebten? Was wird

verändert? Oder auch: welcher Erfahrungsgletscher entsteht, der alles Neue zum Immergleichen erstarren läßt?
Zielvorstellungen von Ausbildung können „sehr realistisch auf die Erlernung praktischen Wissens gerichtet sein (so etwa bei Stenografie-, Koch- oder Nähkursen). Aber zugleich ist in diesen Zielvorstellungen der Entwurf eines Ich-Ideals enthalten, das über das bisherige reale Ich, also über die bestehende Identität, hinausführen soll." (Brocher, 1967, S. 35)
Diese Realisierung des Ich-Ideals ist mit der Wahl des Ausbildungsgangs, eines Kurses oder Faches und der Aneignung der dort vermittelten Lerngegenstände zwar verwoben, aber nicht identisch. So wenig wie das, was ein junger Vater in einem Kurs über Säuglingspflege an Techniken lernt, mit dem gleich ist, was er in diesem Kurs an Bildung sucht. Nun verweist das Bild von sich selber, das ein Mensch hat, doppelt auf die gesellschaftliche Vermitteltheit seiner Existenz. Was dem Individuum pädagogisch widerfuhr, richtete sich ja zugleich auf und an die Gesellschaft. Das Idealbild ist ja zugleich das Bild für sein Leben mit anderen Menschen in einem Gemeinwesen, in der Welt.
Wer, wo auch immer, eine sozialwissenschaftliche oder pädagogische Tätigkeit wählt oder „in sie gerät" (z.B. in irgendeinem Schulungskurs), begibt sich damit in die Bewußtwerdung seines Leitbildes für sich und die Nachwachsenden.

Es ist darum auch offenzulegen, welche Wertorientierung und Leitbilder die *Arbeitsorientierte Exemplarik* hervorgebracht haben. Ergänzend zum Widerfahrenen handelt es sich um die Bewußtwerdung und Reflexion des Zusammenhangs unserer Biographie und des gesellschaftlichen Entwicklungsprozesses, in den diese eingebunden war und ist. Eine Reflexion, der es um Sinnorientierung geht.

2.2 Werorientierung und Philosophie: Arbeit und Entfaltung

Leitbilder, Normen und Werte zu reflektieren hat die Pädagogik erst zur Wissenschaft gemacht, und zwar im Rahmen der Disziplin, welcher das Kriterium „wissenschftlich" ebenso abgesprochen wird wie sie als Ursprung jeglicher Wissenschaft betrachtet wird. Wir meinen die Philosophie. Wo pädagogische Modelle entwickelt werden, liegen deren Wurzeln im Widerfahrenen, Erlebten ebenso wie in der Wertorientierung. Diese sei hier skizziert, damit die Rückbindung der *Arbeitsorientierten Exemplarik* an die Philosophie offengelegt ist.

„In der Deutung der ersten Philosophen, die zugleich auch die Schöpfer des Begriffes sind, ist die Philosophie philo-sophia, die Liebe zur Weisheit. Weisheit (sophia) enthielt begrifflich zwei Momente: das wahre Wissen und die aufrechte, gute Haltung, mit anderen Worten das Wahre und das Gute. Ihrem Begriff nach ist also die Philosophie die Liebe zur Einheit des wahren menschlichen Wissens und des guten menschlichen Verhaltens; die Liebe zur Einheit des Wahren und Guten.
Die Einheit des Wahren und Guten ist der höchste Wert der Philosophie; Philosophie ist mithin die Liebe zum höchsten Wert." (Heller, 1978, S. 15)

Diesen höchsten Wert, den Sinn des Lebens, umschreibt Agnes Heller mit „die Erde als Zuhause der Menschheit". Dieser Norm gelte es eine Welt zu geben durch Menschen, die der freien Tat mächtig sind. Der höchste Wert (als regulative Idee) ist im Zusammenhang der philosophischen Grundrichtung, auf die Heller zurückgreift, die Aufhebung der Entfremdung, die (Wieder-) Herstellung der Einheit von menschlicher Gattung und Individuum durch die volle Entfaltung des Reichtums der Gattung; aller materiellen, psychischen und geistigen Fähigkeiten und Bedürfnisse sowie gleichzeitig der Aneignung dieses Reichtums durch jeden einzelnen. Das mit dem ganzen entfalteten Reichtum der Gattung identische Individuum ist als der im Denken, Fühlen, Wollen und in der Körperlichkeit allseitig harmonisch entfaltete zugleich der schöne und in der herrschaftsfreien Zuwendung zum anderen zugleich der gute Mensch.

Der höchste Wert ist also Leitbild für das Zusammenleben der Menschen, für die Gestalt und die Gestaltung der Gesellschaft wie Leitbild der Persönlichkeit. In der reinsten, vollkommenen Form würde sich danach in der Gesellschaft wie in den Persönlichkeiten die Einheit von Gattung und Individuum widerspiegeln, der Reichtum der Gattung entfalten hinsichtlich Bedürfnissen und Befähigungen, wäre allen die Aneignung dieses Reichtums möglich.
Unter nicht entfremdeten Bedingungen entwickelt darum der Mensch seine Produktivität, seine Kreativität, seine Emotionalität und seine Befähigung zur Reflexivität, sein Verhältnis zu sich und den anderen wie zur Natur zugleich mit wie durch Autonomie und Freiheit. Sind diese ebenso Bedingungen für wie Ausdruck von Liebe und Demokratie.

Steht Entfremdung für die Verkehrung der Wesens-Entfaltung des Menschen, dann zielt Bildung auf die Aufhebung von Entfremdung.

In der umgangssprachlichen Version bedeutet Entfremdung „sich fremd“ (geworden) sein, sich oder etwas nicht (mehr) kennen, nicht mehr damit vertraut sein, nicht mehr aufeinander bezogen sein. Die Überwindung der Entfremdung besteht folglich im Einander-wieder-Näherkommen, im Miteinander, in Einfühlung, im Kennenlernen.
Unter Rückgriff auf den Interaktionismus und seine unterschiedlichen Ausprägungen der Erklärung des Zusammenhangs von sozialen Beziehungen und sozialem Handeln wird der Begriff Entfremdung in der Pädagogik weithin in der o.a. umgangssprachlichen Bedeutung verwendet. Die pädagogischen Bemühungen richten sich dann darauf, Entfremdung als Störung des Miteinanders von Menschen zu beseitigen bzw. gar nicht erst aufkommen zu lassen. Das Wesen des Menschen wird dabei darin gesehen, daß er auf Interaktion drängt und sich in ihr verwirklicht. Als Ausdruck und Erscheinungsform der Interaktion gilt die Kommunikation. Sie ist der Prozeß der bewußten und unbewußten, beabsichtigten und unbeabsichtigten, jedenfalls aber erkennbaren Übermittlung von Bedeutungen und Sinngehalten. Sie betreffen Wahrnehmungen, Gefühle, Gedanken und Handlungen und haben mit der Mitteilungs- gleichzeitig Verständnisfunktion. Damit diese zustande kommt, bedarf es eines gemeinsamen Bezugssystems an Realität und deren möglicher Deutung sowie gemeinsamer Zeichen bzw. Symbole der Verständigung; insbesondere der Sprache.

Die Tatsache, daß menschliche Existenz sich in Interaktion und diese in Kommunikation äußert, mag erklären, daß es innerhalb der erzieherischen Theorie und Praxis Strömungen gibt, die sich Interaktionspädagogik und Kommunikative Didaktik nennen. Diese Teilgebiete der Pädagogik haben wichtige und nützliche Erkenntnisse hervorgebracht. Hinsichtlich der Suche nach den Sinn-Fundamenten von Bildung und Didaktik unterliegen sie aber einer Verblendung, insofern sie in Erscheinungsformen menschlicher Existenz deren Wesen suchen.
Wir wollen versuchen, unsere Auffassung am Subjektbegriff und an der Arbeit für die Subjektbildung zu verdeutlichen: Der in seiner Gattungsmäßigkeit wie in seiner Individualität als Sozialwesen entfaltete Mensch wird als Subjekt bezeichnet. Subjekt ist der selbstbestimmte, aktive, die ihn umgebende Welt und die Ge-

schichte gestaltende wie sich selbst entfaltende Mensch. Dieser ist einmalig und einzigartig und mit ganz individuellen Potentialen ausgestattet, wie er zugleich Teil und Geprägter der Gemeinschaft(en), Gruppe(n), Gesellschaft ist, in denen er lebt. Subjekt ist und wird er durch tätiges und bewußtes In-Beziehung-Treten zur äußeren, ihn umgebenden Welt, wodurch zugleich seine innere Welt sich als individuelle entwickelt. Das Subjekt entwickelt sich in der praktischen gesellschaftlichen Tätigkeit, indem es die vorhandenen wie neuen Bereiche der Welt zum Objekt seiner Tätigkeit und seiner Erkenntnis macht und dabei seine Kräfte vergegenständlicht (objektiviert), und indem es im Prozeß und mit dem Produkt seiner Tätigkeit sein eigenes Wesen wie das der menschlichen Gattung sich zu eigen macht: durch Gewahrwerden, Nutzen, Genießen und Reflektieren. Dies wiederum sowohl auf seine ganz persönliche, einmalige Weise, eben als Individualität, wie als gesellschaftliches und durch die Zugehörigkeit zu gesellschaftlichen Gruppen überindividuell geprägtes Wesen. Ohne die Bewußtwerdung seiner selbst und die Reflexion seiner Wünsche, Strebungen, Gedanken im gesellscahftlichen Lebenszusammenhang entfaltet sich weder seine Individualität noch seine Subjektivität. Erst, wo er im reflektierenden, aufgeklärten Sinne Objekt seiner selbst ist, ist der Mensch voll Subjekt. Schiller drückte dies auf eine Weise aus, die sowohl die notwendigen inneren Prozesse (als Bildungsprozesse!) vor Augen stellt wie die gesellschaftlichen Bedingungen:

„Auseinandergerissen wurden jetzt der Staat und die Kirche, die Gesetze und die Sitten: der Genuß wurde von der Arbeit, das Mittel vom Zweck, die Anstrengung von der Belohnung geschieden. Ewig nur an ein einzelnes kleines Bruchstück des Ganzen gefesselt, bildet sich der Mensch nur als Bruchstück aus…, entwickelt er nie die Harmonie seines Wesens, und anstatt die Menschheit in seiner Natur auszuprägen, wird er bloß zu einem Abdruck seines Geschäftes, seiner Wissenschaft.“ (Über die ästhetische Erziehung des Menschen, 6. Brief, 1795)

Die moderne Sozialwissenschaft nennt das, was den Menschen zum verkrüppelten Abdruck macht, in seinem Ergebnis Entfremdung und erörtert dabei die folgenden Kriterien:

- Machtlosigkeit im Sinne des Ausgeliefertseins an sogenannte Sachzwänge, die sich verselbständigt und verabsolutiert haben;
- Sinnlosigkeit im Sinne der Ausweglosigkeit, weil keine Möglichkeit der Einsicht in Zusammenhänge besteht und die Folgen von Entscheidungen im Dunkeln bleiben;

- Normlosigkeit aufgrund sozialer Desintegration der Individuen wie von Desintegriertheit des Sozialgefüges selber, häufig bei gleichzeitiger Isolierung gesellschaftlicher Gruppen und deren Normen;
- Selbstentfremdung im Sinne der Außenlenkung und des Manipuliertwerdens des Menschen, der Verkrüppelung der Autonomie bis hin zur Sinnentleerung der Arbeit, ja des Lebens, indem das eigene Sein zu einem entäußerten und veräußerlichten Objekt gerät, ja im Extremfall auf seine bloß vegetative Erscheinungsform zurückzusinken droht.

Es geht also insgesamt um die Wesensbestimmung des Menschen und die Frage der Anerkennung des Wesens als Leitmaxime u.a. von Erziehung und Bildung.
Arbeit, d.h. jegliche, auch spielerische Tätigkeit im Sinne der Gestaltung und Umformung der bloß vegetativen Erscheinungsform von Leben und die damit einhergehende Bildung des Subjekts wird als die dialektische Einheit der Bedingung wie der Realisierung dieses Wesens angesehen. Unter der Voraussetzung allerdings, daß der Subjektcharakter erhalten ist. Denn unter den Bedingungen der Entfremdung kann der Mensch sich ja gerade nicht als Urheber erfahren, sondern nur als Objekt, das seinen eigenen Produkten, sich selbst und anderen Menschen als von seinem Wollen und Planen Isoliertem unterworfen ist. Arbeit ist dann nur noch Entäußerung und Veräußerung (Verkauf) seiner Kräfte, seiner Potentiale, seines Wesens, nicht mehr zugleich dessen Aneignung. Der seiner selbst (und der Gattung) entfremdete ist der seiner selbst (und der Gattung) enteignete Mensch. Entfremdung als (reale) Negation der Wesens-Verwirklichung des Menschen ist somit das notwendige begriffliche Ergänzungsstück zur Arbeit.
Der Begriff Entfremdung ist nicht identisch mit Arbeitsleid, Arbeitsmühsal, Arbeitsfron. Auch unter den Bedingungen der Entfremdung kann Arbeitszufriedenheit empfunden werden, kann durch Anpassung, Gewöhnung, Resignation, Unempfindlichkeit oder Abgestumpftheit gegenüber verkrüppelnden Wirkungen entstehen. Können Ersatzwerte wie höhere Bezahlung, Angestelltenstatus, sogenannter Modernitätsgrad des Arbeitsplatzes u.a. dessen objektive gesundheitliche, intellektuelle und seelische Schädlichkeit so verblenden, daß sie nicht oder erst dann wahrgenommen werden, wenn es zu spät ist. Andererseits ist nicht entfremdete oder nur teilentfremdete Arbeit nicht per definitionem frei von Anstrengung oder Mühsal.

Bildung im Dienste der Wesensverwirklichung des Menschen zu sehen und darum auf der Basis der skizzierten anthropologischen bzw. philosophischen Sicht Arbeit zur zentralen pädagogischen Kategorie zu erheben, bedeutet allerdings nicht, daß der Blick lediglich auf die Erwerbsarbeit gerichtet ist oder daß Muße ausgeklammert wird. Dies sei nochmals betont. Denn aufgrund der Atomisierung aller Lebensbereiche, die wir gegenwärtig erfahren und aufgrund ihrer Unterordnung unter die Gesetze des profitmaximierenden Warentausches ist es beinahe unmöglich geworden, Arbeit und Muße – und sei es auch nur im Denken – als Einheit zu fassen; als die bewegenden Momente ein und desselben Lebensprozesses. Nicht umsonst stehen wir in der bildungstheoretischen, curricularen und strukturpolitischen Lösung der Integration von Berufsbildung und Allgemeinbildung so gut wie am Anfang.
Einem weiteren Mißverständnis sei hier vorgebeugt. Wo vom Wesen des Menschen gesprochen wird, tauchen allzu schnell die Kategorien gut und böse auf. Zweifellos kann der Mensch das, was seine Gattungsmäßigkeit ausmacht und worin, theologisch betrachtet, seine Gottes-Ebenbildlichkeit liegt – Schöpfertum, Mit-Menschlichkeit, Vernunftbegabung – gegen sich und andere richten und damit „Böses“ bewirken. Dieses Böse wie auch das Gute sind aber nicht Ursprung, sondern Resultat der Formung seiner Wesenskräfte im Zusammenwirken von gesellschaftlicher Übereinkunft über Normen und Werte, von Lebensumständen und Erziehung.

3. Wertorientierung, Ökonomie und Technik

Die Bundesrepublik ist, wie andere hochentwickelte Industriestaaten auch, von einer riesigen Rationalisierungswelle erfaßt. Diese ist ein ökonomischer Prozeß, der seine – allgemein bekannte – Ausformung allerdings technisch erfährt, und zwar in den neueren Produktionstechnologien. Deren eine Folge ist die Arbeitslosigkeit.
Die Bildungsprobleme, die im Kontext von Lehrstellenmangel und Arbeitsplatzschwund diskutiert werden, betreffen vor allem die Struktur des beruflichen Ausbildungssystems (oder einzelner Teile desselben) wie Fragen nach Art, Umfang und Niveau erforderlicher Qualifikationen. Gleichwohl ist bekannt, daß die Arbeitslo-

sigkeit und die Ausbildungsplatzmisere keine Folge von unzulänglicher Ausbildung ist und daß sie nur sehr partiell durch Umschulung, Weiterbildung o.ä. gemildert werden können.
Das schwerwiegendere Bildungsproblem liegt in dem, was sich mit Negt/Kluge als die neue Stufe der Vergesellschaftung bzw. als das Freisetzungsproblem bezeichnen läßt (vgl. Negt/Kluge, 1972). Es geht dabei um die Ausweitung, Verallgemeinerung und Totalisierung der technisch-ökonomischen Entwicklung, vor allem des ökonomischen Verwertungszwangs auf tendenziell alle gesellschaftlichen Sektoren, Subsysteme und Lebensbereiche und um die „Entlassung“ menschlicher Fähigkeiten und Qualifikationen aus den Möglichkeiten gesellschaftlich produktiver Anwendung.

Was dies bedeutet, soll am Beispiel der neueren Technologien, insbesondere aus deren Einführungen in der Industrie und im Handel, umrissen werden.
Allgemein gilt: Auf dem Gebiet der neueren Technologien spricht man vom unaufhaltsamen Vormarsch der Mikroelektronik. Nach einer Studie der Firma Siemens, „Büro 1990“, sollen in der Großindustrie etwa 30 v.H. der Bürotätigkeiten formalisierbar und 25 v.H. durch Geräte und Daten- und Textverarbeitung automatisierbar sein. Ähnliches gilt für Klein- und Mittelbetriebe.

Schwerpunkt des Einsatzes neuer Technik im Handel sind die Verwaltung und der sogenannte „Point of Sale“ wegen ihrer „Datenträchtigkeit“.
Grundlage der Büroautomation sind Textverarbeitungssysteme, mit denen geschriebene Texte korrigiert und redigiert werden können. Der technische Entwicklungsprozeß ist dabei zunehmend durch einen Trend der Überlappung von Text- und Datenverarbeitung gekennzeichnet, wobei es zunächst um stärker „nicht-formalisierte“ Daten geht. Die zur Erfassung und Speicherung notwendigen Geräte verfügen über eine Speichermöglichkeit in Form von Magnetkassetten, -platten oder -karten, womit die Schreibleistung – bei entsprechender Arbeitsorganisation – erheblich gesteigert werden kann. Zunehmend werden dabei Bildschirmterminals anstelle von „Schreibmaschinen“ eingesetzt.

Bei fortschreitender Büroautomation unter Einsatz elektronischer Textverarbeitung kommt es weiter zu einer Substitution herkömmlicher Einrichtungen wie Telefon und Fernschreiber durch das von der Bundesport entwickelte Verfahren „Telefax“. Hier handelt es sich um ein Fernkopieren, welches die Übermittlung von Vorlagen über große Distanzen ermöglicht. Beim Empfänger erscheint eine solche Vorlage als originalgetreue Kopie der Ursprungsdaten. Der Fernkopierer wird ergänzt durch einen Bürofernschreiber (Teletex). Er erlaubt – mit hoher Übertragungsgeschwindigkeit – die Weitergabe von Informationen an die angeschlossene „Schreibmaschine" eines Empfängers. Diese Einrichtungen der Bundespost rangieren unter dem Oberbegriff „Elektronische Post" und lassen den herkömmlichen Briefverkehr sinnlos werden.

Als Datenkassen werden solche Geräte bezeichnet, die Daten auf computergerechte Datenträger aufzeichnen, verbundfähig sind mit Großrechenanlagen (Computer) und die Möglichkeit zu einer maschinellen Dateneingabe besitzen. Sie werden vorzugsweise am „Point of Sale" (Verkaufsort) eingesetzt. Voraussetzung für die Datenerfassung sind maschinell lesbare „Warennummern", der sogenannte EAN-Code. Daneben sind „mobile Datenkassen" und das „Verbundsystem Waage-Kasse" wichtige Bausteine zur Schaffung eines „computergestützten" Warenwirtschaftssystems. Warenwirtschaftssystem ist der zusammenfassende Begriff für die Planungen, mit deren Hilfe die kostengünstigste Organisation des Durchlaufs der Waren und Informationen durch einen Betrieb gewährleistet wird. Warenmengen und -preise, Warenarten und deren Umsatzgeschwindigkeit in Verbindung mit räumlichen, gerätemäßigen und personellen Kapazitäten spielen hier eine große Rolle. Das von den Waren her gedachte Warenwirtschaftssystem reicht bis in die Kapitalstruktur, ja, sogar die juristische Verfaßtheit des Unternehmens hinein. Das Warenwirtschaftssystem auf „Computerbasis" erlaubt so auch eine schnelle Bestimmung der Veränderung der organischen Zusammensetzung des Kapitals bzw. der Kosten- und Leistungsstruktur des Unternehmens.

Dem Warenwirtschaftssystem zugeordnet wird der elektronische Zahlungsverkehr, ein neuartiges Verfahren im Geldverkehr, bei dem Überweisungs-, Zahlungs- und Buchungsvorgänge nur noch zwischen Handel und Geldinstituten mittels elektronischer Kommunikation durchgeführt werden. Aufwendige Belegführung und Geldverkehr entfallen dabei. In diesem Zusammenhang hat wiederum das Bildschirmtextverfahren der Bundespost seinen Stellenwert. Die Einführung dieses Verfahrens kann über den Anschluß privater Haushalte dazu führen, daß sich bestimmte Formen des Ferneinkaufs verwirklichen. Solches wird heute bereits im Versandhandel praktiziert. Mit Sicherheit sind von solchen Veränderungen im Zahlungsverkehr und im Warenverkehr starke Auswirkungen auf das Kauf- und Kreditverhalten der Konsumenten, auf die Geldumlaufrate im Inland und im grenzüberschreitenden

Verkehr sowie auf die Beschäftigungslage sowohl im Handel als auch im Bankgewerbe zu erwarten. Schließlich wirkt in diesem Zusammenhang die systematische „Verkabelung“ mit Glasfaserkabel. Diese infrastrukturelle Maßnahme der Bundespost ermöglicht erst eine massenhafte Inanspruchnahme der beschriebenen neueren Technologien. Wenn man bedenkt, daß bereits 1976 die „Kommission für den Ausbau des technischen Kommunikationssystems“ die Durchführung von Pilotprojekten für die Bundesrepublik empfohlen hat, welche zur Zeit ausgeführt werden, dann kann schon nicht mehr nur von Zukunft in Bezug auf neuere Technologien gesprochen werden.

Aus der nur kursorisch agbehandelten neueren Technologieentwicklung ergibt sich für ein an Bildung orientiertes Denken folgendes Fazit:

(1) Die informationstechnologische Entwicklung erlaubt eine größere Integration und Komplexitätssteigerung von Arbeitsvollzügen im Berich des datenverarbeitenden Kapitals. Für die arbeitenden Menschen (mit Ausnahme leitender Positionen) kommt es dagegen im Zuge dieser Entwicklung zu eine erhöhten Arbeitszerlegung.
Diese Entwicklung in ihrer Gänze ist eine in sich widerspruchsvolle: Zu ihr gehören untrennbar die Komplexitätssteigerungen von Arbeitsvollzügen auf seiten des Kapitals und die Separation bzw. Desintegration von Arbeitsvollzügen auf seiten der betroffenen Menschen, der Arbeit also. Eine Kritik, die sich am Ganzen dieser Entwicklung orientiert, kommt zu dem Schluß, daß diese Entwicklung das Kollektiv der Produzenten auflöst und damit die Sinnhaftigkeit von Arbeit. Wie die Sinnhaftigkeit aufgelöst wird, zeigt der nächste Punkt.

(2) Mit der o.a. Entwicklung geht eine Veränderung der sinnlichen Erfahrung und der Anforderung an die Sinne einher. Mit Sinnen sind hier nicht nur Hören, Sehen, Tasten, Schmecken, Riechen sondern u.a. auch Wärmesinn, Gleichgewichtssinn und Bewegungssinn, Sprechsinn und Denksinn gemeint (vgl. Kap. 4.3). Einerseits werden diese Sinne in ihrer Beanspruchung arbeitsteilig zerlegt, also nicht mehr umfasend gebraucht; andererseits kommt es zu übermäßigen Schärfungen von Teilbefähigungen oder einzelner Sinne.

Zwei kleine Beispiele sollen dies illustrieren: Herkömmliche Registrierkassen verursachen beim Eintippen der Warenpreise ein mechanisches Geräusch, welches schließlich sich im Öffnen der Kasse verdichtet. Eine Kassiererin bildet so über die mechanischen Geräusche einen Zeithorizont über ihre Schnelligkeit bei der Kassierarbeit aus. Neuere Registrierkassen dagegen weisen solche Geräusche nicht auf. Zunächst wird also der über das Geräusch vermittelte Arbeitstakt, der zugleich ein Zeitduktus ist, zurückgenommen und führt zu einer Verunsicherung in das Vertrauen der eigenen Schnelligkeit beim Arbeiten. Zugleich aber wird, via Verunsicherung, der „Zeitsinn“ auf eine neue, veränderte Größe bezogen, da das Hören den verläßlichen Maßstab nicht mehr ausbildet. Das Sehen und der Bewegungssinn treten, der Tendenz nach, an die Stelle des Hörens. Hier kommt es zu Schärfungen dieser Befähigungen.
Ein zweites Beispiel: In vielen Fällen wird heute das Bedürfnis nach autonomer Aktivität, nach schöpferischer Tätigkeit, nach Kommunikation außerordentlich dringend. Dieses ist primär nicht durch ein institutionalisiertes System von Kontrollen als vielmehr durch die technische Apparatur bedingt. Die großen Überwachungssysteme eines Energieversorgungsunternehmens z.B., bei dem die Techniker eine Kenntnis vom Funktionieren der technischen Installation haben, um an einem beliebigen Punkt des Systems beim kleinsten Defekt einzuspringen, aber wochen-, evtl. monatelang den ansonsten störungsfreien Ablauf von großen Schaltpulten überwachen, produzieren eine Langeweile, die bis zur Neurose führen kann. In den vielen Stunden werden die Betroffenen von ihrer Nutzlosigkeit, der Geringschätzung ihrer Intelligenz etc. überzeugt.

Die einmal im Arbeitsprozeß erworbenen Fähigkeiten und Sinnlichkeiten als konkrete Funktionen des Arbeitsvollzuges können bei Einführung neuer Technologien (hier eine Datenkasse oder ein Schaltpult) nicht mehr sinnlich erfahren werden, weil ihnen der entsprechende Gegenstand fehlt, an denen sie ausgebildet werden; andersherum: nur über das neue Aggregat selbst, dessen Funktionen ja erst den neuen und den alten Sinn abgeben, kann dieser Sinn greifbar werden.

(3) Erst dann kommt es zu erhöhten Anforderungen an Intellektualität und Bildung, wenn Durchschaubarkeit, Begreifen und Beherrschen intendiert sind und erst hier wird Negt/Kluges

Aussage verständlich, wenn sie schreiben: „Durch einen dem Stand der Produktivkräfte entsprechenden Zwang (kommt es zur) erweiterten Bildung und Ausbildung der Massenarbeitskraft, einschließlich der Arbeitskraft der Intelligenz." (Negt/Kluge, 1972, 295)

(4) Neben der erhöhten Anforderung an Intelligenz und Bildung für das Durchschauen kommt es zu einer erhöhten Anforderung an die Frustrationstoleranz der Betroffenen, weil es sich im Arbeitsvollzug selber um eine mattgesetzte Sinnlichkeit wie Intellektualität handelt, und weil die Gesellschaft noch keine Entsprechungsbasis für die verlorengegangenen Befähigungen bereithält.

(5) In dieser Frustration aber liegt die Chance für Bildung wie zugleich die Gefahr erneuter Enteignung der unbefriedigten alten (sinnlichen) Befähigungen.

Unter entfremdeten Bedingungen werden also die Arbeit und der Verzehr ihres Ergebnisses nicht mehr als Zusammengehörige vermittelt. Die Ganzheit dieser Zerrissenheit geht durch die Menschen hindurch, insofern sie nur mehr Agenten des Produktionsprozesses sind. Innerhalb dieses „Arbeitsmarktes" aber wirkt eine Ungleichzeitigkeit insofern, als die Sozialisationsinstanzen Produktionsweisen früherer Stufen Rechnung trugen, indem sie Bedürfnisse, Fähigkeiten, ja Wesenskräfte formten, die nunmehr „freigesetzt" sind.
Die gleiche Entwicklung, die Landbewohner verstädterte, aus Bauern und Handwerkern, indem sie ihre Gemeinwesen und Orientierungsmuster auflöste, „freie" Arbeite gemacht hat, setzt jetzt in verstärktem Maße diese Traditionsbestände, die zugleich Bedürfnisse sind, „frei".

Für die freigesetzten Potentiale bzw. Befähigungen der Menschen werden nun im gesamten Konsumangebot Ersatzbefriedigungen angeboten. Menschliche Produktivkraft wird dem Warenzusammenhang subsumiert. Dies allerdings nur scheinbar, denn die Konsumtion befriedigt nicht die freigesetzten Potentiale, weshalb auch immer neue Angebote gemacht werden müssen, es zu einer Umschlagserhöhung des Konsums kommt. Zugespitzt formuliert, könnte man sagen, die Menschen werden zum „Markt" statt zu den bewußten Produzenten ihres Selbstverwirklichungsprozesses. Da in der Produktion einerseits das Produkt für das Subjekt geschaffen wird, andererseits aber auch ein Subjekt für den Gegenstand, bleibt zu betrachten, wie sich beide unter den Bedingungen der In-

tensivierung der Produktion, womit eine Auswertung des Warenangebotes einhergeht, entfalten.
In Bezug auf die Gegenstände wird nun Doppeltes produziert: der Gebrauchswert der Waren und darüberhinaus die Erscheinung des Gebrauchswertes des Gegenstandes. Diese zwei Seiten der Ware spielen, den reinen Gebrauchswert überlagernd, eine große Rolle, weil sie eine Entsprechungsbasis herzustellen versuchen zwischen den aus den Widersprüchen der gesellschaftlichen Arbeit resultierenden Bedürfnisstrukturen einschließlich deren Phantasiepotential und den Erscheinungsformen der Ware.
Der psychodynamische Haushalt des Subjektes wird so – mehr oder weniger stark – in den ökonomischen Verwertungszusammenhang einbezogen.
Die Entsprechungsbasis zwischen der Erscheinungsform der Waren und den Bedürfnisstrukturen lenkt das Augenmerk bezüglich der Charakterisierung des Lebenszusammenhangs über die Einzelware hinaus auf die Gesamtheit des Warenangebots.

Die innere Struktur dieses Warenkörpers hat sich zu einem zusammenhängenden Gebrauchswert verändert, der nach betriebswirtschaftlichen Strukturprinzipien wohlgeordnet ist, weil nur durch ihn die brachliegenden Sinne subsumiert werden können. In diesen zusammenhängenden Warenkörper ist der Käufer nun involviert, insofern die Reklameschilder, Leuchtschriften, Schaufensteraufmachungen, Innendekorationen, die zusammen eine riesige Kauflandschaft bilden, um die Aufmerksamkeit der Sinne buhlen. Den Prototyp eines solchen zusammenhängenden Warenkörpers stellt das Kaufhaus dar. Bei der Betrachtung, „der sinnlichen Wahrnehmung eines Warenkörpers (entsteht) immer eine Assoziation im Hinblick auf die Gesamtheit des Angebots“ (Negt/Kluge, 1972, 244). Dies führt zu einer veränderten Wahrnehmungsstruktur der Betrachter, deren Wurzeln bereits nicht mehr im Produktionsprozeß verankert sind. Solche nurmehr durch das Warenangebot entfaltete Sinnlichkeit tendiert zu einer Einheit, zu einem Sinnzusammenhang, der dann nicht in erster Linie auf einzelne Bedürfnisse, Befriedigungen und Gebrauchswerte zugeschnitten ist, sondern ganze (Lebens)zusammenhänge organisiert (vgl. Negt/Kluge, 1972, 224), die allerdings scheinbare sind, weil die Ursachen und Gesetzmäßigkeiten des Prozesses verschleiert bleiben. Das ist mit Verblendung gemeint.

Hierzu ein Beispiel aus einer solchen Warengesellschaft: Die Erscheinungsform des Warenangebots ist ausgerichtet auf Symbole, die das Lebensgefühl ansprechen, die scheinbare Sinnzusammen-

hänge stiften, die Wünsche artikulieren und aktualisieren, die Hoffnungen darstellen, die Sprachstereotype benutzen. Die Gesamtheit der Waren in ihrer Erscheinungsform nimmt einen Zusammenhang in sich auf, so, wenn z.B. die Attribute „knackig", „frisch", „farbenreich", „dynamisch", „konturiert", „eindeutig", „besitzenswert", „einmalig" über die Warenästhetik das Weltbild „jugendlich" suggerieren.
Jugendlich deshalb – und darin liegt die Logik der Dialektik – weil die leere Routine des Produktionsvollzuges den Menschen im Laufe ihrer Arbeitstätigkeit die Jugend sukzessive nimmt, zugleich aber keine Perspektive in der Arbeit eröffnet. Der Jugendkult, dem nicht nur die Älterwerdenden verfallen, ist nicht zuletzt „Ausdruck der Verzweiflung über ihr nicht gelebtes Leben" (Vinnai, 1979, 73). Über den Warenzusammenhang erhalten die Subjekte also das, was ihnen im Laufe der Kindheit nie zugestanden oder im weiteren Verlauf des Lebns systematisch genommen wurde, scheinbar zurück. Der Fetisch Jugend als verselbständigtes „Wesen", zu dem Jugend nach vorn und Erwachsene zurückdrängen, ist, weitreichender als Ziehe (vgl. Ziehe, 1975) das gesehen hat, der Narzißmus postindustrieller Gesellschaften: ständig angestrebt, aber nie erreicht.

Über das Warenangebot als Ganzes werden solche Tendenzen der Suche nach neuer Sinngebung von außen organisiert. Negt/Kluge schreiben:

„Sie werden zu Individuen zusammengeschlossen, aber sie erfahren den Zusammenschluß durch das Kapital. Sie können sich untereinander nur wiedererkennen über diese Apparatur. Es entstehen Kollektive, doch ohne selbstregulierte zwischenmenschliche Beziehungen; es bilden sich Befriedigungen, aber passive. Es wird, was sie sind, organisiert, aber abzüglich ihrer Selbsttätigkeit. Noch besser (schlimmer R.H.): der Schein dieser Selbsttätigkeit wird anschließend separat hinzugefügt." (Negt/Kluge, 1972, 245f.)

Der von Negt/Kluge beschriebene Sachverhalt verlängert sich naturwüchsig bis in die Einzelware hinein. Bedeutsames Beispiel für diese Tatsache ist die Werbung für „Marken"-Kleidung. Die zentrale Aussage zielt auf das „Gemeinschaftsgefühl". Nur über die „Marke" ist der Erwerber in den großen „Familienzusammenhang" aufgenommen. Sinnlicher Ausdruck der Gemeinschaft sind abgebildete Paare oder Gruppen. Das Übergreifende, der Zusammenhalt, die Beziehung ist ausschließlich über die Ware organisiert und definiert.

Die Konsumgüterexpansion ist also auf einer Stufe der Vergesellschaftung angelangt, auf der immer mehr menschliche Beziehungen der Warenform subsumiert und durch Tausch-Beziehungen ersetzt werden. Horn spricht geradezu von einem neuen Mythos in Gestalt von „Versachlichung" (vgl. Horn, 1973, 25f.), auf die bereits Adorno und Horkheimer in „Dialektik der Aufklärung" (vgl. Adorno/Horkheimer, 1969) hinwiesen, insofern der Kapitalverwertungsprozeß gezwungen ist, immer mehr menschliche Natur in sich aufzunehmen.
Im Rahmen der objektiven Verhinderung solidarischer Kommunikation der Produzenten in der Verfügung über Arbeitsbedingungen und Arbeitsprodukte erhält der Konsum eine Ersatzfunktion für gesellschaftliche Selbstverwirklichung. Die Hoffnungen, Wünsche, Bedürfnisse, Erwartungen sowie Triebphantasien der Menschen werden in zunehmendem Maße mit Gebrauchswerten, mit Waren konkret besetzt.

„Die Menschen unterliegen hier nicht einer bloßen „Verführung", die ihnen äußerlich ist; die Triebkräfte, die sie zu dem Warenzusammenhang drängen, sind ihre eigenen... Das unter den gegenwärtigen Aneignungsbedingungen nicht einzulösende Versprechen der Warenwelt führt das Bewußtsein der Menschen über diese Warenwelt hinaus." (Negt/Kluge, 1972, 288f.)

Die von Negt/Kluge sogenannten Triebkräfte müßten, dies sei ergänzend hinzugefügt, nun eigentlich als Konsumtionstriebe gefaßt werden.
Wir stehen also vor einer gesamtgesellschaftlichen Entwicklungsrichtung, die die erhöhte Produktion von Produktivkraftpotentialen sogleich wieder bindet und den Tauschgesetzen unterwirft; doch ohne die Versprechen der Warenwelt einzulösen.

Der Vergesellschaftungsprozeß bzw. die neue Stufe der Vergesellschaftung ergreift den gesamten Bereich der materiellen Produktion als auch darüberhinausgehend das Verhältnis der Produktionssphäre zu anderen Lebensbereichen. Die „neue Lebenswirklichkeit", und das ist von entscheidender Bedeutung, betrifft vor allem die Erfahrungen der Subjekte mit ihren Arbeits- und Ausbildungsbedingungen, die veränderten Formen des individuellen Konsums, die Veränderung der gesellschaftlichen Normen, Bedürfnisse und Verhaltensdispositionen.

Es muß also zu einem Interesse an veränderten Lebensumständen kommen, was immer auch heißt, an veränderten Lernumständen.

4. Berufsbild, Professionalität und Lehrerfahrungen

Der Ursprung dessen, daß wir die *Arbeitsorientierte Exemplarik* u.a. als Theorie und Modell der Aneignung von Erfahrung präsentieren, ist in der Tat in unserer eigenen Bildungsbiographie zu suchen. Szenen, Bilder, Empfindungen, Einschätzungen, Wertungen wirken von da weiter, bewußt wie unbewußt. Desgleichen die Auseinandersetzungen mit philosophischen Maximen.

Worauf es im folgenden ankommt, das sind die Verdichtungen zu einem beruflichen Leitbild, die Wendung zur Professionalität.

Welches Berufsbild des Lehrers im allgemeinen und im besonderen vertreten wir? Wie prägt es sich didaktisch aus? Was ist an dieser Didaktik speziell, z.B. hochschulbezogen, was allgemein und insofern generell gültig?

Der Teil unserer Veranlassung, den wir den pragmatisch-professionellen nennen möchten, ist – wenngleich mit dem ersten verwoben – vor allem von dem geprägt, was wir über den Zusammenhang von Sozialisation und Lernbefähigung aus der Soziologie und Psychologie rezipiert haben und daraus, wie wir die Eignung der gegenwärtigen didaktischen Strömungen für ein Lernen im Sinne von Produktivität, von voller und freier Entfaltung menschlichen Reichtums beurteilen.

An dieser Stelle wollen wir aber noch bei Widerfahrenem verbleiben, wenngleich bereits professionell gewendet. Wir bleiben sozusagen in der Chronologie dessen, was uns zur *Arbeitsorientierten Exemplarik* führte.
Hierzu gehören in ausgeprägtem Maße die konflikthaften Zusammenstöße zwischen unserem pädagogischen Leitbild sowie dem daraus resultierenden Arbeitsstil und Arbeitsziel mit den Motiven, Leitbildern und Verhaltensmustern der Lernenden. Wir schildern dazu drei Beispiele, welche unseres Erachtens über den Bereich der Hochschulen hinaus gegenwärtiges Lernverhalten von Jugendlichen und Erwachsenen, teilweise auch von Kindern veranschaulichen. Im Anschluß an die Beispiele geben wir eine Einschätzung der psychosozialen Verursachung. Diese Einschätzung bildet die Grundlage unserer Frage danach, wie Lehren auf das psychosozial verursachte Lernverhalten reagieren kann und wie dies in den gegenwärtigen Strömungen von Pädagogik und Didaktik berücksichtigt wird.

4.1 Lehrerfahrungen als Konfkikterfahrungen

Beispiel: Aufgaben formulieren

In einem Proseminar, das mit didaktischen Problemstellungen vertraut machen soll, ist ein Zeitschriftenartikel zu lesen. Er behandelt, polemisch zugespitzt, kontroverse Standpunkte über das Führungsrecht und die Führungsfunktion von Lehrenden. Die Studenten hatten die Aufgabe, aufgrund ihrer individuellen Sicht, ihrer persönlichen Reaktion auf den Artikel einen Vorschlag für den inhaltlichen Rahmen der Diskussion, für deren Gewichtungen und für den formalen Ablauf des Seminars zu machen. Diese Vorschläge sollten in Gruppen zu fünf Teilnehmern verglichen und es sollte daraus ein Gruppenvorschlag entwickelt werden, bei dem Mehrfach- und Einzelinteressen sichtbar blieben. Die Gruppen diskutierten lebhaft, aber es kam weder ein Vorschlag für die Bearbeitung des Artikels zustande, noch folgten die Gruppen der wiederholten Bitte um Bericht. Weder Freundlichkeit noch Witze fruchteten. Schließlich äußerte die Seminarleiterin: in Situationen wie der vorgefundenen sei, wo auch immer sie sich ergäben, davon auszugehen, daß dem Lehrenden ein Fehler unterlaufen sei. Er haben die Interessen, den Arbeitswillen, die Arbeitsbefähigung falsch eingeschätzt. Da aber das Programm des Seminars im einzelnen mit den Teilnehmern entwickelt worden sei, läge es nun an diesen, der Leiterin auf die Sprünge und sich selber aus der Passivität zu helfen. Schweigen, lastend, fünf Minuten lang. Der erste Student packt seine Sachen zusammen. Die Leiterin ärgerlich:
„Ich weigere mich, durch Rückgriff auf autoritäres Repertoire den Fortgang zu octroyieren. *Sie* haben zu entscheiden, ob die Veranstaltung platzt oder nicht."
„Aber ich *kann* keine Aufgaben formulieren", sagt da eine Teilnehmerin.
Das Eis ist gebrochen. Aufgaben zu stellen, so zeigt sich, gilt als Inbegriff autoritären Verhaltens. Und niemand möchte ein autoritärer Lehrer werden.

Beispiel: Zuordnen, Deuten, Entscheiden

Laut Prüfungsordnung für Diplom-Handelslehrer sind in Frankfurt für einen gültigen Hauptseminarschein zwei Leistungsnachweise zu erbringen. Einer dieser Leistungsnachweise in unseren Seminaren besteht so gut wie immer in der Beantwortung eines Fragenkatalogs, der etwa zwei Wochen vor Beginn des Seminars zurückgegeben sein muß. In diesem Fragebogen geht es um dreierlei:

- Eventuelle Verständnisschwierigkeiten der Studenten mit der obligatorischen Vorab-Lektüre. Hierzu dienen Fragen seitens der Studenten ebenso wie vorgegebene Interpretations- und Kombinations- oder Anwendungsaufgaben zum Text.
- Erwartungen an das Seminar und seine Arbeitsformen in Verbindung mit Vorkenntnissen.
- Mögliche Verbindung der Thematik und des Ziels des Seminars mit praktischen Erfahrungen im pädagogischen Bereich wie in dem von Erwerbsarbeit.

Die Rückläufe der Fragebögen werden ausgewertet. Das Ergebnis wird den Teilnehmern in der ersten Sitzung schriftlich mitgeteilt, damit es allen sichtbar bleibt, daß und wie die Arbeit von der notwendigen Klärung von Fragen, Wissenslücken und Verständnisschwierigkeiten einerseits ausgeht, andererseits von der Vermittlung zwischen den Interessen und Motivationen der Teilnehmer und dem, was sich den Lehrenden aufgrund ihrer Fachkompetenz als notwendig und aufgrund ihres Interesses als wünschenswert darstellt.

Regelmäßig kommt es aufgrund der Fragenkataloge zu Konflikten. Sie werden stärker als Arbeitsdruck empfunden als z.B. Referate und Hausarbeiten, die in den Fachwissenschaften zu schreiben sind; selbst dann, wenn dort mehr zu lesen ist, keine Hilfen gegeben werden, der Gebrauchswert der Thematik uneinsichtig bleibt. Die Systematisierung und Zuordnung der Antworten aus dem Fragenkatalog zu den theoretischen wie handlungsbezogenen Knotenpunkten der Seminarthematik wird als rücksichtsloses Hineinpressen in ein vorgefertigtes Raster, als Manipulation, Entpersönlichung, ja sogar Wegwischen der Teilnehmer bezeichnet. Meistens glätten sich die Wogen bald; es gab aber schon tiefgreifende Auseinandersetzungen und so ernsthafte Störungen der Arbeitsfähigkeit, daß zusätzliche Sitzungen eingeschoben werden mußten.

Beispiel: Kumpel oder Frankenstein – Selbstverwirklichung oder Vergewaltigung

Wo immer wir Schulerlebnisse, Erlebnisse aus der Erziehung in der Familie erfragen oder darüber ins Gespräch kommen, werden von den Studenten Horrorgeschichten vorgetragen. Die Schule scheint ein einziges Gruselkabinett zu sein. Positives wird unseren Erfahrungen nach nie spontan, erst nach mehrmaligem Nachhaken und dann auch nur von einer sehr kleinen Minderheit berichtet.

Zugleich werden praktische Fälle, an denen durch wissenschaftliche Analyse die Ursache von Schülerverhalten und Lehrerreaktionen erklärt und Alternativen für Lehrerverhalten aufgezeigt werden, als unrealistisch, als „Glanzbilder aus der Märchenkiste“ abgetan. Das mag daran liegen, daß die Mehrzahl unserer Studenten über den zweiten Bildungsweg, aus Familien der unteren Mittelschicht und vom Lande den Weg zur Hochschule findet; daß viele in der Tat zu den Benachteiligten, gar Getretenen gehört haben.
Wir sehen die Ursachen jedoch nicht nur in der individuellen bzw. schichtspezifischen Biographie. Wir zitieren darum hier in aller Breite einen Fall, der unseres Erachtens die generellen Ursachen und zugleich die Folgen des Verhaltens erkennen läßt, das Studienstörungen erbringt. Der Fall kam nicht in unseren Veranstaltungen vor. Er wurde aber, weil viele Studenten ihn gelesen hatten, in mehreren Seminaren und über einige Semester hinweg lebhaft diskutiert.
Unseres Erachtens ist das Verhalten der Carola H., um die es dabei geht, immer noch symptomatisch für die gegenwärtige Generation von Referendaren wie von Pädagogen, die sich der Erwachsenenbildung oder der außerschulischen Jugendbildung zuwenden. Auch wenn die Erscheinungsformen nicht allenthalben so dramatisch zugespitzt sind wie bei Carola H.

Beispiel: Geschlagen und verwundet

‚Protokoll eines Referendariats‘. Von Carola H.

(Vgl. päd-extra,11/79, S. 22-24)

„Dies ist keine Chronologie des Referendariats, sondern ein Überblick über Situationen, die mir als am schlimmsten und eindruckvollsten in Erinnerung geblieben sind. Während des Schreibens ging es mir stellenweise wieder sehr schlecht. Ich merkte, wieviel ich schon verdrängt hatte, erlebte einzelne Dinge nochmal sehr intensiv nach und konnte mich nicht mehr entziehen. Oft mußte ich aus diesem Grund die Arbeit unterbrechen, da ich befürchtete, es könne wieder so schlimm werden, wenn noch irgendetwas anderes dazu kommt.“

Carola H. ist stolz, endlich aus der Studentenrolle heraus zu sein, selbst für ihren Lebensunterhalt sorgen zu können und dies noch dazu in ihrem Traumberuf.
Gleichwohl bringt das, was zu Beginn des Referendariats auf sie zukommt, sie an den Rand der Existenz. Es bedrohen sie:

Die Vereidigung

„Ich war nicht darauf gefaßt, was auf mich zukam, ich fuhr hin so angezogen, wie es mir gefiel: mit Jeansrock, den ich nicht bügele, einem weiten, selbstgestrickten, gammeligen Pullover. Mein Kommilitone aus der Akademie war ähnlich angezogen. Als wir ins Seminar kamen, beschlich mich ein beklemmendes Gefühl: alles war sehr offiziell und vornehm. Neueingekleidete Leute, die aneinander vorbeisahen. Keine „Annäherungsversuche", wie ich es von der Akademie her kannte, keine Versuche, miteinander in Kontakt zu kommen. Ich mußte in einen anderen Raum als mein Kommilitone. Ich fühlte mich beobachtet und kontrolliert. Dann die einführenden Worte des Seminarleiters. An folgendes erinnere ich mich. ‚Sie müssen sich jetzt darüber im klaren sein, daß sie kein Student mehr sind. Zwischen Ihnen und den Schülern besteht eine Kluft, sie stehen auf der anderen Seite. Im übrigen erwarten die Schüler von Ihnen Autorität. Das Anbieten des Du könnte als Anbiederung aufgefaßt werden.'
Ich fühle mich wahnsinnig unwohl, kriege einen trockenen Hals, fühle mich ganz klein, mickrig, häßlich ... Ich weiß, ich darf jetzt nicht aufstehen und sagen, was ich will. Ich bleibe sitzen und überlege, ob das schon jener Opportunismus ist, den ich bei anderen immer so angegriffen habe. Dann werden Formulare ausgeteilt. Ich verschreibe mich immer, wenn ich Formulare ausfülle. Sie sind etwas Offizielles und man kann nichts verbessern. Als ich damals meine Bewerbungsunterlagen ausfüllen sollte, bin ich erst mal zwei Tage mit Fieber im Bett gelegen. Dann die Vereidigung. Wir stehen auf. Ein Ritual mit Masken und entsprechenden Kleidern.
Wir werden darauf hingewiesen, daß wir den Schwur auf Gott streichen können, ihn dann aber auch nicht mitsprechen dürften... Wenn ich den Schwur nicht mitspreche, sieht es der Direktor. Wenn ich ihn streiche, dann hab ich mich schon verraten, hab sogar schriftlich Zeugnis abgelegt von meiner „gottlosen Gesinnung". Ich bringe es nicht fertig, die Worte zu streichen, aber auch nicht, sie mitzusprechen. Ich möchte am liebsten im Erdboden versinken, alles rückgängig machen, mich besser auf diese Situation vorbereiten. Mir ist kotzelend, als ich aus dem Seminar rauskomme. Meinem Kommilitonen, der jetzt mein Kollege ist, geht es genauso."

Das Exponiert-Sein

„Wir werden im Lehrerzimmer vorgestellt. Wieder dieses Gefühl, exponiert zu sein und überprüft zu werden. Mit dem Mentor, der uns zugeteilt wird, habe ich Glück. Er ist ein sehr freundlicher, netter, älterer Herr. Nach einiger Zeit merke ich, daß er resigniert hat. Mit dem, was ihn belastet, setzt er sich nicht mehr auseinander, er nimmt es hin. Den Druck überträgt er auf die Schüler. Warum das so ist, warum er sich so verhält, darüber will er mit mir nicht reden. Ich werde den einzelnen Klassen vorgestellt und die Klassen mir. Einzelne Schüler werden besonders hervorgehoben, die angeblich schlechten, die bestimmt eine 5 bekommen werden, und die Repetenten, auf die ich aufpassen soll. Ich stehe daneben und lächle gequält, bekomme gleich meine Kopfschmerzen und bin verkrampft"...
Ich habe Angst, daß mein Mentor das merkt, daß er meint, ich verstünde nichts vom Fach. Ich habe nicht vor, ihm etwas vorzumachen und frage ihn viel. Aber er versteht gar nicht, warum ich ihm solche Fragen stelle. Er scheint mich gar nicht zu begreifen.
Ich zeichne und male selbst, aber was ich nicht weiß, ist, wie man den Schülern einzelne Lernschritte beibringt und wieviele Lernschritte etwa für den Umgang mit Farben notwendig sind"...
„Wenn ich morgens mit sorgfältig zusammengestellter Kleidung und bis in die Nacht vorbereitetem Unterricht auf dem Schulparkplatz vorfahre, merke ich, wie ich versuche, meine Lehrermaske aufzusetzen, ich habe das Gefühl, daß ich eine fremde Rolle spielen muß, eine Rolle, der ich nicht gewachsen bin."

Die Zweifel an der Kompetenz

„Heute war meine erste Lehrprobe. Ich war so fertig, unsicher, unkonzentriert. Sie zählte wirklich nicht zu meinen besten Stunden – trotz der phantastischen Mitarbeit der Schüler. Ich nahm sie jedoch kaum richtig wahr. Für mich existierten nur noch die über mir. Ich habe kaum Kraft, mich dagegen zu wehren. „Der Schüler soll seine eigene Identität finden" – das war das Lernziel meiner Stunde. Mit Hilfe von Selbstporträts wollte ich das erreichen. Aber für meinen Prüfer existierte dieser Anspruch nicht. Ich hatte das Gefühl, das er gar nicht wahrgenommen hatte, worum es mir ging. Die schlechte Note, die ich bekam, entsetzte selbst meinen Mentor.
Ich glaubte, mich damit abfinden zu müssen, daß ich doch nicht zum Lehrer tauge. Ich werde meine Referendarzeit noch recht und schlecht durchziehen, damit ich meinen Eltern nicht auf der Tasche liege und werde mir dann einen anderen Job suchen. Ich resi-

gnierte. In der folgenden Nacht schmiß ich alles hin, holte zum erstenmal seit Beginn der Referendarzeit meine Zeichenstifte und Papier hervor und zeichnete ein Selbstbildnis. Eine Verwandlung von mir zum Clown.
Danach ging es mir besser. Ich konnte mein Spiegelbild wieder anlächeln, ich strahlte, fühlte wieder Kraft und Leben. Es war, als ob ich meinen Lehrer-Lehrlings-Panzer duchstoßen hätte. Ich kam wieder zu mir selbst.
Als neuer Mensch ging ich zur Schule, nahm die Schüler wieder wahr, hatte ein gutes Gefühl ihnen gegenüber. Ich hatte mich damit abgefunden, die Erwartungen nicht zu erfüllen. Ich stand zu meinen Unfähigkeiten. Ich habe jetzt weniger Angst. Ziehe meine Jeans auch wieder an. Mein Unterrricht wird besser – ich kann auf die Schüler eingehen."

Die Angst vor der Arbeitslosigkeit

„Ich schrieb meine Arbeit dreimal um, vergeudete wertvolle Lernzeit für die kurz darauffolgende mündliche Prüfung. Außerdem blieb mir kein Tag mehr zur Erholung, die ich dringend nötig hätte. Einsamkeit, Depression, Selbstmordgedanken. Ich bekomme ständig Streit, bin wahnsinnig aggressiv, reagiere unverhältnismäßig heftig auf Kritik. Ich fühle mich ohnmächtig und ausgeliefert – keine Ablenkung hilft mehr. Ich prügele mich mit meinem Freund – er befindet sich in der gleichen Situation wie ich. Wir schlagen uns brutal, bis wir bluten und blaue Gesichter haben. Es folgt die scheinbare Einsicht, daß wir uns trennen müssen. Wir haben nichts mehr miteinander zu tun, wenn wir uns in einer solch schwierigen Zeit noch nicht einmal miteinander verständigen können.
Ich will endgültig alles hinschmeißen. Nur mühsam können mich Freunde überreden, es nicht zu tun.
Das Bewußtsein, daß wir von jedem, der uns benotet, arbeitslos gemacht werden können und die Ohnmacht, mit der ich davorstehe, bewirken Resignation und Depression. Ich habe aber auch das Bedürfnis, mich körperlich dagegen zu wehren – an meinem Freund lasse ich dann meine Wut aus. Ich treffe ihn und nicht die anderen, die die Wut in mir erzeugen.
Das ständige Beurteiltwerden, das Bewußtsein, im Staatsdienst zu sein, wirkt sich auf mein politisches Verhalten aus. Einigen meiner Kollegen geht es ähnlich ... Wir fürchteten, daß uns irgendwas als Verstoß gegen Gesetze und Verfassung ausgelegt werden könnte. Am Anfang war ich ein paarmal reingefallen. Ich sagte, und emp-

fand das schon als sehr vorsichtig, daß ich das Gefühl hätte, wir würden hier lernen, wie man sich und die Schüler am besten austrickst, d.h. wie man sie zu etwas motivieren könne, was gar nicht in ihrem Interesse stünde. Und das nur, damit der Lehrplan erfüllt werde. Aber diese Kritik ging schon zu weit. Mir wurde heftig vorgeworfen, ich sei nicht objektiv und man fragte mich, warum ich in die Schule gehen wolle …
Ich hätte mir nie träumen lassen, wie schnell man lernen kann, seinen Mund zu halten. Das Ergebnis: Magenschmerzen, Kopfschmerzen, Depressionen"…

In dem Maße, in dem Carola H. geübter und sicherer wird und Menschen findet, mit denen sie sich aussprechen kann, fühlt sie sich wohler, findet sie Freude an ihrer Arbeit. Zwar bleiben "Auftreten, Kleidung, Autorität" Forderungen, die sie ablehnt, da sie ihr als Inbegriff von Entfremdung erscheinen. Sie beschließt aber, nicht zu resignieren und sieht Chancen fürs Durchhalten in der Zusammenarbeit mit gleichgesinnten Kollegen.

4.2 Pädagogische Kompetenz und Sozialcharakter – Die Auslegung der Konflikterfahrungen

Was spiegeln die obigen Beispiele?

- ***Aufgaben*** – im Rahmen von Erziehung und Unterricht – sind Angebote, den Bestand an Kenntnissen, Fertigkeiten, Techniken zu erweitern, ihn übend zu erproben und/oder zu festigen sowie zu vertiefen. Die Aufgabe ist ebenso Anreiz und Perspektive für Neues wie Vorübung der Übertragung von Gelerntem auf andere Bereiche. Sie vermittelt zwischen den Lernzielen der verschiedenen Ebenen und dem jeweiligen Entwicklungsstand des Lernenden. Die Aufgabe kann – wo sie vom Lehrenden gestellt wird – ebenso Hilfe zur Selbstbestimmung sein, wie sie formalistische Kontrollfunktion haben kann. Das letztere ist zweifellos die vorherrschende Erfahrung, die in der Schule mit Aufgaben gemacht wird: reiner Tauschwert – nämlich Grundlage für die Benotung oder bloßes Disziplinierungsmittel –, damit zu sehen ist, daß gearbeitet wird!
  So betrachtet, hat Aufgaben zu stellen dann Autoritäres an sich, wenn es nur mehr erfolgt, um Berechtigungsscheine für weitere Laufbahnen zu ermöglichen.
  Das Vorherrschen von Formalismen, die Gewalt der Technokratie und Bürokratie, die Verselbständigung von Reglements bis zur Umkehrung ihrer ursprünglichen Sinngehalte sind aber nicht

nur charakteristisch für die Schule. Sie kennzeichnen die Beziehung der Menschen untereinander und zur Objektwelt generell, wenn durch Profitmaximierungszwänge und entsprechende Technologien Atomisierung und damit Entfremdung allgegenwärtig werden.
Nur aus dieser gesellschaftlichen Gesamtentwicklung heraus läßt sich verstehen, daß die Studenten in der geschilderten Situation das Planen für sich selbst, das Sich-selbst-eine-Aufgabe-Stellen, nicht in seinem Gebrauchswert für den eigenen Arbeitsprozeß begreifen konnten.
Freilich ist noch weiteres in den Blick zu nehmen: Wer Aufgaben stellt, anderen oder sich selbst, muß zielbezogen denken. Er muß ferner entscheiden und im Vergleich des Vorfindlichen mit dem Ziel auch beurteilen. Dies heißt, er muß sich einlassen können auf etwas, in unserem Fall auf Menschen, auf Ziele und Lerngegenstände als Bereiche von Wissenschaft und/oder gesellschaftlicher Praxis. Er muß ferner Position beziehen können, indem er entscheidet. Was heißt, daß er für sich selbst greifbar und mit sich im Reinen sein muß.
Nicht zuletzt verlangt ein anregendes, nicht-kontrollierendes Aufgabenstellen außer fachlichem Überblick auch methodisches Detailwissen, also *professionelle Kompetenzen* in der Auswahl und Kombination angemessener Arbeitstechniken.

- ***Zuordnen und Systematisieren*** ist dem Aufgaben-Stellen verwandt, wenngleich es auf anderer Ebene angesiedelt ist. Auch hier geht es um den Vergleich von Vorgefundenem mit Lernzielen; aber auch, und zwar intensiv, mit der logischen Struktur einer Thematik, eines Gegenstandes und der jeweiligen fachspezifischen sowie lebenspraktischen Verortung. Die professionelle Kompetenz zielt hier auf das Durchschauen und Überblicken von Gegenstandsbereichen in Theorie und Praxis. Allgemeines und Besonderes müssen in ihrer Beziehung erkannt und es müssen Relationen hergestellt werden können.
  Wo nur nach vorgefertigtem Schema gelernt und gearbeitet, ja, gedacht wird, verkümmern Neigungen, Mut und Fähigkeit, eigene Beurteilungen und daraufhin Zuordnungen vorzunehmen. Unsere Studenten sind ja nicht nur durch ihre schulische Sozialisation geprägt, sondern auch, wohl mehr noch, durch ihre Erfahrungen in der Arbeitswelt, in der ökonomischen Ausbildung an Fachhochschulen und durch das inhaltlich wie institutionell streng formalsierte Studium der Wirtschaftswissenschaften.

Zu fragen bleibt auch hier, ob psychosoziale Merkmale (zusätzlich oder grundlegend) bewirken, daß im Allgemeinen nicht das Besondere erkannt, vom Besonderen der Schritt zum Allgemeinen nicht geleistet werden kann. In unserem Fall hieß dies: sich selbst, die eigenen Interessen, Sachfragen, Ansichten in einem allgemeinen Überblick wiederzufinden und aufgehoben zu sehen.
Was verlangt solches nämlich, wenn die eigene Person einem selbst nicht greifbar ist; wenn ebenso sehr Verschmelzungssehnsüchte wie -ängste herrschen? Wenn hochfliegende Ansprüche an die eigene Kompetenz bestehen und bei der ersten Konfrontation mit Kompetenzen in Aktion sichtbar wird, wieviel es noch zu lernen gilt? Wie scharf ist dann die Kränkung, wie intensiv wird die Abwehr, auch wenn sie zur Blockade des eigenen Lernens gerät?

– **Die *Berufsrolle*** zu übernehmen verlangt über das hinaus, was in den ersten beiden Beispielen sich als Problem erwies, weit mehr. Dementsprechend reagiert Carola H. völlig überfordert, fühlt sie sich hilflos, ausgeliefert, unterdrückt, sind Arbeitsunfähigkeit und Depressionen die Folge. Ob sie dem „Untergang in der Lernfabrik" Schule entgehen kann, wird der Zufall zeigen: in Gestalt von Gleichgesinnten, gleich Empfindenden, mit denen sie reden und zusammen arbeiten möchte.
Auch bei Carola H. erweist sich, wie in den übrigen Beispielen, eine Fixierung auf Formales, Äußerliches, Verdinglichtes. Formen als solche schon versetzen sie in Panik (Vereidigung, Vorgestellt-Werden, Kleidung, Übungstechniken); und indem sie das formal Äußerliche, die Erscheinung gleichsetzt mit Zwang und Vergewaltigung als dessen Wesen, macht sie sich selbst zur Gefangenen. Wie z.B. sollen Malen und Zeichnen der Persönlichkeitsentfaltung dienen, wenn der Lehrer nicht einmal weiß, welche Techniken es gibt und welche sich wozu eignen?
Wenn „Hervorzutreten" als autoritär empfunden wird und darum abschreckt, zugleich deshalb ängstigt, weil man sich damit dem anderen aussetzt - wie soll dann auch die mildeste Führung und Anleitung den Schülern gegenüber möglich werden, wie erste Schritte auf Kollegen zu, wie Widerspruch und Widerstand? Kann bei derartigen Ängsten überhaupt irgend ein Lernen stattfinden, ein Aneignen von professionellen Kompetenzen, wenn doch die Angst besteht, daß man mit der Anwendung des Gelernten notgedrungen und unfreiwillig hervortritt? Was geschieht seelisch, wenn zur Realisierung von Leitvorstellungen

kein hinlängliches Repertoire an Fähigkeiten und Fertigkeiten verfügbar ist? Wenn die Realität sich darum zur Bedrohung verzerren muß? Carola H. möchte Gemeinsamkeit, Zusammenarbeit, weniger Bürokratie; sie möchte den Schülern und sich Gelegenheit zur Selbstverwirklichung schaffen; sie möchte eine freundliche Atmosphäre, Spaß an der Arbeit für sich und die Kinder, eine eigene Meinung vertreten, zu Überzeugungen stehen.
Sie möchte gut sprechen können, in der Unterrichtsdurchführung flexibel sein, auf die Schüler eingehen können, keine Fassade haben.
Sie beobachtet und erlebt, in welchem Ausmaß dies alles fehlt, bei Kollegen und – bei ihr selbst!
Was existiert, ist der formale Anspruch; nicht einmal inhaltlich gefüllt (Selbstverwirklichung welcher Fähigkeiten? Ideen – wozu? In welchen Zusammenhängen?), ohne Begründung des Woher, ohne Warum, ohne Wozu.
Wohl ist da die schlechte Schulwirklichkeit, die zunehmende Entfremdung auch in diesem Bereich. Aber: Korrespondiert damit nicht die innere Ohnmacht der Referendarin, die weder über Fach-, Sozial- noch über Selbstkompetenz verfügt?

Der in der Diskussion um die Qualifikationsmerkmale und die Professionalisierung der Lehrertätigkeit aufgenommene Kompetenzbegriff bedeutet “zuständig“ und “befugt“, weil entsprechend qualifiziert (also nicht lediglich juristisch befugt). Sieht man Kompetenz als Befähigung zur freien Verfügung über Kräfte, Kenntnisse, Erfahrungen, Werte, Fertigkeiten, dann wird sie als Mündigkeit begreifbar, als Autonomie und Emanzipation. Roth (vgl. 1971, S.180) interpretiert Kompetenz dreifach:

- als Selbstkompetenz, d.h. als Fähigkeit, für sich selbst verantwortlich handeln zu können;
- als Fachkompetenz, d.h. als Fähigkeit, für Sachbereiche urteils- und handlungsfähig sein zu können;
- als Sozialkompetenz, d.h. als Fähigkeit, für soziale, gesellschaftliche und politische Fragen urteils- und handlungsfähig sein zu können.

Selbstkompetenz setzt voraus, daß die Erfahrungen des Lebens verfügbar, weil ins Bewußtsein integriert worden sind und weiterhin werden, so daß durch ihre Integration eine mit sich selbst einige Person, d.h. Identität erwachsen ist und weiterhin sich bestätigt. Die damit verbundene Stabilität der Person bedeutet nicht Starr-

heit, aber Konstanz der Werte, der Einstellungen und Verhaltensmuster. Gerade diese Konstanz, die Einigkeit mit sich selbst und den Zielen aber – und das ist ein wichtiger, dialektischer Gesichtspunkt – erbringt erst die Möglichkeit, mit wechselnden Situationen realitäts- und sachgerecht umzugehen. Nur eine mit sich einige Person kann sich von den vorhandenen Rollenmustern distanzieren und das in Lernprozessen aufgebaute Verhaltenspotential veränderbar halten. Die Identität der Person ermöglicht die Dynamik der Kompetenz in Beziehungen zu wechselnden, sich entwickelnden Anforderungen. Kompetenz bzw. Mündigkeit lassen hier also das Moment von Souveränität durchscheinen, das Starrheit, Unbeweglichkeit, Rückwärtsgerichtetheit durchbricht. Kompetente Personen sind als mündige in der Lage, (sich) selbst Ziele zu setzen und zu entscheiden. Darum können sie sowohl besser standhalten und in Gelassenheit das Richtige abwägen als auch sich Neuem anpassen. Aus solchem Verständnis von Selbstkompetenz ergibt sich Fachkompetenz als Befähigung zur Disponibilität, Kreativität und Konstruktivität; Sozialkompetenz als Fähigkeit zu kritischem und kreativem Sozialverhalten, zu sozialer Produktivität.
Daß alle diese Qualifikationen sozialisationsbedingt sind, steht außer Frage. Wo sie in der familialen, schulischen und/oder beruflichen (universitären) Sozialisation nicht vermittelt wurden, werden Trainingskurse in der Weiterbildung erforderlich. Sie betreffen das Erfahrungsspektrum und eine Erweiterung wie Vertiefung der Wahrnehmungsfähigkeit und -fertigkeit, den Zugewinn von Kommunikationsbereitschaft und -techniken sowie die Aneignung kognitiver Kategorien zur Vermittlung zwischen Theorie und Praxis.

„Lehrerverhaltenstraining ist eine Antwort auf die Frage, wie Lehrerverhalten lernbar und lehrbar ist." Es bedarf einer „Konzeption, die den Unterricht als einen kommunikativen Prozeß auffaßt, in dem immer zugleich Inhalte und soziale Beziehungen zwischen den am Unterricht beteiligten Personen ebenso vermittelt werden wie die Ermöglichung von Sach-, Sozial- und Selbstkompetenz als Sinngebung des Unterrichts." (Rückriem, 1977, S.9)

Folgendes ist an dieser Äußerung über Lehrerverhaltenstraining wichtig:

(1) Lehrerverhalten ist lernbar. Hiermit wird die Auffassung zurückgewiesen, die für einen guten Lehrer notwendigen Qualifikationen seien angeboren. „Man habe es oder nicht". Die Erlernbarkeit und Trainierbarkeit besagt nichts darüber, daß gewisse Persönlichkeitsstrukturen angemessenes Lehrerverhalten erleichtern, daß es so etwas wie Gespür für das Richtige,

wie Intuition gibt, daß in menschlicher Kommunikation Ausstrahlung von Personen, Sympathien u.a. wirksam sind. Auch ist nicht geleugnet, daß jeder Lehrer, so wie jeder Mensch überhaupt, eine einmalige Persönlichkeit ist, weshalb es für den Erfolg oder das Gelingen von Unterricht nicht meßbare Determinanten gibt, die etwas mit der Persönlichkeit des Lehrers und dem Kommunikationsklima in der Klasse zu tun haben. Gleichwohl ist der Anteil des Lernbaren, Steuerbaren größer.

(2) Unterricht ist ein komplexer kommunikativer Prozeß. Dies besagt, daß außer der Sprache, der verbalen Kommunikation, die averbale, nämlich Mimik, Gestik, Bewegungen, Haltungen bedeutsam sind und daß der Kommunikationsverlauf ein dynamischer ist, insofern jedes Verhalten eine Rückmeldung erbringt, auf die ihrerseits wiederum Reaktionen erfolgen. Unterrricht ist also niemals eine durchprogrammierte Einwegkommunikation, es sei denn, er werde durchprogrammiert.

(3) Lehrerkompetenzen sind pädagogisch schlechthin erforderliche Kompetenzen, handle es sich um Eltern, Kursleiter, Werkmeister oder Jugendleiter.

(4) Selbst-, Fach- und Sozialkompetenz sind berufliche Kompetenzen überall dort, wo auch nur ein Minimum freier Entscheidung und menschlichen Miteinanders verblieben sind.

Ohne die dreifache Kompetenz kann die zwischen den Ausgangsdeterminanten und dem Ziel vermittelnde pädagogische Arbeit gar nicht wirksam werden; denn beobachtendes Sich-Einlassen zwecks Analysieren (die Reflexion und Kritik seiner selbst und möglicher Wahrnehmungsverzerrungen eingeschlossen), Vergleichen, Entscheiden, Auswerten setzen die genannten Kompetenzen voraus. Gleichgültig, ob stärker das Unterrichten und Unterweisen (in welcher institutionalisierten Form auch immer), das Beraten und Beurteilen, das – auch erforderliche! – Verwalten oder ob Aktivitäten im Bereich der Entwicklung von Konzepten und institutionellen Strukturen in den Blick genommen werden (Lehrpläne, Bildungspläne, Planung von Organisationsstrukturen).
Wer folglich von einem Verständnis des Lehrberufes bzw. des Pädagogen ausgeht, das dessen Charakteristika nicht schwergewichtig in der Durchführung von Unterricht sieht und wer die Ansicht vertritt, daß pädagogische Arbeit in Institutionen trotz Lehr- und Ausbildungs- oder Schulungsplänen, Erlassen, Gesetzen, Beschlüssen und Organisationsstrukturen nicht überwiegend als vor-

geschrieben oder gar fremdbestimmt zu betrachten sei, der muß danach fragen, in welcher Relation solches Leitbild pädagogischer Tätigkeiten mit den gesellschaftlichen Verhältnissen *und* den durch sie vermittelten Persönlichkeitsmerkmalen steht.
Für uns heißt das:

Gibt es heute einen *Sozialcharakter*, welcher der Entfaltung der skizzierten Kompetenz im Wege steht?

Über diese Frage wird seit langem diskutiert, und es gibt inzwischen ausreichende Charakterisierungen nicht nur von Kindern und Jugendlichen sondern unserer westlichen Zivilisation überhaupt als narzißtisch.
Als Phänomene werden genannt: geringe Unlusttoleranz hinsichtlich Bedürfnisbefriedigung, unentwickelte Realitätseinsicht, Unfähigkeit des Ich zu synthetisieren, d. h. dazu, Widersprüche und Gegensätze miteinander zu verbinden, stark unterentwickelte Fähigkeit zum aktiven Miteinander, zur sozialen Konstruktivität oder nur zur Rücksichtnahme; Angst, Unsicherheit, Apathie und Panzerungen bei überdimensioniert ausgeprägten Bedürfnissen nach Geborgenheit, Zugehörigkeit, verläßlichem Umsorgt-Werden. Die Erklärung dieser Phänomene erfolgt teilweise unter Rückgriff auf die Psychoanalyse. Sie sucht nach Störungen in der frühkindlichen Mutter-Kind-Beziehung, die sich verallgemeinern lassen, insofern die Formen der Mutter-Kind-Beziehung durch unsere Zivilisation bestimmt seien.
Mit Sicherheit werden in der frühen Mutter-Kind-Beziehung gewichtige Verhaltensdispositionen gelegt. Die Verbreitung narzißtischer Phänomene zwingt aber dazu, die gesellschaftlichen Lebensbedingungen insgesamt stärker in den Blick zu nehmen als die frühkindliche Sozialisation; oder mindestens ebenso stark. Wo Konkurrenz, wechselseitige Instrumentalisierung, Tauschwertstandpunkte beherrschend in zwischenmenschlichen Beziehungen werden, wo das Normengefüge relativiert wird und in ständiger Bewegung ist und existenzielle Bedrohung (Arbeitsmarkt, Umwelt) bei gleichzeitigem Wohlstand herrscht, entstehen dem frühkindlichen Zustand ähnliche Ohnmachtsgefühle. Die Bedingungen, unter denen Bedürfnisbefriedigung realisiert werden kann, werden dann weder durchschaut noch beherrscht.

„Die politische Organisation einer Gesellschaft kann so insgesamt als traumatisierende Extremsituation wirken und zur Institutionalisierung infantilen Verhaltens führen, zu einer Rückwendung des lustbetonten, kreativitäts- und beziehungsgerichteten Antriebspotentials ausschließlich auf die eigene Person. Affektive Versagungen, kognitive Verunsicherungen und

soziale Perspektivlosigkeit führen dabei zu einem Identitätsschwund, der die Individuen konturlos, motivationsschwach, initiativelos, verletzlich und destruktiv werden läßt. Der sie zerreißt zwischen Sehnsucht nach Zuwendung zu Sachen und Menschen, nach ozeanischer Vereinigung einerseits und Flucht vor Nähe, Angst vor dem Verschlungen-Werden andererseits."(Lisop/Huisinga, 1979, S.811).

Wenn dem so ist, daß postindustrielle Gesellschaften einen Sozialcharakter hervorbringen, der durch „Entstrukturierung des Überichs" gekennzeichnet ist, der gleichermaßen dadurch geprägt ist, daß in seiner Sozialisation strikte Fremdbestimmung fehlte, Autonomie aber nicht entwickelt werden konnte – was bedeutet das dann für die Ausbildung von Pädagogen, was heißt das für jedwede Bildung? Vorausgesetzt, an der Leitvorstellung nicht-entfremdeten Lebens wird als konkreter Utopie festgehalten. Vorausgesetzt, Lehrende/Pädagogen werden nicht mit Organisatoren oder Moderatoren verwechselt, die lediglich für störungsfreien Ablauf verantwortlich sind.

4.3 Pädagogische Konsequenzen: Erste Umrisse *Arbeitsorientierter Exemplarik*

Prototyp für die *Arbeitsorientierte Exemplarik* wurde vor rund fünf Jahren ein Seminar, das auf der Grenze zwischen Grund- und Hauptstudium die unterrichtsbezogenen Praxisstudien und die Bildungstheorie am Thema „Berufliches Leitbild am Beispiel von Kommunikation und Interaktion in Universität und Schule" vernahtet. Dieses ganz auf die Verbindung von kognitivem und sozialem Lernen, von Selbsterfahrung und Theoriestudium abgestellte Seminar wurde als zehntägiger Block außerhalb Frankfurts durchgeführt. Es erhielt im institutsinternen Sprachgebrauch die Bezeichnung „Blauf" als Abkürzung für Blockseminar außerhalb Frankfurts.

Die „Blaufs" waren zwar über die berufliche Kompetenz hinaus auf das bezogen, dem wir uns als oberstem philosophischen Wert verpflichtet fühlen. Sie waren und sind aber nach Inhalten und Verfahren nicht daraus abgeleitet.

Solche Ableitungen sind gar nicht möglich, weil der Weg sich erst aus der Verbindung von Leitziel und vorfindlicher Praxis ergibt. Aufhebung von Entfremdung, allseitige Entfaltung sind nämlich ebensosehr Ziel wie sie in der Berücksichtigung der Lebenswirklichkeit und des Lebenszusammenhangs der Lernenden Ausgang der Didaktik sind.

Nach deren Neuorientierung suchten wir aber nicht nur im Hinblick auf die Entfaltung beruflicher Kompetenz, sondern, eine Stufe davor, um universitäres Lernen als gebrauchswertbezogenes überhaupt erst zu ermöglichen. Dies ist im Bereich der Sozialwissenschaften, wozu wir die Pädagogik zählen, deshalb so wichtig, weil sie auf Selbstbetroffenheit und Selbstreflexion drängt. Diese zuzulassen, auszuhalten und nutzbringend zu gestalten bedarf es einer Reihe von Fähigkeiten. Dazu zählen:

- sich auf den Untersuchungsgegenstand und das Ziel der Untersuchung so einzulassen, daß über die Angemessenheit von Verfahren nachgedacht werden kann;
- der Reichweite von Theorien und theoretischen Konstrukten zu folgen, auch wenn diese jenseits unmittelbarer Anwendungsmöglichkeiten liegen;
- die Begrenztheit von Theorien einzusehen und auszuhalten;
- Sinnstrukturen autonom zu erstellen oder an ihnen festzuhalten, sie zu verteidigen;
- Unklarheiten, Widersprüche und Dissense in wissenschaftlichen Lösungen wie zwischen solchen auszuhalten;
- sich mit Normenwidersprüchen auseinanderzusetzen;
- zwischen künstlicher Sinnlichkeit und Konkretheit, wie sie sich im Zahlen-, Fakten- und Modellfetischismus äußert, einerseits und direkten Zugriffen auf die Realität andererseits zu einem angemessenen Theorie-Praxis-Verhältnis zu gelangen;
- Selbstbetroffenheit zuzulassen ohne in Privatismus abzugleiten.

Denk- und Sprachmuster,

- mit denen sich Selbstbetroffenheit einfangen und mitteilen läßt;
- die Metakommunikation ermöglichen.

Wir standen vor der Aufgabe, vom Verhalten der Studenten ausgehend, gebrauchswertorientierte Studierfähigkeit (Arbeitsfähigkeit) so entfalten zu helfen, daß daraus berufliche Kompetenz auch dann erwüchse, wenn sich Strukturen eines gegenwirkenden Sozialcharakters zeigten.

Der folgende Text (von 1978) belegt, wie schwierig es war, aus den vorhandenen Erfahrungen heraus erste Umrisse einer arbeitsorientierten Didaktik im Wechselverhältnis von Ziel, Inhalt und Verfahren zu erlangen. Es handelt sich um eine Diskussionsgrundlage für Erörterungen im Mitarbeiterkreis. Daran schieden sich erstmals die Geister derer, die es beim Ziel „Soziales Lernen“ belassen wollten und derer, die nach neuen Relationen von affektiven und kognitiven Lernzielen, von Lernzielen und Lebenszusammenhang auf der Basis der Exemplarik suchten:

„Unsere Zielstellung für die „Blaufs“ ging bislang von folgenden Gesichtspunkten aus:

(1) Lernen ist kein ausschließlich kognitiver Vorgang.

(2) Ohne die zureichende Beachtung der emotionalen und affektiven Vorgänge bei Lernenden findet allenfalls eine Dressur statt.

(3) Speziell in der Lehrerausbildung, aber auch im normalen Schulalltag bzw. Seminaralltag werden die psychosozialen Determinanten von Lernprozessen nicht hinreichend berücksichtigt.

(4) An vielen Schulen, aber auch in anderen institutionalisierten Lernprozessen (Kurse, Lehrlingsausbildung und Jugendarbeit) gelingt die angestrebte Verständigung und Kooperation innerhalb des Kollegiums und zwischen Schülern-Eltern-Lehrern nicht, weil Beziehungskonflikte, Status- und Durchsetzungsängste die gegenseitige Wahrnehmung verzerren, Vorurteile begünstigen und konstruktive Regelungen und Innovationen behindern.

(5) Daraus resultieren sehr starke Belastungen für den Umgang zwischen Lehrern und Schülern, Lehrern und Lehrherren, Lehrern und Schulaufsicht sowie Lehrern und Eltern.

(6) Schulorganisation und politisch-institutionelle Bedingungen tragen teils verursachend, teils verstärkend zu diesem Zustand bei.

(7) Lernziele wären dementsprechend
- Sensibilisierung der Studenten für das Gruppengeschehen/ Unterrichtsgeschehen;
- Einübung einer verbesserten Wahrnehmung des eigenen wie des Schülerverhaltens;
- Verbesserung der Kommunikations- und Kooperationsfertigkeiten.

Reichte bis hierher unsere Übereinstimmung, so teilten sich kürzlich die Auffassungen an der Frage, wie die Ziele mit Inhalten und Methoden zu verknüpfen seien. Wenn es um *Ausbildung* gehen sollte, dann sei nicht nur zu erleben, sondern auch ‚auf den Begriff zu bringen'. Fachzusammenhänge, wissenschaftliche Kategorien und interdisziplinäre Problemsichten wie Lösungen seien zu erörten. Uneins waren wir uns dabei, ob solche Fachzusammenhänge z.B. über Thematiken wie ‚Universität und wirtschaftliche Entwicklung' oder ‚Kommunikationsprobleme im dualen System der Berufsausbildung' herzustellen seien oder erst zu entwickelnde Kategorien, die menschliches Verhalten, menschliche Beziehungen und das Wesen unserer Gesellschaft (etwa Warentausch) *zugleich* fassen. Das würde heißen, daß wir in der Exemplarik einerseits, von einer auf die ökonomische Basis zurückgreifenden Sozialpsychologie her andererseits suchen müßten.

Es würde auch heißen, die oben unter (4) genannten Kommunikationsprobleme nicht lediglich als ‚zwischenmenschliche' zu sehen und zu ‚bearbeiten', sondern dabei zur Analyse gesellschaftlicher Verhältnisse vorzudringen. Wir müßten uns darum neu über unsere Einschätzung der Gruppendynamik verständigen. Unsere eigenen Beziehungskonflikte sind, so gesehen, nicht Kern unseres didaktischen Dissenses, sondern Ausdruck unterschiedlicher wissenschaftlicher Grundauffassungen. (Die natürlich mit Werten belegt sind, woran sich *dann* Konkurrenz- und Statusprobleme festmachen.)

Suchen wir nach dem Wesen unserer Gesellschaft, so stellt sich die Frage nach den Verhaltensproblemen der Studenten als Frage nach den notwendigen Kompetenzen *und* als Frage nach deren Verhinderung durch gesellschaftlich verursachte Charakterstrukturen. Von hier aus sollten wir weiterdenken.

Gleichgültig, ob es in den ‚Blaufs' bzw. Blaufgruppen stärker um Übung bzw. Training geht im Sinne der Verbesserungen kommunikativen Verhaltens oder ob Sensibilisierung, d.h. Schulung und Verfeinerung der Wahrnehmung von sich und anderen im Vordergrund steht, also eher die Komponente, verstehen zu lernen, warum Menschen handeln, wie sie handeln: In jedem Fall bleiben im Vordergrund die Prozesse der Kommunikation als Problem der *Veränderung im Zusammenhang mit* entgegenstehendem oder vorwärtstreibendem *sozialem Druck*. Die Zieldimension der ‚Blaufs' verweist folglich auf das, was die Sozialpsychologie als Divergenz von Maximen, Bekenntnissen, Selbsteinschätzungen zu tatsächlich vorhandener und sich aktualisierender Verhaltensdisposition erörtert. Eine Diskrepanz, die denen, die ihr unterliegen, nicht bewußt ist und gegen deren Bewußtwerdung sie sich auch sperren. Wenn die ‚Blaufs' dennoch fortführen, was in den Grundkursen begonnen wird (oder grundgelegt werden soll), nämlich das Erkennen und damit die Überwindung der Diskrepanz, so stehen Selbst*reflexion* als sozialpsychologische *Reflexion* und Kommunikations- bzw. Sensitivitäts*training* (als Intention zumindest) unlösbar miteinander verschränkt, gebührt ihnen absolute Vorrangigkeit vor allen anderen Fragen bzw. Themenkreisen. ‚Modelle von Berufsschullehrer-Ausbildung' oder ‚Zusammenhänge von erster und zweiter Ausbildungsphase', mit denen sich zeitweilig Lehrende herumschlagen mußten, würden danach ausscheiden. Aber nicht nur, weil sie der Zielstellung nicht entsprechen. Auch aus methodischen, allerdings eng mit der Zielstellung verknüpften Gründen: Sie erbringen nicht die notwendige affektive Betroffenheit über sich selbst, bieten zu viele Fluchtwege der Rationalisierung und verbauen daher die Möglichkeit, Verhaltensdispositionen und damit Verhalten zu verändern. Sie belassen es statt dessen bei Proklamationen und temporärer Anpassung. Es kommt darum nur eine Arbeit in Frage, die gleichzeitig kommunikations- und sozialpsychologisch orientiert ist.

In welchen Richtungen nun sollten wir die Veränderungen suchen?

(1) Planung, Gemeinsamkeit, Verbindlichkeit

In der Vorbereitungsphase in Frankfurt, die wir aus unserer Erfahrung für wichtig halten, gilt es, aus den Diskussionen und dem kommunikativen Verhalten der Studenten heraus die Themen zu entfalten und eine erste grobe Festlegung vorzunehmen. Dabei sind zunächst die grundsätzlichen Ziele der ‚Blaufs' den Studenten zu vermitteln und klarzumachen, daß diese spezifiziert werden an den Lebensbereichen Universität und Schule als den je individuellen *und* zugleich gemeinsamen. Weshalb auch die Lehrenden ihre Vorstellungen mit einbringen und nicht nur die formalen Schiedsrichter des Verfahrens sind.

Ist dies eine empiristische Vorgehensweise oder ein bloßes Sich-Richten nach den Hier- und Heute-Bedürfnissen?

Weder noch. Denn es geht um einen Vorgang, bei dem die Studenten die Beteiligung und das Gemeinsame der Planung als *durchgängig* und ernsthaft erfahren und als etwas, das zwar flexibel ist, aber sehr wohl zielgebunden und gebunden an Bedingungen. Wenn Aussagen wie „Es ist egal, was wir vorher planen, im ‚Blauf' kommt dann doch etwas anderes heraus", möglich sind, dann scheinen sich die Teilnehmer als verplante Objekte gefühlt zu haben. Eben dagegen richtet sich die Verbindlichkeit und Ernsthaftigkeit. Gemeinsame Planung ist kein Formalismus, kein Ritual; nichts, das zu beliebigem Zeitpunkt von den Lehrenden umgestoßen werden kann.

(2) Thematisieren, Führen, Strukturieren

Planungsbeteiligung gibt Aufschluß über die inhaltliche Richtung der Motivationen und über den Assoziationshorizont der Studenten. Sie hat also nicht formal demokratische Bedeutung (etwa im Sinne von „seid selbstbestimmend, autonom, kreativ, wehrt euch gegen Bevormundung") sondern methodische. Mit dem, was da eher tastend, suchend, ungeordnet vorgebracht wird, haben die Lehrenden behutsam zwar, aber doch auf das Ziel hin thematisierend umzugehen. Allerdings sollten sie diese pädagogische Funktion und Rolle offenlegen. Es geht demnach um so etwas wie eine dialektische Balance von Autonomie und Zielgebundenheit, Autonomie und „Geführt-Werden".

(3) Tauschwert und Gebrauchswert; Biographie und Geschichte

Es geht darum, ob sich Lernprozesse ergeben könnten, welche die Studenten darin unterstützen, ein eigenständiges Interessenspektrum nicht deshalb zu finden, weil sie sich zwanghaft gegenüber dem anderen (auch den Lehrenden) abgrenzen müssen, sondern weil es um ihre Bildung geht. Das heißt, es muß glaubwürdig werden, daß wir helfen wollen, die Verknotung von „Biographie und Geschichte" zu begreifen. Unser Teil besteht in der Wendung der Geschichte zur Biographie, wobei wir aufpassen, daß die Arbeit nicht zu sehr ins Privatistische und die individuellen Sozialisationsverläufe abgleitet. Die Teilnehmer haben eher den umgekehrten oder ergänzenden Part zu übernehmen, nämlich ihre Biographie sozusagen zu packen, um sie zur Geschichte zu wenden. Es soll also nicht darum gehen, irgendetwas aufzusetzen oder vorzusetzen (wogegen sich die Studenten zu Recht wehren; denn das entspricht ihren alten Sozialisationserfahrungen, auch dem üblichen Studienbetrieb, zu dem wir ja Alternativen suchen und im ‚Blauf' bieten wollen), sondern die Selbstreflexion dahin wirken zu lassen, daß Erlebtes, Sinneseindrücke, Erkenntnisse und

Kenntnisse sich zu einem aufgeklärten Weltbild fügen, in dem Kommunikation als Vehikel der Selbstverwirklichung wie der Veränderung von Verhältnissen benutzt wird. Dies soll heißen, daß die Haltung: „Nützt ja alles nichts, die Verhältnisse sind nun mal so, in der Schule läuft da doch nichts", ebenso falsch ist wie die Auffassung, durch „seid nett zueinander, liebt Euch, aber setzt Euch auch durch", würden schon die Reformen vom Himmel fallen. Die Realität in der Praxis liegt dazwischen. Vielleicht sollten wir diskutieren, wie diese Realität sichtbar gemacht werden kann. Möglicherweise resultieren Sperren bei den Teilnehmern auch daraus, daß sie die Glaubwürdigkeit unseres Angebots an dem messen, was wir an Realitätssicht offenbaren.

(4) Alltag und Gesellschaftssystem

Hierbei denken wir sogleich an die Literatur, die in der Vorbereitungs- bzw. Planungsphase eine Rolle zu spielen hätte. Ottomeyer (1977) verweist sozusagen auf die Totalität von Erfahrungen, die Breite des Horizontes und darauf, daß alle Alltagserfahrungen (und gerade Alltagserfahrungen) eine gesamtgesellschaftliche Dimension haben und insofern relevant sind; wenn auch im ‚Blauf' nicht alle thematisiert werden. Es wird deutlich, daß Erfahrungen vermittelte Produkte sind, und die Lektüre eröffnet damit die Perspektive, daß sie sich auch produzieren lassen. Um solche gemeinsame Produktion neuer Erfahrungen geht es ja in den ‚Blaufs'.

(5) Private und kollektive Erfahrungen

Es drängt sich der Verdacht auf, daß das Phänomen Gruppe bislang in den Blaufs eher technokratisch gehandhabt wurde. Diese Arbeit in Gruppen (wenige Teilnehmer) erschien ausschließlich dadurch begründet, daß eine Zentrierung auf Erfahrungen des Hier und Jetzt in Gruppen der Erweiterung der Handlungskompetenz diene. Es ging in den ‚Blaufs' vielfach nur um die *Reaktualisierung* von Erfahrungen und nicht um deren *Verarbeitung* (oder zumindest nur ungenügend). Dies hatte auch zur Folge, daß Gruppen(interessen) als kumulierte Privatinteressen auftraten und nicht als Produktionsweise notwendiger Öffentlichkeit und Herstellung eines neuen Bewußtseins. Wir haben nach Möglichkeiten zu suchen, welche die Zersplitterung der Erfahrungsproduktion überwinden helfen. Denn die Teilnehmer verstehen vielleicht, was durch sie hindurch geschieht; können analysieren, weshalb sie keine (kollektive) Erfahrung haben. Aber bekommen haben sie damit noch keine. Jeder Teilnehmer hat ja seine privaten Erfahrungen gemacht – seine Erfahrungen im Stufenleitersystem der Tausch- und Gebrauchswertproduktion zur Ausbildung der Ware Arbeitskraft. So entwickeln sich Verhaltensmuster mit Allgemeinverbindlichkeitscharakter, die zwar das gesellschaftliche Ganze in sich aufnehmen, aber als Verblendungszusammenhang. (vgl. Negt/Kluge, 1972, S. 24)

Erfahrungen müssen aber als Lebenszusammenhang bzw. in ihm erkennbar werden. Wie wäre das – ansatzweise – in den ‚Blaufs' zu schaffen?
Sollte und könnte da in Richtung neuer gemeinsamer Aktivitäten aller gesucht werden, in den stärker aktivistischen, produzierenden Form des Miteinander aller?
Brauchen die Teilnehmer auch Hilfen, um privatistische und zersplitterte Formen eher konsumtiver Freizeitbetätigungen und privatistischer Informationen (Bargespräche) zu überwinden?

Was es bedeutet, aufgrund von Vereinzelung keine neuen Erfahrungen machen zu können, läßt sich gut am Beispiel „Frauen in den Gruppen" demonstrieren. Dieses Beispiel zeigt, daß wir nicht nur in Gefahr gerieten, die schlechte Wirklichkeit zu reproduzieren, sondern dies ganz technokratisch taten.
Wir meinen die Tatsache, daß wir bislang bei der Gruppenbildung auf dem Prinzip beharrten, daß in jede Gruppe wenigstens eine Frau gehöre. Durchgesetzt hatten sich damit diejenigen, die – unter Rückgriff auf entsprechende gruppendynamische Grundsätze und Erfolge – auf solche Weise Lebenswirklichkeit einfangen wollten (Frauen gibt es immer, immer in der Minderheit). Die Gruppen zur Welt im Kleinen zu machen heißt aber, schlechte Abbild-Pädagogik zu betreiben. Statt in den ‚Blaufs' den Frauen ganz besonders zur Emanzipation zu verhelfen, haben wir sie vergewaltigt, in die Isolation getrieben und ihre Solidarisierung durch Vereinzelung in den Gruppen verunmöglicht. Was ihnen blieb, war, in der Gruppe die Außenseiterposition aushalten zu lernen, zur hysterischen Einzelkämpferin abgestempelt zu werden oder sich durch Rückzug auf Klischees der Frauenrolle (sie angelten sich einen Liebhaber) aus der Schußlinie zu nehmen. Solches ließ sich sogar als Lernfortschritt, als „mehr Mut zum Umgang mit Gefüh-

len" deklarieren. So war das Ergebnis des Lernens für die Frauen ein reaktionäres, selbst wenn die Frauen auf diese oder jene Weise ihr Selbstbewußtsein stärken konnten.

Am Beispiel Frauen zeigt sich, wie unsere Autorität zur technokratischen gerann und damit den Studenten versperrte zu erfahren, ob und wie wir die Diskrepanz von Person und Rolle zu überwinden suchten.

(6) Sozialcharakter und politische Gestaltungskraft

Wenn zutrifft, daß noch nie soviel an freigesetzten Potentialen vorhanden gewesen ist wie heute, dann ergibt sich die Doppelfrage

a) was damit anzufangen, was davon zu erwarten ist und
b) welche Bedeutung das für die Gruppenarbeit hat.

Da das kommunikative Bedürfnis nur zu gerne in Bereiche von „Gruppenseelsorge" ausweicht, andererseits aber auch eine Vorliebe für das (positivistische) Faktendenken zu beobachten ist, entsteht für die Arbeit in den ‚Blaufs' eine doppelte Zange. Oder ist es genau umgekehrt? Eröffnet sich geradezu die historische Möglichkeit, über Gruppenarbeit pädagogische und politische Gestaltungskraft zu erzeugen? Wie kann sie dann didaktisch mobilisiert werden? Oder sind wir auf therapeutische Dimensionen verwiesen?

Wir können hier keine psychoanalytische oder sozialpsychologische Analyse leisten. Wir machen darum einen Sprung und fragen nach den Verhaltensmöglichkeiten der Lehrenden. An drei Kategorien soll angedeutet werden, wie wir weiterdenken können.

– Der Symbiosewunsch bzw.
  die damit verbundenen Trennungsängste

Beim „ödipalen Typ" stellt sich für den Lehrenden das Problem, Autoritätsängste und Unterlegenheitsgefühle abbauen zu helfen. Im anderen Fall (narzißtischer Rückzug) werden die Autoritäten nicht so sehr als Übermacht empfunden. Dagegen sind Schwierigkeiten vorhanden, Personen als faßbare und kontinuierliche wahrzunehmen. Pädagogisch erfordert dies, sich verstehend auf die Teilnehmer zu beziehen und Solidarität zu vermitteln:
„Ich bin faßbar für dich, ich bin immer derselbe, ich bin jemand, auf den du dich konkret beziehen kannst (könntest)."
Es geht also mehr darum, daß die Teilnehmer mit dem Wahrnehmungswechsel dem Objekt gegenüber fertig werden müßten.

– Vermeidungsverhalten

Für den neuen Sozialisations-Typ hieße das, ihn vor allem vom Leistungsdruck zu entlasten. Er wird ja gerade dadurch (re)motiviert, daß man Leistungsdruck (auch in Form von Erwartungen) von ihm wegnimmt.
Dann taucht aber das Problem auf, daß wegen der hochfliegenden inneren Ansprüche bei zu geringen Kompetenzen von Seiten der Teilnehmer spontan kein Anfang möglich wird. Wir müssen uns also Wege ausdenken, Anfänge zu erleichtern, damit nicht immer der „Riesenberg“ als noch zu lernender gesehen wird, der ja sowieso nicht abgebaut werden kann; ja, immer noch höher wird, sofern er gemieden wird. Es geht darum, den Schritt über die Schwelle zur Aktivität tun zu helfen, damit Angst sich überhaupt abbauen kann, Frustrationstoleranz und Spontaneität wachsen.

– Diffusität der Beziehungen bzw.
  Angst vor der Konturierung anderer Objekte

Für den ‚neuen Typus' ergeben sich vorrangig Schwierigkeiten mit der Objektwahrnehmung und Objektkonstanz. Für ihn wäre es wichtig, an uns den ‚ganzen' Menschen zu erfahren, mit seinen Sorgen, mit seinen Ängsten, mit seinen Freuden, auch mit seiner Moral. Als Gegengewicht zu einer arbeitsteiligen Wahrnehmung, bei der eine Aufspaltung in lauter Teilobjekte stattfindet. Die pädagogische Kategorie wäre hier die Verknüpfung von Person und Rolle und der Verbindlichkeit. Sie muß vorgeführt werden. Ich, Lehrender, bin jemand, der für sich selbst verbindlich sein kann und seine Berufsrolle aus seiner Person heraus füllt. Ich habe mit meiner Person sozusagen ‚Ernstcharakter'. Ich bin nicht so quallig-diffus, wie du die Menschen erlebst, und ich will dich trotz meiner Zielgerichtetheit nicht ‚auffressen'.

Sicherlich wird es Überlagerungsphänomene geben und immer wird eine spezielle Analyse der Gruppensituation vonnöten sein.

Aber: es gibt weder ‚Nüsse zu knacken' noch ‚verpanzerte Strukturen aufzubrechen', wie es in Teambesprechungen, in Anlehnung wohl an gewisse gruppendynamische Sprachstile, zu hören war.
Vielmehr geht es darum zu unterstützen, damit sich Strukturen allererst bilden können.“

Für Ihre Notiz

Zweites Kapitel

Zur Konfrontation mit der Erfahrung: Ein Seminarbericht

1. Entstehung

In diesem Kapitel schildern wir das erste Seminar, das wir auf der Grundlage der *Arbeitsorientierten Exemplarik* versucht haben. Der hier abgedruckte Bericht ist vor schon 5 Jahren für die Mitarbeiter im Institut geschrieben worden. Er wurde für dieses Buch nur dort überarbeitet, wo es um Institutsinterna ging.
Zweck der Darstellung von 1978 war es, die Diskussion um die weitere Klärung der zunächst nur didaktisch vagen Konzeption *Arbeitsorientierte Exemplarik (AOEX)* voranzutreiben. Außerdem sollten die Mitarbeiter zur Entscheidung darüber gelangen, wer sich entgültig auf die neue Konzeption einlassen und an ihr wie nach ihr würde arbeiten wollen. Der hier abgedruckte Bericht war damals mit dem Bericht einer Parallel-Gruppe zur Diskussion gestellt, die grundsätzlich anders gearbeitet hatte.
Die Erörterung von Grundsatzkonzeptionen für Ausbildungsgänge oder bestimmte Veranstaltungstypen, Absprachen bei Arbeit in Parallelgruppen sowie Austausch von Protokollen oder Berichten zwecks Evaluation gehören im gesamten außerschulischen Bildungsbereich zum pädagogischen Alltagsgeschäft; oder sie sollten zumindest dazu gehören. Für die Schule gilt diese Forderung genauso, wenn man nicht unterstellt, das Nebeneinanderarbeiten der Kollegen in der gleichen Klasse und der Stilbruch beim Auswechseln von Lehrern z.B. mit dem neuen Schuljahr runde die Vielfalt der Andersartigkeiten allein durch deren Summierung zu einem Ganzen von Bildung ab.

Der folgende Bericht ist u.a. als Beispiel für und Ermutigung zu einer umfassenderen, offenen Kommunikation zwischen gemeinsam Lehrenden hier aufgenommen worden. Auch zeigt er, in welchem Ausmaß die Erziehungswissenschaft eine experimentelle Disziplin ist und pädagogisches Tun in seinem Ausgang offen bleibt.

Das erste Seminar nach *AOEX* war noch sehr stark von der Vorgeschichte der „Blaufs" (Blockseminar außerhalb Frankfurts) geprägt, die den Charakter sensibilisierender Selbsterfahrungsarbeit hatten. Sie gehörten in den Trend „soziales Lernen", insofern wir zur praktischen Ausbildung von Lehrern nicht nur das Planen und Durchführen von Unterricht rechneten, sondern auch die Schulung differenzierter Wahrnehmung und Auslegung und den abwägenden Umgang mit eigenen und fremden Ausdrucksformen verbaler und averbaler Kommunikation, mit deren emotionaler Verursachung und den Folgewirkungen auf den Gruppenprozeß. Im vorigen Kapitel wurde das umrissen. Wir sind bis heute von diesem Ausbildungsziel des „Blaufs" nicht abgerückt, haben aber die Sensibilisierung – das Beobachten, Wahrnehmen, Ins-Bewußtsein-Heben, Erklären, Steuern der Inhalts-, Beziehungs- und Ausdrucksseite von Kommunikation – nun eindeutig auf die berufliche Kompetenz ausgerichtet. Dies heißt, daß der Gruppenprozeß für alle als *didaktischer* Prozeß erkennbar und steuerbar wurde, und es heißt, daß wir über die Erläuterungen der Ziele, Inhalte und Verfahren des Seminarprozesses hinaus den gesellschaftlichen Implikationszusammenhang in den Blick rückten. Außerdem werden psychische Dimensionen immer und nur als *sozial*psychologische ausgeleuchtet. Dadurch sollen Normen, Werte, Bedürfnisse und Kommunikationspraktiken aus ihrem Verhältnis zur ökonomischen Basis begriffen werden. Eine derart dimensionierte Denkweise war und ist den meisten Studenten nicht vertraut. Darum führten wir eine obligatorische Grundlektüre ein. Als ebenso lebensnah, anschaulich, ausdrücklich auch auf das Bildungswesen bezogen wie hinsichtlich der Denkform herausfordernd erwies sich bis heute unübertroffen das Buch von Klaus Ottomeyer über „Ökonomische Zwänge und menschliche Beziehungen" (1977).

Im Zusammenhang mit der Absicht der Konfrontation unserer Erfahrung mit derjenigen der Leser gaben wir das Rohmanuskript dieses Kapitels Studenten und Kollegen zu lesen. Ihre Einwände lassen sich zu zwei Komplexen zusammenfassen:

Der eine betrifft die Lehrerrolle und die Frage, wie sich bei *Arbeitsorientierter Exemplarik* Lehrende und Lernende (als Subjekte und/oder Objekte) zueinander verhalten; ob die Lernenden in dem geschilderten Seminar nicht ausschließlich Objekte gewesen seien und wo der Lehrer als Lernender bleibe.

Der zweite Komplex beinhaltet Befremden darüber, wie man ein gescheitertes Seminar des Berichtes für wert halten könne und wie schlüssig eine pädagogische Konzeption sei, wenn Veranstaltun-

gen mißlingen könnten.
Nun zeigt aber unser Bericht gerade, daß alle Lernsequenzen, alle methodischen Entscheidungen von Äußerungen der Stundenten ausgingen und auf die Entfaltung ihrer Kompetenzen zielten. Alles kreiste um *ihre* als legitim anerkannten Bedürfnisse. Insofern allerdings berufliche Kompetenzen, berufliches Leitbild und das eigene Kommunikationsverhalten Thema waren, waren die Teilnehmer auch Objekte ihres Lernens.
Die Einheit von Lernsubjekt und Lernobjekt, die sich im Seminar verwirklichte, ist aber stärker eine des inneren Lernprozesses, weniger eine der Verfahren. Denn die Analyse, Durchleuchtung, Strukturierung des jeweiligen Ineinandergreifens von Zielen, Gegenständen und Verfahren, des Gruppenprozesses oder schlicht des Seminarverlaufs lag primär in der Verantwortung der Leiter. Die Teilnehmer wuchsen erst nach und nach stärker in die didaktische Kompetenz hinein. Darum waren die Leiter nicht (und sie sind es nie) Gleiche unter Gleichen, Lernende wie die Teilnehmer. Dennoch sind sie nicht von den Teilnehmern abgehoben; lernen auch sie, und zwar am gleichen Material:
Die Auslegung der mitgeteilten Lebenserfahrung, Kenntisse, Werte, Normen, Denkmuster, Verhaltensweisen usf. aus dem gesellschaftlichen Implikationszusammenhang und im Hinblick auf die Relevanz für pädagogische Arbeit erfolgt nämlich durch Lehrende *und* Lernende immer nur probeweise, als Angebot. Da das *richtige* Ergebnis immer individuell *und* generell richtig, im besonderen *und* allgemeinen stimmen muß, ergibt es sich erst aus der *gemeinsamen* Erörterung und Erprobung in *neuen* Erfahrungen. Pädagogische Entscheidungen sind ja insofern immer Mutproben, als man höchstens mit an Sicherheit grenzender Wahrscheinlichkeit Vorhersagen über ihre Richtigkeit machen kann. Ist doch das Determinantengefüge zu vielfältig, wirkt beim Lehrenden, auch bei allergrößter Erfahrung und Ausbildung, zu viel Unbekanntes oder Unbewußtes seiner selbst, lassen sich die Reaktionen der Lernenden nicht wie Mechanismen voraussehen.
Da in der *Arbeitsorientierten Exemplarik* der Lebenszusammenhang der Lernenden, der des Lehrenden, der gesellschaftliche Implikationszusammenhang und der didaktische Prozeß in Relation zueinander reflektiert werden, ist das, was der Lehrende lernt, nicht nur didaktischer Natur (etwa im Sinne der permanenten Verbesserung seiner Kompetenz); wesentlich ist vielmehr das, was auch er an Aufklärung erhält. Man sollte auch nicht vergessen, daß das Lernen im Sinne der Wissensaneignung beim Lehrenden bereits vor dem Unterricht stattfindet, spätestens in der Vorbeitung.

Für sich alleine genommen wird der Einwand, in Kapitel zwei erschienen die Lehrenden als Objekte, also nicht begreiflich. Man muß vielmehr den Hinweis auf das angebliche Scheitern des Seminars hinzunehmen, um zu begreifen, daß es bei den vorgebrachten Einwänden um den Objekt-Status des *Lehrers* und nicht den der Schüler ging. Die Eindeutigkeit, mit welcher der Lehrende zu seiner Rolle stehen muß, macht ihn nämlich immer auch zum Objekt, an dem die Lernenden sich abarbeiten. Das aber taten die Studenten in dem geschilderten Seminar ausgiebig! Auch die hierzu erforderliche Frustrationstoleranz der Lehrenden zeigt das vorliegende Kapitel.

Es führt u.a. vor Augen, wieviel trotz Schülerorientierung von der Planung abhängt und wieviel trotz bester Planung nicht zu Ende gebracht, nicht abgeschlossen werden kann, weil Bildungsprozesse Langzeitprozesse sind. Sie müssen Schichten von Vergangenem durchdringen und in neue Lebenssituationen hineinreichen können, bevor eine neue Entfaltungs- und Entwicklungsstufe der Persönlichkeit erreicht wird. Das nach Fächern und Stunden zerstükkelte Lernen in unserem Bildungswesen suggeriert zwar, es gäbe Bildung in kleinen, abgepackten und für sich alleine wirksamen Einheiten. Die Realität widerlegt dies aber ständig.
Gewiß können Routiniers auch einzelne Stunden nach der *Arbeitsorientierten Exemplarik* planen und steuern. Aber doch nur tendenziell, weil arbeitsorientiertes exemplarisches Lehren und Lernen immer auf längere Phasen zielt als auf ein oder zwei Doppelstunden.

Das geschilderte Seminar blieb, wie bereits gesagt, unvollkommen, und vor allem entfaltete es seine Wirkung erst sehr viel später, wie uns die Studenten berichteten. Gescheitert ist es jedoch nicht. Dieser Eindruck kann u.E. nur aus zwei Gründen entstehen: Entweder der Leser steht generell unter übermäßigen Vollkommenheitsansprüchen (auch an seine eigene Arbeit) und hat eine sehr geringe, wenn überhaupt wirksame Frustrationstoleranz gegenüber Pannen, Fehlern, Hindernissen oder auch nur Umwegen. Oder er erhofft sich speziell von der *Arbeitsorientierten Exemplarik* einen sicheren Weg, als Lehrender/Gruppenleiter so beliebt und geliebt zu sein, wie das Gruppenpädagogik oder die schülerorientierte Didaktik nicht selten vorspiegeln. Solche Erwartungen können wir leider ebensowenig erfüllen wie wir methodische Patentrezepte feilbieten.

Das vorliegende Kapitel heißt „Zur Konfrontation mit der Erfahrung“. Es sind damit unsere Erfahrungen gemeint, insofern die *Arbeitsorientierte Exemplarik* aus ihnen erwuchs. Es darf daher bei der Lektüre des Seminarberichts nicht vergessen werden, daß er den *Anfang* einer Entwicklung darstellt und nicht ein vorbildliches Endergebnis. Gerade deswegen eignet es sich aber, wie bereits erwähnt, besonders gut zur Konfrontation mit der Erfahrung des Lesers.

2. Erster Seminarteil: Die drei Vorabsitzungen in Frankfurt

Diese Sitzungen dienten dem Kennenlernen der Gruppenmitglieder nach Bildungsgang, Studien-Einzel-Interessen, Erfahrungen in der Arbeitswelt, Hobbies und familiärer Situation. Der letztere bezog sich auf das Verhältnis zu Eltern und Geschwistern wie auf eine mögliche eigene Familie bzw. Lebensgemeinschaft und wurde an der Frage „wo und wie wohne ich und mit wem“ aufgehängt. Es galt ferner, Erwartungen und Ängste hinsichtlich des Blockseminars, seiner Inhalte und Methoden, der übrigen Studenten wie der Leiter auszutauschen sowie erste Eindrücke und Erfahrungen im Umgang miteinander zu sammeln: verbale und averbale Eigenheiten der einzelnen, deren Wirkung auf einen selber und die anderen, Meinungen, Denk- und Diskussionsstile und deren Beantwortung. Kommunikation und menschliche Beziehungen sollten also in einer bekannten (neue Arbeitsgruppe) und doch neuartigen Situation (beim Professor zu Hause, Lerngegenstand würde nicht etwas Fernab-Sachliches, sondern man selber sein) deutlicher werden als sonst. Sie sollten ins Bewußtsein gelangen und reflektiert werden. Es war dies der eine Baustein des Lernmaterials, an dem es zu arbeiten galt. Der andere ergab sich durch Konfrontation der bisherigen Verhaltensmuster nicht nur mit der Situation in der ersten Sitzung, sondern auch mit den Interpretationen Ottomeyers über die Verursachung menschlichen Verhaltens (Ottomeyer 1977). Dies sollte zugleich betonen, daß Erklärungen nicht im Privatistischen gesucht werden würden, sondern im Sozialpsychologisch-Allgemeinen; im Konkreten als dem durch die ökonomischen Verhältnisse vermittelten Ganzen. Schließlich galt es, mit der Autoritätsproblematik die Zwittersituation der Studenten zwischen Noch-Lernenden und Demnächst-Lehrenden zu klären und die Notwendigkeit, daß die Situation in eine Entwicklung zur Übernahme der Lehrerrolle zu münden habe. Zu deren innerer Bejahung und zu erster bewußter individueller Gestaltung.

Ein Student war unmittelbar nach dem Abitur zum Berufsziel ‚Lehrer an kaufmännischen Schulen' gelangt. Die übrigen Teilnehmer studierten Wirtschaftspädagogik im Anschluß an ein bereits erworbenes Diplom in Wirtschaftswissenschaften oder sie waren über den zweiten Bildungsweg zum Studium der Wirtschaftspädagogik gelangt. Drei dieser Teilnehmer waren noch nicht entschieden, ob sie bei diesem Studium bleiben oder überhaupt in einen pädagogischen Beruf gehen sollten.
Sechs Männer und drei Frauen waren die Mitglieder der Gruppe. Sie trafen sich zur ersten Sitzung im Hause der Leiterin. Die Sitzung fand auf der Terasse und im Garten statt. Eingeleitet wurde sie nach einer kurzen Einführung durch ein „Interviewspiel". Jeder befragte ein anderes Gruppenmitglied nach dessen Bildungsweg, Hobbies, Arbeitserfahrungen usw. (vgl. oben) und stellte es dann nach Abschluß der „Interviewrunde", bei der sich Paare auch aus dem Plenumskreis zurückgezogen hatten, so vor, als habe er die Besonderheit einer „very important person" zu berichten.

Wir haben also die erste Sitzung nicht auf ein (diffuses) „warming up" hin angelegt, sondern auf ein *scheinbar* konventionelles Kennenlernen.
Die Beziehungen der Studenten, ihre Kenntnis voneinander sind ja an der Universität eher verwaschen, ganz unkonturiert. „Die Gabi – welche? – na, die Blonde, – welche Blonde? – die immer mit dem Franz auftritt ..." Wo weiß man schon mehr voneinander?
Ist nicht ein Teil der Ängste voreinander auch dadurch bedingt, daß man nicht genau weiß, wer jemand ist? Wo man mit ihm dran ist? Die *bürgerlichen*, konventionellen Daten, die im Interviewspiel erfragt wurden (und um die es auch heutzutage immer noch geht), bieten da ein ganzes Stück mehr an Präzision, Faßbarkeit, Sicherheit; etwas, von dem aus man sich „weiterhangeln" kann im Kennenlernen. Ganz gleich, ob wir sogenannte ödipale oder narzißtische Sozialisationstypen vor uns haben. Das Einhalten der Konvention erlaubt behutsames Vorgehen, stoppt einen Teil der Angstphantasien.

Über das Vorstellen der Teilnehmer durch den Interviewenden kamen im einzelnen in der ersten Sitzung in Gang:
Präzisionen durch den Interviewten, die noch dies oder das über sich ergänzten, zurechtrückten.

Gespräche über Vor- und Nachteile des Wohnens alleine, in einer Gruppe, bei den Eltern, mit oder ohne Freund/Freundin; über Urlaubspräferenzen. Auch besprach man, wie man sich fühlt, je nach dem, ob man sich vorstellt oder vorgestellt wird; auch: womit man sich in welchem Personenkreis vorstellt. Natürlich blickte man den Teilnehmern auch nach der ersten Sitzung immer noch vor den Kopf. Dennoch hatten sich Persönlichkeiten in greifbaren Bezügen zu konturieren begonnen. Desgleichen die Eindrücke und Empfindungen des einen auf den anderen. Man brauchte in keiner Form seelischen Striptease zu leisten und auch nicht Schocks über den Striptease anderer zu verarbeiten. Dennoch hatte man mehr mitgeteilt, sichtbar gemacht bzw. erfahren als sonst (siehe: die Gabi ...) üblich ist. Um dieses Mehr an Wissen übereinander, an Wahrnehmung und Konturiertheit bei gleichzeitigem Gefühl von „sicherem Boden unter den Füßen" (um nicht Blockaden aufzubauen) ging es uns methodisch.

Hatte die erste Sitzung die Teilnehmer und Leiter als Einzelpersönlichkeiten in den Blick gerückt, aber neben Individuellem auch Gemeinsames; an Besonderheiten (z.B. der Wohnsituation) auch allgemeine Probleme (z.B. menschliches Miteinander im Kontext von Sitte, Norm und Sozialpolitik) oder theoretische Dimensionen (z.B. von Sozialisation) gezeigt, so entfaltete die zweite Sitzung ein gänzlich anderes. Sie fand ohne die Leiter bei einem Studenten statt und war den Erwartungen an das bevorstehende Seminar gewidmet, und zwar mittels Diskussion über die Lektüre des Buches von Ottomeyer, insbesondere der Kapitel über die Schule.
Dem Bericht der Studenten zufolge, den sie in der dritten Sitzung (mit Leiter, bei einem Studenten) gaben, hatte die Lektüre zu heftigen Kontroversen aufgrund empfundenen Ärgernisses, zustimmender oder ablehnender Betroffenheit geführt. Aber auch Hilflosigkeit und Schweigen sollen streckenweise geherrscht haben.
Die Diskussion habe persönliche Formen angenommen, es wurde bereits um die Einflußnahme auf die inhaltliche Ausrichtung und Gestaltung der Seminars gekämpft. Gruppierungen, Dominanzen, Außenseiterpositionen ließen sich erkennen.
Dies alles wurde in der dritten Sitzung nicht nur berichtet, sondern in Streitgesprächen gedreht und gewendet, mit Vorurteilen über Teilnehmer und Leiter (grundsätzliche, allgemeine, aber auch Meinungen aufgrund von Gerüchten) verknüpft und ließ sich schließlich als Autoritäts- und Rollenproblematik systematisierend zusammenfassen.

Eine besondere Bedeutung hatte in diesem Zusammenhang die Frage nach den Methoden des Seminars „Blauf" und dem Stellenwert von Gruppendynamik sowie der grundsätzlichen Einstellung der Leiter zu ihr. Was das Grundsätzliche anging, so verwiesen wir auf das von Klaus Horn herausgegebene Buch *Gruppendynamik und der subjektive Faktor – repressive Entsublimierung oder entpolitisierende Praxis* (Horn 1973).
Ferner auf die Ausbildungsfunktion des Seminars, wie sie dem Studienplan und den Kommentierungen der Veranstaltungen, schließlich unseren Erläuterungen im konstituierenden Plenum zu entnehmen waren. Beobachtungs- und Interpretationshilfen sowie Verfahrensregeln aus der Gruppendynamik, Interaktionspiele und Rollenspiele seien zudem längst pädagogisch-methodisches Allgemeingut und sie erhielten ihre Ausrichtung und Wirkung immer erst im Kontext der Lernziele und des Lernmaterials. Deren Verknüpfung offenzulegen und für die Teilnehmer selber handhabbar zu machen, sei aber gerade einer der Leitsätze der Arbeit des „Blaufs". Wir betonten noch einmal, daß es in der pädagogischen Ausbildung darauf ankomme, methodische Schritte nach Art und Begründung offenzulegen sowie Spiele und Übungen niemals aufzuzwingen. Bei „Schwellenängsten" und Blockierungen sei Hilfe zu leisten, nicht aber „Schmoren-Lassen" zu praktizieren. Interpretationen und Erklärungen würden gemeinsam gesucht werden und weiterhin hypothetischen Charakter behalten. Interpretationen seien zuallererst Suche nach möglichen Veränderungsrichtungen; Spiele seien Angebote in festgefahrenen Situationen, bei Blockaden auf einer anderen als der intellektuellen Ebene und mittels Verfremdung Zugang zu verschlossenen Erkenntnismöglichkeiten zu gewinnen. Insgesamt also: wir seien keine Gruppendynamiker; es werde kein gruppendynamisches Seminar; wir müßten aber auf gruppendynamische Methoden zurückgreifen. Freilich mit der kritischen Distanz, die jeder Methode gebührt und in dem Bemühen, den Verlauf den Teilnehmern gerade methodisch (und das heißt auch im Hinblick auf die Zielstellung) immer wieder durchschaubar zu machen.

Diese Antwort blieb freilich vorerst programmatisch. Die detaillierte Konkretion erfolgte durch die Kommunikation der Gruppe; durch das, was sich an Arbeits- und Bearbeitungsbedürfnissen noch in dieser Sitzung, später außerhalb Frankfurts, zeigte.

Zwischenreflexion

Unserer, der Leiter, Zwischenreflexionen bestanden darin, zu sichten und im Hinblick auf die Ziele Alternativ-Strategien für weiteres Vorgehen zu suchen; und zwar als Anstöße bzw. Schwellenhilfen.
Bei den „Blaufs" handelt es sich um Ausbildungsveranstaltungen. Sie sind – wie leider alle an der Universität – zeitlich bemessen und begrenzt. Zeit zu verschenken können wir uns – mangels Wiederholungsmöglichkeit – in den „Blaufs" noch weniger leisten als in anderen Veranstaltungen. Deshalb, aber auch aus anderem Grund, lehnen wir „Abwarten, Kommen-Lassen, Schmoren-Lassen" als methodische Prinzipien ab. Natürlich sind Warten-Können und Geduld-Haben in Lehr- und Lernprozessen wichtig; kann „Schmoren-Lassen" eine klärende, befördernde Funktion haben. Überdehntes Warten hat aber nur Sinn, wenn es punktuell, sozusagen phasenspezifisch einziges Mittel (oder optimales Mittel) der Wahl eingesetzt wird. Andernfalls schleift es sich ab, bringt Ermüdung, Entmotivierung; im Extremfall entmündigt es durch Hineinstoßen in eine hilflose Schülersituation des „Ausgesetzt-Seins". Darum sind helfende Anstöße, aus denen gleichzeitig gelernt werden kann, wie man's machen kann, wichtiger. Wie in falsch verstandenem anti-autoritären Unterricht auch ist es schlichtweg Unsinn, daß die Lernenden alles, sozusagen wie der pädagogische Urmensch, selber erfinden, was an Verfahren möglich ist. Dies setzt voraus, daß auch die Anstöße in den methodischen Erläuterungen (die von Fall zu Fall einfließen) benannt, offengelegt werden; daß darauf geachtet und evtl. geübt wird, daß die Anstöße bzw. Anfänge mehr von den Teilnehmern selber kommen.
Es geht ja nicht darum, den Teilnehmern das Erlebnis eines gruppendynamischen Prozesses zu vermitteln, sondern sie für den Erwerb bzw. die Entwicklung bestimmter Verhaltenskompetenzen zu befähigen, auch kognitive Erkenntnisse zu befördern. Hierfür kann die Losung: „You can't push the river" nicht gelten. Sie käme dem Laissez-faire, der Willkür nahe.
Wir halten sie im Zusammenhang der „Blaufs" für zielinadäquat. Um im Bild zu bleiben: natürlich kann man nicht das Wasser des Flusses vorwärtstreiben. Aber man kann die Strömungsbedingungen ändern. Genau das ist die Aufgabe der pädagogischen Methode.
Deren Schwierigkeit, das, was sie zur Kunst macht, liegt im immer eneuten Abwägen zwischen den Zielen und dem, was an Interessen, Motivationen, Kenntnissen, Verhaltensdispositionen und de-

ren möglichen Ursachen bei den Lernenden wie beim Lehrenden sichtbar wird. Hierbei nicht nur platt von den Phänomenen auszugehen, sondern Zusammenhänge zu sehen, auf mögliche Ursachen rückzuvermitteln, verlangt außer Beobachten auch, Phänomene theoretisch zuordnen zu können. Nur so lassen sich methodische Alternativen suchen, läßt sich begründet entscheiden, welche man wählt. Mögliche Ursachen mittels eines theoretischen Rasters rückzuvermitteln, Empirisches verstehender Interpretation erschließbar zu machen, erfordert Hypothesenbildung. Eine derartige von uns u. a. verwendete Hypothese war die von der fortschreitenden Verdinglichung und Formalisierung menschlicher Beziehungen in Universität und Schule. Das bedeutet: Beziehungen sind zweckrationaler Art. Ein Zusammenhang zwischen „instrumentellem" und „kommunikativem" Handeln ergibt sich nur über Tauschwerte. Ottomeyer kommt in diesem Zusammenhang auf die Charaktermaske zu sprechen. Sich mit Kommunikation zu beschäftigen, ist nun u.a. wichtig, um

– sichtbar zu machen, wodurch unser Verhalten gekennzeichnet ist: nämlich Gleichgültigkeit, wechselseitige Instrumentalisierung, liebenswürdiger Schein, Mißtrauen und Identitätsbedrohung, Angst, Angstabwehr etc.
– Alternativen erlebbar und begrifflich faßbar zu machen, wofür die Kategorien Selbstbewußtsein, Individualität, Gemeinsames, Identität, Soldidarität notwendig sind.

Konkret sah das so aus, daß Verbalisiertes (Mitgeschriebenes und zusätzlich Erinnertes) durchgegangen wurde auf Inhalts- und Beziehungsaspekte, daß averbale Mitteilung memoriert und die eigenen Gedanken, Gefühle, Empfindungen ausgetauscht wurden. Wo sich Gewichtungen feststellen ließen, mußten methodische Überlegungen einhaken.
Zwischen der ersten und der dritten Sitzung z.B. waren in Verbindung von erster Sitzung und Ottomeyer-Lektüre die Frage nach der Bedeutung von Identität und Identitätsbewußtsein bei den Studenten sichtbar geworden in deren Äußerungen über Begrüßung und Begrüßungsrituale, Umgangsformen im allgemeinen, Bekanntmachungszeremonielle, Familienkonstellation, Studenten- und Lehrerrolle.
Wenn wir also auf Identität, Solidarität, gemeinsames Handeln, Produktion von Erfahrung via Ottomeyer hinauswollten, dann müßten wir überlegen, welche methodischen Vehikel für den Fall, daß die Diskussion spontan nichts erbringen würde, zu benutzen wären.

„Auf Lager“ hatten wir für die dritte Sitzung in Frankfurt Mikroszenenspiele evtl. mit viel Schminke zum Thema „Umgangsrituale“; Diskussionspersiflage-Spiele à la englisches Parlament; Wahrnehmungsübungen; Assoziationsmitteilungen zu Namen, Gegenständen o.ä. (letzteres aber nur in Erwägung, da es im frühen Zustand Ängste nicht durchbricht, sondern eher verkapselnd wirkt).
Wir brauchten keins, weil die Studenten sehr spontan wurden und durch die Entwicklung der Beziehungskonstellation in der zweiten Sitzung sowie der Artikulationsfähigkeit und dem Artikulationsmut (z.B. in Bezug auf Emotionen contra Leiterin) die Sitzung „lief“. Die Leiter hatten keine Funktion außer der, Rede und Antwort zu stehen und vorsichtig zu steuern, wo zwei sich zu „verbeißen“ drohten, Kreiseln und Wiederholen entstanden oder der Erlebensanteil nicht sichtbar gemacht wurde.
Die zweite Sitzung hatte sachlich und emotional starke Reaktionen auf die Ottomeyer-Lektüre erbracht. Es standen aber die Beziehungsprobleme der Gruppe noch disparat daneben. Es war noch nicht der Schritt möglich gewesen zu verbinden, nämlich emotionale Bedürfnisse wie das Suchen von Nähe, Angenommen-Sein, Verläßlichkeit, Miteinander, aber auch entsprechende Angstabwehrhaltungen im universitären Kontext zu spezifizieren und als sozialpsychologisch generelles Problem über den Ottomeyer-Text zu erkennen. Deshalb fuhren die Teilnehmer unserer Gruppe ebenso freudig gestimmt nach Riezlern, wie sie abwartend auf uns als diejenigen blickten, die möglicherweise nicht nur strukturieren würden, was da an zu Lernendem sich gezeigt hatte, sondern die auch mit Neuem überraschen konnten.
Eine erste, wenngleich nur grobe Erkenntnis des Generellen hielten wir dennoch für wichtig, bevor an konkreten Beziehungs- und Kommunikationsproblemen weitergearbeitet würde. Und zwar um Distanz zu gewinnen, aus der sich Perspektive und Sicherheit vermitteln läßt: „Nicht ich in meiner Gesamtpersönlichkeit, gar als ungeliebtes oder „mieses Etwas“ werde „verhackstückt“, sondern solche Verhaltensformen, die lediglich Ausdruck von Tauschbeziehungen sind; bei mir, wie bei den anderen auch!“
Erstes Dämmern des Zusammenhangs von Biographie und Geschichte, wenn man will!
Dies so in der ersten Riezlern-Sitzung in Gang zu bringen, daß die Studenten sich nicht bevormundet vorkamen, einsehen konnten, daß ihre aktuellen und von Frankfurt mitgebrachten Probleme und Bedürfnisse nicht vom Tisch waren und nicht vom Tisch kamen, darum kreisten unsere Überlegungen.

Wir beschlossen: Anfangsblitz (vgl. Exkurs am Ende des Kapitels) mit dem Hinweis, daß Arbeitswünsche, Gefühle, Körperempfindungen, Erwartungen, Befürchtungen benannt werden sollten. Unser Blitz zum Schluß mit anschließender Offenlegung unserer Zielstellung für die Sitzung und dem Vorschlag eines Verfahrens: das im folgenden Raster Dargestellte zu füllen.

Betroffenheit aus der Lektüre (Ottomeyer)	Zuordnung von Aussagen aus dem Anfangsblitz	Zuordnung von Erfahrungen Univ. u. Schule	Was kann ich zur Beförderung einbringen
...	...	...	...
...	...	...	...
...	...	...	...

3. Zweiter Seminarteil: Die Sitzungen in Riezlern (Walsertal)

Erster Tag: Nähe-Ferne-Miteinander
Sich Einlassen auf Personen und Sachverhalte

Der Anfangsblitz erfolgte – wie später immer – nach wenigen Sekunden Besinnung (die Blitz-Anfänger wechselten im Laufe des Seminars) und erbrachte eine Palette, die von Arbeitsfreude über Abwarten, Ratlosigkeit bis zu Spazierengehen, sozusagen von Zupacken bis Weglaufen reichte.
Auf unseren Vorschlag (Raster) zunächst kurzes Schweigen. Dann holte ein Student Papier und bat um Stifte. Die anderen ließen sich auf die Aktivitäten „Tafel herrichten" ein. Die folgende, unterrichtsähnliche Sequenz erbringt fließende, wenngleich verhaltene Beteiligung aller, jedoch keine Mehrfachäußerungen, eher eine Art spontanes, aber vorsichtiges Reihum-Verfahren.
Die Studenten füllten die Aussagen der ersten, zweiten und dritten Spalte durch Beispiele, Differenzierungen persönlicher Ansichten, Fragen. Der Vergleich der Spalten vollzog sich wie von selber. Wir brauchten nur noch zu konstatieren, daß wir den Vergleich als Gegenüberstellung des Gleichgearteten vorgesehen hatten, daß er sich aber nun erübrige. Der erste Schritt zum Füllen der Spalte wurde spontan von den Teilnehmern getan.
Die Reaktion der Studenten auf die Ausführungen Ottomeyers

waren ausnahmslos Betroffenheit; durch bohrendes Fragen danach gekennzeichnet, wie „es“ wirklich sei; wie sie selber wirklich seien:

- Anpassung an jede Situation oder auch Eigenständigkeit, Widerstandsfähigkeit?
- Leistungszwang, Konsumzwang von außen oder (auch) aus dem eigenen Inneren?
- Aggressivität zur Abwehr der eigenen Angst oder aus Konkurrenznot?
- Freude am Versagen anderer oder Kooperationsbereitschaft?
- Als Student besonderer Sozialstatus und spezifisches gesellschaftliches Bewußtsein oder kein Unterschied zu Lohnabhängigen?
- Wenn Existenzbedingungen wie Lohnabhängige, eher Angestellten- oder eher Arbeitermentalität?

Diesem allem entsprechend hatte der Anfangsblitz, wie schon erwähnt, eine breite Palette von Gefühlen, Erwartungen, Einstellungen zu den anderen und zum Arbeitsprozeß gezeigt, spiegelten auch die Erfahrungen aus Universität und Schule Urteils- und Zuordnungsschwierigkeiten wider. Gleichsam eine Suche nach sich selber und dem Sinn des Studiums wie des zukünftigen Berufes. Suche, die einige als solche artikulieren konnten; die sich bei anderen nur aus dem Urteilsjargon „... ist doch Scheiße, wenn das so läuft!“ ergab.

Wir hatten also nach der spontanen Erörterung der Tabelle durch die Studenten eine Fülle von Material, an dem es sich lohnte zu arbeiten. Aber es waren keine Gewichtungen sichtbar, – es sei denn die durchgängige Zerrissenheit – die eine inhaltliche Priorität angezeigt und von da auch einen methodischen Aufhänger geboten hätten. Wir beschlossen darum in der Pause, Mini-Rollenspiele vorzuschlagen, und zwar: Interview eines – auf alles ausweichend antwortenden – Politikers; Vortrag eines Wissenschaftlers, der klarmachen will, daß es nie einfache Verursachungen, nie eindeutige Folgen gebe; das Antwortverhalten eines Prüflings bei offenen Fragen! Wir hofften, von da den Zusammenhang von gesellschaftlich verursachter Sanktion (Bewertung, Zuteilung von Rechten) und Angst- und Vermeidungsverhalten zu veranschaulichen.
Aber es kam nicht zu den Rollenspielen.
Nach der Pause griff ein Teilnehmer Diskussionsstil und Beteiligungsverhalten der Teilnehmer auf und äußerte seinen Unmut.
Aus einer Kontroverse in der Sitzung hatten sich, zentriert um G.

und E. Fronten gebildet. An den beiden Kontrahenten festgemacht, ging es, den Äußerungen nach, um Schweigen versus Zuviel- Reden; Greifbar-Sein und Greifen-Lassen versus glatt sein und Entwischen; Nähe versus Ferne; sich Isolieren, Distanzieren versus Sich-Zuwenden und Beteiligen, innerlich und äußerlich.
Außer in Gesprächen und Diskussionen manifestierte sich der Konflikt an der „Bettenwahl".
Im „Herrenzimmer" hatte E. sich, obwohl noch ein Bett anderswo frei war, ein hinter der Zwischenwand liegendes, nicht einsehbares Bett gewählt, was als Affront empfunden wurde. Die Diskussion ging zwischen den Positionen hin und her. Vermittlungsversuche von F., Äußerungen von Unverständnis durch B. blieben erfolglos. Fragend-bekräftigende Wiederholungen von Äußerungen im Stil non-direktiver Gesprächsführung durch die Leiter bewirkten zwar Innehalten und Gewahrwerden für einen kurzen Moment. Die Argumente sind aber rasch verbraucht. Die Diskussion um das Beziehungsproblem Nähe-Ferne, Miteinander-Gegeneinander-Vereinzelt, dreht sich im Kreis.

Wir beschließen daraufhin „Spielen", um den Wünschen und Ängsten, die akut waren, über spielerische Erfahrung zum Bewußtsein zu verhelfen. Die in Erwägung gezogenen Spiele wurden mit Erläuterungen dessen, was sie bewirken können und möglichst sollen, vorgestellt.
Fast immer haben wir alternativ zwei oder mehrere Spiele zur Auswahl gestellt. Wir sind, da es um Ausbildung geht, der Meinung, daß gesagt werden muß, was die Spiele bewirken sollen/können, ferner, daß die Teilnehmer sich alle darauf einlassen können sollten. Dies ist umso eher möglich, je weniger sie sich völlig Unbekanntem unterziehen müssen, also mit abwägen können. Selbst bei unterschiedlicher Neigung zu der einen oder anderen Übung fällt es dann leicht, einen Konsens herbeizuführen, sei es auch mithilfe Ermunterungen durch die Leiter.
Gespielt wurde: Aus dem Kreis-Aufeinander-Zugehen. Das Ergebnis (Positions-Soziogramm in Bezug auf Mitte und Außenbereich) wird von den Teilnehmern kommentiert; sie äußern ihre Befindlichkeiten beim Voranschreiten und beim Augenöffnen. Das u.E. wesentliche Lernergebnis formuliert überraschend W.: „Das Wir-Gefühl kommt wohl durch Miteinander-was-Machen".
Wir wollten die Erkenntnis und Erfahrung „Wir-Gefühl kommt durch gemeinsame Aktivität" verstärken, und spielten darum ebenfalls „In den Kreis einbrechen". Das Spiel war äußerlich ge-

kennzeichnet dadurch, daß der Kreis der einander Unterhakenden immer dichter wurde, daß die ‚Einbrecher' viel Energie und Geschick aufwenden mußten, daß aber alle in den Kreis gelangen konnten, wenn auch nicht immer beim ersten Versuch.

Dem Spiel folgten sehr ausführliche Äußerungen der Teilnehmer über ihre Gefühle und Assoziationen in den verschiedenen Spielphasen und in ihren verschiedenen Rollen als Einbrecher und Abwehrender.
Drei Schwerpunkte ließen sich an den Äußerungen ausmachen:

- das Vorherrschen von Angst- und Brutalitätserlebnissen sowie Erschöpfung und dagegen gesetzt geradezu einer Sehnsucht nach Sanftheit, Milde, Gewaltlosigkeit, Zärtlichkeit;
- das erschrockene Befremden über die Striktheit, mit der die durch die Autorität benannten Reglements eingehalten wurden;
- die Diskrepanz des Erlebens von Brutalität und Erschöpfung bei der Mehrzahl im Gegensatz zum Erleben belebenden Kräfteeinsatzes und Energie, evtl. sportlich fairer Härte, nicht aber Brutalität in der Wahrnehmung und im Erleben der Leiter und eines Studenten.

Die Anfangsgesprächsrunde am Nachmittag erbrachte im wesentlichen zweierlei:

- die Konfliktpartner des Raumes, in dem E. logierte, hatten ihr Problem wieder diskutiert;
- das Spiel ‚Einbrechen' und die Äußerung danach wurden als Analysieren der Person erlebt und es bestand ein Bedürfnis, dieses Erlebnis zu diskutieren. „Wie fühlt Ihr Euch, wenn Ihr analysiert werdet?" war die – im übrigen als Projektion formulierte – Ausgangsfrage eines Studenten.

Zusammenfassend ergab die Diskussion darüber ein mehr ahnendes Erlebnis, daß das, was im Spiel emotional und intellektuell greifbar wurde, was als Analyse verstanden und erlebt worden war, „aufbauend" sei. Aber Ängste mischten sich hinein, man mochte an das Aufbauende nicht so recht glauben. Dominierend wurde wieder, anhand der o.g. Zimmerkonstellation, die Frage, wie nah wollen wir uns kommen, wieviel Distanz ist ratsam; untereinander und in Bezug auf die Autoritäten, auch in Bezug auf „Ausbildungsinhalte". In dieser Konstellation, die erneut zeigte, daß Weiterdiskutieren nicht vorwärts bringt, wenn die Argumente erschöpft sind, die Fronten verhärtet, beschließen wir, das *Augenkontaktspiel* vorzuschlagen. Der Vorschlag wird nach Erörterung

von Ängsten, Wünschen und Erfahrungen akzeptiert. Das Spiel füllte mit Nachbereitung den gesamten Nachmittag. Nach dem Spiel sitzen manche im Zweiergespräch, einige schreiben Arbeitstagebuchnotizen. Einige sind völlig erschöpft. Alle äußern allerdings, daß sie dennoch angeregt und einander näher seien.
Es wird Dank ausgesprochen, durch Aufeinander-Eingehen-Müssen erfahren zu haben, daß man es überhaupt könne.

Zwischenbemerkungen: Kaffeetrinken und Spielbeteiligung der Leiter

Wir begannen die Nachmittagssitzung mit gemeinsamem Kaffeetrinken, bei dem Geplauder überwechselte in Sitzung: bisweilen nach einer wahrnehmbaren Zäsur (Anfangsworte oder Wegräumen); bisweilen ganz fließend. Der Arbeitsbeginn im engeren Sinne pendelte dadurch um ca. 15 Minuten, in ein oder zwei Ausnahmefällen (einmal Geburtstag) mehr, einmal, beim „Kuchenspiel", signifikant mehr.
Wir sind der Meinung, daß Unpünktlichkeit beim Arbeitsbeginn (auch früheres Weggehen) an der Universität Ausdrücke von Entfremdung, hier zerstückelter Arbeitszeiten und -inhalte durch unumgängliche Setzung von außen sind. Die Zerstückelung herrscht nicht nur in der Separiertheit der Inhaltsbereiche voneinander, auch in der rigiden Trennung von Arbeit und Privatsphäre. (Geradezu Symbol dafür sind „moderne" Unterrichtsgebäude und die traurigen Versuche, sie durch Inschriften zu beleben, weil sie Kommunikation verhindern, die über den Unterricht hinausgeht.)
Es galt also, da die Zeitenregelung ja immer ein Problem war, an der der Kampf um die Selbstbestimmung als nicht entfremdeter Arbeit sich austobte, weder die Rigidität und Zerstückelung der Studienbedingungen zu wiederholen, noch „Zeiten-Anarchismus" als Gegenmittel einreißen zu lassen.
Das Kaffeetrinken wurde ritualisierter Ausdruck der Möglichkeit, Verbindung und Balance herzustellen; gleichzeitig als etwas, um dessen Gelingen man sich täglich neu bemühen muß. Höhepunkt dieses Integrationsversuches von Arbeit und Freizeit, Intellekt und Oralität, Berufsmensch und Privatmensch war das „Kuchen-Feedback". Aus einer mehr hingeworfenen Bemerkung, für jeden das Stück Kuchen zu kaufen, das zu ihm passe, wurde Ernst. Ein „Kuchenteam" ging die Gruppenmitglieder anhand von Selbst- und Fremdwahrnehmungsäußerungen, biographischen Schilderungen, Feed-backs u.a. durch und kaufte – mit viel Energie sämtliche Bäkkereien und Konditoreien abklappernd – das s.E. jeweils Passende

bzw. Charakteristische.
Wir nahmen die Verzögerung des Arbeitsbeginns, die anfänglich Unmut hochbrachte, hin, als die Empathie sichtbar wurde, die Arbeit und „Freizeit“ geistvoll und heiter verband.

Die Spielbeteiligung der Leiter war Grundsatz. U.E. sind Beziehungskonstellationen in Lerngruppen fast alle auch über den (die) Lehrenden vermittelt. Mit unterschiedlichen Schwerpunkten und Akzenten zwar; aber fast immer gilt es, an den Kommunikaitonsproblemen zwischen den Studenten auch die zu bzw. mit den Leitern zu lösen; vor allem, wenn einer davon Prüfer ist.
Wir beteiligten uns nicht an Spielen, die wertendes Feed–back erforderten, wie z.B., direkte Soziogramme; gegebenenfalls nur als Passive (wählbar, aber nicht wählend).

Die Angst vor dem Blickkontakt war Angst gewesen, „durchleuchtet“ zu werden, Wahrnehmungen ausgesetzt zu sein, welche die Intimsphäre durchbrechen, die Pokermaske wegreißen, bloßstellen. In der Nachbereitung zeigten sich Überraschung zum einen über die Vielfalt und Differenziertheit, auch über die Umrissenheit dessen, was man hatte wahrnehmen können; zum anderen darüber, daß Gefühle von Vertrauen gegenüber anderen Teilnehmern wie Leitern sich einzustellen begannen. Damit verbunden wurde die Einsicht, daß man Sicherheit und Klarheit (und dies bezog sich vor allem auf die Leiter) erst gewinnen könne, wenn man es wage, sich auf den anderen einzulassen. Die Frage, ob man zu (lehrenden) Autoritäten Vertrauen haben könne und sollte – generell und im besonderen Fall zu uns – geriet zum Mittelpunkt der Nachbereitung des Blickkontakt-Spiels.

Im Zusammenhang mit einem politisch verstandenen Ziel „Solidarisierungsfähigkeit“ taucht hier das Rollenproblem als Autoritätsproblem auf eine spezifische Weise auf. „Feindbild-Lehrer“ wäre eine Formulierung, auf die es sich verkürzt bringen ließe. Systemkritik, Institutionenkritik, Kritik der Lehrerrolle suggerieren es ja nur zu leicht und verhindern, daß die Studenten sich überhaupt mit der Lehrerrolle identifizieren können. Wer will schon Gefahr laufen, das Wild zu werden, das von der Meute Schüler gehetzt wird; wer will sich schon zum verlängerten Arm von Bürokratie machen?

An diesem Problemkreis herauszuarbeiten, daß es gleiche Interessenslagen von Schülern und Lehrern, Studenten und Professoren, gleiche Aktivitätsziele gibt, Solidarität vonnöten ist, das hielten

wir und halten wir gerade in den „Blaufs“ prinzipiell für dringlich. Gleichwohl für ebenso schwierig, weil da neben der gesellschaftskritischen und rollentheoretischen Ebene die der persönlichen Beziehung ist; in unserem Fall des Vertrauens zu uns bzw. unsere Vertrauenswürdigkeit.
„Sicherheit und Klarheit gewinnt man erst, wenn man es wagt, sich *einzulassen*“. Hierfür galt es, „beweisende Spiele“ zu finden.
Die Teilnehmer entschieden sich für „Führen-Lassen“. Es war freigestellt, wer sich von welchem Leiter „blind“ durchs Haus führen lassen wollte und es war freigestellt, ob man es überhaupt tat. Es machte auch in der Tat ein Teilnehmer von unserem Angebot keinen Gebrauch; einige ließen sich auch von beiden Leitern führen.

Zweiter Tag: Vertrauen und Solidarität im Spiegel pädagogischen Gelingens und gebrauchswertorientierten Lernens

Es war höchst unterschiedlich, was sich während der Gänge durchs Haus an Vertrauen in den Führenden, an wechselseitiger Einfühlung, Aktivität und Passivität, Angst und Sicherheit zeigte. Fast allen, die geführt wurden, fiel die „Hingabe“ an die Führung schwer. Es gab starke Körperreaktionen: veränderte Atmung, Schweißausbrüche, Bewegungshemmungen bis -unfähigkeit. Allein die Tatsache, von den Leitern mit relativ dichtem Körperkontakt geführt zu werden, bedeutete das Erleben eines Tabu-Durchbrechens.
Da die Leiter als Führer gewählt wurden, hatten sie eine besondere Leistung der Empathie zu erbringen, nämlich nach Gangart und phantasierter Gegend, die man schilderte oder nach jeweils realistischer Beschreibung der Räume dem Geführten den Lernerfolg zu vermitteln, der für ihn bezüglich Führen- und Geführtwerden angemessen schien.
Wir können nachträglich beide nur sagen, daß dies – so pathetisch oder aufgeblasen es klingen mag – eine der Stunden war, in denen pädagogische Aktivität künstlerischer Kreativität gleichkam. Warum wir die einzelnen jeweils so führten, wie wir es taten, können wir leider nur mit Mühe begründen. Allenfalls könnten wir das beschreiben, was wir – auch körperlich – gespürt haben und worauf wir reagierten, in einer Mischung aus Emotionalem und Theoretischem. Wir waren nach dem Spiel außerordentlich erschöpft.

Jeder Teilnehmer war maximal zweimal ca. fünf Minuten vom Spiel beansprucht. Während andere geführt wurden, hatte er also Zeit für sich. Wir hatten das bedacht und für gut befunden, weil es eine Möglichkeit der Lockerung, Entspannung, der Distanz, der

Reflexion bot. Wir hatten aber keine Zielrichtung und auch keine methodischen Hilfen für die Nutzung der individuell spielfreien Zeit geboten. Nachträglich stellte sich dieses „Sich-selber-überlassen“ als fragwürdig heraus. Insbesondere, weil uns in der Nachbereitung des Augenkontaktspiels ein gravierender Fehler unterlaufen war. Wir hatten nicht genügend darauf bestanden bzw. methodisch dafür gesorgt, daß die Gemeinsamkeit der Erfahrung herausgearbeitet werden konnte. Es blieb zu sehr im individuellen Erleben; insbesondere wurde das Erleben der Leiter nicht öffentlich gemacht. Dadurch war Spekulationen und Phantasien Tür und Tor geöffnet, und es gab – natürlich privatissime – Gespräche darüber. Sie kulminierten während des „Führungs-Spiels“ zum Konflikt, den man mit den Formeln „den (einen) Leiter für sich allein haben zu wollen“ (Eifersucht), nicht „austauschbar sein wollen“ (Identitätsdefizit) apostrophieren kann.
Der Konflikt wurde von den Teilnehmern thematisiert und dann bearbeitet, wenngleich, wie der weitere Verlauf zeigt, nicht abschließend. Vorläufiges Ergebnis war zweierlei: Wir verweigerten das von den Teilnehmern im Sinne von Notengebung (Bewertung) erwünschte Feed-back darüber, wie wir sie während des Führens erlebt hätten und gaben statt dessen objektive Verlaufsschilderungen und solche unserer eigenen Befindlichkeit.
Vor dem Kaffeetrinken legten wir jedem Teilnehmer eine andere, selbstgepflückte Blume auf den Teller; als Symbol dafür, daß wir für alle in ebenso gleicher wie je nach Individualität verschiedener Weise da wären.

Dritter und vierter Tag: Stoffülle aus Diskrepanzen.
Vom Privatistischen zum Beruflichen

Die ersten zwei Tage waren vor allem durch Erleben in Zusammenhang mit den Spielen und dessen Festhalten und Artikulieren geprägt. Für Nähe und Vertrauen sowie Miteinander war eine erste Basis gelegt, es war greifbar geworden, daß man Nähe und Miteinander wollte und auch herstellen konnte, ohne dabei Individualität aufgeben zu müssen. Gleichwohl war noch lebendig eine Art Diskrepanz zwischen dem Bild (Vorurteil) von der Leiterin und dem, was man selber erlebte; dem Wunsch, den Leiter als Gleichen unter den Studenten zu sehen und der Realität, daß er Leiter war; der besonderen Rolle der Frauen; dem Verhältnis von Wissenschaft und wissenschaftlichen Methoden der Erkenntnis einerseits, sinnlicher und emotionaler Wahrnehmung vor allem anderer Menschen andererseits; der Diskrepanz von grundgelegtem Vertrauen

zu den Leitern und Mißtrauen (was passiert in den Leitersitzungen?); ersten Erfahrungen von Gruppengesamtheit und Gemeinsamkeit und neuen Konflikten zwischen einzelnen Teilnehmern oder dem Erkennen von Außenseiter- und Sonderpositionen. Dies alles wurde in Blitzen und Rundgesprächen, meist im Anschluß an Blitze oder Spiele artikuliert, aber nicht durchdiskutiert. Es wurde nicht allen in gleichem Maße bewußt und interessant, ja dringlich. Der Weg wäre die Bearbeitung dieser schwelenden Diskrepanzen gewesen. Die Gruppe fand aber mangels einheitlichen Bewußtseins das Wie nicht von sich aus und es drohten wieder die Kreisgesprächssituationen (die Argumentationen drehen sich im Kreis) von anfangs. Weitere Spiele scheinen uns aber auch fehl am Platze, weil die Probleme zu divergent waren. Distanz durch Rekapitulation des roten bisherigen Fadens und dadurch Verknüpfung des bis dahin individuell Erlebten und Erkannten mit dem Gemeinsamen, Generellen, schien uns angemessen. Wir schlugen daher, auch im Hinblick auf das avisierte Plenum, eine Zwischenbilanz vor. Helfende Fragen sollten sein:
Was stellt sich Ihnen als Verlaufsfaden dar; wie sieht Ihre individuelle Wahrnehmung von sich selber im bisherigen Verlauf aus; wie sehen Sie die Gruppe im bisherigen Verlauf, ihre Stellung in der Gruppe, zur Gruppe; wo und wodurch haben Sie an sich, an anderen, an der Gruppe Veränderungen wahrgenommen, wodurch schienen sie hervorgebracht?

Assoziationen aus anderen Lebensbereichen, die bei der Zwischenbilanz auftauchen, sollten festgehalten werden. Darstellungsformen: Schriftlich/mündlich in Berichtform, künstlerische Darstellung, alles erlaubt, alleine oder mit einem/mehreren anderen. Wichtig war, Rückbezüge auf das Raster zu versuchen und dabei die folgenden Kategorien zu beachten:

Harmonie, Gleichgewichtetheit versus Getrenntsein; Gemeinsamkeit versus Alleinsein und Zerrissenheit; Kooperation versus Isolation; Feinfühligkeit, Sanftheit versus Gewalt; Kraft, Energie versus Lethargie, Apathie; Mißtrauen versus Vertrauen; Geborgenheit versus Verlorensein, Zurückweisung, Verlassenheit; Wärme versus Kälte; Miteinander versus Gegeneinander; Individualität, Persönlichkeit versus Austauschbarkeit, Unpersönlichkeit; Sicherheit versus Orientierungslosigkeit und Entscheidungsschwierigkeiten; Oberflächlichkeit versus Tiefe, Gründlichkeit; Aushalten, Standhalten versus Flüchten; Verdrängen versus Hervorholen, Bewußtmachen; Zulassen versus Verbieten; Zuwendung versus Gleichgültigkeit, Abwendung.

Es waren dies die Gegensatzpaare, die sich durch alle bisherigen Äußerungen der Teilnehmer, vor allem im Bezug auf Ottomeyer und auf die Spiele, bezogen hatten.

Was als eine maximale Halbtagsbilanz – ohne uns Leiter – gedacht war, geriet zu einem ganztägigen Feed-back-geben. Wir bekamen das bis gegen Ende nicht mit. Auf die Bitten der Studenten, man sei noch nicht soweit, ob nicht zeitliche Zugaben gemacht werden könnten, gingen wir zunächst ein. Wir wollten auf Rigorosität verzichten, weil wir Gründlichkeit erhofften im Abklären und Ausgären.

Gegen Spätnachmittag erst äußerten wir unseren Unmut bei immer erneutem Quasi-Weggeschickt-Werden und erfuhren, daß Feed-back ohne uns praktiziert werde und werden solle (!!). Da entspann sich durch die Äußerung der Leiterin über Empfindungen von Kränkung und Vor-den-Kopf-Gestoßen-Sein (betrachte man den bisherigen Verlauf), was da noch an Konflikthaftigkeit zwischen den Teilnehmern und der Leiterin schwelte. Es kam aber zur Sprache erst anderntags; und zwar durch ein Feed-back eines Studenten an die Leiterin, dem sich die anderen anschlossen. Da es kein Feed-back-Spiel war, vielmehr die Äußerungen zur Person *und* Rollentägerin direkte Fragen und Bitten um Klärung enthielten, bestand die Antwort in einem Statement zum Selbstverständnis und zum Versuch der Handhabung der Professorenrolle nach dem persönlichen Stil bzw. der Individualität. Die Thematisierung und Erörterung des Problemknäuels „Person und Rolle" der Leiterin ebnete den Weg zur Erörterung von „Person und Rolle" des Leiters. Auch dies aufgerollt durch einen Studenten. Die Bearbeitung des Autoritäten-Problems war damit noch nicht abgeschossen. Einzelschwierigkeiten kamen noch fortlaufend zur Sprache. Was am zweiten Tag noch als offene Diskrepanz da war, war nun kräftig angegangen. Dadurch wurde gleichzeitig das Nähe-Ferne-Syndrom und das von „Wissenschaft-Emotionalität" ein Stück weiter bearbeitet. So wurden die unten geschilderte Arbeit an den Feed-backs (Präzisierungen) sowie die Einzelhilfe, überhaupt die Stufe der Rollenspiele möglich.

Den beiden Gesprächsrunden über die Autoritäten und mit den Autoritäten war nach dem Anfangsblitz vorausgegangen ein Nachholen der Zwischenbilanz. Oder besser: Wir skizzierten alle zusammen die Funktion, den Inhalt und Aufbau der Bilanz und baten, die individuelle und gruppenspezifische Konkretion alleine vorzunehmen und die Ergebnisse bei Gelegenheit mitzuteilen. Ausgang für die Zwischenbilanz sollte der Titel (das Thema) des Seminars sein: Interaktion und Kommunikation.

Will man autonom und auf ein Ziel hin kommunizieren und miteinander handeln, dann muß man beobachten, erkennen, erfühlen, ergreifen können, weil sich sonst nichts mitteilen, nicht teilhaben, nichts antragen läßt. Kommunikation und Interaktion als bewußte, selbstbestimmte, gerichtete verlangen die generelle Fähigkeit, sich zuzuwenden, sich einzulassen, zupacken und festhalten zu können. Aber es sind auch spezielle Techniken des Weitergebens zu beherrschen.

Was wir derart als charakteristisch für Kommunikation und Interaktion (in Universität und Schule) halten, trifft u.E. für jegliche Kommunikation zu. Es macht aber vor allem den Kern des Bildungsprozesses nach seiner formalen und materialen, inhaltlichen und methodischen Seite aus. Ohne Kommunikations- und Interaktionsfähigkeit von Lehrenden wie Lernenden (natürlich auch nicht ohne institutionelle Rahmenbedingungen) kann Bildung nicht zustande kommen. Wenn wir also die Ausbildung auch auf der Verhaltensebene betreiben, dann müssen wir fragen, welche der benannten Fähigkeiten generell und individuell beeinträchtigt ist und welche Techniken fehlen. Generell – so unsere bisherige Erfahrung und die Aussagen der empirischen, gesellschaftskritischen Sozialpsychologie – sind wohl beeinträchtigt: die Autonomie im Bezug auf Emotionen und Intellekt, Gefühle und Gedanken; Selbstbeobachtung und Selbsterfahrung sowie Fremdwahrnehmung, Empathie und Frustrationstoleranz.

Die Gelegenheit zur Mitteilung der Zwischenbilanz bot sich im Anschluß an die Berichte, die die Teilnehmer den Leitern über ihre wechselseitigen Feed-backs gaben. Die Bitte der Leiter um Nach-Information war während der Person- und Rolle-Gespräche geäußert und von den Studenten als notwendig erkannt worden.

Nach dem Referieren der Ergebnisse wurde der Arbeitsauftrag erteilt, daß jeder für sich notiere, was von dem, das ihm gesagt war, für Kommunikation und Interaktion in der Universität bedeutsam wäre; was dagegen auf Verhaltenstechniken ziele, die spezielle Relevanz für die Schule hätten.

Außerdem sollte notiert werden, welche Äußerungen unpräzise, unkonkret, an der Oberfläche blieben und daher keinen Aussagewert hätten außer dem Erbringen positiver oder negativer Gestimmtheit (Beispiel: dufter Typ). Ziel des Arbeitsauftrages war es, das Privatistisch-Individualistische von dem zu sondern, was bedeutungsvoll für berufliche Kompetenzen ist und für Kommunikation an Universität und Schule eine andere Bedeutung hat als beispielsweise für die in der Familie. Außerdem sollte mit dem Hinweis auf Konkretion Pointierung für echte Lernhilfe erfolgen.

Was sich derart herausschälen würde im Bedenken der erhaltenen Feed-backs sollte im Sinne der Spalte vier unseres o.a. Rasters die neue Materialebene sein, an der weiterzuarbeiten wäre. Neu durch Rollenspiele als Übung für einzelne wie alle.
Es ergaben sich, jeweils festgemacht am Verhalten einzelner Teilnehmer, die (möglichen und realen) Wirkungen von Intellektualität, Durchsetzungsvermögen, Selbstbewußtsein, Koketterie und Bluffen, Abblocken, Individualismus und Eigenbrötelei. „Real" bedeutete das in der Gruppe bzw. bei einzelnen Teilnehmern im Hier und Jetzt Bewirkte und Erlebte. „Mögliches" bedeutete Ausdehnung auf anderswo erlebte Wirkungen und sozialpsychologisch denkbare Wirkungen, z.B. beim Komplex „Intellektualität" : was heißt das, wie äußert sich das konkret, wie beim Teilnehmer P.. Welches waren Reaktionen in der Gruppe, welches können Reaktionen sein. Wie läßt sich die Intellektualitätsfeindlichkeit sozialpsychologisch erklären, speziell auch in der deutschen Geschichte, nicht nur individuell.

Erneute Zwischenüberlegung: Zur Funktion des „Feed-back-geben-Können" und zum Komplex der Konkurrenz der Gruppen

- *Feed-back* dient unserem Verständnis nach der Verbesserung der Selbst- und Fremdwahrnehmung zwecks Entwicklung der Kommunikationsbereitschaft und Fähigkeit.
  Damit die emotionale Erträglichkeit des Feed-backs gesichert bleibt und in der bzw. den je subjektiven Äußerungen das Objektive zum Ausdruck kommen bzw. erkannt werden kann, müssen Vorbedingungen erfüllt sein.

  (1) Es muß ein Mindestmaß an Übung in objektiver Selbst- und Fremdwahrnehmung stattgefunden haben. Sonst sind Projektionen, Stereotypen, (biologistischen) Vorurteilen Tor und Tür geöffnet.
  (2) Die Teilnehmer müssen sich und andere wenigstens im Ansatz konturiert wahrnehmen können. Identität und Selbstbewußtsein dürfen nicht böhmische Dörfer sein. Andernfalls hat das Feed-Back keinen Spiegelungseffekt, entstehen mangels Konfrontation und Abwägen mit dem Bild, das man selber von sich hat, keine Lerneffekte.
  (3) Die Teilnehmer müssen bereits Erfahrungen gesammelt haben im Sich-Aufeinander-Einlassen, und zwar emotional wie kognitiv und praktisch durch gemeinsame Aktivitäten. Dadurch sollte eine Basis von Vertrauen gelegt sein. Wo die

fehlt, erzeugen die Feed-backs allenfalls Bestätigungen von negativen oder positiven Vorurteilen in bezug auf Sympathie und Antipathie; wird die emotionale Erträglichkeit vermindert.

(4) Es muß einsichtig sein, daß Feed-back sich nicht auf die Person schlechthin und ihre Gesamtheit bezieht, sondern lediglich auf die Wirkung ganz bestimmter, konkreter Äußerungen und Verhaltensweisen in bestimmbaren Situationen. Andernfalls entstehen Noten, Sympathie- und Antipathiebekundungen bzw. -vergaben, die lediglich „Gestimmtheiten" in Bezug auf andere öffentlich machen, nicht aber der Verbesserung zielgerichteter Kommunikation dienen. Außerdem liegt die Gefahr seelischer Belastungen dort, wo diffuse Äußerungen getan werden.

- *Feed-back* im Sinne von „wie finde ich dich, findest du mich", „was möchte ich von dir, möchtest du von mir" hat, wenn überhaupt, nur den Effekt, daß Vermutungen und Phantasien bestätigt oder widerlegt werden. Selbstverständlich stehen diese offener Kommunikation und gemeinsamer Arbeit im Wege. Feedback sozusagen als zentrales Arbeits- oder Trainigsthema ist aber nicht das adäquate Mittel zur Beseitigung. Ohne die aufgelisteten Vorbedingungen und *ohne deren Ausrichtung auf Lernprozesse, die auf Kompetenzen gerichtet sind*, scheint uns Feedback gefährlich und eher aufklärungsfeindlich zu sein. Ineffizient erscheint es uns zusätzlich deshalb, weil viel zu viel Zeit und Kraft in die Beseitigung der Abwehr investiert werden muß.

- Daß immer zwischen den Gruppen *Konkurrenz* bestand und bestehen wird, soll hier nicht von der Seite der Ursachen angegangen werden. Was da über primäre (z.B. Geschwisterrivalität) und schulische, evtl. auch berufliche Sozialisation entstanden ist, wird neu hervorgerufen durch Determinanten, die wir nicht ändern können. Es gibt nun einmal am Institut juristisch-faktische Statusunterschiede. Was wir ändern können, ist die Durchsichtigkeit. Die Studenten knüpfen an die „Blaufs" besonders starke Hoffnungen, etwas für sich und ihren Beruf Relevantes zu lernen. Dadurch entsteht einerseits so etwas wie Lernhabgier. „Ist der Koffer auch voll genug, wenn ich zurückreise? Habe ich alles, was möglich ist, mitbekommen? Ist mir nichts vorenthalten worden?". Auch von daher das Schielen auf das, was die anderen tun, der Wunsch zu kopieren (in unserer Gruppe das Feed-back). Natürlich schlagen auch Schulerfahrungen durch: wie weit ist die Parallelklasse; wer beurteilt am Jahresende den Erfolg; stellt das Zeugnis aus?

Durchsichtigkeit zur Entwicklung von Vertrauen, von Abbau der Konkurrenzängste kann u.E. nur durch möglichst frühzeitigen und wiederholten Informationsaustausch in Plenen entstehen. Diese müssen obligatorisch werden und dürfen nicht mehr vom Konsens der Gruppen oder dem Ausgang entsprechenden Gruppengerangels abhängig gemacht werden. Dieses fördert nur die Konkurrenz, verspielt die Chance, Erfahrung über die eigene Gruppe hinaus zu produzieren.
Im beschriebenen Riezlern-Blauf blieb das Mittelplenum, hinter dem die Leiter nicht einhellig und voll und ermutigend standen, hinsichtlich des Konkurrenzabbaus wirkungslos. Dies zeigte sich darin, in welchem Maße das Schlußplenum durch Konkurrenzprobleme geprägt war. Die Einsicht in die Notwendigkeit des oder der Informations-Mittelplenen dürfte im übrigen umso leichter fallen, je prägnanter in der Gruppenarbeit die kognitiv-reflexiven Phasen gelingen.

Fünfter Tag: Neu-Bedenken von Erfahrung.
Arbeit an Leitbildern

Nach einem arbeitsfreien Tag begann die Gruppenarbeit ohne G.. Er war von seiner Freundin besucht worden und mußte sie, die seit dem Besuch eines gruppendynamischen Seminars an akuten seelischen Störungen litt, nach Hause begleiten. Der Anfangsblitz kreiste um die Gefühle, die das Fehlen eines Gruppenmitglieds bewirkte, aber auch um das, was man während des Besuchs von G's. Freundin und im stützenden Gespräch mit ihr und G. erlebt hatte. An den Blitz schloß sich ein Rundgespräch über Gruppendynamik an und vergleichende Äußerungen gruppendynamisch Erfahrener mit der Arbeit in Riezlern. Hervorgehoben wurde die Offenheit des Vorgehens (Ziel und roter Faden) in Riezlern, das Fehlen von Zwang und Druck, das Akzeptieren von Zurückhaltung in dem Sinne, daß lediglich Hilfsangebote zum Sich-Öffnen gegeben wurden; aber nicht, wie in skurrilen Unterrichtssituationen, der Wert einer Stunde von der gleichmäßigen Beteiligung aller abhängig gemacht wurde, also keine Tendenz zur Gleichmacherei bestand. Positiv im Vergleich auch: es fehle das „in den Sumpf stoßen und dann zurufen, man müsse sich schon selber rausziehen".
Das Gespräch über die Gruppendynamik gleitete über in Äußerungen über das, was man an Selbst-Bewußtheit und Selbststeuerung sowie bewußtem Erleben anstrebte. Es rundete sich und wurde von der Bitte abgelöst, man möge sich den Präzisierungen des Feed-back zuwenden. Es war nämlich am Berichtsnachmittag

über die Feed-backs noch beschlossen worden, daß dic verwaschenen, ungenauen Floskeln, die keinen Lernimpetus vermittelten, präzisiert werden sollten.
Dies geschah in Rundgesprächen. Dabei tauchten nochmals die alten Kommunikationsprobleme auf, die sich an dem hinter der Trennwand Schlafenden festmachten. Jetzt zwischen ihm und F. zugespitzt als Sich-Öffnen, auf Andere-Eingehen-Können, In-Außenseiter-Positionen-Gelangen.
Wieder entstand eine Situation, in der Diskutieren sich als wirkungslos erwies. Einzelfallhilfe für den an seiner Isolierung Leidenden wie Hilfe für die Gruppe, die die Isolation nicht ertrug, schienen erforderlich. Wir schlugen ein Spiel vor:

E. sitzt vor der halbkreisförmigen Gruppe, aber sehr distanziert auf herausgehobener Sitzgelegenheit. Er kann Bitten der übrigen erfüllen oder ablehnen.
Die letzte an ihn gegebene Bitte lautet, einen Tannenzapfen zu holen und jedem der dreizehn Gruppenmitglieder mit einer verbalen Zuwendung eine Schuppe zu überreichen; den Rest aber für sich zu behalten.
Er verteilt so, daß ihm nichts übrigbleibt. Da stehen die anderen auf und geben ihm von ihren großen Stücken reichlich zurück!
Dem Spiel folgten nach den üblichen Befindlichkeits- und Wahrnehmungsäußerungen und kurzer Pause zwei weitere, die auf E. bezogen waren. Mit seinem „Kontrahenten" F. beschreibt er gemeinsam den großen Schrank im Jägerzimmer. Jeder hat aufzugreifen, was der andere vor ihm an Beschreibung und Assoziation geäußert hat.
In einem dritten Spiel zwischen E. und dem Leiter (als Kind) wird ein double-bind-Verhalten zwischen Vater und Sohn in Szene gesetzt.
Die beiden letzten Spiele wurden kaum, bzw. sehr vorsichtig und zurückhaltend von den Teilnehmern und Teamern kommentiert.
Die Sitzung klang aus mit langem Schweigen, das dann in eine Schlußaktivität gemeinsamen Malens mündete.
Das Bild zeigte verschlungene Pfade mit unterschiedlichen Plätzen, die zu Ruhe und Aktivität luden, unterschiedlichem Wetter und Menschen auf einem langen Marsch in vielerlei Haltungen.

Ein zweiter Fall von Einzel- und Sonderhilfe war B.. Im Anschluß an die Präzisierungen und die Spiele für E. brachte er selber seine Schwierigkeiten ein, festgemacht an einem außergewöhnlichen Schlafbedürfnis, das sich in Riezlern zeigte.

B. war aufgefallen dadurch, daß er ständig äußerte, er vermisse Statements von Freude, kumpelhaftem Auf-die-Schulter-Schlagen, jemand, der ihm fröhlich unter die Arme greife; ferner durch einen Konflikt mit dem Leiter und durch betont geäußerte Intellekt- und Wissenschaftsfeindlichkeit.
B. war als Nachzügler zur Gruppe gestoßen und hatte darum nicht am Vorstellungs- und Bekanntmachungsspiel des ersten Tages teilgenommen. Hierauf wird noch einmal verwiesen und B. erhält die Gelegenheit, von sich zu erzählen. Er breitet seine Vita regelrecht aus. Immer wieder wird Unentschlossenheit, Wechseln und Scheitern sichtbar. Er wußte und weiß nur, was er *nicht* will. Uns Leitern erscheint er als jemand, bei dem ernsthaft zu erwägen ist, ob er nicht vom Studium und Lehrerberuf abgeraten bekommen müßte. Vor der Hand bewegte uns aber seine in der Gruppe akute Neigung zur Resignation, zum Sich-Zurückziehen und erschöpften Schlafen. Die Vita legt nahe, daß beim Übergang auf eine weiterführende Schule ein Schlüsselerlebnis lag. Die Leiter planen nach langem Hin und Her als Vesuchsballon eine Theatersequenz: Eine Grundschullehrerin besucht ein Elternpaar, um diesem – während der betroffene Sohn hinausgeschickt wird – davon abzuraten, das Kind auf das Gymnasium zu schicken. Nicht wegen mangelnder Begabung; aber allerlei Umstände und etwas nachhinkender Entwicklung wegen. Die Eltern geben nach.
So, wie gespielt, war es nicht. Aber das Spiel befördert: Identifikation mit dem Vater, der immer nur wußte, was der Sohn nicht solle. Auf diese Weise verdrängte der Sohn, was er wollte, nämlich das Gegenteil dessen, was dem Vater als Karriere vor Augen stand, was dieser aber nur indirekt artikulieren konnte mit...das nicht!....
Spaziergangsgespräche zeigen, daß B. längst Versuche unternommen hat, eine andere als akademische, vorzugsweise eine handwerkliche Ausbildung zu wählen, daß aber Unentschlossenheit der praktischen Verwirklichung im Wege stand.
Er will nun in den Semesterferien erneut nach Praktikanten- oder Ausbildungsplätzen Ausschau halten und auch den Konflikt mit den Eltern wagen.

Sechster und siebter Tag: Berufsbezogene Einzel- und Gruppenübungen

Es folgte eine Übergangsphase mit kleineren Übungen (Theaterspots, z.B. Hamburger Fischfrau: ordinär, fluchend, grob; sowie unsinnige Rede), alles für W., und ein langes Rundgespräch mit M., der mitteilt, daß er trotz einer Drohung des Therapeuten, daß

er „fliege“, eine Therapie-Sitzung habe ausfallen lassen, um bis zum Ende zu bleiben.
Hieran schließen sich, wie zu Anfang des Seminars angekündigt, Rollenspiele zu Schulsituationen mit Übungsaufgaben, die von den Studenten gewünscht wurden:

- Aufmerksamkeit fesseln durch Ausstrahlung, nicht durch Inhalt;
- mit auffallenden Schülern (Behinderte, solche mit Ticks, Aggressive, Störer) umgehen;
- ablehnende, sich verweigernde Schüler zur Mitarbeit bewegen;
- Eingriffen und Korrekturen durch Schulrat oder Direktor bei Hospitationen standhalten;
- chaotische Klassensituationen beruhigen.

Die Spiele hatten zum Ziel, den Realitätsgehalt und die Angemessenheit spezifischer Verhaltens- bzw. Kommunikationsängste in einer realitätsähnlichen, wenngleich simulierten Situation am eigenen Befinden und Verhalten auszuloten.
Die Gruppensitzungen schließen mit einem schriftlichen/mündlichen Rückblick auf die Ziele und Verfahren bzw. Vorgehensweisen des Seminars und das, was individuell gelernt wurde.

4. Nachtrag zu unserem Bericht „Blauf Riezlern Sommer 1978“: Vier Sitzungen zur Nachbereitung

Grundsätzliches

Unsere Entscheidung, die Studenten zu Nachbereitungssitzungen einzuladen, war geprägt durch das, was wir als „neuen Aspekt“ an der Blauf-Diskussion kennzeichneten. Die neuen Erfahrungen im Walsertal, die sich in diesem Veränderungszusammenhang vollzogen, erlaubten es nicht, bei der Aufbereitung ohne kollektive Diskussion vorzugehen. Der hier wiedergegebene Bericht stellte ja nur unsere, der Leiter Erfahrungen dar; nur unsere Sichtweise mit einer Reihe von generellen Überlegungen: Transferwert für spätere Seminar-Praxis war ohne das Urteil der Studenten noch nicht voll erreicht.

Die vier Nachbereitungssitzungen (geplant waren höchstens zwei) waren auf verschiedenen Ebenen angesiedelt.

Die Arbeit „am“ Bericht

Hier ging es darum, unterschiedliche Sichtweisen und Erlebnisse der Teilnehmer in Bezug auf das Ziel zu reflektieren. Aber auch, „sich im Papier wiederfinden können“. Dies war allerdings ein zentrales Problem wegen der Spanne zwischen dem Abstraktionsniveau im Bericht und der sinnlich-konkreten Ebene des Erlebten.

Fragen „über“ den Bericht

Das waren insbesondere solche nach dem Sinn und Zweck (Kontrollinstrument und Gebrauchswert). Gegen Ende des Walsertals formulierten alle Teilnehmer das gemeinsam Gelernte und Erfahrene mit einem Ausblick auf zu Leistendes in Frankfurt. Hier nun schien der Bericht Rechenschaft zu verlangen, und das produziert bekanntlich Ängste und Abwehr. Ängste auch darüber, was „wir“ denn mit den Teilnehmerrückmeldungen anfangen, wie auswerten (evtl. vermarkten?) und welche Absichten in Blickrichtung auf die Gruppe damit verfolgt würden.

Emotionalität statt Arbeit

Gewünscht war, zunächst nicht an der „Sache“ zu arbeiten, sondern sich „formlos“ (= zwanglos = Abwesenheit von Arbeit = Anwesenheit von Emotionalität) zu treffen, zu plaudern (was hast du in der Zwischenzeit, nach dem Walsertal, gemacht; was erlebt; wie geht es dir jetzt, wo hast du Schwierigkeiten), gemeinsam zu essen, „Emotionalitäten auszutauschen“ und auszuleben.
Nach einer anfänglichen Blockade wurden diese Wünsche als Vorwürfe an uns formuliert. Kälte und Unpersönlichkeit; Angst, ausgebeutet zu werden, „benutzt“ zu werden, paarten sich darin mit dem Bedürfnis, „wie im Walsertal“ weiterzuarbeiten. Dieses Bedürfnis wurde die ganze Nachbereitungsphase über immer erneut artikuliert und stellt somit eine vierte Ebene der Diskussion dar.

Dem stellten wir unsere Auffassung entgegen:
Arbeit und Freizeit – Arbeit und Emotionalität – Arbeit und Beziehungen – Intellektualität und Emotionalität – Intellektualität und Freizeit zu trennen, bedeutet, die schlechte Wirklichkeit der Gesellschaft zu verdoppeln.
Nämlich: Entfremdung zusätzlich herzustellen.

Über einen philosophischen Text (als Lesezeichen für die Studenten produziert) versuchten wir eine Sitzung später, unsere Auffassung pointierend zu untermauern:

„Gesetzt, wir hätten als Menschen produziert:
Jeder von uns hätte in seiner Produktion sich selbst und den anderen doppelt bejaht.

Ich hätte

1. *In meiner Produktion meine Individualität, ihre Eigentümlichkeit vergegenständlicht und daher sowohl während der Tätigkeit eine individuelle Lebensäußerung genossen, als im Anschauen des Gegenstandes die individuelle Freude, meine Persönlichkeit als Gegenständliche, sinnlich anschaubare und darum über allen Zweifeln erhabene Macht zu wissen.*

2. *In deinem Genusse oder deinem Gebrauch meines Produktes hätte ich unmittelbar den Genuß, sowohl des Bewußtseins, in meiner Arbeit ein menschliches Bedürfnis befriedigt, also das menschliche Wesen vergegenständlicht und daher dem Bedürfnis eines anderen menschlichen Wesens seinen entsprechenden Gegenstand verschafft zu haben.*

3. *Für dich der Mittler zwischen dir und der Gattung gewesen zu sein, also von dir selbst als eine Ergänzung deines eigenen Wesens und als ein notwendiger Teil deiner selbst gewußt und empfunden zu werden, also sowohl in deinem Denken wie in deiner Liebe mich bestätigt zu wissen.*

4. *In meiner individuellen Lebensäußerung geschaffen zu haben, also in meiner individuellen Tätigkeit unmittelbar mein wahres Wesen, mein menschliches, mein Gemeinwesen bestätigt und verwirklicht zu haben.*

Unsere Produktionen wären ebensoviele Spiegel, woraus unser Wesen sich entgegenleuchtet. Dies Verhältnis wird dabei wechselseitig, von deiner Seite geschehe, was von meiner Seite geschieht." (Marx/Engels, 1977, S.462 f.)

Die meisten Studenten hatten bis zum Schluß Schwierigkeiten zu „begreifen", daß ihre Emotionalität, die auszuleben sie so vehement und ausschließlich wünschten, auch über ihre Arbeit (im Grunde erst über diese) befriedigt werden könnte.

Wir schildern im folgenden, welche Anmerkungen zum Bericht gemacht wurden. Wir kommentieren diese aber auch, und zwar an den Kriterien „Ziele unserer Arbeit", „Adäquanz der Methoden", „Objektivität der Diagnosen" und „Transfer des Erlernten".

Einzelkomplexe

Themenkomplex: *Kennenlernen* (Sitzungen in Frankfurt)

Die Teilnehmer bestätigen, daß sie sich umrissener kennengelernt hätten, als das sonst üblich ist. Sie stießen sich aber an dem im Be-

richt benutzten Begriff „greifbar“. Damit assoziierten sie „festhaben“ (festnageln). Dagegen war es ihnen wichtig, noch eine Reserve behalten zu können.
Deshalb wurde ein Kennenlernen bzw. eine Selbstdarstellung über Symbole (d.h. umgedrehte Namen, Tiere etc.) abgelehnt. Diese seien interpretierbar und man selbst habe keinen Einfluß darauf. Die Gefahr der Entstehung von Vorurteilen, Phantasien etc. sei zu groß, und sie würden u.U. ein Bild von Personen beschreiben, das nur schwer verrückbar sei und zugleich im Umgang mit der betreffenden Person zu Schwierigkeiten, Behinderungen führen könnte.
Der Abend wurde als anstrengend bezeichnet. Dies deshalb, weil fremde Personen anwesend waren und die Art und Weise des Kennenlernens vorgegeben bzw. vorgeschlagen wurde. Entlastend dagegen wirkte das Atmosphärische: Zweiergespräche, der Garten, in den man sich zurückziehen konnte, die Art und Weise, wie auch ein Professor befragt werden konnte.
Die Rückmeldungen der Teilnehmer stellen insofern eine Bestätigung unserer methodischen Entscheidung zum Kennenlernen dar.

Themenkomplex: *Ziele des „Blaufs“*

Hier kam, obwohl in Riezlern immer wieder angesprochen, doch noch Zieldiffusität zum Ausdruck. Sie ist bestimmt durch Erwartungen, Voreinstellungen, Vorurteile, durch vage Formulierungen im 1. Plenum (Frankfurt) und ungenügende Vermittlung des allgemeinen Ausbildungsziels mit denen des „Blaufs“. Wir denken deshalb daran, einen kleinen Reader über Zielprobleme zum allgemein-verbindlichen Kanon zu machen. Vor der Aussage: Zieldiffusität verhindert gemeinsame Arbeit, erscheint das logisch und zwingend.

Themenkomplex: *Diagnose und Lehrerrolle*

Jemandem „abraten oder ihn beraten“ als Resultat von Diagnose wird „dem Pädagogen“ generell und uns streitig gemacht. Es wird als Manipulation, als unrechtmäßige Beeinflussung etikettiert. Unsere Erwägungen, B. vom Lehrerstudium abzuraten, hatten geschockt; zumal im „Blauf“ nichts darüber verlautet wurde und erst jetzt im Bericht unsere Gedanken offengelegt wurden.
In diesem Zusammenhang ist es wichtig, daß die gesamten Ausführungen zu methodischen Schritten von den Studenten nicht begriffen wurden. Es war im Walsertal zwar immer wieder begründet worden, warum welche Schritte getan wurden. Das Wesen der Methode, nämlich der Implikationszusammenhang von Zielen, Aus-

gangsdeterminanten (Befundmaterial) und Verlaufsformen, wurde jedoch nicht gesondert thematisiert. Diese wesentliche Wissenslücke der Studenten hat den Ausbildungswert des „Blauf" ebenso gemindert wie sie die Ängste vor dem „Durchleuchtet-Werden" und „Beurteilt-Werden" (Diagnose) lebendig bleiben ließ.
Alle sonstigen Anmerkungen der Studenten, die sich auf „Methoden" bezogen, waren mehr oder minder stark geprägt davon, daß die Gedanken um Rechtmäßigkeit im Sinne von richtig, angemessen, rollenadäquat und darum erlaubt kreisten. Hier zeigte sich ein deutliches Bemühen der Studenten, die Erfahrungen des Walsertals auf ihre zukünftige Berufstätigkeit zu transferieren. Dies gilt auch für das fast akribische Interesse, mit dem die Studenten weitere Erläuterungen zu den Ursachen und Folgen unserer „Fehler" (vgl. Bericht) erbaten.

Themenkomplex: *Wert der Spiele*

Die Teilnehmer machten darauf aufmerksam, daß diese nicht überinterpretiert werden sollten. Nach Bekanntgabe eines Spiels, dessen Funktion und Zweck werde eben nicht die viel gepriesene Authentizität (vgl. Vopel u.a., 1976) gewahrt. Vielmehr erfolge vorher eine Analyse der Auswirkungen auf die eigene Identität und das Selbstwertgefühl und damit unterliege das eigene Verhalten einer Zensur; das Spiel verliere an Kraft, Spielwert und Spontaneität.
Wenn beim Nähe-Distanz-Spiel beispielsweise die Teilnehmer vorher überlegten, wie weit sie in den Kreis hineingehen wollten, dann würden sie möglicherweise nicht ihr wahres Bedürfnis in Bezug auf die Gruppenintegration bzw. Zusammenarbeit definieren.
Es reicht in der Tat nicht aus, bei einer bloßen Sichtung des äußeren Scheins von Spielergebnissen stehenzubleiben; Aussagen wie:
„Ich freue mich über meine Position in der Gruppe"
„Ich habe Angst, mit geschlossenen Augen zu gehen"
„Ich bin erschrocken, so weit außen zu stehen",
helfen zwar, Betroffenheit zu artikulieren, aber immer sind sie Ergebnis einer vorweggenommenen Entscheidung. Erst von hier kann das Wechselspiel oder die Einheit von Emotionalität und Verhalten erschlossen werden. Und von dieser Ebene ist der Schritt der Vermittlung oder des Erkennens des Zieles vermutlich einfacher und tiefer zu erreichen. Wichtig ist allerdings, stärker als bisher auf die Frage einzugehen, wie unbewußt oder bewußt vor Beginn des Spiels eine Entscheidung über das Verhalten im Spiel

getroffen worden ist. Dies setzt *natürlich* ein Vertrauensverhältnis voraus. Insofern sind gerade die Anfangsspiele, wo diese Basis noch nicht gegeben ist, behutsam auszuwerten.

Themenkomplex: *Feed-back*

Während von uns im Bericht Generelles zum Feed-back gesagt wurde und als eine Ursache für den Feed-back-Tag die Konkurrenzsituation genannt wird, ergänzen die Teilnehmer diesen Sachverhalt aus ihrer Sicht:

- Die Beziehungsprobleme zwischen den Leitern als Rollenträgern und Personen einerseits, den Teilnehmern andererseits, waren nicht wirklich geklärt worden, u.a. aus Angst vor Bloßstellung.
- Gruppen-Kohäsion sollte hergestellt werden, um möglicherweise auftauchende Konflikte besser durchstehen zu können.
- Die Aufgabenstellung, den roten Faden via Ottomeyer zu entwickeln, war einfach eine Überforderung gewesen.
- Die Schwierigkeiten, in den ersten zwei Tagen die eigene Position in der Gruppe festzulegen, sollte nun mittels Feed-back im Eilverfahren überwunden werden (verweist auch auf die Schwäche des Nähe-Distanz-Spiels).
- Die Unfähigkeit, sich selber wahrzunehmen, zu beurteilen, sich seiner im wahrsten Sinne bewußt zu sein, brauchte nicht angegangen werden, wenn Beurteilung und Notenvergabe durch andere Kompensation schafften. Wir hatten „Notenvergabe" verweigert. Im Feed-back-Spiel hatte die Gruppe sie sich auf andere Weise ertrotzt.
- Der Rhythmus der Vorgehensweise erinnerte an Frankfurt: Gemeinsam-Alleine-Gemeinsam. Das erzeugte Spannungen und aktualisierte Rollenprobleme.
- Es gab Meinungsmacher in der Gruppe (oder einen).
- Die Gruppe hatte den Eindruck gehabt, ‚die Küken sollten flügge sein'. Aber die ‚Küken' fühlten sich noch nicht flügge und mußten sich deshalb für den rauhen Alltag an der Frankfurter Universität ein behagliches Nest bauen. Dazu sollte das Feedback dienen.

Themenkomplex: *Gruppendynamik*

In allen bisherigen Punkten wurde ersichtlich, daß die Studenten von Fragen der Gruppendynamik besonders angesprochen waren und sich dazu auch indirekt äußerten. Inhaltlich ist über das, was diesbezüglich in der Nachbereitungsphase erörtert wurde, alles gesagt. Wir fügen nur einen kommentierten Absatz hinzu:

In unserer Gruppe hatten drei Studenten Erfahrungen mit gruppendynamischen Trainings; einer mit einer Selbsterfahrungsgruppe; einer befand sich in (psychoanalytischer) Therapie; einer, der Gruppendynamik erfahren hatte, hatte gerade erst erlebt, wie seine Freundin nach einem gruppendynamischen Seminar zusammengebrochen war. Aus diesem Erfahrungsspektrum erklärt sich, daß die Studenten ihre Ängste und Interessen bezüglich der Gruppendynamik nicht nur artikulieren konnten, sondern auch immer wieder thematisierten. Wir sollten aber bedenken, daß so gut wie alle Studenten Voreinstellungen bzw. Vorurteile der Gruppendynamik gegenüber (oder dem gegenüber, was sie dafür hielten) haben. Sei es aus Erzählungen, sei es aus Kontakten zu Personen, die entsprechende Erfahrungen gemacht haben.
Hinsichtlich des Zusammenhangs von Angst, Autoritätsbefangenheit und Lernbefähigung sehen wir folgendes: Die erste Ebene von Angst und Lernbehinderung ist vermittelt über *Erfahrungen im Umgang mit Autoritäten* und Angst, die *Lehrerrolle* übernehmen zu müssen.
Die zweite Ebene ist gekennzeichnet durch Voreinstellungen und Vorurteile den „Gruppendynamikern" und der „Gruppendynamik" gegenüber.
Die dritte Ebene ist gekennzeichnet durch Ängste gegenüber dem Erwerb von *veränderten Umgangsformen*, gegenüber der Revision von Urteilen und den Schlußfolgerungen daraus.

Die zweite Ebene überlagert und verstärkt die erste. Kann man die zweite Ebene der Angst durch entsprechende Distanz zur Gruppendynamik (womit wir nicht nur die Gruppendynamik im engeren Sinne, sondern alle Methoden aus Gruppentrainigs- und Therapiearbeit meinen) und Thematisierung der Methoden mildern, dann ist ein wesentlicher Teil der Lernbehinderungen (Absorption von Energie) beseitigt. Es bleibt dann das Spannungsgefüge zwischen erster und dritter Ebene, der Kern unserer Blauf-Arbeit, auf den wir uns dann aber voll konzentrieren können.

Themenkomplex: *Lernkontrolle/Transfer*

Wir haben gesagt, daß die Nachbereitungssitzungen sich so darstellen, als ob die Hälfte der Studenten nicht begreifen konnte, was den Zusammenhang von Emotionalität und Arbeit ausmacht und wieso unser Anliegen, den Bericht mit ihnen zu diskutieren, Bezie-

hung zu ihnen und nicht Beziehungslosigkeit ausdrückte.
Obwohl die Studenten in der ersten Nachbereitungssitzung eine lebhafte Diskussion untereinander und mit uns geführt und sich dann alle entschlossen hatten, mit uns am Bericht zu arbeiten, wurden uns in der vierten Sitzung nochmals massive Vorwürfe gemacht. ‚Autoritär‘, ‚abgeblockt‘, ‚durchgezogen‘, ‚als Lieferant und Versuchskaninchen benutzt‘, waren Vokabeln aus bekanntem (und abgegriffenem) Wortschatz. Sie überraschten uns gleichwohl, da die Teilnehmer zur Nachbereitung fast vollzählig erschienen. Auch, weil beschlossen worden war, daß in der Schlußsitzung gemeinsam gegessen und gespielt werden sollte und weil die übrigen Sitzungen (alle in Privatwohnungen) gerade nicht von Arbeitsdruck oder -tempo gekennzeichnet waren. Schlimm war für uns die Charakterisierung des Lesezeichens als ‚Honigbrot oder Köder'.
Zweifellos lag in den Vorwürfen viel Projektion:

- der Kontakt nach den Ferien war trotz der besten Vorsätze der Studenten nun durch uns zustande gekommen;
- keiner hatte, bevor unser Bericht im Oktober (!) eintraf, das „Blauf“ auf irgendeine Weise nachbereitet gehabt – nur wir hatten das getan;
- die Gruppe zeigte keinen Zusammenhalt als Ganze, vielmehr Untergruppierungen und Vereinzelungen;
- zur Schlußsitzung hatte nur eine Teilnehmerin etwas zu Essen vorbereitet, keiner hatte die Leiterin (entgegen der Absprache) angerufen, was sie einkaufen oder bereitstellen solle.

Wir konnten dies alles in der Schlußsitzung diskutieren. Diejenigen, für die sich aus dem „Blauf“ ein Arbeitszusammenhalt ergeben hatte, arbeiteten auch hieran weiter. Da war also Transfer, d.h. Übertragung, Fortsetzung von inganggekommenen Lernprozessen zu konstatieren. Freilich erst nach vier zusätzlichen Sitzungen.
Wegen unserer Kapazitätsschwierigkeiten müssen wir, abgesehen von den üblich gewordenen ein bis zwei Sitzungen, „angeleitete“ Nachbereitung ablehnen.
Um so intensiver müssen wir danach fragen, was im „Blauf“ selber anders gemacht werden muß, damit Lernergebnisse, wie sie unsere Gruppe im „Blauf“ beispielsweise im Schlußplenum differenziert und subtil, verbal und pantomimisch artikulieren konnte, sich in neuen Aufgaben bewähren. Solche Aufgaben betreffen, der Zielstellung entsprechend, die folgenden Ebenen oder Bereiche:

(1) Lehrertätigkeit, Lehrerrolle und damit verwoben das Verhältnis zu Autoritäten, insbesondere zu uns.

Das „Blauf" hatte im *persönlichen* Erleben Befähigung zu Kooperation und Vertrauen erbracht. Der Bericht nun wirkte wie eine Art unpersönliches Zeugnis. Lehrer urteilen also, reflektieren, auch über Personen. Mit diesem Faktum nicht abweisend, militant oder verdrängend umzugehen, es vielmehr zu akzeptieren und sich am Reflexions- und Urteilsprozeß zu beteiligen, Lehrerrolle bei sich selber und bei uns zu akzeptieren und zugleich offener, anders als üblich zu handhaben, verlangte der Bericht unausweichlich. Wenn die Studenten sich dagegen nach dem „Blauf" so massiv wehrten, dann ist die Rolle und Aufgabe von Lehrern nicht deutlich genug bearbeitet worden.

(2) Unsere Gedanken kreisen ferner um Distanz, Reflexion, „Auf den Begriff bringen". Darum, Erfahrung und Selbsterfahrung nicht nur zu machen, sondern zugleich zu entsubjektivieren und zu entideologisieren. Was hier an gesellschaftspolitischer und sozialpsychologischer Erkenntnis und Sensibilität intendiert ist, zielt auf einen langfristigen Transfer. Wenn Studenten nach Semestern berichten, daß und wie sie z.B. Unterricht, Gerichtsverhandlungen, Kündigungen, Arztbesuche, Krankenhausaufenthalte mit Kriterien reflektieren, die im „Blauf" gewonnen wurden, dann belegt das solchen Transfer.

(3) Schließlich ist noch die Ebene der Spanne zwischen Einzelarbeit und Kooperation, Individualität und Kollektivität, Gruppen- und Einzelleistungen zu bedenken.
Hier haben wir in unserer Gruppe im „Blauf" trotz allem „Neuen" noch nicht genügend „Lernbalance" geboten. Dies erklärt für uns *auch* die Projektionen in der nachbereitenden Schlußsitzung: Aufgrund der Studienbedingungen und der gesellschaftlichen Verhältnisse insgesamt ist der Wunsch nach Aufhebung der Vereinzelung verständlich. Und damit auch die Hoffnung, die Gruppe möge, obwohl relativ groß, heterogen und erst seit zehn Tagen bekannt, als Ganzes zusammen weiterarbeiten. Dies war aber ein ganz unrealistischer Wunsch. Nicht nur wegen der Größe und Heterogenität (z.B. Semesterzahl) der Gruppe, sondern auch – und hier liegt, was

wir nicht genügend trainiert haben – weil Zuwendung und Kooperation sowie aktive Gruppengemeinsamkeit nur dann in Gang kommen, wenn *jeder Einzelne einzeln* den je notwendigen Schritt tun kann.

Exkurs: Beschreibung der Interaktionsspiele

1. Auf die Mitte zugehen

Die Teilnehmer stellen sich in einen Kreis, so daß die Abstände zwischen ihnen ca. einen Meter breit sind. Sie schließen die Augen und gehen dann auf ein ausgemachtes Zeichen hin mit von ihnen selbst bestimmter Schrittschnelligkeit nach vorne, d.h. auf die Mitte des Kreises zu. Sie bleiben stehen, sobald sie Körperkontakt zu einem anderen Teilnehmer spüren. Wenn alle stehen, werden die Augen wieder geöffnet. Nachdem jeder seiner Position gewahr geworden ist und auch die Gruppengesamtkonstellation in den Blick genommen hat, setzen sich alle auf ihre Plätze zurück. Das Spiel wird besprochen.

2. Einbrechen

Die Teilnehmer stellen sich so in einem Kreis auf, daß ihre Schultern sich berühren. Einer der Teilnehmer (der Reihe nach jeder einmal) steht außerhalb des Kreises. Er muß versuchen, in die Mitte des Kreises zu gelangen, ohne Gewalt (ohne Foul) anzuwenden. Diejenigen, die den Kreis bilden, bemühen sich, den Außenstehenden nicht hineinzulassen. Das einzige Mittel, das ihnen hierzu zur Verfügung steht, ist, näher aneinander heranzurücken oder Lücken, die durch Beinespreitzen entstanden sind, wieder zu schließen. Weder dürfen sie einander noch den Außenstehenden anfassen.

3. Augenkontakt (Blickkontakt)

Die Teilnehmer sitzen sich paarweise, einen Innen- und Außenkreis bildend, gegenüber. Die Paare schauen einander etwa eine halbe Minute in die Augen. Danach tauschen sie etwa eine Minute lang ihre Wahrnehmungen aus, wobei sie sich bemühen, so offen wie möglich, aber auch so taktvoll und zurückhaltend zu sein, wie es ihnen nötig erscheint. Nach dem Zyklus werden die Partner gewechselt. Das Spiel ist zu Ende, wenn jeder mit jedem Augenkontakt hatte. In der Nachbesprechung des Spiels äußert sich jeder darüber, welches das besondere der Erfahrung hinsichtlich der Ausbalancierung von Nähe und Distanz, Innen- und Außenwahrnehmung gewesen ist.

4. Führen-Lassen

Führen-Lassen ist ein Spiel, das besondere Variationsmöglichkeiten bietet. In dem beschriebenen Seminar fand es so statt, daß jeder Teilnehmer fünf Minuten lang durch einen von ihm gewählten Gruppenleiter durchs Haus geführt wurde. Der Geführte hielt während dieser Zeit die Augen geschlossen. Er bekam entweder die Partien des Hauses beschrieben, durch die der Weg führte; auch durften Gegenstände ertastet werden; oder die Leiter schilderten den Weg durch das Haus als Landschafts- oder Städtebeschreibung. Den Teilnehmern war die Wahl freigestellt, welche Art von Wegbeschreibung sie wünschten. Nach dem Spiel äußerten sich die Teilnehmer reihum über ihre Eindrücke und Empfindungen.

5. Blitz

Beim Blitz handelt es sich um eine knappe, pointierte Aussage möglichst jeden einzelnen Teilnehmers, sei es zur aktuellen Situation, zu einem akuten Verfahrensproblem, zu einer Sachfrage oder zur eigenen Befindlichkeit.
Durchgängig galt in unserer Arbeit nur die Regel: möglichst jeder; möglichst knapp und pointiert, möglichst in rascher Folge hintereinander; wer sich nicht äußern möchte, hat dies zu sagen, damit nicht unnütz gewartet wird.
Im übrigen haben wir ‚Blitze‘ ebenso zu spontanen Äußerungen genutzt wie zu vorbereiteten und durchdachten. So z.B. zu Beginn der Vormittags-Sitzung, wenn es um das Lernergebnis des Vortages und weitere Verfahrenswünsche ging.

Drittes Kapitel

Erfahrung und Theorie: Didaktik, Methodik und Exemplarik

In diesem Kapitel wollen wir die Auseinandersetzung mit denjenigen Theorien und Strömungen schildern, die für uns richtungweisend wurden. Wir meinen dies im Sinne der Übereinstimmung wie der Abgrenzung.

Unsere Auseinandersetzung war Suche. Sie galt Zielvorstellungen von Bildung, welche diese als Hilfe zur Subjektwerdung begriffen. Methodologisch betrachteten wir Didaktik, Methodik und Bildungstheorie unter dem Gesichtspunkt, wie ergiebig sie wären, die Dialektik von ökonomischer Basis und ideellem Überbau zu einer pädagogischen Analyse- und Entscheidungstheorie zu wenden und auszudifferenzieren.

Es boten sich hierfür im Bereich der Didaktik bzw. der Bildungstheorie zunächst drei Bezugspunkte. Der eine war das lerntheoretische oder Berliner Modell der Analyse (u.E. auch der Planung) von Unterricht (vgl. Heimann u.a., 1965). Unter der Bedingung freilich, daß man es im Sinne unserer Wertorientierung konsequent arbeitsorientiert und dialektisch interpretierte.
Doch führte das allemal dazu, das Modell in seiner Konstruktion aus den Angeln zu heben.
Die beiden anderen Pfeiler, von denen aus uns eine Weiterentwicklung möglich schien, waren die geisteswissenschaftliche Exemplarik und Negts Exemplarik als Theorie der Arbeiterbildung (vgl. Negt, 1975). Es ist die in der Exemplarik verhandelte Dialektik zwischen Subjekt und Objekt, Individuum und Gesellschaft, Einzelnem und Ganzem, Konkretem und Abstraktem, die uns den Implikationszusammenhang zwischen Ziel, Inhalt und Verfahren von Lehr–/Lernprozessen als Hauptstück des unterrichtsbezogenen Teils einer Theorie des Lehrens und Lernens ins Auge fassen und weiterentwickeln ließ. Die Exemplarik bestimmte unsere Abgrenzungen gegenüber mehr oder minder modischen, auf jeden Fall aber aus dem bildungstheoretischen Zusammenhang gerissenen Trends und Booms; Strömungen, die uns nicht unberührt ließen.

Das vorliegende Kapitel zeigt am Beispiel der *Arbeitsorientierten Exemplarik*, daß der Neuigkeitsgrad auch von Theorien und ihrer praktischen Anwendung nicht im Noch-nie-Dagewesenen liegt sondern in qualitativen Wendungen und Sprüngen, die oftmals gerade aus der intensiven Aufarbeitung des Vorhanden resultieren. Insofern dient dieses Kapitel in besonderem Maße der Klärung unserer Position im Rahmen der Didaktik.
Wir haben die Ausführungen sehr komprimiert gehalten. Die Experten unter den Lesern wissen, worum es geht, und die "Neulinge" benötigen zum Verständnis der weiteren Kapitel keine kritische Geschichte der neueren Didaktik im breiten Vorlesungsstil. (Zwecks eingehender Auseinandersetzung mit dem Reflexionsniveau der gegenwärtigen Didaktik und mit dem im vierten Kapitel behandelten Theorem „Didaktischer Implikationszusammenhang" vgl. Huisinga 1982.)

Die Dichte des dritten Kapitels hat natürlich zur Folge, daß einige Abschnitte nicht allzu rasch gelesen werden können und scheinbar trocken theoretisch wirken.
Dafür steckt in anderen Absätzen genügend Explosiv-Stoff mit "belebender" Wirkung, weshalb wir zur Lektüre ermutigen. Zumal es sich um eine Vorstufe zum vierten Kapitel handelt.

1. Abgrenzungen

1.1 Didaktische Strömungen nach 1970

Die durch Blankertz' Buch (vgl. Blankertz, 1969) bekannt gewordenen, ab 1970 als klassisch zu benennenden didaktischen Richtungen, waren nur indirekt geleitet von der Suche nach der Lösung der didaktischen Verflochtenheit von Ziel, Inhalt und Verfahren des Unterrichts, und deren gesellschaftliche Implikationen wurden von diesen „Theorien und Modellen" allenfalls als statisch vorausgesetzte Faktoren (soziokulturelle Determinanten) in den Blick genommen. Aus diesem Grunde wandten wir uns der Entwicklung der „neueren" didaktischen Strömungen ab 1970 zu, um hier Lösungen zu finden.

Überblick und Gesamtwertung

Die didaktischen Trends seit 1970 lassen sich grob in zwei Gruppen untergliedern. Die eine ist stärker verfahrensorientiert, die andere stärker inhaltlich bzw. curriculumtheoretisch ausgerichtet.

Zur *verfahrensorientierten* Gruppe läßt sich die gesamte Bewegung *soziales Lernen* rechnen, einschließlich Spielpädagogik, Gruppendynamik, Schülerorientierung bzw. Teilnehmerorientierung.
Die übergeordnete pädagogische Absicht ist in jedem Fall die Selbstbestimmungsfähigkeit der Lernenden einerseits, die stärkere Störungsfreiheit des Unterrichts andererseits. Man kann die verfahrensorientierten Trends als späte Nachfahren der ,Antiautoritären Bewegung' betrachten, doch ist auch eine Erklärung nicht abwegig, welche die Betonung der Verfahren als Gegenreaktion darauf sieht, daß mit dem Scheitern der Curriculumreform und der Verbreitung lernzielorientierter Lehrpläne die inhaltlichen Spielräume eingeengt schienen.
Als Reaktion auf die sozialen Probleme des Unterrichts, z.B. Motivationslosigkeit, Apathie, Aggression und Destruktivität in der Folge veränderter Lebensverhältnisse und bürokratischer Schulstrukturen, sind die verfahrensorientierten Ansätze ebenso einleuchtend wie unzulänglich.

Die *inhaltsorientierten* Strömungen stehen im Zusammenhang mit der Suche nach Instrumenten für die Konstruktion von Curricula, welche kritisch-emanzipatorischen Bildungszielen verpflichtet sein und welche gleichgewichtet fachwissenschaftliche Rückbezüge wie Hinwendung zur Lebenspraxis enthalten sollten.

Alle inhaltsorientierten Trends sind gekennzeichnet durch Rückbezüge zu wissenschaftstheoretischen Richtungen der Gesellschaftswissenschaft; insbesondere zum Interaktionismus, zum Strukturalismus, zur Kommunikationstheorie und zur Systemtheorie. Zu nennen sind im einzelnen:

- Die Theorie des pädagogischen Handelns von Schäfer und Schaller (vgl. Schäfer/Schaller, 1973). Sie versuchen, Habermas' Kategorien "Kommunikative Kompetenz" und "herrschaftsfreie Kommunikation" für die Didaktik fruchtbar zu machen.
- Die strukturalistische Didaktik, insbesondere von Lenzen und Menck (vgl. Lenzen, 1973 u. 1976; Menck, 1975). Sie suchen nach einem Instrument zur Beantwortung der methodischen Leitfrage, indem sie die Humanwissenschaften daraufhin befragen, welche Aussagen sie über Lernen als Prozeß gleichzeitiger Bewußtseins- und Verhaltensveränderungen machen. Aus solchen Erkenntnissen (einschließlich denen der Psychoanalyse) versprechen sie sich Hilfen für die Aufschlüsselung von Themen-

komplexen für emanzipatorische Qualifikationsprozesse. Bekannt geworden sind in diesem Zusammenhang die didaktischen Strukturgitter der Münsteraner Schule der Didaktik.

- Die systemorientierte Didaktik (auch als kritische Didaktik bezeichnet) wird 1977 durch Moser (vgl. Moser, 1977) zur Diskussion gestellt. In ihr sollen Individuum und Gesellschaft, Sprache und Institution gleichgewichtig berücksichtigt werden, indem der Unterricht stärker die verschiedenartigen Lebenswelten bzw. Lebensbereiche der Schüler thematisiert. Dabei wird im Anschluß an Habermas besonderer Wert auf Arbeit und Interaktion gelegt.

Die didaktischen Trends seit 1970 lassen sich, insgesamt betrachtet, als Zerfallsprozeß bezeichnen. Das, was es als Einheit zu konkretisieren galt, nämlich den Zusammenhang von Zielen, Inhalten und Verfahren sowie deren Korrespondenz mit dem Gesellschaftlichen Implikationszusammenhang, verlieren sie nämlich aus dem Blick. Statt dessen forschen sie lediglich der Struktur einzelner Bestandteile nach; allenfalls, wie z.B. Moser, rücken sie additive Gefüge vor Augen.
Eine zusätzliche Einengung des didaktischen Denkens erfolgt dadurch, daß die gesamte Subjektorientierung zu einer Art Individualpädagogik gerät, welche der Atomisierung der menschlichen Lebensbereiche in Teileinheiten von Arbeit und Freizeit folgt.

Didaktik oder Methodik - Inhalte oder Verfahren

Die Diskussion um das Verhältnis von Methodik und Didaktik in den vergangenen zwanzig Jahren veranschaulicht gut, was wir mit Zerfallsprozeß meinen:

Noch vor weniger als 10 Jahren gab es heftige, auch metatheoretische Dispute (vgl. Klafki und Menck 1976) darüber, ob die Methode (die Verfahren der Verlaufsgestaltung von Unterricht) den Stoffen/Gegenständen nachgeordnet sei (d.h., ob der Unterrichtsgegenstand das/die Verfahren bestimme) und ob darum die Methodik als Lehre der Auswahl, Kombination, Zuordnung und Wirkung von Verfahren der Didaktik nach-, untergeordnet oder nebengeordnet wäre. Diese Fragestellung ging davon aus, daß die Didaktik die Theorie der (Auswahl der) Gegenstände sei (Didaktik im engeren Sinne). Demgegenüber gab es noch eine weitere Auffassung. Sie subsumierte unter Didaktik außer „Auswahl der Gegenstände“:

Theorie der Lehrakte und Lernverläufe; Theorie der Lernvorgänge und der Lernmotivation als Voraussetzung für Lehr- und Lernerfolg; Theorie der Organisation, Planung und Institutionalisierung von Lehren und Lernen; Theorie der Hilfsmittel und Medien; Theorie des Unterrichts und schließlich Teile einer Theorie der Schule.(Bittner, 1970)

Der Streit um den Primat von Gegenstandsanalyse oder Methodenentscheidung, Methodik oder Didaktik gilt als ungelöst, weil nicht erkannt wurde, daß er sinnlos ist.

Mit der Curriculumtheorie und in einigen Bereichen mit der praktischen Curriculumreform schien sich der Streit um Gegenstand oder Verfahren überholt zu haben, insofern Ziele, Inhalte und Verfahren von Unterricht einerseits, gesellschaftlicher und individueller Lebenszusammenhang andererseits als aufeinander verwiesen sich manifestierten. Besonders deutlich wurde dies an den berühmt-berüchtigten Rahmenrichtlinien Deutsch und Gesellschaftslehre für die Sekundarstufe I in Hessen.

Nun ist die Curriculumreform, wenn nicht gescheitert, so doch zurückgedämmt und eingefroren. Die Lerngegenstände sind durch Normenbücher u.a. Regelungen, auch durch lernzielorientierte Lehrpläne weitgehend fixiert, und der Kampf um Ausbildungs- und Arbeitsplätze macht Lernen – nicht nur in den Schulen – weitgehend zu einem darwinistischen Konkurrenzkampf. Was zählt, ist nurmehr die Punktzahl im Abschlußzertifikat.
So läßt sich in der Praxis einerseits eine Zunahme unreflektierter Stoffpaukerei beobachten, andererseits immer noch ein Methodenboom, vor allem ein Nachebben des Booms „Soziales Lernen" und – wie wir erheben konnten – ein noch nicht abgeschlossener Psychoboom, der die sogenannten weichen Methoden in Bildungsveranstaltungen strömen läßt (vgl. Schweiz, 1980; Rempen, 1981).

Was man auch wissen muß, will man die Trends verstehen, ist dies:
Wenn die universitären Verhältnisse in Hessen nicht außergewöhnlich sind, dann liegt die didaktisch/methodische Ausbildung von Pädagogen in der gesamten BRD mehr als im Argen, wie wir durch eine Umfrage (vgl. Lisop, 1980) festgestellt haben. Im außerschulischen Bereich, wo Gewinnorientierung oder Kostendekkung oberstes Gebot sind, ist die didaktische bzw. methodische Qualifizierung der Lehrenden entweder so gut wie *irrelevant* oder sie wird Spezialinstituten abgekauft (so z.B. in der Rehabilitation), die den Lehrenden in Kursen eine Palette von Verfahrenstechniken für die Organisation von Unterricht und die mediale Präsenta-

tion des Stoffes vermitteln.

Es ist also wohl weder der „Stoff“ an sich, der bedeutungsvoll ist und der bildungspolitische Bewegung (wie die Kontroversen um die Curriculumreform) oder didaktische „Schulen“ (z.B. die bildungstheoretische) hervorbringt, noch das Verfahren an sich. Das, worum es geht, ist nicht mehr und nicht weniger als das Erreichen bestimmter Ziele.
Die sogenannten Taxonomien, d.h. die Klassifikationsraster zur (Um)formulierung von Unterrichtsstoffen in operationalisierte Lernziele, d.h. in solche, die eine eindeutiges, intersubjektiv nachprüfbares („objektives“) Abprüfen erlauben (vgl. z.B. Bloom u.a., 1956; Krathwohl u.a., 1964), veranschaulichen dies scharf. In lernzielorientierten Lehrplänen ist der Lerngegenstand nämlich nichts anderes als die Summe oder Kombination von einzelnen, hochgradig ausdifferenzierten Zielen einer Taxonomiegruppe. Dem Lehrenden bleibt in solchen Fällen nur noch übrig, für das Medium der Darbietung zu sorgen und abzuprüfen. Aber auch ein nur nach Thematiken gegliedertes Curriculum veranschaulicht die Dominanz und Relevanz der Ziele. Hierzu das Beispiel „Faust“ aus dem Deutschunterricht einer Sekundarstufe II:

„Faust I“ besagt noch gar nichts. Die „Erarbeitung der Kommunikationsstrukturen in Faust I mittels Kleincomputer und dazugehörig in Kleingruppen arbeitsteiliges Erstellen von Graphiken über die Ergebnisse zwecks Aushangs in der Eingangshalle der Schule (kollektive Jahresabschlußarbeit)“ gibt schon eher Aufschluß über das, was intendiert ist. Das Beispiel soll folgendes zeigen:

(1) Ob das Thema die Verfahren bestimmt oder umgekehrt, ist eine Frage des Interesses des Lehrenden an Verfahren (oder seiner Fixierung auf Verfahren). Gesetzt, ein Lehrer habe die seltene Fächerkombination Mathematik/Elektronische Datenverarbeitung sowie Deutsch – und Kleincomputer seien sein Steckenpferd. Ein solcher Lehrer wird wahrscheinlich zunächst daran denken, was „Faust I“ im informationstheoretischen Sinne und im Hinblick auf die Verwendung des schuleigenen Kleincomputers „hergibt“. Wenn man nun in dem Satz „der Inhalt (Unterrichtsgegenstand) bestimmt die Verfahren“ das Wort „Inhalt“ durch „Thema“ ersetzt und formuliert: „Im vorliegenden Beispiel bestimmt das Verfahren das Thema“, dann erkennt man die Sinnlosigkeit des Streites um den Primat von Inhalt und Methode und es wird klar, um was es geht: die Wahl eines Verfahrens kann das Lern*ziel* bestimmen.

(2) Das, was im Lehrplan steht, wird zwar im Hinblick auf Ziele des Lernens bzw. Lehrens ausgewählt. Solche Ziele sind aber nie dem Stoff an sich eigen.

(3) Wo die Ziele nicht als operationalisierte differenziert formuliert sind, muß der Lehrende entsprechend auslegen.

(4) Zu Unterrichtsgegenständen werden sowohl ausdifferenzierte Ziele als auch „Themen" erst, wenn sie zu Lernaufgaben umgedacht und in Verfahren (in ein System finaler Operationen) umgesetzt sind.

(5) Bei der Wahl der Verfahren spielen eine Rolle

- die Interessen des Lehrenden. Im vorliegenden Beispiel das Steckenpferd des Lehrenden. Vielleicht auch eine gewisse Neigung zum Extravaganten oder die Absicht, durch Bluff mit etwas, von dem niemand sonst im Kollegium eine Ahnung hat, sein Ansehen zu verbessern oder auch, durch die Aushänge eine Steuerung der Anmeldungen zu seinen Kursen zu erreichen. Natürlich ist auch nicht von der Hand zu weisen, daß der Kollege von der Relevanz der Informationstheorie für Wissenschaft und Alltag ausgegangen ist und davon, daß es heute eine unabdingbare Kulturtechnik ist, statistische Darstellungen lesen zu können;

- die sachstrukturelle Entwicklung der Lernenden (Vertrautheit mit Wissensgebieten, Kenntnissen, Fertigkeiten, soweit vorhanden oder zu entwickeln) und ihre Motivation;

- die institutionellen Rahmenbedingungen; insbesondere Zeit und Ausstattung materiell/finanzieller Art sowie feststehende Gebräuche (z.B. die Ausstellung/Vorführung von Abschlußarbeiten) und Prüfungsverfahren;

- das herrschende gesellschaftliche Bewußtsein, hier vor allem die Zuordnung von Themen, Gegenständen oder Gegenstandskomplexen zu Fächern und über diese zu Wissenschaftsbereichen oder zu sogenannten Lebensbereichen. Diese Zuordnung ist eine Angelegenheit der Übereinkunft. Sie drückt sich u.a. in herrschenden Lehrmeinungen aus. Über seine Sozialisation, insbesondere seine Ausbildung, hat der Lehrende sich gesellschaftliches Bewußtsein in Wissen, Fertigkeiten und Fähigkeiten angeeignet. Er reproduziert es im extrem nur mechanistisch, als verinnerlichtes, wenn er nicht über kognitive und seelische Fähigkeiten und Fertigkeiten des kritischen Wendens verfügt. Eine besondere Komponente im Komplex des gesellschaftlichen Bewußtseins ist die Psycho-Dynamik. Wir kommen hierauf noch zurück.

Die Analyse von Unterrichtsgegenständen, die Stoffanalyse oder die didaktische Analyse sind folglich nichts anderes als die Deutung, Auslegung, Formulierung der Absichten und Zwecke, d.h. der Lehr-/Lernziele, die mit dem jeweiligen Unterrichtsprozeß intendiert werden und die sich über Verfahren realisieren. Dabei manifestiert sich gesellschaftliches Bewußtsein in den Entscheidungen über Art und Umfang der Berücksichtigung der Wissenschaften, in den Geltungsansprüchen von Normen und Werten einschließlich Pflichten und Rechten und in der Berücksichtigung von Zuordnungen zur primären und sekundären Produktion. Diese Zuordnung wiederum realisiert sich in der Konkretion der Kenntnisse, der Fertigkeiten und der Haltungen, mit denen sie im Verbund stehen.

Es mag dies genügen, um zu zeigen, *daß wir keine Unterscheidung nach Didaktik und Methodik treffen, weil wir das aufgrund des Implikationszusammenhangs von Zielen, Inhalten und Verfahren für unangemessen halten. Wir bevorzugen die Bezeichnung Didaktik als Oberbegriff, weil Didaktik im pädagogischen Sprachgebrauch sich als der weitere Begriff gegenüber Methodik durchgesetzt hat.*

Gleichzeitig ist damit die Frage aufgeworfen, inwieweit die *Arbeitsorientierte Exemplarik* ein Instrument der Auslegung von Unterrichtsinhalten, der Aufbereitung oder Zerlegung in Lernziele und der Verknüpfung mit Verfahren, kurz: der Unterrichtsplanung ist. Welche Bedeutung hat sie darüber hinaus für die Curriculumplanung, welche für eine generelle Theorie des Lehrens und Lernes?
Auf diese Fragen wird im vierten Kapitel geantwortet.

1.2 Theorie der Erwachsenenbildung und der Hochschuldidaktik

Die Theorie der Erwachsenenbildung ist in den letzten zwanzig Jahren primär Bildungstheorie im bildungspolitischen Sinne gewesen. Fragen des gesellschaftspolitischen wie des individuellen Sinns von Bildung haben im Mittelpunkt gestanden von Erörterungen über die Inhalte und über die Verzahnung nicht nur mit dem Gesamt-Bildungswesen, sondern vor allem auch mit dem Erwerb von Berechtigungen; sei es auf dem Arbeitsmarkt oder im Rahmen der

Weiterbildung. Soweit es um Didaktik bzw. Methodik im Sinne der curricularen wie unterrichtsbezogenen Implikationsprobleme zwischen Ziel, Inhalt und Verfahren ging, blieben die Erörterungen im Rahmen der gängigen didaktischen Strömungen bzw. im Rahmen der Erörterungen um die Arbeiterbildung. Dies ist nicht verwunderlich. Eine schulstufen- oder institutionsspezifische Didaktik (z.B. als Didaktik der Berufsschule oder der Volkshochschule oder des Gymnasiums) ist nämlich Unsinn. Die jeweilige Institution stellt nur einen Teil der Determinanten des lernrelevanten Zusammenhangs dar. Und aus diesem Teil, konkretisiere er sich noch so speziell, läßt sich keine eigenständige Didaktik entwikkeln. Als institutionsbezogene ist sie immer nur konkretisierte allgemeine Didaktik, die sich dann mit der Fachdidaktik zu verbinden hat. Die Theorie der Erwachsenenbildung blieb so für uns relativ unergiebig, sieht man von Negts Ansatz ab.

Für die Konstitutionierung von Hochschuldidaktik gilt prinzipiell das oben zur institutionenbezogenen Didaktik Gesagte. Unsere theoretischen Rückbezüge sollen darum u.a. sichtbar machen, daß wir die *Arbeitsorientierte Exemplarik* zwar im wesentlichen im Rahmen der Hochschule entwickelt haben, aber eben nicht als Hochschuldidaktik und erst recht nicht im Kontext dessen, was unter dieser Bezeichnung sich seit den sechziger Jahren als Disziplin etabliert hat.
Die Hochschuldidaktik entwickelte sich im Zuge der Neustrukturierung der Universitäten wie der ihr zeitlich vorangehenden Entwicklung, welche die Organisation von Studiengängen, deren Inhalte, die Verzahnung von Lehre und Forschung sowie den Bildungs-Sinn akademischer Studiengänge infrage stellte. So hing sie einerseits mit der Curriculumreform zusammen, hatte aber andererseits auch besondere Aufgaben im gesamten Bereich der Unterrichtsverfahren zu lösen.
Sieht man von den praktischen Übungen in den Naturwissenschaften und in der künstlerischen Ausbildung ab, so herrschte ja – und herrscht heute noch – der Vorlesungsstil bis in die Seminare, wo die Diskussionsbeiträge derer, die es wagen, den Mund zu öffnen, Vorlesungen en miniature sind. Die Frage nach der Effizienz vorlesungsgebundenen Lernens ist für sich genommen allenfalls im Rahmen behavioristisch orientierter Lerntheorie sinnvoll. Im Grunde geht es jedoch um einen viel weiteren Komplex, um vielfältig miteinander verschränkte Probleme, die sich nur theoretisch einzeln fassen lassen. Die wichtigsten der ineinandergreifenden Fragen sind, ob forschendes Lernen mit Massenbetrieb vereinbar

ist; ob angesichts des ausgeweiteten Wissensstoffes sowie der Vielfalt und Divergenz der Lehrmeinungen ein Studieren lediglich nach Rahmenplänen verantwortet werden kann (von „Lösungen" ganz zu schweigen, die in Form von Losverfahren, mit denen freie Seminarplätze ohne Zusammenhang zu den jeweiligen Vorstudien vergeben werden, das Zufallsprinzip zum Reglement erheben); ob angesichts der schwerwiegenden Unterschiede in der Vorbildung (z.B. erster und zweiter Bildungsweg, Studenten mit und ohne Berufserfahrung), Wissenschaftsbezug, Praxisbezug und Selbstreflexion (Teilnehmerorientierung) radikal neu zu bedenken und zu gestalten wären.
Es mischten sich also didaktische bzw. methodische Überlegungen im eigentlichen Sinne mit bildungspolitischen und sozialpsychologischen Erwägungen.

Die Hochschuldidaktik hat im wesentlichen mit der Propagierung von Organisationsformen und Verfahren des Lehrens und Lernens reagiert, die den beiden Trends „Unterrichtstechnologie" oder „Soziales Lernen" entnommen waren. Dabei ist sie hinter der Entwicklung der allgemeinen Didaktik hergehinkt, ohne im geringsten im Problemlösenden wie im Klassifizierend-Systematischen deren Reflexionsstand zu erreichen.
Möglicherweise waren es die sozialpsychologischen Probleme, die sehr schnell den Einfluß des Trends „Soziales Lernen" so prägend für die Hochschuldidaktik als Disziplin werden ließen. Ab Mitte der siebziger Jahre kommt dabei der Verbreitung der Gedanken von Rogers über „Lernen in Freiheit" (Rogers 1974) besondere Bedeutung zu; und zwar bei einem Teil gerade der Hochschulangehörigen, die sich nicht als konservativ verstehen.

Wir sind Rogers-Gegner.

Da wir die *Arbeitsorientierte Exemplarik* u.a. in Konfrontation mit einigen seiner Verfechter bzw. mit Verfechtern der Humanistischen Psychologie entwickelt haben, sei hier unsere Position knapp umrissen.
Rogers „Lernen in Freiheit" ist nur zu verstehen vor dem Hintergrund der Organisation des Studiums in den USA im allgemeinen und des Psychologiestudiums im besonderen. Die Studiengänge in den USA sind streng reglementiert und das Wissen, das zu erwerben ist, strikt kanonisiert. In der Regel einigen sich z.B. die Lehrenden eines Institutes auf den Wissensstoff, der dann aus Texten oder Textbüchern, evtl. mit Hilfe von Tutoren, eingebimst werden kann und muß. Das Studium wird dadurch unabhängig von den

Lehrenden und die Prüfungen können von Prüfern oder Institutionen abgenommen werden, mit denen die Studenten vorher nichts zu tun hatten. Die Weite oder Enge des jeweilig festgelegten Wissensstoffes variiert natürlich von Universität zu Universität. Wer sich aber ein Bild vom Ausmaß der möglichen Borniertheit machen will, der kann das in dem in deutscher Sprache erschienenen „Psychologie mon amour" (Riegel, 1981) tun. Dieses Buch ist ein sogenannter Gegentext zum kanonisierten Wissen. Gemessen an der Tradition mitteleuropäischer Geisteswissenschaft freilich ist er eher das Gegenteil; nämlich eine synoptische Einführung zum (aus europäischer Sicht) unumgänglichen Vertrautwerden mit dem Gesamtspektrum von divergierenden Methoden, Gegenständen und Problemstellungen psychologischen Denkens aus historischer wie systematisch vergleichender Sicht. So etwas wie eine Basis, von der aus weitere Wissensaneignung, Denken und Fragen, vor allem vertieftes Denken und Fragen, überhaupt erst möglich werden.

Rogers Vorschlag zur Ermöglichung von mehr Freiheit, was für ihn hieß: Individualität und persönliches Wachstum, beinhaltet – grob zusammengefaßt – dreierlei:
- mehr Begegnung und Selbsterfahrung in speziell dafür zu organisierenden Gruppen in Ergänzung zum eigentlichen Lernprogramm;
- bei den Lehrenden keine Kombination von Lehr- und Prüfungstätigkeit für ein und dieselbe Studentengruppe, damit die Studenten und die Lehrenden in ein vertrauensvoll mitmenschliches Verhältnis zueinander gelangen können und die Lehrenden auch nur mehr die Funktion von Beratern auf Abruf wahrzunehmen brauchen;
- innerhalb des Lernpensums mehr Alternativprogramme, aus denen die Studenten sich ihres selbständig wählen können.

Im übrigen sind die Studierenden für den Erfolg ihres Studiums getreu den Grundsätzen der Humanistischen Psychologie und Rogers klientenzentrierter Gesprächstherapie selbst verantwortlich. Angesichts der strengen Reglementierung des Studiums (die ja nicht dadurch durchbrochen wird, daß statt eines Textes drei zur Auswahl stehen) kann die gute alte, frühkapitalistische Devise, daß jeder seines Glückes Schmied ist, auch ruhig gelten. Umso mehr, als Rogers vorschlägt, daß die Zulassung zum Studium nur nach einer strengen Auslese hinsichtlich Intelligenz, Empathievermögen und Originalität erfolgen soll.

Man wird eins nicht leugnen können: Gemessen an einem Seminarstil, der darin besteht, daß jeweils ein Student in einer Sitzung

zweihundert anderen aus einem bestimmten Buch ein Kapitel referiert (oder über vier Bücher eine Zusammenfassung liefert), worüber dann mühselig debattiert wird (denn wer kann das Gehörte schon beurteilen), ist ein Textkanon, den man durchzuackern hat, zu dem man Aufgaben bekommt und zu dem man individuell beraten wird, ein enormer Fortschritt – abstrakt betrachtet! Denn: Wo am Ende der programmierte Test wartet, ist Lernberatung allemal nur der Ort für die Klärung von Vorgehensweisen zum Erreichen der *einen* richtigen Lösung. Wo das Textbuch samt Test herrschen, ist über die Lösung des Zusammenhangs von Wissenschaft, Praxis und Erfahrung der Studierenden längst auf anderer Ebene entschieden worden; wird die Suche nach neuartiger Gestaltung der Arbeitsprozesse in Seminaren auch hinfällig.
Es käme uns nicht in den Sinn, einem schlechten, womöglich gar mittelalterlichen Vorlesungsbetrieb das Wort zu reden. Aber es muß ausgesprochen werden, daß nicht wenige Anhänger von „Lernen in Freiheit“ sich ihrer Lehrverantwortung geradezu entledigen. Oder wie soll man es bezeichnen, wenn drei, vier Texte verteilt werden, nach deren Lektüre (der Dozent kann in seinem Zimmer konsultiert werden) dann ein Rollenspiel, vielleicht auch mehrere, eventuell gar ein Planspiel den erkenntnisfördernden Abschluß bilden? Ohne Nachbereitung, versteht sich, weil dazu ein kurzes Semester mit nur zwei Wochenstunden je Veranstaltung nicht ausreicht.
Wäre „Lernen in Freiheit“ lediglich ungeeignet, irgendwelche didaktischen Probleme an den Schulen und (Volks)hochschulen unseres Landes zu lösen, könnte man stillschweigend darüber hinwegsehen – auch angesichts von drei Auflagen des Buches in 7 Jahren.
Gefährlich aber wird es, wenn Wissenserwerb borniertester Natur, in ein bißchen Wahlfreiheit verpackt und als Individualitätsförderung feilgeboten, das Denken und damit auch die Freiheit nicht nur verkommen läßt, sondern verrät.

1.3 Gruppendynamik und Erlebnistherapien

Es gibt wohl keinen Pädagogen, der nicht wenigstens eine Vorstellung von Gruppendynamik hätte; sei es, daß er selbst Gruppendynamik „erfahren“, sei es, daß er von Freunden darüber erzählt bekommen hat. Die Vorstellungen reichen von Psycho-Orgien bis Psycho-Terror, von sexueller Enthemmung bis zum Erlernen raffinierter Management-Führungsstile. Daß die Gruppendynamik

längst nicht mehr etwas ist, das nur Fachleuten bekannt ist oder bekannt zu sein braucht, wird u.a. dadurch belegt, daß „Der Neue Brockhaus“ sie erläutert. Gleichwohl vermögen die Erfahrenen in Gruppendynamik nur selten ihr Wissen darüber in annähernd sachliche oder präzise Formulierungen zu kleiden. Das schien uns zunächst eine Frankfurter oder hessische Besonderheit zu sein, auf die wir in Umfragen zu Semesterbeginn stießen. Doch muß es sich um ein generelles Problem handeln, wie entsprechende Veröffentlichungen zeigen. (vgl. Bachmann, 1981)
Da wir in unseren Blockseminaren, von denen her wir die *Arbeitsorientierte Exemplarik* entwickelt haben, auch Elemente der Gruppendynamik benutzen, und da wir grundsätzlich der Auffassung sind, pädagogische Praxis komme ohne die Erkenntnisse der Gruppenforschung nicht mehr aus, müssen wir hier ausführlich erläutern, worauf wir zurückgreifen, wo wir uns aber strikt abgrenzen und welche Wendungen wir auch vornehmen, wenn wir Verfahren aus der Gruppendynamik entlehnen.
Der Begriff geht auf die schon vor rund fünfzig Jahren von dem Sozialwissenschaftler Lewin entwickelte dynamische Gruppenlehre zurück, ist aber nicht exakt definiert.

„Er bezeichnet zum einen ein Teilgebiet der Sozialpsychologie, das sich mit den psychologisch erfaßbaren dynamischen Kräften und den wechselseitigen Einflüssen vor allem zwischen den Mitgliedern einer überschaubaren Gruppe (Familie, Arbeitsteam, Schulklasse, Verein) beschäftigt (Gruppenpsychologie), zum anderen auch die hier wirkenden Kräfte und Prozesse selbst, daneben werden als Gruppendynamik auch die verschiedenen Methoden und Techniken im pädagogischen (Gruppenpädagogik) und therapeutischen (Gruppentherapie) Rahmen bezeichnet.“ (Brockhaus 1979).

Was es mit den Kräften und Einflüssen sozialer und psychischer Natur auf sich hat und worum es dabei in der gruppendynamischen Theorie und Praxis geht, erkennt man am besten an der Feldtheorie Lewins.
Auf die Pädagogik angewandt, wäre das Feld der je spezifische pädagogische Arbeitszusammenhang in seiner institutionellen Organisiertheit und Verflochtenheit. Dabei gibt es Mehrfachbeziehungen zu anderen Feldern des gesellschaftlichen Ganzen, für das am ehesten noch das Bild konzentrisch ineinander gefügter und in Segmente untergliederter Kugeln einen Vergleich bietet. Das Feld ist durch strukturelle und dynamische Merkmale gekennzeichnet.

Zur Struktur eines pädagogischen Feldes gehören:

- Aufbau und Organisation der Institution und/oder ihre Teilelemente;
- die Beziehung der Institutionen bzw. der Teilelemente einer Institution zu anderen Institutionen;
- Aufbau, Organisation und Funktion der überwachenden Behörden;
- Anzahl, Alter, Entwicklungsstand, Vorbildung, soziale Herkunft, Norm- und Wertorientierung, Motiviertheit, Lebens- bzw. Arbeitserfahrung der Lernenden;
- Anzahl, Alter, Aus- und Weiterbildung, soziale Herkunft, Wert- und Normorientierung, Motiviertheit, Berufs- und Lebenserfahrung der Lehrenden;
- Arbeitsrichtlinien (Pläne, Curricula, Verfahrensempfehlungen, rechtliche Vorschriften);
- die zur Verfügung stehenden materiellen Mittel (Lehrmittel und Lernmittel, Gebäude u.ä.);
- die zur Verfügung stehende Zeitspanne und deren Gliederung.

Die Gesamtstruktur wird determiniert von den Zielen, an denen die Bildungsinstitutionen sich aufgrund der gesellschaftspolitischen, weltanschaulichen, religiösen Grundorientierung ihrer Träger einerseits und ihrer Zuordnung zu Wissenschaft und Kunst, Wirtschaft, Sozialwesen, Gesundheitswesen usf. andererseits ergeben. Dabei gibt es offene und deklarierte Funktionen und versteckte, verschleiernde und aufdeckende Legitimationen.
Trotz aller vorstellbaren Autonomie oder Abgeschlossenheit ist das pädagogische Feld – wie immer man es aus dem gesellschaftlichen Ganzen heraus segmentiert – kein in sich geschlossenes System, sondern vielfältig mit dem gesellschaftlichen Gesamtsystem vermittelt.
Auf jeden Fall ergibt sich die Entwicklungsbewegung, d.h. die Dynamik des Feldes, auf die es uns ankommt, aus dem Kampf oder aus Konflikten um Interessen, die bezüglich des Feldes auf Veränderungen gerichtet sind oder Widerstand leisten.
Die Interessen resultieren aus Zielvorstellungen gesellschaftlicher wie individueller Natur.

Zu den dynamischen Merkmalen oder Prozeß-Merkmalen des pädagogischen Feldes gehören:

- das Lehren und Lernen (als die personenbezogene pädagogische Ausformung dessen, was allgemein Tätigkeit oder Arbeit ist);
- das Innovieren und Verwalten (als die institutionenbezogene pädagogische Ausformung des Prozeß-Merkmals Arbeit);

- die Sozialisation;
- die Kommunikation bzw. die Verkehrsformen.

Kommunikation bezeichnet die bewußten und unbewußten, beabsichtigten (spontanen), die gerichteten und ungerichteten Verbindungen, die sich zwischen Wahrnehmung, Gefühlen, Gedanken oder Handlungen von Menschen ergeben oder die hergestellt werden. Soweit dieses in Verbindung-Treten bzw. In-Beziehung-Treten unter dem Aspekt zwischenmenschlich beobachtbaren, geregelten und in seiner Bedeutung bestimmten wie bestimmbaren Austausches betrachtet wird, sprechen wir von Verkehrsformen.

Sozialisation bezeichnet den Prozeß der bewußten und der unbewußten Übernahme von Normen und Werten der Gruppen, Schicht und Klasse, denen ein Mensch angehört. Zuförderst also der Familie. Sozialisation erfolgt im Prozeß des Inbeziehung-Tretens des Kindes mit dem außer ihm Seienden, wobei diese Beziehung über andere Menschen, vorab die als Mutter fungierende Person, vermittelt wird. Das Vehikel dieser Vermittlung ist die Kommunikation, unbewußte Gefühlsregungen eingeschlossen. Deren sozialisierende Funktion reicht bis in die vorgeburtliche Phase.

Ob die Prozesse im pädagogischen Feld eindeutig zielbestimmt, geplant, gesteuert; unter gleichberechtigter Mitwirkung der Beteiligten oder „von oben" verordnet; rückwärtsgerichtet oder innovativ; kontinuierlich oder ungleichmäßig; konfliktreich oder -arm verlaufen; von Konflikten bedroht oder durch sie befördert werden: das alles hängt davon ab, über welche Möglichkeiten des Urteilens und Entscheidens, der Selbstreflexion und der Sensibilität in der Handhabung der zwischenmenschlichen Verkehrsformen diejenigen verfügen, die im pädagogischen Feld zu handeln haben.

Im sozialen Feld gibt es also keine „zwischenmenschlichen" Ereignisse oder Situationen, die im naturwissenschaftlichen Sinne objektiv bzw. Tatsachen sind. Das, was als Faktum angesehen wird, stellt sich je nach der Sichtweise, das heißt auch nach den Interessen der Beteiligten, unterschiedlich dar. Dies gilt besonders für die Wahrnehmung von Verhaltensweisen oder Handlungen von Personen. Wie man etwas wahrnimmt, das heißt, welche Ursachen bzw. Gründe und welche Absichten man „sieht", ist immer abhängig von den Bedürfnissen und Erwartungen, die man bewußt oder unbewußt in einer Situation hat; anders ausgedrückt: es ist abhängig von der Interpretation der Situation. Dabei spielen vorausgegangene Erfahrungen in ähnlichen Situationen und/oder mit den

gleichen Personen oder solchen, an die man ähnliche Erwartungen hatte, eine Rolle.
Dies zeigt, daß institutionelle Bedingungen (z.B. die Schulorganisation oder eine Konferenzordnung) ebenso bedeutsam sind wie die individuelle Erziehungsgeschichte der Beteiligten und das, was darin an Möglichkeiten der Identifizierung wie der Distanzierung, insgesamt an sozialer Handlungsfähigkeit grundgelegt wurde.
Wenn wir von Handlungsfähigkeit sprechen, meinen wir nicht irgendeine blind spontane Reaktionsfähigkeit, sondern die aus Selbst-, Fach- und Sozialkompetenz resultierende, die auch Sofort-Reaktionen einen anderen Charakter gibt, als es bei mangelnder Kompetenzentwicklung der Fall ist.
Nun ist zusätzlich zu bedenken, daß die gesellschaftlich relevanten Normen der Relation von Produktionsverhältnis zu Produktivkräften unterliegen, so daß die Verkehrsformen nach Erscheinung und Gerichtetheit widersprüchlich sind und sich auch vielfältige Diskrepanzen zwischen praktizierter und herrschender Moral ergeben. Von besonderer Bedeutung ist dabei einerseits der Grad des egalitären Anspruchs einer Gesellschaft an sich selbst und andererseits der Grad der aus der ökonomischen Verfaßtheit, insbesondere der aus der Warenform resultierenden faktischen Ungleichheiten auch im Verfügen über Verkehrsformen. Je größer die Diskrepanzen, desto konfliktträchtiger werden potentiell die gesellschaftlichen Beziehungen der Menschen, der Gruppen, Schichten und Klassen zueinander.
Zur Entschärfung solchen Konfliktpotentials entstand die Gruppendynamik. Und zwar als angewandte Kleingruppenforschung im Rahmen der Bemühungen um Human-Relations in den Betrieben; das heißt um eine Verbesserung des psychosozialen und gesundheitlichen Befindens und der menschlichen Beziehungen zwecks Produktivitätssteigerung; aber bei der Wahrung des demokratischen Anspruchs an die Verkehrsformen.
Es ist unmittelbar einleuchtend, daß ein tendenziell sanktionsfreier oder sanktionsgemildeter Umgang mit den eigenen Bedürfnissen und Gefühlen wie mit denen anderer; ferner Aufklärung über die Entstehungsbedingungen von Bedürfnissen ebenso wie über deren Ausdruck in Verkehrsformen sowie deren reflektierte und flexible Handhabung die zwischenmenschlichen Konflikte mindert und die Ergiebigkeit des Miteinander generell steigert. Insofern waren die Hoffnungen, die Anfang der sechziger Jahre in die Gruppendynamik als ein wirksames pädagogisches Instrument zur Flankierung demokratischer Erziehung gesetzt wurden, begründet. Wir vertreten die Auffassung, daß eine auf Mündigkeit

bzw. auf die o.a. dreifache Kompetenzentfaltung gerichtete Bildung auf die Erkenntnisse der Gruppendynamik nicht verzichten kann. Da sie ihre Wirkung wie jedes didaktische Mittel im Rahmen der Dialektiken zwischen Ziel, Inhalt und Verfahren entwickelt, muß sie didaktisch auch aus diesem Kontext beurteilt werden. Es ist dies auch relativ rasch geschehen, insofern die Generalkritik gilt, die bereits für den Komplex „Soziales Lernen" angeführt wurde:
Wo Verfahrenselemente zum unumgänglichen und unumstößlichen Konstitutionsprinzip erhoben werden, verselbständigen sie sich, treten sie gleichzeitig an die Stelle der Lernziele und Lerngegenstände und laufen damit der Aufklärung zuwider. Für die Gruppendynamik gilt diese Gefahr in sehr hohem Maße. Die Kritik aus dem Umfeld der dialektischen Gesellschaftstheorie läuft darum – u.E. zu Recht – darauf hinaus, die Gruppendynamik verdoppele die schlechte Wirklichkeit. (vgl. Bachmann, 1981)
Wir haben das im zweiten Kapitel am Prinzip des Feed-back und an der Teilnehmerorientierung gezeigt. Wir wollen hier auf die beiden anderen konstituierenden Prinzipien der Gruppendynamik eingehen, nämlich den *Phasenverlauf* und das *Hier und Jetzt*.
Die klassische Phaseneinteilung nach Lewin gliedert sich in „Unfreezing", „Changing" und „Refreezing". Später wurde sie untergliedert, und es hat sich daraus das verbreitete vierphasige Ablaufmodell von „Forming – Storming – Norming – Performing" ergeben. Im Forming „formiert" sich aus einem mehr oder weniger diffusen, mehr oder weniger angstvollen und zurückhaltenden, vorsichtigen Orientierungsverhalten eine Ausrichtung auf Aufgabe, Regeln und Beziehungen. Im Storming wird die Zurückhaltung aufgegeben. Die Ansichten prallen aufeinander. Es entstehen vielfältige Konflikte der Gruppenmitglieder untereinander und einzelner und/oder der Gruppe mit dem Gruppenleiter. Meistens wird diese Phase als Widerstandsphase gedeutet. Ihr folge eine Phase sinkender und verschwindender Aggression bei steigender Offenheit, gegenseitiger Unterstützung und Kooperation und der Entwicklung des Gruppen-Wir-Gefühls. Die letzte Phase könne daraufhin ganz im Sinne der Aufgabenlösung, im Sinne effektiver Arbeit stehen.
Die o.a. Phasen lassen sich in der Tat in allen Arbeitsprozessen mit Gruppen beobachten. Aus dem Implikationszusammenhang heraus gedacht, ist aber zu bedenken:

(1) Die vierte Phase verlängert sich nicht unendlich. Es gibt Wellenbewegungen des Verlaufs, und es können in einer sehr gefe-

stigten, kooperativen, produktiven Gruppe tiefgreifende neue Konfliktphasen entstehen, die zu Vereinzelungen, zu Angstabwehrverhalten und „Leistungsrückgang" führen.

(2) Für den Lernprozeß ist weniger das „Daß" einer Phase als deren Verursachungsgefüge, der Zusammenhang zwischen Ursache und Erscheinungsform und diesen beiden und den Lernzielen von Bedeutung. Denn nur aus deren Zusammenhang heraus ergibt sich die Möglichkeit methodischer Entscheidungen und damit der strukturierenden Eingriffe des Leiters, wenn der Prozeß nicht als mehr oder minder selbstgesteuerter treiben soll. Nach dem Motto „you can't push the river" ist Treiben-Lassen die weithin übliche Praxis. Der Einsatz von Interaktionsspielen ändert daran im Prinzip nichts, zumal deren Repertoire nach den Prinzipien der angeführten Phaseneinteilung entworfen und gegliedert ist.
Der weitgehende Verzicht auf dezidierte, pädagogisch begründete Steuerung hängt mit einem Lernbegriff zusammen, der dem Kontext der Humanistischen Psychologie und ihrer Therapieeinrichtungen entstammt und mit individueller Erfahrung, behavioristischem Verhaltenstraining und der tendenziellen Verabsolutierung des Individuellen zum Maß aller Dinge zusammenhängt.

(3) Die Kriterien des Phasenverlaufs sind die Polgruppen Vereinzeltheit, Abwehr und Mißtrauen einerseits; Miteinander, Offenheit und Zugewandtheit andererseits.
Die Verschiebung von der einen zur anderen Polgruppe bildet die Mittelphase oder Hauptphase, nämlich die Bearbeitung von Abwehr und Mißtrauen. Das Lernergebnis resultiert damit aus dem Vergleich der ersten und zweiten Phase: Es ist nichts weiter als die Erfahrung der Möglichkeit, soziales Miteinander zu entwickeln. Das Gemeinsamkeit stiftende Moment ist die Norm, die schließlich anerkannt wird, unter der Voraussetzung, daß sie nicht octroyiert wird.

Die politische Tragweite eines am gruppendynamischen Phasenmodell orientierten und aus ihm inhaltlich gespeisten Lernens wird noch deutlicher, wenn man sich z.B. Rogers Bewertung der Erfahrung vor Augen hält und von ihr aus das zentrale Prinzip der Gruppendynamik, nämlich das „Hier und Jetzt" betrachtet. Für Rogers ist die Erfahrung

„die höchste Autorität. Der Prüfstein für Gültigkeit ist meine eigene Erfahrung. Keine Idee eines anderen und keine meiner eigenen Ideen ist so maß-

geblich wie meine Erfahrung. Ich muß immer wieder zur Erfahrung zurückkehren, um der Wahrheit, wie sie sich in mir als Prozeß des Werdens darstellt, ein Stück näherzukommen."(zit. nach Schwäbisch/Siems, 1974, S.9).

Wenn – ohne Rücksicht auf philosophische Terminologie – Erfahrung das ist, was, aus Umgang mit etwas oder Umgang mit Menschen resultierend, das Verhältnis zur Welt bestimmt, dann muß nach dem Übertragungseffekt von gruppendynamisch phasenorientiertem Lernen im „Hier und Jetzt" gefragt werden.

Erfahrung im Verständnis der Gruppendynamik meint in Entgegensetzung zu Theorie und zu wissenschaftlicher Erkenntnis etwas, das aus der unmittelbaren, konkreten Situation des „Hier und Jetzt", den hier und jetzt faßbaren sinnlichen Wahrnehmungen und Gefühlen stammt. Das Hier und Jetzt gibt also den Lerngegenstand ab, und zwar in seiner kommunizierten Erscheinungsform.

Die darin eingeschlossene Gefahr der Abkappung von Geschichte als individuelle wie kollektive Vergangenheit und Zukunft sowie die Exkommunizierung wissenschaftlicher Rückbezüge (mit Ausnahme mehr oder minder praktizistischer Verhaltensregeln aus der Verhaltenstheorie) ist zentraler Gegenstand der Kritik an der Gruppendynamik. Diese Kritik läßt sich, zugespitzt, dahingehend formulieren, daß Gruppendynamik aufgrund der sie konstituierenden Verfahrensprinzipien der Gefahr nicht entrinnen könne, behavioristische Zurichtung auf einerseits frühkapitalistische Verhaltensweisen der Durchsetzung der Eigeninteressen und andererseits des spätkapitalistischen liebenswürdigen Scheins des „Seid-Nett-Zueinander" zu betreiben. Aufklärung könne nicht stattfinden. Das Erlernte reiche gerade aus, angenehmere Umgangsformen zu entwickeln und im Privatbereich „Beziehungsprobleme" zu diskutieren, wenn nicht überhaupt erst „Beziehungsknatsch" produziert werde.

Die „Back-home-Problematik" wird als Indiz für die Schwierigkeiten der Übertragung gruppendynamischer Erfahrungen in den Alltag angeführt; mehr noch, es wir bezweifelt, ob eine solche Übertragung überhaupt möglich sei.

Das Gruppendynamische Training findet unter fast klinisch sterilen Anordnungsbedingungen statt und ähnelt so einem Experiment, in dem bis auf zwei oder ganz wenige alle anderen Determinanten (hier des Lebenszusammenhangs) „ceteris paribus", d.h. gleichbleibend und ohne Einfluß gesetzt werden. Dies macht einen Teil der Übertragungsprobleme aus. Ferner zeigt sich, daß die Teilnehmer Schwierigkeiten haben zu artikulieren, was stattfand und was sie gelernt haben. Von da erklären sich die genannten Fanta-

sien über das, was Gruppendynamik sei. (Vgl. Fengler, 1981)
Der Grad der Sprachlosigkeit ist unterschiedlich groß, je nach dem Charakter und dem Ziel einer Gruppe. Er ist bei Organisations- oder Management-Trainings oder beruflich orientierten Sensitivity-Trainings zur Verfeinerung der Kommunikationsfähigkeit geringer als bei Encounter-Gruppen, die weitgehend auf emotionale „Begegnung" und innerpsychische Prozesse gerichtet sind.

Als Hilfsmittel der Konkretisierung und Veranschaulichung; zur Vereinheitlichung der Wahrnehmung; zur Intensivierung der Zuwendung; zur Verschärfung der Wahrnehmungsfähigkeit durch Konzentration auf Nahes und Weniges; zur Steigerung der Motivation durch Betroffenheit; zur Übung von assoziativen und interpretativen Verfahren: aus all diesen Gründen ist aus methodischer Sicht gegen ein zeitweiliges „Hier und Jetzt" nichts einzuwenden; im Gegenteil. Zum Dogma erhoben, aktualisiert es dagegen alle genannten Gefahren der Gruppendynamik.

Dies gilt vor allem für solche Arten von Gruppendynamik, die auf der Grenze zwischen Therapie- und Lerngruppen stehen und die wir mit Erlebnistherapien bezeichnen. Zu ihnen rechnen wir die Encountergruppen, die Selbsterfahrungsgruppen und die nicht eigentlich im therapeutischen Sinne arbeitenden, sondern Persönlichkeitsentfaltung und -wachstum verkaufenden Veranstaltungen mit therapeutischem Etikett: z.B. Psychodrama-Gruppen, Bio-Energetik-Gruppen. In ihnen ist die Gefahr besonders groß, daß das Hier und Jetzt ideologisch überhöht wird zur raum-zeitlichen Einheit der Vergangenheit und Zukunft, von Erfahrung in Zeit und Ewigkeit, Welt und Kosmos.

Aus der Mystik, aus den Berichten von Menschen, die dem Bannkreis des Todes entgangen sind und aus anderen Grenzerlebnissen (z.B. unter Drogen) wissen wir von der sogenannten Lebensbilderschau, bei der in Bruchteilen von Sekunden ganze Lebensabschnitte vorüberziehen und sich mit Gegenwärtigem und mit Visionen von Zukünftigem verbinden können.

Das Erleben zeitlicher, räumlicher oder raum-zeitlicher Einheiten kann in bestimmten therapeutischen Fällen im klinischen Sinne ebenso angezeigt sein wie es ein Bildungsziel genereller Relevanz ist. Als solches ist es aber kulturspezifisch und gesellschaftspolitisch kontext-gebunden. Es gehört in jedem Falle entweder in die Therapie im strengen Sinne oder in Bereiche der Pädagogik, denen es um mehr und anderes geht als um die kommunikationsbezogene Seite der Kompetenz in Kleingruppenprozessen oder um individuelle Erweiterung des Verkehrsformen-Repertoires.

Wenn wir die Gruppendynamik im Verlaufe ihrer Geschichte zwi-

schen „Human Relations“ und Psycho-Markt betrachten, zeichnet sich allerdings die Frage ab, ob ihren Gefahren überhaupt zu entrinnen ist.
Wohl kaum, so unsere Auffassung, wenn sie als Konzept oder als methodisches Prinzip gehandhabt wird. Wo dies nicht geschieht, wo lediglich Forschungsergebnisse und Verfahrenselemente im Zusammenhang gänzlich anders begründeten Unterrichts verwendet werden, sind lernbefördernde Wirkungen zu verzeichnen.
Nur handelt es sich dann nicht mehr um Gruppendynamik!

1.4 Teilnehmerorientierung

Teilnehmerorientierung wird in der Literatur in unterschiedlichen Zusammenhängen behandelt. Es werden darunter sowohl die verschiedensten Konkretisierungen des sogenannten Erfahrungsansatzes erörtert wie Probleme der Schülerorientierung des Unterrichts zur Meisterung von Motivations- und Disziplinproblemen.
In der Literatur findet sich aber auch, daß sie als methodisches Leitprinzip neben Medienorientierung, Praxisorientierung, Interaktionsorientierung, Persönlichkeitsorientierung und Zukunftsorientierung genannt und gefordert wird.

Es sei hier auf einen Aspekt der Forderung nach Teilnehmerorientierung eingegangen, der im Rahmen der Strömung „Soziales Lernen“ bedeutsam geworden ist, ohne daß er als solcher je thematisiert wurde. Wir meinen die Entgegensetzung Teilnehmerorientierung versus Lehrerorientierung und die dahinter liegende Sicht des pädagogischen Prozesses und der ihm entsprechenden Aufgaben des Lehrenden. Letzteres läßt sich stichwortartig mit den Begriffen umreißen die – aus Randgebieten der Therapie entlehnt – den Lehrer zum Facilitator, d.h. zum Erleichterer (angeblich) selbstgesteuerter Lernprozesse oder gar bloß zum Moderator reduzieren.
Unter Lehrerorientierung werden alle Verfahren verstanden, bei denen der Lehrende „in Aktion“ tritt. Ihnen haftet aus der Sicht von Teilnehmerorientierung grundsätzlich der Verdacht des Autoritären, Undemokratischen, Unterdrückerischen an. Die Lernenden seien zu wenig oder gar nicht beteiligt; sei es bei der Auswahl der Inhalte, sei es durch verbale oder andere Aktivitäten während des Unterrichtsprozesses. Dies begünstige das Durchsetzen heimlicher Normen, die Dominanz der Inhalte und damit die Indifferenz gegenüber den psychischen und sozialen Aspekten. Auch die verschiedenen Arten der Angstabwehr, insbesondere der Bluff im

universitären Lernen, werden der Lehrerzentriertheit zugeschrieben.

Als schülerzentrierte bzw. teilnehmerorientierte Verfahren bzw. Unterrichtsprozesse, Lernsituationen (oder welche Begriffe auch immer verwandt werden) gelten der Gruppenunterricht, die Partnerarbeit, von den Teilnehmern organisierte Projekte und insgesamt eine Organisation im Sinne des „Lernens in Freiheit" nach Rogers. Sie bilden das positiv gewertete Gegenstück zur Lehrerzentriertheit. Dabei ist interessant, daß all diese Einzelverfahren bzw. Organisationsformen des Unterrichts ausschließlich positiv beurteilt werden, während die Lehrerzentriertheit sowohl negativ wie extrem positiv gesehen wird. Rieck/Ritter (1980) z.B., die außer den o.a. negativen Kommentierungen noch eine Reihe anderer geben, räumen für den Hochschulsektor gleichzeitig Flexibilität, Orientierung, Überschaubarkeit, Gründlichkeit, Systematik, Spannung, Abwechselungsreichtum, Beteiligung der Lernenden und beeindruckende Lernerfahrungen als Vorzüge lehrerzentrierten Lernens ein.

Faktisch kämen die positiven Möglichkeiten der Lehrerzentrierung aber nicht zur Entfaltung, zeichne sich diese vielmehr durch didaktische Armut aus. Schließlich gelte generell,

„daß in lehrerzentrierten Lernsituationen die Entfaltungsebene der Lehrerindividualität die Wissenschaften oder das Lehrerverhalten sind und nicht die private Person des Lehrenden. Er repräsentiert gewissermaßen die jeweilige Wissenschaftsdisziplin und die ihr eigentümlichen Denk- und Arbeitsweisen; damit erweisen sich lehrerzentrierte Lernsituationen als vor allem stoffzentriert." (Rieck/Ritter 1980, S. 12)

Indem lehrerzentrierter Unterricht sowohl extrem positiv als auch extrem negativ beurteilt wird, bestätigen sich die Ergebnisse der empirischen Untersuchungen über die Wirksamkeit von Unterrichtsverfahren, insbesondere Organisationsformen des Unterrichts und Aktionsformen des Lehrens: es lassen sich empirisch keine Wertigkeiten für Verfahren, keine speziellen Effizienzzuordnungen feststellen.

Soweit es die Hochschuldidaktik betrifft, so läßt sich sagen, daß die Ablehnung der Lehrerzentriertheit aus einer falschen Schlußfolgerung resultiert: Das quantitative Überwiegen einer Qualität (didaktisch verarmter Vorlesungsstil) wird zum allgemeinen Qualitätsgesetz der Lehrerzentriertheit, ja des hervortretenden Unterrichtsengagements des Lehrenden überhaupt gewendet. Ein Schluß, der weder logisch noch empirisch zu erhärten ist.

Bedeutsamer scheint uns aber ein anderer Aspekt zu sein, der nicht nur für die Hochschuldidaktik zutrifft. Wir finden ihn durchgängig in der Literatur zum Thema Lehrerflucht wieder, in der Antipädagogik und – soweit unsere Ermittlungen reichen – im Bewußtsein vieler angehender Lehrer. Wir meinen die Spaltung nach Berufsmensch und Privatmensch und die Betonung des Privaten. Dieses spiegelt die Zerrissenheiten der Lebenswirklichkeit der Menschen in unserer Gesellschaft und analog dazu ihres Bewußtseins. Die Entfremdung ist so beherrschend, daß nur noch im Privaten Entfaltung, Glück, Zufriedenheit, Sinnerfüllung gesehen werden kann. Das Berufliche wird zum sinnentleerten oder nur noch sehr partiell sinnhaften, eher beschneidenden und unterdrückenden Teil des Lebens. Und das nur noch aus Einzelnem, Punktuellem, aus der Oberflächenerscheinung sich konstituierende Bewußtsein hat mit der Erkenntnis des Ganzen weithin auch die Perspektiven für anderes denn parzelliertes Leben verloren. Die Suche, vielleicht sogar die Sehnsucht nach einer Lehrertätigkeit, die reale Möglichkeiten allseitiger Kompetenzentfaltung zu fassen bekäme, äußert sich nur mehr in Angst vor Verkrüppelungen in einer Tätigkeit als Vollzugsbeamter. Die Sehnsucht nach der Einheit von Person und Rolle als der Aufhebung von deren Spaltung und falscher Entgegensetzung wird nun, dem entfremdeten Bewußtsein entsprechend, in dem zum Ganzen und Wesentlichen aufgeblähten Teilelement des Privaten gesucht, das auch im Unterricht zu wirken habe.

Dieser Verfestigung entfremdeten Bewußtseins wie entfremdeten Lebens kommt die Ideologie des „Lernens in Freiheit" und der „Schüler- bzw. Teilnehmerorientierung" entgegen. Der zum Moderator bzw. Facilitator gewandelte Lehrer ist scheinbar der mehr oder minder *private* Lernerleichterer beim Aneignen eines Stoffpensums, für das er, der Lehrer, nicht oder zumindest nicht alleine verantwortlich ist. Genauso wenig wie für den Erfolg der Ausbildung. Aus dem Konflikt der Loyalität gegenüber Interessengruppen, gegenüber der Allgemeinheit, dem Staat und den Lernenden sowie individuell vertretenen gesellschaftspolitischen oder weltanschaulichen Auffassungen ist er damit weitgehend heraus. Seine Entfaltungsebenen sind die der (lern)technischen/lernpsychologischen Beratung und der persönlichen Begegnung z.B. in tendenziell therapeutisch ausgerichteten Gruppen.

Die Forderung nach Teilnehmerorientierung als Entgegensetzung zur Lehrerzentriertheit ist demnach unserer Auffassung zufolge Ausdruck einer Verblendung, welche die schlechte Wirklichkeit überwinden will, indem sie sie verdoppelt.

Um diese Wirkung einer im Grunde lehrerfeindlichen Einstellung voll zu erkennen, muß man sich die zeitliche und inhaltliche Parallelität des didaktischen Trends „Soziales Lernen“ und des im wesentlichen von der Humanistischen Psychologie gespeisten Psychobooms vor Augen halten. Daß heißt, die rigorose Ablehnung der Lehrerzentriertheit muß im Kontext der Rolle gesehen werden, welche der Gruppenleiter bzw. Trainer in der Gruppendynamik, in der Gruppentherapie (humanistisch-psychologischer Richtung) und der von diesen beeinflußten Gruppenpädagogik hat. Die Trainer „sind diejenigen Personen, die gegen Honorar, aufgebracht in den meisten Fällen von den Teilnehmern, Richtung und Umfang der Lernprozesse bestimmen.“ „Machtposition des Trainers und Folgebereitschaft des Teilnehmers sind zentrale Daten der Interaktionsstruktur eines gruppendynamischen Seminars, deren konkrete Ausprägung mit davon abhängt, in welch unterschiedlichen Formen Wünsche, Hoffnungen, Erwartungen auf die Figur des Trainers projiziert werden.“ (Giere, 1981, S.158/159)
Weil es sich um einen zweiseitigen Geschäftsvertrag handelt, nämlich zwischen Teilnehmern und Trainer und zwischen diesem und einer veranstaltenden Institution, erwarten die Teilnehmer bestmögliche Bedienung und ist der Trainer, schon um seines Ansehens und damit der Kontinuität seiner Vertragsbasis willen, bestrebt, so rasch und so intensiv wie möglich zu bewerkstelligen, daß möglichst alle sich wohlfühlen. Die drei wesentlichen Möglichkeiten für den Trainer, unangefochten und hinsichtlich des Erfolges außerhalb der Verantwortung zu bleiben, sind:

(1) Verwischung der Konturen von Person und Rolle, d.h. Vernebelung dieser Dualität überhaupt, sowohl der damit verbundenen Konflikte, Leiden und Begrenzungen wie der wechselseitigen Impulse und der Erweiterung von Gestaltungs- und Handlungsmöglichkeiten. Dies entweder durch Schaffung einer Gruppenatmosphäre familiär oder kumpelhaft getönter Zuneigung und Gleichheit, wodurch die Rolle des Trainers verschwindet; oder durch Hochstilisierung der Rolle zum unanfechtbaren therapeutischen oder pädagogischen Fachmann oder zum show-master im permanenten Arrangement von Spielen.

(2) Verweigerung von Beziehungen bzw. Aufzwingen von Beziehung durch Manipulation: Hierunter fällt die inhaltliche Füllung des Gruppenprozesses durch Spiele, die der Ersatz für Lerngegenstände werden. Der Trainer kann sich auf diese Weise doppelt heraushalten. Weder werden die Teilnehmer

dazu kommen, sich auf irgend eine Weise an ihm abzuarbeiten, noch braucht er sich, wie z.B. in der Schule der Lehrer, auf Stoff einzulassen und die mit dessen Auswahl und didaktischer Aufbereitung verbundenen Konflikte, die entstehen, wenn er die Leitfrage bzw. den Implikationszusammenhang ernst nimmt. Wo der Trainer sich als Therapeut gibt oder als Spielemoderator, bleibt den Teilnehmern zudem gar nichts anderes übrig, als diese Art von Beziehung – häufig ohne daß sie es gewahr werden – einzugehen oder ausgeschlossen zu bleiben.

(3) Erhebung von Freiheit und Selbstverantwortlichkeit des Subjekts zum Glaubenssatz. Was die bürgerliche Philosophie der Freiheit wie die arbeitsorientierte Anthropologie z.B. von Marx als menschliche Möglichkeit und als konkrete Utopie vor Augen führen, wird in der Humanistischen Psychologie unter Rückzug und Beschränkung auf die Innerlichkeit, die Privatheit und das Ghetto der Gruppe zum Faktum hochstilisiert und als Postulat wie als Sanktionsmittel gehandhabt. Wer Probleme hat, ist selber schuld, daß er sie sich nicht löst! Damit ist der Trainer entbunden; gewinnt der Teilnehmer den Glauben an seine Autonomie.

Die Macht des Trainers resultiert also zum einen aus dem Vertragscharakter seiner Tätigkeit. Er selber ist gezwungen, sich, bewußt oder unbewußt, dem Prinzip der Erfolgsmaximierung zu unterwerfen. Die Teilnehmer, da sie relativ hoch bezahlen, sind nur zu leicht zur Gefolgschaft bereit, um wenigstens die Illusion der Preiswürdigkeit davonzutragen. Die andere Wurzel der Macht liegt in der Undurchschaubarkeit der Methoden, insofern es sich um Verfahren handelt, mit deren Umgang die Teilnehmer keine oder nur unzulängliche Erfahrung haben. Auch fehlen die Zuordnungs- und Deutungsmuster für die verbalen und averbalen Äußerungen der Teilnehmer, so daß die Interpretationen des Trainers zunächst die einzige Orientierung sind.
Es muß demnach die Frage gestellt werden, was an der Lehrerfeindlichkeit, wozu der Ruf nach Teilnehmerorientiertheit nur zu oft gerät, Übertragung oder auch Projektion vom Trainer auf den Lehrer ist. Welche Herausforderung auch, so muß man sich vor Augen halten, geht von einem Lehrer aus, dem es gelingt, Lernprozesse und Aufklärung in Gang zu setzen, und der aufgrund glücklicher Umstände, guter Ausbildung und kraftvoller Persönlichkeitsstruktur halbwegs dem Entfremdungsmechanismus entrinnen kann, mit denen der Trainer sich ideologisierend arrangiert?

2. Rückgriffe

2.1 Geisteswissenschaftliche bzw. idealistische Exemplarik

Der Neubeginn nach dem zweiten Weltkrieg hatte auch das Bildungswesen vor Legitimationsprobleme in der Entscheidung über Strukturen und Inhalte gestellt. Die Neufassung der Lehrplanwerke warf Auswahlprobleme auf, die nicht nur mit neuen Zielorientierungen zusammenhingen, sondern auch mit der Entwicklung der Wissenschaften und der Entwicklung der Zivilisation, insbesondere den technisch-ökonomischen Explosionen. Dem ebenso sinnlosen wie unbewältigbaren Enzyklopädismus mußte ein befriedigendes didaktisches Prinzip entgegengestellt werden, um einen chaotischen Kampf gegen die Stoffülle zu vermeiden, ja das geistige Leben überhaupt vor dem Erstickungstod zu bewahren. (vgl. Gerner, 1963) 1951 wurden in den von Vertretern der Höheren Schulen und Hochschulen gefaßten „Tübinger Beschlüssen" (vgl. Bildung und Erziehung, 1952, S. 58-61) bildungspolitische Forderungen formuliert, welche den Höheren Schulen im Einvernehmen mit den Ministerialbehörden und in Kooperation mit den Hochschulen entsprechende Freiräume zur Neugestaltung der Lehrpläne gewähren sollten.

Die im Anschluß an die „Tübinger Beschlüsse" weithin sich ausbreitende didaktische Diskussion läßt sich als Suche nach der Lösung des Exemplarischen Prinzips kennzeichnen. Die Bezeichnung Exemplarisches Prinzip wie auch die fortgetriebensten unterrichtspraktischen Entwürfe stammen von Martin Wagenschein, der sie für den Physikunterricht entwickelt hat. Doch schon 1960 gilt der Begriff des Exemplarischen als Modewort und als sinnentleert (Stenzel, 1960), nurmehr als Aufmunterung, „Mut zur Lücke" zu beweisen in dem festen Glauben daran, daß es genug Einzelnes gäbe, das als Beispiel für das Ganze stehen kann. Zusammenhanglosigkeit, Eklektizismus und Atomisierung des Denkens werden so die eine Folge dessen, was ursprünglich auf Zusammenhang und Gründlichkeit zielte. Abstrahierte Stilisierungen, die zu verfälschenden Übertragungen führen – z.B. die Familie als Gesellschaft im kleinen, die Phasen der Französischen Revolution als Beispiel und Abbild für die Geschichte seit 1789 – sind die andere Seite dessen, wozu die Exemplarik verkam und dem mit Recht der Ruf nach mehr solidem Faktenwissen entgegengehalten wurde.

Als man darüber zu debattieren anfing, ob das Exemplarische sich im Paradigma, im Exempel, im Typus, im reinen Fall, im Muster, im Modell, im Gleichnis, im „pars pro toto" oder in der Analogie repräsentiere bzw. didaktisch fassen ließe (Scheuerl, 1958), war der Schwung zur Erneuerung des Schullebens bereits erschöpft.

Es ist nicht der Ort, darüber zu sinnieren oder zu rekonstruieren, warum die exemplarische Bewegung keine Reformkraft entfalten konnte. Sicherlich findet man keine Antwort, wenn man diskussions-immanent bleibt; wenn man heraustüftelt, daß es viel akademischen, begriffshuberischen Streit um des Kaisers Bart gegeben hat und daß die Beiträge der bedeutendsten Vertreter der Exemplarik (Derbolav, Klafki und Wagenschein) nur zum Teil begriffen wurden. Vielmehr sind, was wir hier nicht können, auch die politischen und ökonomischen Zeitläufe in den Blick zu nehmen.
Eines läßt sich freilich ohne große Analyse sagen – und es ist dies der Grund, weshalb eine Rückbesinnung auf die idealistische Exemplarik bedeutsam ist: Mit ihren hervorragendsten Denkern entwickelte sie ein Potential, das an den Grenzen des bestehenden Bildungssystems rüttelte, sobald man die Exemplarik nicht auf die Fachdidaktik beschränkte.
Schon Wagenschein, obschon von der Fachdidaktik ausgehend, forderte die Auflösung der Fachgrenzen und damit zusammenhängend Epochenunterricht, andere Stundentafeln wie Lehrpläne, Versuchsschulen, kleinere Klassen, mehr Unterrichtszeit (damit auch der Kanon sowie das solide Einüben nicht zu kurz kämen) und vor allem: Bildung als „Macht über Wissen" (Wagenschein, 1959, S.400), als Konstitutionsprinzip lebendiger Demokratie.

Man bedenke:
Bildung nach dem Exemplarischen Prinzip sollte zielen auf Bildung aus einem prägnanten Punkt (Gegenstand, Komplex, Begriff, Gesetz), dessen Charakteristikum seine aufschließende Kraft wäre. Dieses Aufschließen wird gesehen als Vermittlung von Grunderfahrungen wie als „Aufklärung gelebten Lebens" (Grundvig). Klafki (1963) nennt dies das Fundamentale; die Erhellung des Verhältnisses von Allgemeinem und Besonderem, Konkretem und Abstraktem in Strukturen (morphologisch), in Erscheinungsformen und Anmutungen (physiognomisch, phänomenologisch) und in Sinngehalten (symbolisch). Klafki spricht hierbei vom Elementaren im Sinne des Aufschließens und Grundlegens für anderes wie für das Ganze.

Das Exemplarische zielt demnach immer auf Ganzheitlichkeit. Diese betrifft den ganzen Menschen (Körper, Seele, Geist; Denken, Fühlen, Handeln) wie das Ganze der Wissenschaften und über die Frage nach der Sinnhaftigkeit auch das Ganze des Lebens;

zumindest das Verhältnis der Wissenschaften zur Lebenspraxis. Wenn wir sagen „zielt“, so heißt dies, daß die geisteswissenschaftliche Exemplarik zu dieser Ganzheitlichkeit nicht voll vorgestoßen ist. Es hätte dies, wie schon erwähnt, bedeutet, über das bestehende Bildungssystem, dieses revolutionierend, hinauszudenken. Es hätte aber auch eines anderen Denkansatzes bedurft. Nämlich konsequenter Dialektik in einem Mehrfaktorensystem, das mehr umfaßt als das wechselseitige Erschließen von Individuum und Sache; nämlich Individuum *und* Gesellschaft in der Trias Ziel, Gegenstand und Verfahren; Wissenschaft *und* materielle (Re)produktion des gesellschaftlichen Lebens; Strukturen der geistigen Welt (als von Menschen erkannter bzw. gefügter) *wie* des materiellen Lebensprozesses; Wesen *und* Erscheinung. Mit solcherart konsequenter, nur aus Ganzheiten zu begreifender und zu handhabender Dialektik hätte gleichzeitig der Schritt aus der geistigen Welt und dem Verbleiben im Ideellen zur materiellen Basis getan werden müssen. Wäre es auch gelungen, das Exemplarische als *Form* (etwa in der o.a. Klassifizierung Scheuerls) zu begreifen, deren Funktion erst das Aufschließende im Sinne des Fundamentalen und Elementaren ist. Klafki (1963) kommt dem an vielen Stellen sehr nahe. Doch läßt er letztlich das Exemplarische *neben* dem Fundamentalen und Elementaren stehen. Gleiches gilt für Derbolav. Auch er betrachtet das Exemplarische neben dem Fundamentalen, dem Elementaren und anderen didaktischen Kategorien; obzwar er ihm eine gewisse Vorzugsstellung einräumt. Mit der Einschränkung allerdings, daß im Exemplarischen die Bewegung des Bildungsprozesses nicht eingefangen werde. In den von ihm entwickelten Gesichtspunkten des Exemplarischen kommt diese Bewegung jedoch u.E. sehr wohl zum Ausdruck. Zusammen mit seiner Sicht des Fundamentalen und der Bedeutung des praktischen Umgangs sowie der Betonung des Anwendungssinns und der Verantwortung in historischer Dimension gegenüber einem abzulehnenden positivistischen Szientismus rückt Derbolav als an Hegel geschulter Dialektiker sehr nahe an die von Negt entwickelte Exemplarik. Man könnte auch sagen: er läßt Negts Wendung der Exemplarik durchschaubarer werden. Derbolavs Gesichtspunkte seien darum hier wiedergegeben: (vgl. Derbolav 1963, S. 145)

a) Auswahl produktiver Gehalte statt der vollständigen Stoffdarbietung;
b) Einstieg beim (fraglich gemachten) Phänomen und Fortschritt zur plattformartigen Verdichtung des Erklärungszusammenhangs in elementaren Einsichten, die einen ganzen Phänomen-

bereich umgreifen;

c) Einheit von Weg und Resultat, d.h. selbsttätiges Nachvollziehen von Forschungsgängen oder Verstehen einer gegebenen Situation aus ihren geschichtlich fundamentalen Ursprüngen, woraus zugleich Methodeneinsichten erwachsen, welche die Partikularität des Resultats aufheben;
d) Selbständige Anwendung des so Erworbenen bzw. Entwicklung neuer Anwendungsmöglichkeiten;
e) Erhellte Bedeutsamkeit des Wissens durch Einsicht in seinen Anwendungssinn und seine Grenzen fürs eigene Handeln bzw. durch Übersetzung des Erkannten in die Dimension der Betroffenheit.

2.2 Arbeiterbildung nach dem Prinzip „Exemplarik und Soziologische Phantasie"

Prägnanter und dringlicher als in der gewerkschaftlichen Bildungsarbeit stellt sich nirgendwo die Aufgabe, unmittelbare gesellschaftspolitische Erfahrungen aufzuarbeiten, um sie in situationsunabhängiges und zugleich auf Praxis zielendes Bewußtsein zu transformieren. Oskar Negt hat diese Vermittlungsaufgabe als langfristige Bildung begriffen und auf der Basis soziologischer und psychologischer Erkenntnisse daraus Folgerungen für die Arbeiterbildung gezogen. (vgl. Negt 1975)
Negts „Soziologische Phantasie und Exemplarisches Lernen" hat innerhalb der Gewerkschaften zu heftigen Kontroversen geführt. Wir halten diese Auseinandersetzungen didaktisch jedoch für irrelevant, insofern sie unterhalb des in der idealistischen Exemplarik erreichten didaktischen Reflexionsniveaus blieben; ganz zu schweigen von der fehlenden Berücksichtigung der Sozialisationsforschung, der Lern- und Tiefenpsychologie.

In folgendem erörtern wir darum nur die Gedanken aus Negts didaktischem Entwurf, die für unsere weiterführende Entfaltung wichtig wurden; nicht aber die Diskussion um seine Exemplarik.

Rückgriff auf die Erfahrung

Die Erziehungswissenschaft hat seit langem zwischen unbeabsichtigt im Lebensprozeß erfolgender (funktionaler) und gezielter und geplanter (intentionaler) Erziehung und Bildung unterschieden. Sie hat diese aber nicht nur nebeneinandergestellt, sondern auch ihre Überlagerungen und ihr Gegeneinander-Wirken sehr wohl im

Blick gehabt. Die empirischen Forschungen über den Zusammenhang der Entwicklung von Sprache, Denken und Bewußtsein, über die Übernahme von Wertvorstellungen und Rollenmustern sowie über die Entwicklung der Begabung haben die besondere Bedeutung der sogenannten funktionalen Prozesse als Planungsfaktor für die Didaktik vor Augen gestellt. Es ist dies der Kern dessen, was Negt mit der Forderung des Rückgriffs auf die Erfahrung anvisierte.
Natürlich ist damit auch mittelbar und unmittelbar Erlebtes gemeint. Aber zugleich und mehr noch die an seiner Thematisierung sich zeigenden Einstellungen, Haltungen, Motive, Perspektiven, Urteile, Denk- und Sprachmuster; und zwar – hierauf kommt es an – als Ausdruck von objektiver gesellschaftlicher Realität.
Bildung als zum Handeln befähigende Aufklärung und Entfaltung verlange darum, an der Verfremdung des Bewußtseins, d.h. an den Wirkungen der Entfremdungsmechanismen ebenso zu arbeiten wie an dessen emanzipativen Gedanken.

Im strikten Rückbezug auf die Erfahrung zu arbeiten bedeutet nichts anderes, als das Vorwissen zu vergegenwärtigen, ohne welches Lernen nicht möglich ist, weil dieses immer als Konsequenz vorangegangener Erfahrung sich verwirklicht. Die Erfahrung ist sowohl das mit unserer Physis, mit den Sinnen Erlebte, das unserer Vorstellung Inhalt wie Bestimmtheit gibt, als auch das schlußfolgernde Fazit als Grundlage für das Aufsteigen zum Begriff wie zum Handeln. „Erfahrung meint: erstes und grundlegendes Verständnis der Dinge und zugleich erste und grundlegende innere Verhältnismäßigkeit des Erfahrenden… als die Verständigkeit, mit der ich bei den Dingen bin." (Buck, 1967, S.17) Dabei ist aber zu bedenken, daß *„alles, was wirklich Erfahrung ist, die auch von anderen vernünftigen Subjekten nachgeprüft und wiederholt werden kann, Ausdruck (ist) eines Produktionsvorganges, der nicht auf isolierte Individuen gestützt ist, sondern die Tätigkeit eines kollektiven gesellschaftlichen Gesamtsubjektes bezeichnet, in das alle Tätigkeiten der Auseinandersetzung mit der äußeren und inneren Natur hineingezogen werden. Erfahrung ist in einem strengen Sinne gleichzeitig Produktionsvorgang und Rezeption gesellschaftlicher Vereinbarungen über die Erscheinungsform oder Gesetzmäßigkeit der Gegenstände."* (Negt/Kluge 1972, S.23)
In einer durch Klassengegensätze, durch den Antagonismus von Arbeit und Kapital, Schichtungen und Gruppierungen zerrissenen Gesellschaft sind freilich die Vereinbarungen von eben diesen Antagonismen geprägt, reicht der Horizont der Erfahrungen nicht

weiter als der klassenspezifische Lebenszusammenhang. An die Erfahrung ist darum immer zugleich die Blockierung ihrer Aufklärung gebunden, so daß Bildung als Befreiung Körper, Seele und Geist betreffen muß; was nicht leugnet, daß sie nur als gesellschaftliche ihre Wirkkraft entfalten kann.

Identität von Subjekt und Objekt des Lernens

In Lernprozessen, die zugleich selbstbestimmt, kollektiv und praxisorientiert verlaufen sollen, erfüllt der „Lernstoff" (Daten, Fakten, Theorien, kurz, alles positive Wissen) seine Funktion der Bewußtseinsbildung wie der Handlungsbefähigung nur, wenn er von den Lernenden als Aufklärung ihres gelebten Lebens begriffen und ergriffen werden kann, wenn sie sich selber als zugleich Subjekte und Objekte des Lernens sehen können.
Die bürgerliche Pädagogik hat diesen Problemkomplex einerseits unter dem Stichwort Motivation und Motivierung (samt allen diesbezüglichen Verfahren und Tricks) behandelt, andererseits unter dem der Lebensnähe. Hierbei reicht die Palette von einer konsequenten Integration beruflicher und allgemeiner Bildung (Polytechnik) über Projektverfahren, Selbsttätigkeit, Enttabuisierung von Lebensproblemen und deren Behandlung in der Schule bis zur Konstruktion pädagogischer Verbundsysteme (Lernortverbund).
Das gebrochene Verhältnis zur materiellen Reproduktion des gesellschaftlichen Lebens, damit zu Arbeit, Wirtschaft und Technik sowie die dementsprechende Überbewertung der sogenannten geistigen Welt, ferner der Machtkampf der Interessengruppen haben das Problem aber immer nur an die Grenze seiner möglichen Lösung gebracht, sieht man von pädagogischen Modelleinrichtungen ab.

Reorganisation der Stoffgebiete

Der Erfahrungsbezug wird darum von Negt ergänzt durch die Reorganisation der Stoffgebiete, um auf der „Grundlage des Erkenntnisinteresses einer politischen Ökonomie der Arbeit soziologische, sozialpsychologische und historische Aspekte" (Negt, 1975, S. 24) in Einklang zu bringen.

Die Zusammenschau der soziologischen, sozialpsychologischen und historischen Aspekte dient der Aufklärung der Erfahrungen, die zur Theorie hin zu entfalten und zu verdichten sind, wie der Gewinnung dessen, was die idealistische Exemplarik den prägnanten Ausgangspunkt nennt. In ihm müssen nach Negt die obigen Aspekte zur Deckung gelangen, wozu er die Möglichkeit in der didaktischen *Nutzung der Topik*, sieht, d.h. der Lehre über Ursachen, Arten und Wirkungen fester Klischees, traditionsgemäßer Denk- und Ausdrucksschemata sprachlicher und nichtsprachlicher Art einzelner Klassen, Schichten und Gruppen.

Sprache und Soziologische Phantasie

Erfahrungsorientierung verlangt in jedem Fall, insbesondere aber, wenn es zu kollektivem und handlungs- wie theorieorientiertem Lernen kommen soll, sprachlicher Vermittlung. Darum gelte es, von den Topoi (insbesondere den sprachlichen) ausgehend, verdeckten Erfahrungsgehalten zum Ausdruck zu verhelfen, damit sie im Medium der formalen Sprache sowohl zur Theorie hin wie zu den Bedürfnissen der Lernenden hin bewußt und handhabbar werden.
Die idealistische Exemplarik ist auf dieses *sprachdidaktische* Problem noch nicht eingegangen, insofern die entsprechenden Ergebnisse der Soziolinguistik, insbesondere die Untersuchung Bernsteins, erst von der zweiten Hälfte der sechziger Jahre an der Didaktik zur Verfügung standen.

Exemplarisches Lernen heißt demnach im Anschluß an Negt: Es ist auszugehen vom Einzelnen als vor allem im Topos sich ausdrükkender Einheit von erlebtem Ereignis, dessen Verarbeitung zur Erfahrung und dem darin enthaltenen soziologischen Tatbestand. Dieser ist als Teil des Ganzen, nämlich der arbeitsteilig organisierten Totalität des gesellschaftlichen Produktions- und Reproduktionsprozesses, in einem auf die Aufhebung von Entfremdung zielenden Interesse zum Bewußtsein zu bringen.

Statt von soziologischer Phantasie wäre darum verständlicher von gesellschaftswissenschaftlicher zu sprechen, insofern auch andere Disziplinen als die Soziologie angesprochen sind; ja, der bürgerlichen Aufsplitterung der Wissenschaften gerade nicht zu folgen ist!
Bezogen auf den *Lehrenden* meint Phantasie Flexibilität, Einfallsreichtum und Vorstellungskraft, weil exemplarisches Lernen der didaktischen Stegreifplanung bedarf. Damit ist nicht willkürliches Improvisieren gemeint. Vielmehr geht es um die Fähigkeit, auf der Basis eines reorganisierten gesellschaftswissenschaftlichen Denkens zwischen der Theorie, der Praxis und den Erfahrungen der Lernenden ad hoc vermittelnd den Ziel-Inhalts-Verfahrens-Entwurf zu entwickeln, den man Unterrichtsplan nennen kann; der sich im exemplarischen Verfahren aber in der Prozeßdynamik permanent neu konstituiert und neu zu konstituieren ist. Der didak-

tisch geschlossene Lehrgangs- oder Lehrplanentwurf steht demnach exemplarischem Lernen entgegen.
Bezogen auf die *Lernenden* bezeichnet die soziologische Phantasie zum einen das Ziel. Negt/Kluge sprechen von der Phantasie als spezifischem Produktionsmittel, „das für einen Arbeitsgang gebraucht wird, den das kapitalistische Verwertungsinteresse nicht ins Auge faßt: die Veränderung der Beziehungen der Menschen untereinander, zur Natur und die Wiederaneignung der in der Geschichte gebundenen toten Arbeit der Menschen." (Negt/Kluge 1972, 73)
Zum anderen ist diese Phantasie der Lerngegenstand selber, insofern an der in der Phantasieform gebundenen Erfahrung zu arbeiten ist wie an einem Rohstoff, indem die konkrete Situation der Wunschentstehung, die konkrete Situation des verarbeitenden aktuellen Eindrucks und die konkret vorgestellte Situation der Wunscherfüllung aus ihren Zerrissenheiten wieder zusammengefügt und aus dem Verblendungszusammenhang gelöst, zum Bewußtsein gewendet werden. (vgl. Negt/Kluge 1972, S. 70)

SYNOPSE der Theorien der „Allgemeinen Didaktik“ und Curriculumtheorie nach Blankertz

Ansatz	Bildungstheoretische Ansätze		Lehrtheoretische Ansätze		Systemtheor. Didaktik	Curriculumtheorie
Haupt-vertreter	Klafki	Derbolav	Lerntheoret. Ansätze Heimann/Otto/Schulz	Kybern. Did.	König/Riedel	Robinsohn
Didaktik-Definition	Theorie der Bildungsinhalte	Theorie der Bildungsinhalte	Theorie v. Unterricht U. = Ort, an dem zu lösende Lehr- und Lern-Probleme auftreten	Theorie d. (optimalen) Steuerung v. Lehr- und u. Lernprozessen	Anwendung d. Verfahren d. Systemtheorie, insb. d. Denken in Systemen, um Probleme im ideologisch-, wissenschaftl.- u. techn.-did. Bereich zu lösen	Theorie d. Auswahl von Lerninhalten unter bes. Berücksichtig. d. Einfluß nehmenden Instanzen. Analyse Lebenssituation u. Qualifikation
Zentral-begriff	Bildungsbegriff Kategoriale Bildung	Bildungsbegriff „Im-Anderen-zu-sich-selber-kommen“	Lernbegriffe L = beobachtbare Verhaltensänderung v. Menschen (nicht solche, die auf Reifungsprozesse zurückgehen)	Information kürzeste Codierung einer Zeichenmenge in bit u. Verhaltens-	System in sich geordnetes gegliedertes Ganzes	Curriculum Auswahl u. Planung v. Bildungszielen, Lehrinhalten u. Lehrmethoden
Ziel	wechselseitige Erschließung von Welt u. Individuum	Versöhnung von „Selbst“ u. „Anderem“ durch das Gewissen	Totalerfassung aller im Unterrichtsgeschehen wirksamen Faktoren (Vorbereitung u. Analyse)	Anpassungsleistungen quantifizieren u. mit Hilfe d. Rückkopplungsprinzips intensivieren	– umfassende Instrumentarien zur Unterrichtsplanung bereitstellen – Unterrichtsplanung rationalisieren u. objektivieren	– Bildungsreform über die Revision d. Inhalte – Auswahlprozeß transparent gestalten – rationale Lehrplangestaltung
Besondere Akzentuie-rungen	Betonung der Spannung zwischen Individuum und Gesellschaft	Betonung von Sinngebung und Sinnhaftigkeit	Betonung der empirischen Erfassung von Daten	Betonung des Technischen Aspekts	All-round-Lösungsanspruch: ideologisch technisch, wissenschaftstheoretisch	Auswahl von Bildungsinhalten unter Berücksichtigung wissenschaftlicher Erkenntnisse *und* politischer Ansprüche
Methodolog. Rückbezüge	Hermeneutische Sinnerfassung (verstehende Deutung)	Dialektisches (= sich vermittelnd ergebendes) sittliches Erkennen	Analytische Wirklichkeitserfassung; „wertfreies“ Arbeiten	Analytische Methode	Analytische Methode (Denken in Systemen	Verbinden von Methoden d. Wissenschaften und Repräsentanz gesellschaftl. Kräfte, Expertengruppen

Planungsmodell Berliner Didaktik

Bedingungsfelder	Bedingungsprüfung	Entscheidungsfelder
1. Anthropogene Voraussetzungen Individuallage Schulsituation Klassensituation	1. Normenkritik 2. Faktenbeurteilung 3. Formenanalyse	1. Intentionen Zwecksetzung des Unterrichts differenziert nach Handlungsdimensionen u. Qualitätsstufen
2. Sozial-kulturelle Voraussetzungen Objektive Mächte als Träger der Ideologienbildung u. Schulpolitik = normativer Einfluß auf Unterricht u. Erziehung		2. Thematik Inhalte des Unterrichts in ihren Grundformen als Wissenschaft, Techniken und Pragmata 3. Methodik Organisation des Unterrichts auf fünf Ebenen 4. Medienwahl

Für Ihre Notiz

Viertes Kapitel

Die Theorie der Arbeitsorientierten Exemplarik

1. Das erkenntnistheoretische Instrument „Gesellschaftlicher Implikationszusammenhang“ (GIZ)

In unseren Überlegungen zur Studienplanung und in den Seminaren selber drängte sich immer erneut die gesellschaftliche Vermitteltheit des Denkens und Verhaltens der Lehrenden und Lernenden auf. Sie erwies sich in der Diskussion über Gegenstände und über Forschungs- und Darstellungsmethoden der jeweiligen wissenschaftlichen Disziplin, aber auch in den universitären Verkehrsformen; speziell in den Konflikten über den Seminarstil bzw. das, was in der Schulpädagogik Unterrichtsmethoden genannt wird.
Es mußte also die gesellschaftliche Vermitteltheit sein, welche die Gleichgerichtetheit der Lehr- und Lernintentionen und damit die Beteiligung, Arbeitsfähigkeit und Arbeitsintensität der Lernenden hervorbrachte. Wenn es um Bildung im Sinne der allseitigen Entfaltung des menschlichen Wesens gehen sollte, um Selbst-, Fach- und Sozialkompetenz im Sinne der Vermittlung von Qualifikationen im Bereich der Verkehrsformen (berufsbezogene Arbeitstechniken eingeschlossen) wie eines aufgeklärten, Verblendungszusammenhänge durchstoßenden Bewußtseins, dann mußte das, was in jedem Falle Ziele, Inhalte und Verfahren des Lehrens und Lernens aufeinander bezog, aus der gesellschaftlichen Vermitteltheit zu gewinnen sein. Nur mit dem Unterschied, daß dieses Aufeinander-Bezogen-Sein das eine Mal sozusagen „unter der Hand“ erfolgte, das andere Mal sich aufdecken und auf neue Weise formulieren ließ. Dieses war es ja, worum es der Exemplarik ging, wozu sie aber weder ein Analyse- noch ein Planungsinstrument zur Verfügung gestellt hatte.

Wie erwähnt, gab es bislang in der Erziehungswissenschaft einschließlich der Didaktik kein Modell oder Paradigma, das die Totalität des gesellschaftlichen Produktions- und Reproduktionsprozesses hinsichtlich der Beziehungen ihrer Elemente und der Funktion von Teilprozessen im Ganzen so aufgeschlüsselt hätte, daß sich daraus Entsprechungen zwischen dem Ganzen des gesellschaftlichen Lebensprozesses – sozusagen der Makro-Ebene – und den individuellen, vor allem auch den intrapersonalen (seelischen) Prozessen hätte erkennen lassen. Nach diesen Korrespondenzen suchte die Pädagogik im übrigen ebenso wie die Psychotherapie.

Als Ergebnis unserer Forschungen präsentieren wir das arbeitsorientierte, dialektisch fundierte Instrument *„Gesellschaftlicher Implikationszusammenhang"* (GIZ). Der Gesellschaftliche Implikationszusammenhang ist ein hermeneutisches und heuristisches Instrument zur systematischen Analyse, Planung und Entscheidung in interpersonalen psychisch und gesellschaftlich vermittelten Prozessen.

Im Gesellschaftlichen Implikationszusammenhang stehen vier Einheiten in dialektischer Relation zueinander:

- Zur Einheit der *primären Produktionsform* zählen wir alle Einrichtungen der Fischerei, der Land- und Forstwirtschaft, der Industrie und des Handwerks. Ferner den Handel, die Banken, Versicherungen, den Güter- und Nachrichtenverkehr sowie alle Dienstleistungsgewerbe.
- Zur Einheit der *sekundären Produktionsform* zählen wir die öffentliche Verwaltung und alle Körperschaften des öffentlichen Rechts sowie das gesamte Verbandswesen, einschließlich Organisationen, Parteien und Vereine; ferner alle Körperschaften des besonderen Rechts. Es gehören zur Einheit der sekundären Produktionsform folglich u.a. das gesamte Bildungswesen, das Gesundheits- und Sozialwesen, die Gesetzgebung und die Rechtsprechung, die Künste und die Kirchen.

Die Einheiten der primären und sekundären Produktionsform lassen sich als institutionell, organisatorisch und materiell geformte Produktivkräfte begreifen, die immer zugleich Hergestelltes und Herstellendes sind.

- Zur Einheit der *Verkehrsformen* gehört vor allem die Sprache. Es sind dazu aber auch alle anderen Verhaltensweisen und Aktivitäten zu rechnen, mit denen Beziehungen zur Natur, zu anderen Menschen und zu den Einheiten der Produktionsform ausgedrückt werden. In den Verkehrsformen drückt sich das Leben als produzierendes gesellschaftliches Sein und als wechselseitiger Austausch von Aktivitäten aus.

- Zur Einheit der *gesellschaftlichen Bewußtseinsformen* zählen wir die Formung der Sinnestätigkeit (die, wie Sprachvergleiche zeigen, längst nicht in allen Kulturbereichen gleich ist), der Emotionen, des Willens und des Denkens und die Ergebnisse ihres Gebrauchs. Als Entsprechung zum materiellen gesellschaftlichen Seins beinhaltet das gesellschaftliche Bewußtsein die Ergebnisse intellektueller und emotionaler Lernprozesse. Es drückt sich in epochen-, kultur- und schichtspezifischen Erlebnisformen und Gefühlsmustern, Denkweisen, Normen und Wertungen, in Staats- und Rechtsauffassungen, weltanschaulichen und religiösen Überzeugungen, in wissenschaftlichen Theorien und im Gesamt des verfügbaren Handlungswissens, aber auch in Vorurteilen und Illusionen aus. Es manifestiert sich in den Verkehrsformen, vor allem in der Sprache, und es ist individueller wie übergreifender, genereller Natur. Mit den Verkehrsformen fungiert es als Ausdruck individueller und kollektiver Lebensprozesse.
  Keinesfalls ist es mißzuverstehen lediglich als kollektive oder individuelle Auffassung von oder zur Gesellschaft.

Wir nennen Produktionsformen, Bewußtseinsformen und Verkehrsformen *Einheiten* des Gesellschaftlichen Implikationszusammenhangs, weil es sich um Erscheinungsformen gesellschaftlich geprägten menschlichen Lebens wie zugleich um *knotenpunktartige Verdichtungen des Wesens von Gesellschaft* handelt.
Mit dem Gesellschaftlichen Implikationszusammenhang korrespondiert der individuelle Lebenszusammenhang. Dieser beinhaltet die Beziehungen zwischen einzelnen *Lebensbereichen*, d.h. zwischen den Bereichen der Produktions- und Reproduktionssphäre, denen ein Mensch angehört und in denen sich sein Leben durch seine Tätigkeit verwirklicht. Die biographisch-prozessualen, institutionell-organisatorischen bzw. institutionell-funktionalen Bereichsrelationen nennen wir auch *Lebensbezüge*. Aber erst vermittels der durch das gesellschaftliche Bewußtsein und die Verkehrsformen hergestellten Konkretionen der Beziehungen und vermittels der Konstituierung von Sinn ergibt sich *Lebenszusammenhang*.

Der Implikationszusammenhang ist also *nicht* – dies sei ganz ausdrücklich nochmals betont – die Summe oder der auf irgendeine Weise als zusammenhängend zu erklärende Komplex von Lebens-

bzw. Teilbereichen der Produktionsformen sowie der Familie,denen ein Mensch in einer bestimmten Lebensphase oder im Laufe seines Lebens angehört; z.B. der Betrieb, in dem er einer Erwerbstätigkeit nachgeht, eine Kirchengemeinde, Vereine, Vereinigungen, Verbände oder – unter anderem Aspekt gegliedert – Familie, Arbeit, Freizeit oder primäre, sekundäre und tertiäre Sozialisation.
In den Teillebensbereichen kann sich durchaus so etwas wie ein Eigenleben entwickeln; man denke z.B. an das, was sich im Gegensatz zum Unterricht auf Pausenhöfen oder in den Toilettenräumen abspielt; an Kantinenleben, U-Bahn-Ebenen oder gesellschaftliche Zirkel im Rahmen von Theater-Abonnements.
Lebensbereiche haben, was das Bewußtsein und das Erleben der Teilnehmer angeht, durchaus den Charakter einer Welt im kleinen, einer Lebenswelt. Aber solche Welten sind Scheinwelten, insofern sie abgekappt vom Ganzen sind bzw. insofern die Vermittlung ihrer Erscheinungsformen wie ihrer Normen und Werte durch das Ganze verblendet ins Bewußtsein rückt.

Der Gesellschaftliche Implikationszusammenhang als dialektisches Geflecht von Relationen läßt sich vereinfacht in dem folgenden Schaubild darstellen:

Gesellschaftl. Implikationszusammenhang

Gesellschafliches Bewußtsein

Sektoren der primären Produktionsform

Sphären der sekundären Produktionsform

Verkehrsform in einer Gesellschaft

oder Prozeß der Vergesellschaftung

Mindestens gehören zu einer dialektischen Beziehung zwei Elemente, die verschieden und getrennt, nicht identisch, wohl aber miteinander identifizierbar sind, d.h. die im statischen oder dynamischen Sinne als Einheit erfaßt werden können. Im weitesten Sinne kann es sich um ein Beziehungsgeflecht handeln, in dem die Elemente selber Beziehungen sind, in dem Statik *und* Dynamik bestimmend sind, in dem die Elemente miteinander identifizierbar sind aber entgegengesetzt, voneinander abhängig *und* einander ausschließend.
Ein sehr einfaches Beispiel einer dialektischen Beziehung zweier Elemente ist *Tag und Nacht*.

Im strengen dialektischen Sinne ist die obige Zeichnung unzulänglich. Die Pfeile lassen sich nämlich als bloß kybernetischen Prozeß wechselseitig aufeinander verwiesener Impulse bzw. als Kausalität mißverstehen. Statt dessen geht es aber darum, daß die aus Gegensätzen sich formierenden Einheiten eine Entwicklungsstufe neuer Qualtität beinhalteten. (Wir erörtern dies im nächsten Unterkapitel.)

In Kapitel 4.5 beschrieben wir die terminologischen Probleme, mit denen wir uns bei der *Arbeitsorientierten Exemplarik* auseinanderzusetzen hatten.
Bezüglich des GIZ sei schon hier das Notwendige gesagt. Neues zu entwickeln heißt weder, etwas noch nie Dagewesenes zu kreieren, noch Vorhandenes unberücksichtigt zu lassen. Wohl aber bedeutet es, die Achtung vor dem, durch das man gelernt hat, nicht mit falscher Pietät zu verwechseln, indem man Denken und Sprache in eingefahrenen Gleisen hält.
So werden z.B. in der Wissenschaftstheorie zahlreiche Formen bzw. Richtungen von Dialektik unterschieden. Die Klassifizierungen sind teils philosophiegeschichtlicher Natur, teils politischer bzw. politikgeschichtlicher, teils methodologischer Art. Nicht selten werden alle drei Aspekte bei der Klassifizierung miteinander vermengt.
Es ist von dem wissenschaftlich zu explizierenden Objektbereich abhängig, wie umfangreich der Begriff Dialektik und damit das Instrument benutzt wird.
Im Prinzip gilt dies grundsätzlich für die Handhabung wissenschaftlicher Begriffe. Deshalb halten wir weniger die Trennschärfe als die Reichweite und erschließende Kraft für methodologisch substantiell im Hinblick auf Theorien, Modelle und deren Terminologie.

2. Das Gesetz „Didaktischer Implikationszusammenhang“ (DIZ) oder die Einheit von Ziel, Inhalt und Verfahren

Das Problem der Einwirkung der Gesellschaft auf Lehr-/Lernprozesse ist nicht neu. Blankertz spitzt dieses Problem in seiner Darstellung der „Theorien und Modelle der Didaktik“ (Blankertz, 1969) zu auf das Problem der Vermittlung zwischen Lernsubjekten und Lernobjekten.

Er behandelt dieses Problem – zugleich als eines der Überwindung des Gegensatzes zwischen bildungstheoretischer und lerntheoretischer Didaktik – am Thema „Implikationszusammenhang" in einem Unterkapitel seines Buches. Der Rückbezug zahlreicher Veröffentlichungen zur Didaktik auf seine Ausführungen spiegelt u.E. die Bedeutung des Problems ebenso wie die Suche nach theoretischen und praktischen Lösungen. (vgl. hierzu u.a. Adl-Amini/Künzli, 1980) Denn mehr wird nirgends ausgesagt, als daß es sich zwischen Inhalt und Methode um Interdependenzen, um einen Wechselprozeß bzw. ein dialektisches Verhältnis handle.
H. Meyer (1980) tut zwar den entscheidenden Schritt über die Dualität von Inhalt und Methode hinaus, indem er die Ziele in das dialektische Verhältnis einbezieht. Doch gelingt auch ihm nicht mehr, als die Dialektik zu konstatieren.
Blankertz rückt den didaktischen Implikationszusammenhang – also das wechselseitige Ineinander-Enthalten-Sein der didaktischen Elemente Inhalt und Methode – von der methodischen Leitfrage her in den Blick:
"Die methodische Strukturierung des Unterrichts hat immer, ungeachtet aller sonstigen Differenzen der Verfahrensweisen, die individuell-subjektiven (anthropogenen) Voraussetzungen der Schüler mit dem objektiven Sachanspruch (der seinerseits soziokulturelle Bedingungen hat) zu vereinigen. Für unsere Zwecke wollen wir das die methodische Leitfrage nennen". (Blankertz, 1969, S. 97f)

Blankertz hebt damit hervor:
(1) die Abhängigkeit inhaltlicher Entscheidungen von solchen der Methoden und umgekehrt;
(2) die Sinnlosigkeit der Frage nach dem Primat inhaltlicher oder methodischer Entscheidungen.

Mit Ziel sind nach Blankertz *gegenstandsbezogene Lernziele* gemeint, die zu ihrer Realisierung der Ergänzung durch *subjektbezogene Gesichtspunkte* bedürfen. Darum wirke die Methode gegenstandsbestimmend. Denn sie modifiziere durch ihren Subjektbezug den Unterrichtsgegenstand bzw. seine Akzentuierung.
Vereinfacht ausgedrückt: Unterrichtsverfahren (Methoden) stehen nach Ansicht von Blankertz für den Schülerbezug; Unterrichtsgegenstände – Stoffe – für den Gesellschaftsbezug.

Genau hier jedoch irrt Blankertz u.E. und fällt dadurch hinter die Möglichkeiten der lerntheoretischen Didaktik zurück: Die Berliner lerntheoretische Schule meint nämlich mit den unter Intentionen gefaßten Handlungsdimensionen und Zwecksetzungen mehr als eine subjektbezogene Akzentuierung des Unterrichtsthemas

durch Unterrichtsmethoden und mit Thematik nicht schlicht z.B. "Der Kreislauf des Wassers" an sich, sondern zugleich Grundformen von Wissenschaft, Technik *und* Pragmata. Sie zielt also auf Weltverstehen *und* Weltbewältigung. Damit ist aber bereits die *Ziel*frage subjektbezogen aufgeworfen.
Denn Verstehen und Bewältigen sind immer gebunden an Interesse, d.h. das Dabeisein und das Verwickelt-Sein der Individuen entsprechend ihrer gesellschaftlichen Lage.

2.1 Subjekt und Objekt in Bildungsprozessen

Die lerntheoretische Didaktik der Berliner Schule begegnet am Problem Subjekt-Objekt der bildungstheoretischen Didaktik geisteswissenschaftlicher Richtung, deren Vertreter Klafki und Derbolav die dialektische Vermittlung zwischen Lernsubjekt und Lerngegenstand über den Lernsinn betonen. Diesem Lernsinn habe auch die Methode zu entsprechen; mehr noch, sie habe ihn zu befördern.

Der Didaktische Implikationszusammenhang zwischen Ziel, Inhalt und Verfahren bzw. die methodische Leitfrage nach der Vermittlung zwischen Lernsubjekt und Lernobjekt wird, wie erwähnt, von keiner Didaktik eingehender behandelt. Unsere Weiterentwicklung setzte daher an bei den folgenden Postulaten:

(1) Die methodische Leitfrage als Vermittlung zwischen Lernenden und Lerngegenstand ist um die Dimension der Sinnhaftigkeit des Lernens in bezug auf Weltgestaltung und Subjektbildung zu erweitern;

(2) der didaktische Implikationszusammenhang ist als dialektisches Gefüge von Relationen zwischen Zielen, Inhalten (Unterrichtsgegenständen, Stoffen) *und* Verfahren zu begreifen;

(3) der Implikationszusammenhang kann als statischer nur insofern gesehen werden, als er nach abgeschlossener Unterrichtsplanung Vorab-Modell eines Prozesses ist. Real ist der Implikationszusammenhang Unterricht; das heißt, er ist ein permanenter Prozeß der Herausbildung von Relationen. Seine Erscheinungsform ist das finale Zusammenwirken (System) von Operationen, die pädagogisch umgangssprachlich Methoden genannt werden;

(4) eine Verfahrensentscheidung ist nicht *denkbar* ohne ihren Bezug zur Relation zwischen Inhalten und Zielen;

(5) keine inhaltliche Entscheidung wird – gleichsam als Kehrseite der obigen Relationen – ohne Bezugnahme auf die Durchsetzung von Zielen *in* Verfahren erfolgen;

(6) keine Ausdifferenzierung der Ziele kann anders denn als Beantwortung der methodischen Leitfrage erfolgen.

Unterrichtspraktisch geht es um die reale Funktion der Methoden; denn das Thema realisiert sich als Unterrichtsgegenstand bzw. -inhalt ja ausschließlich über Verfahren. Darum gilt es, auch bei ihnen die immanenten ideologischen Strukturen und Wertungen aufzudecken und nach deren Kongruenz mit der Intentionalität nicht nur im Hinblick auf die Struktur des materialen Aspektes der Bildung (Faktenwissen) zu fragen. Vielmehr ist vor allem der formale Aspekt der Bildung zu berücksichtigen. Damit sind alle Techniken, Fertigkeiten, Haltungen und Einstellungen gemeint, die im Lernprozeß aktualisiert werden, deren Erwerb gezielt oder nebenhergehend bewirkt oder die geübt werden. Nicht nur wird diese formale Bildung primär, wenn nicht ausschließlich, über die Verfahren transportiert. Auch die materiale Bildung verwirklicht sich nur über die formale und d. h. in den Verfahren. Vergegenwärtigen wir uns dazu noch einmal kurz das Spektrum und die Funktion der Verfahren:

Das Wort *Methode* ist nirgendwo in der Literatur eindeutig umrissen bzw. definiert. Insofern kann, zumindest in der unterrichtstheoretischen Literatur, nicht eigentlich von einem Begriff gesprochen werden. Das Zusammenspiel von Formen und Verläufen, das insgesamt die Methode ausmacht und das wir, Klingberg aufgreifend (vgl. Klingberg o.J., 271 ff.), auch das *finale System von Operationen* nennen, umfaßt:

- *Die Strukturierung des „Stoffes“* im Hinblick auf 1. die Motivation der Schüler, 2. ihr Vorwissen, 3. die „Lebensnähe“ und die Bedeutung des Stoffes als Basiswissen für weiteres Lernen, 4. im Hinblick auf lernpsychologische Erkenntnisse und 5. die Relation der besonderen zur konkret allgemeinen Objektstruktur des Stoffes. Heimann/Otto/Schulz (Berliner Didaktik) sprechen von Methodenkonzeptionen, die von einem Gesamtentwurf her die Einzelschritte bestimmen und nennen: ganzheitlich-analytisch; elementhaft-synthetisch; Projekt; fachgruppen-(fachdidaktisch)spezifische Verfahren, Fallanalysen (vgl. Heimann u.a., 1965, S. 31).

- *Das Sequenzieren des zeitlichen Verlaufs (Verlaufsgliederung)* insbesondere nach lernpsychologischen und motivationalen Gesichtspunkten. Die Berliner sprechen von den Artikulationsschemata, andere von Stufen, Stufentheorien oder Formalstufen des Unterrichts (z.B. Vorbereitung-Darbietung-Verknüpfung-Zusammenfassung-Anwendung).
- *Die Organisationsformen des Unterrichts* als Organisation der Kooperation zwischen den Schülern und zwischen Lehrern und Schülern. Wir finden hier auch Begriffe wie Sozialformen, Kooperationsformen oder Unterrichtsformen. Im einzelnen schwanken die Zurechnungen und Bezeichnungen. Wir subsumieren hier als Hauptformen Einzel-, Gruppen- und Plenararbeit bzw. -gespräche, Planspiele, Rollenspiele, Frontalunterweisung.
- *Die Aktionsformen des Lehrens* (und Beurteilens)
  Die Berliner unterscheiden hier direkt: z.B. Vortrag, Gespräch und indirekt: z.B. lediglich die Anweisung zu Schülerselbsttätigkeit. Wir würden subsumieren:
  - Kommunikationstechniken des Lehrers; verbal z.B. Gesprächsführung, Fragetechniken, Impulstechniken, Beratungstechniken;
  - Demonstrationstechniken;
  - Medieneinsatz
  - Urteilsformen und -techniken.
- *Die Verfahren des Lernens*

  Zu diesen, häufig als Arbeits- und Aktionsform bezeichneten Verfahren gehören:

  - Hören, Lesen, Beobachten, Erkunden, Besichtigen, Experimentieren, gegenständliches Herstellen, Vortragen, Diskutieren;
  - Denkverfahren wie Analysieren, Synthetisieren, Induzieren, Deduzieren, Vergleichen, Symbolisieren, Dynamisieren, Personifizieren, Elementarisieren, Konkretisieren, Verallgemeinern, Aktualisieren, Rhythmisieren.

Diese u.a. Denkverfahren, die Dauenhauer didaktische Mikrostrukturen nennt, sind im übrigen zugleich Schritte im Lehren. Auf der Grundlage der methodischen Leitfrage vermitteln sie zwischen Lernsubjekt und Lernobjekt, insofern sie danach trachten, die Unterrichtsgegenstände zu den Lernsubjekten und deren Lebenswelt,

zu deren Erfahrungen, Erwartungen und Bewußtsein in Beziehung zu stellen und umgekehrt. Unterrichtspraktisch heißt dies, die Verfahren haben zwischen der sachstrukturellen und psychodynamischen Disposition und Entwicklung der Lernenden und dem vom Lehrenden zielgerichtet aufbereiteten Gegenstand so zu vermitteln, daß sich die Aktivitäten der Lernenden auf die Produktion wie Aneignung dessen hin in Bewegung setzen, was am Ende erst den Unterrichtsinhalt ergibt.
Diese Produktions- und Aneignungsaktivität hat einen äußeren und einen inneren Aspekt. Der äußere betrifft die Organisationsform des Unterrichts und die äußerlich sichtbaren Arbeitstechniken und Kommunikationsformen, die wir bereits als Verfahren skizziert haben. Der innere Aspekt betrifft die Zusammenhänge der Verfahrenselemente sowohl in der zeitlichen Sequenzierung, in den Denkverläufen bzw. Denkformen als auch in der emotionalen Gerichtetheit. Die Produktions- und Aneignungsaktivitäten können als das Erscheinungsbild des Bildungsprozesses bezeichnet werden, soweit er den bewußten und intersubjektiv tendenziell gleichermaßen beobachtbaren Teil betrifft.
Die Realisierung des Implikationszusammenhangs als final gleichgerichtetes Aktivitätssystem drückt sich sowohl in Störungsfreiheit aus (was aber nicht den Umkehrschluß zuläßt, Störungsfreiheit, zumal äußerliche, sei Anzeichen der genannten Gleichgerichtetheit der Aktivitäten) wie darin, daß die Lernenden sich als Objekt ihres Lernens begreifen. Das heißt, daß Lernsubjekt und Lernobjekt identisch werden. (Wir benutzen hier den Subjektbegriff, abweichend von der gängigen Didaktik, in dem aus der Dialektik von Subjekt und Objekt entwickelten Sinne und nicht als Synonym für Individuum oder Person/Persönlichkeit.)

Außerhalb des Didaktischen Implikationszusammenhangs sind Verfahren darum ebenso ziel- und wertneutral wie funktionslos. Weil aber die materiale Bildung einschließlich der intendierten Erkenntnisse sich über die formale Bildung und diese sich in Verfahren verwirklichen, bestimmen diese das Ergebnis des Lernprozesses in einem nicht zu unterschätzenden Maße. Dies erklärt nicht nur, daß Verfahren unter Lehrern häufig wie Rezepte oder Garantien für gelungenen Unterricht betrachtet werden. Es erklärt auch, weshalb der Kampf um Zielrichtungen und Sinngebung pädagogischen Tuns immer wieder im Kampf um Methoden ausgefochten wird (vgl.Flitner schon 1930).

In den Methoden manifestiert sich nämlich die – intersubjektiv wahrnehmbare – Einheit des Lehrens und Lernens nach der Seite der ziel-

bezogenen Gegenstände ebenso, wie das gesellschaftliche Bewußtsein sich in den Verkehrsformen manifestiert; wobei die Produktionsformen kausal und final prägend wirken.

Damit ist über die Sinnfrage und die Einheit von Inhalt, Verfahren *und* Ziel der Zusammenhang von Gesellschaftlichem Implikationszusammenhang (GIZ) und Didaktischem Implikationszusammenhang (DIZ) in den Blick gelangt:

(1) Lehr-/Lernprozesse bedürfen, soll es um zielbezogene Entwicklungs- und Entfaltungsprozesse gehen, eines organisierenden und ordnenden Prinzips.

(2) Bildung bedarf der Erhellung und Bewußtwerdung ihres eigenen Prozesses und seiner Strukturen, was ohne Ordnung und Gerichtetheit dem wechselseitigen und helfenden Miteinander von Lehrenden und Lernenden unerreichbar bliebe.

(3) Didaktisches Denken und Handeln ist immer interpretierendes (hermeneutisches) und aus dem Soll-Ist-Vergleich heraus entscheidendes (heuristisches) Tun.

(4) Das Gefüge der Kriterien, nach dem bewußt oder unbewußt ausgelegt, geordnet oder entschieden wird, ist der Gesellschaftliche Implikationszusammenhang mit der kausal und final wirkenden Prägung der Produktionsformen (vgl. oben).

Betrachten wir dieses Verhältnis von Didaktischem und Gesellschaftlichem Implikationszusammenhang unter dem Gesichtspunkt der Motivation, so ist das, was sich als Aufmerksamkeit, Interesse, Mitarbeit und Lernbereitschaft äußert, nichts anderes als das Bedürfnis nach Aufklärung und Aneignung des Lebenszusammenhangs im Spiegel des Gesellschaftlichen Implikationszusammenhangs.
Die befördernde oder hemmende Dynamik in Lernprozessen resultiert aus der Übereinstimmung oder aus der Diskrepanz der Vorstellungen, welche die Teilnehmer sich vom Aufklärungsangebot machen. Wir können auch sagen, die didaktische Dynamik hängt ab:

(1) von der Durchschaubarkeit der Korrespondenz zwischen Didaktischem und Gesellschaftlichem Implikationszusammenhang im Bildungsangebot (z.B. einem Thema oder einem Lernzielkomplex);

(2) von der Korrespondenz der Auslegung des Didaktischen durch den Gesellschaftlichen Implikationszusammenhang, wie ihn die Lehrenden einerseits *und* die Lernenden andererseits vornehmen. Letzteres bleibt allzu leicht unbedacht.

Die hier angesprochene Dynamik in Lernprozessen sei im folgenden ausführlich dargelegt. Es geht dabei im Zusammenhang von Gesellschaftlichem Implikationszusammenhang und Didaktischem Implikationszusammenhang um Entscheidung als Bestimmen von Richtigkeit.

2.2 Entscheiden als Bestimmen von Richtigkeit

Pädagogische Entscheidungen gehen immer von einem "fungierenden und strukturierenden" Ganzen (Israel 1979, S. 32) aus, das die Subjekt-Objekt-Relation beinhaltet. Das Objekt ist aber nicht ein Einzelnes, das aus seinem konstituierenden Zusammenhang heraus isoliert wurde, sondern die menschliche Welt bzw. der Gesellschaftliche Implikationszusammenhang, eingefangen in der Thematik. Diese wiederum ist nicht Objekt an sich, sondern zugleich als Entfaltungs-Angebot Teil des zu entfaltenden Subjekts. Dies heißt nichts anderes, als daß auch in der Didaktik die Welt als (Lern)objekt erst zustande kommt, "wenn das Subjekt durch einen Beschluß- und Wahlprozeß sich selbst mit der Welt, die unabhängig von ihm existiert, in Beziehung setzt". (Israel, 1979, S. 85)

Begreifen, und das heißt, für Lehr-/Lernprozesse aufbereiten, können wir den Lerngegenstand als Ganzes erst, wenn wir die Vermittlung der Totalität durch ihre Elemente begreifen. "Der Mensch kann den Kontext der Wirklichkeit nicht anders erkennen, als – indem er die Fakten aus diesem Kontext herausholt – isoliert und *relativ* (Hervorh. L./H.) verselbständigt." (Kosik, 1967, S. 52)

Wie aber geschieht dies praktisch? Gibt es dafür in der Didaktik Regeln? Welches ist der Maßstab für die Richtigkeit?

Nun, es gibt in den didaktischen Modellen zur Unterrichtsplanung leitende Fragen und Kategorien für Zuordnungen (auch in Gestalt von Rastern). Mehr jedoch nicht. Klafkis Didaktische Analyse von 1958 z.B. gibt fünf Fragen vor: nach der Repräsentativität des Unterrichtsstoffes; nach seiner Bedeutung für das geistige Leben der

Schüler der spezifischen Klasse; nach seiner Bedeutung für die Zukunft der Schüler; nach seiner Funktion im Curriculum, im Gefüge der Wissenschaften, der Lebenspraxis und des Lernprozesses und schließlich nach seinem (motivationalen) Anreizcharakter. "In diesen Perspektiven muß der Lehrer sich in seiner Vorbereitung von der jeweiligen "Sache" treffen lassen, echt und ernst; denn er kann seine Aufgabe, Kinder zu erziehen und zu lehren, nur erfüllen, wenn er den Gehalt des erziehend und lehrend zu Erschließenden repräsentieren, in sich selbst darstellen, glaubhaft vertreten kann..." (Klafki, 1964, S.9)
Kramp (1964) hat in seinem Aufsatz "Hinweise zur Unterrichtsvorbereitung für Anfänger" Klafkis Fragen nach den verschiedensten Gesichtspunkten hin konkret und unterrichtspraktisch aufgeschlüsselt, und im Prinzip ist keine spätere "Didaktik" hierüber hinausgelangt. Es wird nur jeweils anders gegliedert, anders gruppiert und nach unterschiedlichen Graden operationalisiert. Theorien, Gesetze, Regeln, mit deren Hilfe es sich (mathematisch) exakt bestimmen ließe, warum in didaktischen Planungs- und Führungsprozessen z.B. in der Konstellation A aufgrund der Faktorenkombination RS zugunsten des Verfahrens B und der Prozeßrichtung 1 zu entscheiden wäre, gibt es nicht. Alle Modelle, Raster und Leitfragen bleiben relativ global.
Dennoch wäre es unzulässig, von Willkür oder individueller Beliebigkeit der Entscheidungen zu sprechen. Wir stoßen vielmehr an eine Grenze, die sich aus dem Entwicklungsstand der Methodologie ergibt:
Kombinatorische Zuordnungsverfahren bei einer Vielzahl von Faktoren, die eine vollständige Enumeration und damit eine vollständige Lösung ausschließen, werden in der Heuristik behandelt. Diese gehört aber trotz relativ entwickelter Entscheidungstheorie (z.B. in der Betriebswirtschaftslehre), trotz Kybernetik und Informatik zu den Gebieten, die als generalisierte und damit allgemein übertragbare Theorie erst ansatzweise entwickelt sind.
In der Heuristik geht es um logische Verfahren, die "lediglich" zu einer hinreichend guten Lösung führen, weil es die eine Lösung nicht gibt. Die Entscheidungen müssen logisch möglich und zielbezogen sein. Sie haben aber immer vorläufigen, versuchsweisen Charakter. Ihre Richtigkeit ist eine der strategischen Angemessenheit; es ist eine Richtigkeit der Blickrichtung. Sie ist intentional und beweist sich erst im Nachhinein.
Die Schwierigkeiten – wenn nicht vorerst noch die Unmöglichkeit – der Übertragung von Entscheidungstheorie auf die Didaktik zwecks Umformung in ein instrumentelles Regelsystem liegen im wesentlichen an folgendem:

- In der Unterrichtsplanung geht es um qualitative Größen. Deren Zerlegung jedoch in immer kleinere Teileinheiten zum Zwecke ihrer Quantifizierung führt zum Umschlagen in neue Qualitäten, in Änderung der Sinn- und Bedeutungsgehalte, wie wir aus der kybernetischen und informationstheoretischen Didaktik wissen.
- Die kennzeichnenden Größen verhalten sich nicht linear zum Ergebnis. Die Welt existiert zwar unabhängig vom Subjekt, aber nicht außerhalb seiner: was heißt, daß sie für es Sinn hat. Ihn zu aktualisieren und zur Artikulation gelangen lassen, ist Voraussetzung für wie Teil der Bildung.
- Es geht nie um statische, immer um dialektisch prozessuale Beziehungen. Hierzu gehört auch die Psycho-Dynamik zwischen Lehrenden und Lernenden. Durch eine fachgerechte Schulung ihrer Sensibilität können die Lehrenden zwar lernen, diese Dynamik so wahrzunehmen, daß sie zu einer weitgehend reflektierenden Steuerung gelangen können.
  Wie wir aus der Wirtschaftswissenschaft wissen, setzt aber gerade die Psycho-Dynamik der Entscheidungstheorie bzw. ihrer praktischen Effizienz erhebliche Grenzen.

Das Auffinden der didaktischen Lösung erfolgt durch die Attribuierung des Merkmals "ausschlaggebend" für die intendierte Richtung des Prozesses unter gegebenen Bedingungen. Was für ausschlaggebend gehalten wird, ist ein Ergebnis der individuellen oder kollektiven Erkenntnis. Insofern ist es naheliegend, dem Charakter der Planungs- und Führungsentscheidungen in der *Arbeitsorientierten Exemplarik* über die Erkenntnistheorie aus arbeitsorientiert dialektischer Sicht näher zu kommen.

Vergegenwärtigen wir uns dazu noch einmal unsere Grundposition, die Dialektik und ihre Funktion:

(1) „Die Dialektik betrifft den Zusammenhang und die Stellung einzelner Momente in einem Ganzen; sie setzt sich damit ab von einem isolierenden Denken, das die Wirklichkeit auflöst und in eine Ansammlung bloß äußerlich verknüpfter Tatsachen sich oder den Tatsachen von außen her Wesensbestimmung überstülpt."

(2) „Die Dialektik betrifft den Übergang zwischen den Phasen eines Gesamtgeschehens und dessen Richtung; sie wendet sich damit gegen ein fixierendes Denken, das das Geschehen festlegt auf isolierte Einzelphasen oder diese degradiert zu bloßen Varianten innerhalb unabänderlicher Wesensstrukturen."

(3) „Die Dialektik betrifft den Wechselbezug zwischen Subjekt und Objekt, Subjekt und Mitsubjekt in einem Konstitutionsprozeß, in dem jene sich zugleich bilden und fortbilden; damit widersetzt sie sich einem gespaltenen Denken, das dualistisch Inneres und Äußeres voneinander absondert oder eines auf das andere reduziert." (Waldenfels, 1977, S. 144)

(4) „Das Gesamtgeschehen, dem sich die Einzelphasen zuordnen lassen, ist ein vieldeutiges Geschehen (entgegen einer eindeutigen Ausrichtung).
Der Wechselbezug von Subjekt und Objekt, von Subjekt und Mitsubjekt gestaltet sich zu einer ständigen Auseinandersetzung (entgegen einer endgültigen Versöhnung)." (ebenda, S.145/146)

Das heißt, die Bedeutungen sind nicht eine eigenständige Realität, abgesondert von der materiellen Wirklichkeit. Waldenfels bezeichnet die solcherart charakterisierte Dialektik im Zusammenhang der Probleme der Konstituierung von Erfahrungswirklichkeit als *"offene Dialektik"*. Sie scheint uns der Sache wie dem Begriff nach treffend zu bezeichnen, worum es erkenntnistheoretisch bei Bildungsprozessen geht.

Entsprechende bildungsphilosophische Studien, die zum didaktischen Handeln hin vermitteln, stehen noch aus. Über die Kategorie der Negation der Negation läßt sich anvisieren, welches die Richtung der Weiterarbeit sein könnte. Der u.a. Spiralverlauf und das Prinzip der Reorganisation in der *Arbeitsorientierten Exemplarik* basieren auf der Negation der Negation. Sehr vereinfacht gesagt, geht es dabei um die Möglichkeit, aus Bestehendem, Vorhandenem durch "Aufhebung" seiner Negation etwas Neues zu schaffen. Aufzuheben bedeutet dreierlei:
Erstens: Negieren im Sinne von Aussondern (einer Funktion, Struktur, Bedeutung); Zweitens: Bewahren (seiner die Einheit konstituierenden Elemente) und Drittens: Erhöhung durch Hervorhebung und Veränderung. Israel (1979, S. 76/77) gibt hierfür das anschauliche Beispiel der Umwandlung einer (auf den Kopf gestellten und durch Zutaten ergänzten) Teekanne in einen Elefanten.

Das didaktische Denken geht aus vom Wechselbezug Subjekt-Objekt. Das Subjekt als Herr von Kenntnissen, Fertigkeiten, Fähigkeiten, von Erkenntnissen und Haltungen, von deren Anwendung und Austausch im Sozialgefüge der primären und sekundären Produktion, ist stets das unvollendete Subjekt, das der weiteren Bildung bedürftig ist. Art und Ausmaß dieser Bedürftigkeit sind weitgehend gesellschaftlich geregelt. Ein Viertklässler wird mit an Sicherheit grenzender Wahrscheinlichkeit nicht wissen wollen und müssen, was die binomischen Formeln sind; ein Hauptschüler den Faust nicht kennen, ein Abiturient ihn wahrscheinlich gelesen haben. Die Bemerkung "Karl-August turnt Primaner-Übungen" im Zeugnis eines Zehntklässlers vor fünfzig Jahren konnte ebenso gut Tadel wie Lob bedeuten; je nach dem, was an sportlicher Entfaltung zugestanden wurde. Ein Internist muß in der Lage sein, Schmerzen im rechten Oberbauch zu deuten; aber ein Patient, der beim Arztbesuch das Gespräch mit "Herr Doktor, ich brauche was für meine Galle" eröffnet, erntet wahrscheinlich Lächeln, wenn nicht verärgertes Stirnrunzeln. Ein Industriekaufmann, der in einem Weiterbildungslehrgang "Organisationslehre" spontan äußert, ihn interessiere, was der Verfasser des Lehrbuches im "Dritten Reich" geschrieben und getrieben habe, stößt womöglich auf Unverständnis bei Lehrenden und Lernenden bezüglich der thematischen Relevanz seiner Frage.

Die Lernziele, welcher Art auch immer, haben demnach einen unterschiedlichen Geltungsradius. Abgesehen von den organisierten und institutionalisierten Phasen des Lernens, die für alle Kinder obligatorisch sind und gleich verlaufen, gibt es unterschiedliche Zuordnungen und Zugeständnisse bezüglich dessen, was gelernt werden muß bzw. gelernt werden darf. Die Bildungssoziologie hat dies unter den Thematiken "Lernen in der Klassengesellschaft", "schichtspezifische Sozialisation", "Bildung und Arbeitsteilung", "Ungleichheit der Bildungschancen" u.a. untersucht und dargestellt, und die bildungspolitische Reformära zwischen 1960 und 1970 war der Versuch, diejenigen Ungleichheiten zu beseitigen, welche ökonomisch und politisch hätten bedrohlich werden können.

Die herrschende Praxis der gesellschaftspolitischen Zuteilung von Lernzielen wird ergänzt durch die in einer Gesellschaft herrschenden Konventionen über den Zusammenhang zwischen Lernzielen und dem System der Kanonisierung von Wissen und Regeln. Hierher gehört der Rückbezug des zu Lernenden zu den Wissenschaften sowohl hinsichtlich der Fächerung (z.B. Geschichte als eigenständiges Fach oder ein integratives Fach Gesellschaftslehre) als auch hinsichtlich der Systematik der Aussagengebiete und der methodologischen Probleme samt deren Verzahnung mit anderen Wissenschaften und deren Beziehung zur Praxis.

Der Lehrende ist in jeder neuen didaktischen Situation – und das heißt, ausdifferenziert, auch bei unerwarteten, scheinbar unpas-

senden Einwürfen von Lernenden – mit diesem Zuteilungssystem bzw. den Zuteilungskonventionen bezüglich dessen, wer was und wie zu lernen habe, konfrontiert. Zur Entscheidung fordern ihn dabei, wie schon erwähnt, die Lehrpläne, die Unterrichtsmaterialien (Bücher u.a.) und die herrschende Meinung einerseits, seine Einstellung aufgrund von Ausbildung und Lebenserfahrung andererseits. Die erste Entscheidung, die er in jeder Planung fällt, ist folglich die der Bejahung oder Verneinung der Zuteilung bis hin zu dem Extremfall, daß aufgrund fehlender Richtlinien und Pläne und sehr großer Lehrfreiheit er selber zuteilt.
Seine Entscheidung hat, bezogen auf das gesellschaftliche Ganze, unterschiedliche Dimensionen, und auch die Bedeutungsdominanzen können sehr unterschiedlich sein. Die je spezifische Lerngruppe, die jeweiligen Adressaten, spielen dabei stets eine Rolle, doch noch nicht im besonderen, sondern nur im Relationsgefüge der Gesamtüberlegungen.
Erst nach seiner – bewußten oder unbewußten – Grundsatzentscheidung wird der Lehrende die nächste Planungsebene betreten. Jetzt wird verglichen zwischen dem Lernobjekt als Bündel von Lernzielen und deren Funktion im Lebenszusammenhang und dem Lernvermögen der Adressaten nach der Seite ihrer Motivation, ihres Wissens und Könnens. Bei diesem Vergleich verläßt der Lehrende sich entweder auf die Konvention (Industriekaufleute verfügen mit an Sicherheit grenzender Wahrscheinlichkeit über eine bestimmte Summe betriebswirtschaftlicher Grundbegriffe; ein Elfjähriger kann das kleine Einmaleins und hierzulande radfahren; was im Klassenbuch steht, „war irgendwie dran") oder auf Eingangsprüfungen in welcher Form auch immer; oder er geht aufgrund seiner Lebenserfahrung bzw. seiner Ausbildung von Hypothesen aus. (Hausfrauen z.B., die Veranstaltungen zum Thema Frieden besuchen, werden zunächst an den häuslichen Frieden denken; berufstätige Teilnehmer an einem Kurs „Lernen lernen" werden berufliche Flexibilitätsprobleme haben; die Hausfrauen in dem gleichen Kurs eher Schwierigkeiten bei der Hausaufgabenhilfe für ihre Kinder). Je nach dem Urteil des Lehrenden darüber, in welchem Maße die Lernenden wollen, was sie sollen *und* können, was sie sollen, wird er dann weiterplanen. Dieses Urteil so rational wie möglich werden zu lassen und so breit wie möglich wissenschaftlich abzustützen, ist abhängig von der Selbst-, Fach- und Sozialkompetenz, über die der Lehrende verfügt.

Das Planen ist immer ein Vergleichen. Es wird verglichen, um Analogien, d.h. Entsprechungen, Gleichwertigkeiten, Übereinstimmungen der Vergleichsobjekte hinsichtlich ihrer Struktur (Strukturelemente), und ihrer Funktion (Wirkungszusammenhang) zu finden, wobei bestimmte Merkmale als wesentlich gesetzt werden. Wesentlich heißt dabei stets bedeutungsvoll, also ausschlaggebend für den Prozeß der Entwicklung (z.B. der Erkenntnis, des körperlichen Wachstums) wie der Produktion im materiellen und immateriellen Sinne.

Verglichen werden im wesentlichen:

(1) Lernsubjekte und Lernobjekte

Das, was es anzueignen gilt, entscheidet sich aus den Einheiten der Produktionsformen im GIZ.
Beispielsweise: Die Lernenden Jetzt und die Lernenden in gedachten, anvisierten Situationen später, früher und anderswo; der Fahrschüler das erstemal hinter dem Lenkrad in einer ruhigen Seitenstraße – demnächst bereits in belebter Gegend – in der Fahrprüfung – dereinst in einer fremden Großstadt im Feierabendverkehr u.a.m.

(2) Ganzheiten und ihre Elemente

Hier geht es immer um den GIZ als Totalität wie um seine Einheiten als Teile und als Ganzes. Der gesellschaftliche Entwicklungsstand z.B. zwischen Produktivkräften und Produktionsverhältnissen und die Relevanz der Thematik “Eigentum“ in unterschiedlichen Ausbildungsgängen; das Schulsystem und der Deutschunterricht in einer Klasse mit arbeitslosen Jugendlichen; das Test-Diktat am Ende der vierten Klasse und der abrufbare Rechtschreibwortschatz, die Fertigkeit im orthographischen Analogiebilden, im Erfassen und Behalten von Sinnzusammenhängen und Satzeinheiten sowie die Schreibgeschwindigkeit; das Zusammenwirken von Körperbau, Körperhaltung und Feinmotorik beim geübten Schreiben und das, worauf es beim ersten Schreiben mit dem Füllfederhalter ankommt oder die Arbeitsgruppe und der einzelne darin.

(3) Freiheit und Notwendigkeit (unter besonderer Berücksichtigung der Bedürfnisse des Lehrenden)

Der Geltungsgrad von Curricula z.B. und die Verantwortung des Lehrenden; die Gerichtetheit des Fühlens und Denkens für die Behandlung eines Gedichtes und die Stimmung in einer Klasse; die Methoden des Erstlese-Unterrichts und die Lese- und Schreibanforderungen im dritten Schuljahr oder die Kaufmannsgehilfenprüfung und der allgemeine Bildungsauftrag im Vorspann der Lehrpläne.

Da es um intentionale Prozesse geht, sind alle Vergleiche Soll-Ist-Vergleiche. Ihr Ergebnis ist formallogisch ein Analogieschluß. Ausschlaggebend für die Richtung des weiteren Prozesses, d.h. für die Implikationsentscheidungen, die der Lehrende trifft, sind dabei sowohl Übereinstimmungen wie Abweichungen, je nach dem, um welche Phase des Lehr-/Lernprozesses es sich handelt. Da es keine allgemeingültigen Kriterien für die Bewertung von Unterricht gibt, sind die Entscheidungsparameter so unterschiedlich wie der juristisch vorhandene und faktisch wahrgenommene und reflektierte Entscheidungsspielraum der Lehrenden. Wir vertreten jedoch die Ansicht, daß faktisch immer die Verortung im Beziehungsgefüge des Gesellschaftlichen Implikationszusammenhangs als Parameter wirkt, also der Arbeitsbezug in dem von uns im ersten Kapitel skizzierten Verständnis und daß faktisch immer die Dialektik von Subjekt und Objekt, Ganzem und Teilen, Wesen und Erscheinung, Freiheit und Notwendigkeit, Sein und Sollen die Entscheidungen und damit die Dynamik des Lehr-/Lernprozesses bestimmt.
Auch die Psycho-Dynamik ist nichts, was für sich, sozusagen nur *in* den Menschen und außerhalb des soeben geschilderten Zusammenhangs existierte bzw. entstünde und wirkte. Die nicht nur in der Therapie sondern auch im erzieherischen Verhältnis, folglich in jedem Unterricht wirkende Übertragung z.B. ist ja nichts anderes als unbewußt beurteilende, angewandte Erfahrung aus Situationen der Bedürfnisbefriedigung oder -frustation im Ursache-Wirkungsgefüge des gesellschaftlichen Implikationszusammenhangs.

Die *Arbeitsorientierte Exemplarik* unterscheidet sich daher in der Unterrichtsplanung und -durchführung von anderen Didaktiken nicht durch irgendwelche Verfahren, sondern durch die Konkretion der Parameter aufgrund der arbeitsorientierten Dialektik. Abgesehen von der Kennzeichnung des Unterrichtsverlaufs als spiralartiger Bewegungsform und dreigegliedertem Erkenntnisprozeß – einem Gliederungsmodell also – können wir *kein Konstruktionsmodell* anbieten. Das geht logisch nicht. Erstens, weil es der Dialektik widerspricht und zweitens, weil ein Prinzip, dessen Wesen produzierende, bildende, *gestaltende Kraft* ist, sich nicht als Konstruktion darstellen läßt.

3. Psychodynamik als Triebkraft in Aufklärung

3.1 Grundlegung: Lernen, Lebensbedürfnisse und Stoffwechsel

In der konventionellen Unterrichtstheorie und in der pädagogischen Praxis werden die sogenannten Störungen des Unterrichts, die sich aus dem Verhalten der Lernenden ergeben, zumeist als Abweichung vom planungsgerechten Verlauf gesehen. Dies gilt auch dort, wo danach gesucht wird, die Motivation der Lernenden zu treffen und teilnehmerorientierte Arbeitsverläufe herzustellen. Fast immer wird davon ausgegangen, daß im wesentlichen dreierlei die Kongruenz zwischen Vorabplanung und realem Verlauf bewerkstelligt.
Erstens die Wahl von solchen Unterrichtsverfahren, bei denen die Schüler äußerlich aktiv sein können und zweitens Assoziationen zu Lebensbereichen und Lebensgewohnheiten subkultureller Färbung, vor allen Dingen durch veranschaulichende Beispiele. Drittens werden Klarheit und Eindeutigkeit der Aufgabenstellungen in Verbindung mit einem mittleren Leistungsniveau als Garanten für Aufmerksamkeit, Konzentration, Selbsttätigkeit und Mitarbeit betrachtet.
Unsere Position unterscheidet sich von der soeben skizzierten insofern grundsätzlich, als wir nicht nach den Ursachen von Störungen und deren Vermeidung fragen sondern nach den Antriebskräften von Entfaltungsprozessen. Die sogenannten Störungen sind nämlich nichts anderes als das Signal einer inneren Bewegung, welche nach der individuell angemessenen Einmündung des Lehrangebotes in das eigene Denken, Fühlen und Wollen sucht.

Unsere Betrachtung geht von den folgenden Thesen aus:

(1) Psychodynamik ist zu verstehen als Energie, die sich in der ganzheitlichen Wirkungskraft des Denkens, Fühlens und Wollens äußert. Ihre Bewegung ist auf die Befriedigung der Lebensbedürfnisse gerichtet und sie sucht im Rahmen des kulturell Möglichen nach den günstigsten Kombinationen der Befriedigungsmodalitäten.

(2) Befriedigung von Lebensbedürfnissen und Lernen bedingen sich wechselseitig. Lernen als entfaltendes Werden, als Konkreszenz (vgl. unten) umfaßt Aneignen, Einbinden und Abstoßen, Wachsen und Umwandeln. Insofern verdichtet sich im Lernen menschlicher Lebensprozeß als Stoffwechselprozeß.

(3) Lernen als Konkreszenz bedeutet Überwindung. Neue Ebenen der Entfaltung der Wesensglieder und Wesenskräfte zu erlangen, setzt nämlich voraus, Blockierung von Wirkungskraft aufzuheben. Dies heißt, daß Lernen immer auch an frühere Modalitäten von Befriedigung, anders ausgedrückt, daß es an Versagung erinnert.

(4) Versagung erbringt abwehrende und schützende Reaktionsbildungen. Diese stehen, unterschiedlich ausgeprägt, dem Erlangen neuer Konkreszenzebenen entgegen. Gleichwohl haben sie ihre ursprüngliche Zielrichtung, nämlich Entfaltung und Wachstum, beibehalten. Sie präsentieren diese Zielrichtung aber gleichsam codiert. Lernen zu befördern verlangt daher immer Entschlüsselung.

Den praktischen und theoretischen Implikationen unserer Thesen werden wir ausführlich im zweiten Band der *Arbeitsorientierten Exemplarik* nachgehen.
Hier sei im folgenden nur holzschnittartig veranschaulicht, welche Möglichkeiten der Nutzung von Psychodynamik zur Produktivkraftentfaltung in Lernprozessen zur Verfügung stehen. Wir zeigen dies an drei Beispielen. Zum besseren Verständnis der jeweils angefügten Interpretationen müssen wir aber zunächst den Komplex Lebensbedürfnisse näher erläutern:

Menschliches Wesen ist Stoffwechsel; geprägt durch und bezogen auf Natur und Geschichte. Seine Erscheinungsform läßt sich als somato-psychische und als psycho-soziale fassen. In beiden drängen Lebensbedürfnisse zugleich auf Gestaltung, Rhythmisierung und Sinnbildung des Organismus; differenzierter betrachtet des organischen Ganzen von Körper, Seele, Geist; Wollen, Fühlen und Denken.

Die somato-psychischen Stoffwechselbedürfnisse wirken in allem, was physiologisch *und* affektiv einschließlich der Atmung zur Nahrungsaufnahme und Verarbeitung, Ausscheidung und Absonderung gehört; aber auch zur Rhythmik unserer Physis wie zum Nerven-Sinnessystem.

Die psycho-sozialen Stoffwechselbedürfnisse zielen auf

Entfaltung und Entwicklung,
Verortung und Orientierung,
Autonomie und Gemeinschaft,

und zwar durch Arbeit und Muße als produktive und reflexive, entäußernde und aneignende Tätigkeit.

Stiftet die Befriedigung der somato-psychischen Stoffwechselbedürfnisse Lust und Behagen, so die der psycho-sozialen Stoffwechselbedürfnisse individuellen und kollektiven Lebenssinn.

Anreiz, Wahrnehmung und Bewußtwerden des Stoffwechsels einerseits, Anreiz und Befriedigung der Bedürfnisse physischer, psychischer und sozialer Natur andererseits, werden durch die menschlichen Sinne vermittelt.

Hierzu muß man sich vor Augen halten, daß aufgrund der Erkenntnisse der modernen Physiologie die Beschränkung auf nur fünf, noch dazu separat wirkende Sinne, überholt ist. (vgl. Horn, E., 1982) Die vermittelnde Funktion der Sinne in menschlichen Lebens- und Stoffwechselprozessen (insbesondere in der Bildung) erklärt die Sinneslehre Rudolf Steiners. (vgl. Steiner, 1980)
Steiners Menschenerkenntnis beinhaltet ein dialektisches Wirksystem von Dreigliedrigkeiten. Hierzu gehören die bereits benannten Wesenskräfte und Wesensglieder des Menschen, zu deren Entwicklung dreimal vier Sinne in Beziehung stehen. Es sind dies

- die ausgesprochenen inneren, ontogenetisch und phylogenetisch unteren Sinne: Tastsinn, Lebenssinn, Bewegungssinn, Gleichgewichtssinn;
- die ontogenetisch und phylogenetisch mittleren, äußerlich-innerlichen Sinne: Geruchssinn, Geschmackssinn, Sehsinn, Wärmesinn;
- die ontogenetisch und phylogenetisch oberen, ausgesprochen äußeren Sinne: Gehörsinn, Wortesinn, Gedankensinn, Ichsinn.

Unvollständige, dürftige oder fehlerhafte Ausprägung der Sinne zieht unvollständige, dürftige oder fehlerhafte Anreize, Wahrnehmungen und Bewußtwerdung des Stoffwechsels und das heißt der Gestaltung, Rhythmisierung und Sinngebung des Lebens ebenso nach sich wie der Entfaltung und Entwicklung, der Verortung und Orientierung, der Autonomie und der Gemeinschaft. Erlebt wird solches als Versagung von Bedürfnisbefriedigung.
Die daraus resultierenden Verhaltensweisen sind ersatzweise Suche nach Lust, Behagen und Sinn durch Überkompensation oder Rückzugsentwicklungen. Ihre wichtigsten Erscheinungsformen sind:

- *Verdrängung*. Anreize, deren Chancen auf Bedürfnisbefriedigung als aussichtslos oder gar als schädigend gedeutet werden, werden aus dem Bewußtsein getilgt.

- *Verkehrung ins Gegenteil*. Der Anreiz wird mit einer Reaktion beantwortet, die der angestrebten Bedürfnisbefriedigung entgegenläuft.
- *Verleugnung*. Unliebsame und Unlust erzeugende Anreize werden durch Gedanken oder Verhalten wegphantasiert oder in ihrer Stoßrichtung verändert.
- *Isolierung*. Dies ist eine Reaktionsweise, bei der ein Gefühl, Gedanke oder Verhalten aus der Verbindung zu anderen Gedanken, Gefühlen oder Situationen gelöst wird. Sie äußert sich als Unterbrechung von Gedankenverbindungen, als psychische Leere mit dem Ziel der Stillegung von Affekten.
- *Projektion*. Hierunter wird das Zuschreiben von eigenen Wünschen, Bedürfnissen, Gefühlen oder Gedanken auf andere Menschen (bei Kindern und im Falle seelischer Erkrankung auch auf Tiere und leblose Objekte) verstanden.
- *Verschiebung*. Der Anreiz wird mit einer Reaktion beantwortet, die Ersatzcharakter hat.
- *Regression*. Sie bezeichnet ein Zurücklenken von Anreizen auf frühere Entwicklungsstufen und damit frühere Befriedigungsformen.

3.2 Psychodynamik und Sinne: Unterricht und Veranschaulichung

Ein Bild sagt mehr als tausend Worte

- dachte die Jugendgruppenleiterin und wunderte sich, daß auf die „hervorragenden“ Fotos über verteerte Kapillare von den Mädchen nur mit “iii“ und von den Jungen nur mit blasiertem Lächeln reagiert wurde, eine Diskussion über Rauchen aber nicht zustande kam;
- meinte der Pfarrer und konnte nicht begreifen, daß die “scharfen“ Plakate zum Thema Krieg und Frieden nur “kann ich eins haben?“ hervorriefen, abgesehen vom resignativen Achselzukken, weil man machtlos sei und das Thema Frieden darum “blöd“;
- glaubte auch die Referendarin und begann die Unterrichtseinheit über den bargeldlosen Zahlungsverkehr mit dem Austeilen von Zahlkarten/Postanweisungen und der Anweisung, in Grup-

pen zu versuchen, die Formulare entsprechend den Angaben an der Tafel (Overhead-Projektion einer Rechnung) auszufüllen;

- dachte auch der Schulungsleiter und empfahl dringend, recht viel Video-Material einzusetzen, weil das im Hinblick auf das abendliche Fernsehen den Lerngewohnheiten entgegenkäme und eine vertraute Atmosphäre schaffe. Wenn die Teilnehmer schwiegen, seien entweder zu wenig Filme oder die falschen gezeigt worden.

Sinneseindrücke, insbesondere durch audiovisuelle Veranschaulichung, wecken Erlebnisse und daran gebundene Erfahrungen hinsichtlich der Bedürfnisbefriedigungen, die durch Werte und Normen zugelassen werden. Hierbei wird Bewußtes und Unbewußtes aktualisiert. Die geschilderten vier Versuche der Veranschaulichung sind Fehlschläge, weil die Gruppe die Geister nicht mehr los wird, die der Leiter rief.
Im ersten Fall (Rauchen) wird von der Leiterin übersehen, daß auch elementare anatomische Kenntnisse über den menschlichen Körper immer noch nicht zur allgemeinen Bildung gehören, sondern daß sie als Herrschaftswissen den Ärzten und den pflegerischen Berufen vorbehalten sind. Die erste Barriere, sich auf die Fotos und damit den Lernprozeß einzulassen, ist psychosozialer Natur. Es geht um einen Bereich, der gesellschaftlich streng geregelt und sanktioniert einer bestimmten Personengruppe vorbehalten ist. Dies wirkt ebenso zurückweisend wie es entlastet, weil keine Verantwortung übernommen werden muß. Die zweite Barriere ergibt sich durch die gedankliche Verbindung des medizinischen Wissens zur Krankheit. Es ist dies der Grund, weshalb nicht nur krankhafte Erscheinungsformen des Körpers oder einzelner Organe als unästhetisch oder gar ekelerregend gelten, sondern fast das gesamte Inwendige unseres Körpers. Die Bilder wirken also in doppelter Hinsicht abstoßend.
Die Jugendlichen wissen zudem sehr wohl um die gesundheitlichen Folgen des Rauchens, und sie hegen auch entsprechende Befürchtungen. In Verbindung mit dem altersspezifischen Streben nach Autonomie bewirkt dies aber, weil es das dominate psychosoziale Lebensbedürfnis ist, eine Abwehr. Sozialisationstypisch reagieren die Mädchen mit Ekeläußerungen, die Jungen mit großtuerischer Unerschütterlichkeit, ohne sich auf irgendeine Erörterung des Themas einzulassen.
Das Konkreszenzangebot, das mit der Unterrichtsthematik gemacht wird, müßte darum im vorliegenden Fall generell auf Gesundheitslehre als Chance zielen, Autonomie zu erlangen. Das Rauchen dürfte dabei – da psychodynamisch entgegenwirkend be-

setzt – weder Aufhänger sein noch im Mittelpunkt stehen. Und falls doch, dann von der Autonomie her. Daher trotz Gesundheitslehre eher Werbeplakate als anatomische Fotos.
Arbeitsorientiert exemplarisch gedacht, erschweren im obigen Beispiel die Fotos aus der Anatomie sowohl den Zugang zur Gesundheitslehre wie erst recht zu der Frage, aus welchen sozialen Bedürfnissen heraus Jugendliche rauchen.
Im zweiten Falle wäre – arbeitsorientiert-dialektisch aus dem Gesellschaftlichem Implikationszusammenhang heraus betrachtet – der Pfarrer (ausgehend von der Zuordnung von Plakaten zu Produktionsformen) darauf gestoßen, daß Plakate in unserer Gesellschaft ganz überwiegend eine Verkehrsform sind, die über das Unbewußte vor allem auf eine Intensivierung des Konsumverhaltens wirken. Dies gilt auch für die meisten scheinbar nur dekorativen Poster aus der jugendlichen Subkultur. Sie regen nicht das Nachdenken, nicht Widerspruch an, sondern sie zielen auf Stimmungen, Befindlichkeiten, Identifikationen passiver Natur – auf Konsumhaltung.
Der Pfarrer wollte über die Aktualisierung der psychosozialen Bedürfnisse Entfaltung und Entwicklung, Verortung und Orientierung, Autonomie und Gemeinschaft aus christlicher Sicht, die Frage nach dem Sinn des Lebens und seiner individuellen und gesellschaftlichen Gestaltung stellen. Indem er den Reiz medial über Poster wählte, tat es das Richtige, insofern er die Sinne ansprach. Er übersah dabei allerdings die überwiegende Funktion von Plakaten im Gesellschaftlichen Implikationszusammenhang: die Umlenkung und Bindung von Lebensbedürfnissen nämlich auf den materiellen Konsum. Die hiermit einhergehende Lähmung der Gestaltungsbedürfnisse wird verstärkt durch die audiovisuelle Reizüberflutung in unserer Gesellschaft, gegen die der Abwehrmechanismus der Isolierung als Schutz wirksam wird. Es erklärt dies u.a., weshalb audiovisuelle Mittel nur noch selten die Motivation von Jugendlichen oder Erwachsenen freisetzen.
Ähnlich die Empfehlung, viel mit Video-Material zu arbeiten. Hier werden gerade diejenigen Verhaltensmuster und Gewohnheiten aktualisiert, die Lernen entgegenstehen.

Das Beispiel der Referendarin steht für eine der typischen Arten von Veranschaulichung im Bereich der Schule. Sie geht aus von praktischem Tun, unterscheidet dabei aber nicht zwischen Versuch und Irrtum als Anregung in der Anfangsphase und anwendendem Üben in der Schlußphase.

Zweifelsohne gehört zum bargeldlosen Zahlungsverkehr das Ausfüllen von Formularen. Nur: worauf zielt die Lerneinheit insgesamt und was muß in der Anfangsphase veranschaulicht und dadurch erleichtert werden? Geht es um das Ausfüllen oder um die Institutionen, Funktionen und Verfahren des ökonomischen Teilsystems Zahlungsverkehr, von dessen Verständnis her man erst begreift, was all die Ziffern und Buchstabenkombinationen, all die Fachausdrücke auf einer modernen Rechnung bedeuten und welche davon – je nach Zahlungsart – in welches Kästchen eines Formulars einzutragen sind?
Die Zahlkarte ist ein spezieller Anwendungsfall. Deshalb verkehrt – dialektisch betrachtet – die Aufgabenstellung der Referendarin Abstraktes und Konkretes.
Dem gängigen Sprachgebrauch zufolge ist die Zahlkarte etwas ganz Konkretes. Aber wie alle Formulare ist sie, verglichen mit dem dahinterstehenden komplexen Sachverhalt, etwas Abstraktes, und sie bleibt mangels Einsicht der Schüler in das, was dahintersteht, völlig unanschaulich.
Das Formular ist genauso abstrakt oder konkret wie mathematische Formeln es sind. Man kann deren Anwendung auswendig lernen und trainieren, ohne die mathematischen Zusammenhänge je begriffen zu haben. Ihre richtige Anwendung aufgrund solchen "Einschleifens" beweist aber nicht im geringsten, daß verstanden wurde, worum es geht. Und wenn das Gedächtnis aussetzt, bleibt die Lösung aus.
Der Zahlungsverkehr ist seinem Wesen nach ökonomischer Stoffwechsel, welcher der Gestaltung von Beziehungen durch Veränderungen in der Verortung der Objekte (Ware, Geld) dient. Die Zahlkarte ist das Gestaltungsmittel der Verortung, weshalb zu seiner verständigen Handhabung das differenzierte Erkennen der Objekte (Geldgrößen) und der Orte (Geldinstitute) gehört. Ist solches als das Ganze und damit das Konkrete und Wesentliche erkannt, dann erklärt sich das Abstrakte und Partikulare, im vorliegenden Fall die Bestandteile der Zahlkarte, insofern von alleine, als das Denken imstande ist, das einzelne sinnvoll dem Ganzen zuordnen. Verwirrungen, Ängste und Blockaden tauchen nicht auf, wenn das Ausfüllen der Zahlkarte als übendes Anwenden des Lernprozesses steht. Die Lernenden verfügen dann nämlich über Orientierungsmöglichkeiten, welche erst ein reflektiertes Umgehen mit einzelnen Elementen der Zahlkarte erlauben.

3.3 Psychodynamik und Bedürfnisbefriedigung: Lernen und sinngebende Zielstellung

Vier Wochen vor der Konfirmation lädt ein Pfarrer Eltern und Konfirmanden zum vierten und letzten Elternabend ein. Wie an den anderen Elternabenden des verflossenen Jahres geht es um Organisatorisches; aber auch um Fragen des Miteinander von Eltern und Kindern im Hinblick auf die Wende vom Kindes- zum Jugendalter und die kirchenrechtliche "Volljährigkeit", welche nach der Konfirmation u.a. die Übernahme des Patenamtes erlaubt.

Ausgehend vom vierten Gebot (Du sollst Deinen Vater und Deine Mutter ehren...) oder besser: sich an diesem reibend, hat eine Konfirmandengruppe intensiv die Probleme des Heranwachsens und Selbständigwerden-Wollens erörtert; auch die Bedrängnis, die darin liegt, statt auf Verständnis, Ratschläge, Aufklärung oder Orientierung auf Verbote und Strafandrohung zu stoßen. "Dürfen Eltern einem eigentlich verbieten...", so beginnt eine lange Liste mit konkreten Fragen der Jugendlichen, die der Pfarrer vorliest.

Die Eltern glauben nicht, daß die Fragen von den Jugendlichen stammen, und keiner ist bereit, in kleinen Gruppen die Fragen zu erörtern, um den Beweggründen für das Verhalten der Eltern wie der Jugendlichen auf die Spur zu kommen.

"Wir können ja mal so tun als ob", meint der Pfarrer, " und nur so spielen". "Wir tun so, als ginge es um eine Diskussion im Familienkreis um eine der vorgelesenen Fragen". Zu solch einem Spiel sind einige Erwachsene und Konfirmanden bereit. Sie wählen sich das Thema "Kleidungsvorschriften", insbesondere für den Konfirmationstag.

Die Diskussion im Spiel wird lebhaft bis militant geführt und greift rasch auf das Plenum der Anwesenden über.

"Irgendwann muß man lernen, sich anzupassen, um im Arbeitsleben und in der Gesellschaft zu bestehen. Wann, wenn nicht zur Konfirmation, soll damit begonnen werden?!" Hinter diesem Leitsatz steht die überwiegende Mehrheit der Eltern – und die überwiegende Mehrheit der Jugendlichen hat sich angesichts des Geldes, das zur Konfirmation geschenkt wird (und worauf die Eltern ganz offen hinweisen) diesem Leitsatz gebeugt.

Diejenigen Jugendlichen, die klar machen wollen, daß es ihnen nicht um die Frage "Jeans oder Samthose/Glockenrock" gehe, sondern darum, endlich einmal den Sinn klar zu bekommen, den dieses Fest für die Erwachsenen (!) habe, außer daß man prächtig gekleidet der Verwandtschaft ein noch prächtigeres Familienleben und wohlgeratene Kinder vorführe, wurden in ihren Diskussionsbeiträgen übergangen, auch wenn diese noch so provozierend formuliert wurden.

Die Konfirmation – im vorliegenden Fall verstanden als Anpassungs- und Unterwerfungsritual in teurem und festlichem Rahmen – veranschaulicht dreierlei:

Erstens das Auseinanderklaffen von tradierten Verkehrsformen (seien es Arbeitstechniken, seien es Umgangsformen, Sitten und Gebräuche) und gesellschaftlichem Bewußtsein (Wissen und Kenntnisse von der Funktion, vom Gebrauchswert, vom Symbolwert bestimmter Praktiken im Kontext gesellschaftlicher Institutionen);
zweitens die Fetischisierung des Materiellen und der (äußeren) Form wie des Einzelnen, des Partikularen;

schließlich drittens und zugleich als Grund für die erstgenannten Phänomene die Entfremdung der Menschen von sich selbst durch blinde Unterwerfung unter die neue Stufe der Vergesellschaftung, die wir im ersten Kapitel geschildert haben.

Das fast ausschließliche Interesse am äußeren Rahmen der Konfirmation und hier wiederum an der Kleidung läßt sich sozialpsychologisch unter Rückgriff auf tiefenpsychologische Kategorien der Verschiebung deuten. Psychodynamisch bedeutet dies, daß die Antriebsenergie, d.h. die auf die Befriedigung von Bedürfnissen zielende Energie der Zuwendung zu etwas, das außerhalb der eigenen Person liegt, sich verschiebt. Sie zielt nicht mehr auf das Ganze, auf den Zusammenhang, auf das, worum es ursprünglich und im Kern geht, sondern auf das, was ersatzweise dafür steht.
Im Falle der Konfirmation symbolisiert die Kleidung für die Jugendlichen die Möglichkeit der Selbstbestimmung in Verbindung mit der Frage nach dem Sinn der Konfirmation. Für die Erwachsenen steht die Kleidung für die mit Anpassung bereits beantwortete Frage nach dem Sinn.
Das System des Unbewußten arbeitet dabei ähnlich, wie es bei Nachtträumen der Fall ist: es erfolgt ein Übergang von einem Bedürfnis in ein Äquivalent, das sich sichtbar machen läßt, und die psychische Bedeutung wird an der Intensität der Sinneswahrnehmung und der Fixierung auf das äußere des Sinneseindruckes gekennzeichnet. Dabei spielen assoziative Verknüpfungen und Verbindungen durch das Zusammensein unterschiedlicher Erlebnisinhalte wie auch Umbenennungen und übertragener Gebrauch von Bezeichnungen bzw. Kennzeichnungen (zum Teil im Sinne der dia-

lektischen Einheit von Gegensätzen) eine große Rolle.
Dort aber, wovon sich die Antriebsenergie entfernt, liegt nicht nur die Motivation; dort liegen auch die Tabus und damit die möglichen Lernblockaden. Weil z.B. über den Sinn eines feierlichen Übergangs von einer Lebensphase in eine andere, über die Aufnahme in die gleichberechtigte Gemeinschaft der Erwachsenen nicht geredet werden darf in einer Gesellschaft, in der Jugendliche überflüssige und lästige Konkurrenten auf dem Arbeitsmarkt sind, darf auch über die "Kleiderordnung" nicht diskutiert werden. Sie ist das Bollwerk, welches Fragen nach dem eigentlichen Sinn abhält und dadurch den Charakter des Anpassungsrituals garantiert.
Will man nun im Falle solcher Verschiebungen Lernchancen eröffnen – wir stoßen hier im besonderen Maße auf die tiefenpsychologische Dimension der Reorganisation von Vorstellungs- und Erlebnisinhalten bzw. von Antriebsenergie – so muß im Gesellschaftlichen Implikationszusammenhang nach den dialektischen Entsprechungen dessen gesucht werden, wofür der psychisch besetzte Komplex steht, und zwar in seiner allgemeinsten Bedeutung. Diese muß einerseits noch genügend nahe an den lernenden Individuen sein, ihre Interessen berühren und ihr Betroffensein erkennen lassen. Andererseits muß er genügend allgemein, neutral, fern sein, um nicht Angstabwehr zu provozieren.
Im vorliegenden Fall wäre das der Generationskonflikt einerseits als ökonomischer und sozialer Konkurrenzkonflikt gewesen und andererseits als innerfamiliales Kommunikations- und Solidaritätsproblem, bei dem Statusbedürfnisse solche nach Offenheit, wechselseitigem Verständnis und wechselseitiger Hilfe überlagern.
Während eines anderthalbstündigen Elternabends lassen sich für solche Schwierigkeiten keine Lernchancen eröffnen. Insofern widersprach die Zielvorstellung des Abends der gesellschaftlichen und individuellen Macht der Verhältnisse so stark, daß diese Verhältnisse sich durchsetzten.
Eine Lösung hätte nur darin gelegen, den als soziologisch und psychologisch aufklärende Lebenshilfe hin angelegten Konfirmandenunterricht noch gezielter mit Elternarbeit zu verbinden.
Aufgrund der zunehmenden Entfremdung und Verdinglichung im Zuge der neuen Stufe der Vergesellschaftung werden nicht nur in zunehmendem Maße Verschiebungen, sondern auch Projektionen durch den gesamtgesellschaftlichen Entwicklungsprozeß hervorgerufen. Mit Projektionen sind, wie skizziert, Verlagerungen von psychischen Tatbeständen nach außen, d.h. vom Subjekt zum Objekt gemeint; anders formuliert, der psychische Ausschluß von Gefühlen, Wünschen, Qualitäten aus der eigenen Person und deren

Verlagerung in eine andere Person oder Sache.
Es spielt dieser Komplex eine besondere Rolle im Zusammenhang mit dem als narzißtisch charakterisierten Verhalten. Kognitive Verunsicherungen, emotionale Versagungen und hochfliegende unrealistische Ansprüche an die eigene Leistung erbringen dabei individualpsychisch ein Vermeidungsverhalten aus Angst vor kränkenden Versagungen und Enttäuschungen. Dieses Verhalten korrespondiert mit sozialen und ökonomischen Verhältnissen, die auf Konsumhaltung und Passivität angewiesen sind.
In Lernprozessen, in denen Projektionen größeren Ausmaßes, sozusagen als kollektive, wirken, sind die pädagogischen Entscheidungen besonders schwierig. Auch hier kann arbeitsorientiert dialektisches Denken nicht nur hilfreich sein, es ist sogar unabdingbar. Gleichwohl reicht es alleine nicht hin. Auch hierzu ein Beispiel.

3.4 Psychodynamik und das Entbinden von Wirkkraft: Das Subjekt als Lerngegenstand

In einem Seminar mit angehenden Berufspädagogen kommt es zu Diskussionen über das Lehrerbild einerseits, den Beamtenstatus andererseits. Fast alle Diskussionsbeiträge lassen sich als mehr oder minder resignatives, mehr oder minder angstvolles Wehklagen darüber kennzeichnen, daß dem Lehrer ja alle inhaltliche und methodische Phantasie von vornherein getötet werde. Durch den Amtseid sei man zum buchstabengetreuen Nachbeten der Lehrpläne gezwungen, wisse man doch nicht, ob nicht jede Abweichung als Verstoß gegen die Beamtenpflicht geahndet werde. Mit dem Eid unterwerfe man sich den Restriktionen von Anfang an. Die Tatsache, daß er überhaupt und noch dazu in mehr oder minder feierlicher Form geleistet werden müsse, beweise das Ausmaß der Unterwerfung. Es ist viel von der Allmacht des Staates die Rede und von der Undurchschaubarkeit der Rechtslage und davon, was der Text des Eides eigentlich meine. Niemand der Studenten freilich kennt den Text. Und: niemand ist bereit, ihn zur nächsten Seminarsitzung zu besorgen.
Also tut die Seminarleiterin dies und in der folgenden Woche haben alle Seminarteilnehmer den Text vor sich. Er lautet (in Hessen):

„Ich schwöre, daß ich das Grundgesetz für die Bundesrepublik Deutschland und die Verfassung des Landes Hessen sowie alle in

Hessen geltenden Gesetze wahren und meine Pflichten gewissenhaft und unparteilich erfüllen werde (so wahr mir Gott helfe)."

Erstaunen zunächst über die Klarheit und Eindeutigkeit des Textes. Aber danach sogleich eine Wiederholung der Wehklage wie in den vergangenen Sitzungen. Der Lernprozeß bewegt sich nicht über die Anfangsphase hinaus, insofern Angebote zur Strukturierung der Diskussion und zur Sammlung weiterer Aspekte nicht aufgegriffen werden. Sie hatten – durch Tafelanschrieb gewichtet – darin bestanden, das staatliche Schulwesen als Dienstleistungsbereich mit Arbeitgeber und Arbeitnehmer zu betrachten und Aspekte des Arbeitsvertrages zu sammeln, ferner solche für die Doppelrolle der Beamten als Arbeitnehmer und als Repräsentanten des Staates, schließlich die Funktion von Ritualen mit denen von schriftlichen Verträgen und Anerkenntnissen zu vergleichen. Auch sollten in einschlägigen Lexika Definitionen von Eid und Schwur nachgelesen werden.
Eine sehr bestimmte, fast konfrontativ vorgetragene Äußerung der Seminarleiterin zur Vertragsfunktion des Eides einerseits, zur Ritualfunktion andererseits sowie eine Beurteilung des studentischen Wehklagens erbrachte eine klärende Äußerung, welche Verdichtungsfunktion bekam: Es wurde nämlich gefragt, ob ein Lehrer unabdingbar die Kraft zu eindeutiger Zuwendung und Stellungnahme brauche oder ob nicht eher zurückhaltende, unentschiedene, ja schwache Menschen pädagogisch nutzbringend wirken. Man habe Abneigung davor, den großen Kraftprotz spielen zu müssen.
„Macker oder Softi" war die durchaus ernstgemeinte ironische Formel, die es dann ermöglichte zu bearbeiten, was in den Amtseid an projizierender Phantasie hineingelegt worden war und was damit verhindert hatte, die eigenen Verunsicherungen im Hinblick auf Kompetenzgewinnung und Entscheidungskraft zu bearbeiten.
Der methodische Schritt, der die Bewegung des Lernprozesses über die Konfrontation und eine erste, sich wiederholende Entfaltung hinaustrieb, bestand in der Verstärkung der Konfrontation dadurch, daß die Seminarleiterin sich durch eine dezidierte Stellungnahme als Modell dessen bot, was von den Studenten abgelehnt wurde bzw. wovor sie Angst hatten: Entschiedenheit und Konturiertheit in Person und Rolle und in deren Verhältnis zueinander.
Sicherlich hätte man – und das wurde in der Nachbereitung der Sitzung erörtert – zu einem Rollenspiel „Diensteid " auffordern können. Solches hätte jedoch die Projektion verstärkt, indem die Ab-

wendung von der eigenen Person und Rolle, die Fixierung auf das Äußere des Rituals und das Diffuse von dessen psychischer Wirkung unterstrichen worden wären. Klarheit, Eindeutigkeit, Zuwendungsfähigkeit, Entscheidungsfähigkeit als Voraussetzung für die Handhabung z.B. gerade solcher Unterrrichtsverfahren, die Zurückhaltung, Beobachtungsvermögen, Geduld verlangen, wären nicht zur Sprache gekommen. Der Eid ist ja keine Verkehrsform zwischen Schülern und Lehrern, ist keine Kommunikationstechnik, sondern der über das gesellschaftliche Bewußtsein wirkende Teil eines Vertragabschlusses auf dem Arbeitsmarkt.

Nicht der Eid und seine ihm anhaftenden Reste aus einem Zeitalter vor der Aufklärung waren für die Studenten von Interesse, sondern die berufspraktische Relevanz des Sich-Ausgeliefert-Fühlens an diffuse Mächte. Ein innerpsychisches, individuelles (wenngleich gesellschaftich hervorgerufenes und verbreitetes) Problem, das auf etwas scheinbar geheimnisvoll mächtig im Eidesritual Waltendes projiziert wurde.

Projektionen sind nur dann möglich, wenn es zwischen Projizierendem und Projektionsobjekt Entsprechungen in Teilbereichen gibt. Während aber das, was projiziert wird, im psychischen Haushalt desjenigen, der mit der Projektion abwehrt, eine zentrale Rolle spielt, charakterisiert es das Projektionsobjekt niemals in ausschlaggebender Weise.

Sicherlich haftet dem Eid, denkt man in historischen Zusammenhängen, etwas Mystisches an. Gleichwohl ist seine Funktion nicht die, Unbestimmtheit, Passivität, Untätigkeit zu befördern, sondern Stellungnahme, Eindeutigkeit, Zielgerichtetheit. Es macht dies einerseits seine Funktion als Vertragsform aus, andererseits seine Herausforderung an den Eidleistenden, sich der vertraglich festgelegten Aufgabe zu stellen.

Eine entschiedene Übernahme der Lehrerrolle und deren aktive und kreative Handhabung war genau das, was den Studenten Probleme bereitete. Spürend, daß ihre noch unausgebildete und unausgeprägte Kompetenz sowie ihre mangelnde Ich-Stärke es waren, die ihnen die Schwierigkeiten in der Übernahme der Lehrerrolle bereiteten, verlagerten sie diesen Teil ihrer Persönlichkeit auf den Eid. Krass formuliert, könnte man sagen, ihre eigene Nebulosität wurde wie im auch immer gearteten Mystischen des Eides angeprangert. Und indem der Eid für die angebliche Machtlosigkeit des Lehrers verantwortlich gemacht wurde, war man der Aufgabe enthoben, nach Möglichkeiten der Aktivität zu suchen.

Der Eid als aktuelle juristisch wie historisch überkommene Form einer Vertragsbesiegelung ist eine gesellschaftliche Verkehrsform.

Die Studenten sehen dessen – negatives – Charakteristikum in seiner Vagheit einerseits, seiner Dominanz und Wirkkraft andererseits. Genau das macht ihrer Ansicht nach das Lähmende des Eides aus. Auch die Lehrerrolle betrachten sie als Verkehrsform, d.h. als Umgangsstil zwischen Schülern und Lehrer, und im Urteil darüber, welches der richtige bzw. der ihnen selber entsprechende Umgangs- oder Führungsstil sei, sind sie zwischen „Softi“ und „Macker“ zerrissen und dadurch handlungsunfähig.

Da alle Arbeits- bzw. Hilfsangebote fruchtlos geblieben waren, die auf kognitivem Wege den Zusammenhang von Eid und Lehrerrolle klären wollten, mußte der methodische Schritt darin bestehen, eine Möglichkeit der sinnlichen Konfrontation mit dem zu bieten, worauf es den Studenten ankam; nämlich Verkehrsform als Ausdruck von Lehrerpersönlichkeit.

Das gewählte Verfahren war möglicherweise das einfachste von allen. Durch die Lehrform bzw. Verkehrsform „Lehrervortrag“ wurde genau der Aspekt zur Anschauung gebracht, mit dem auseinanderzusetzen sie sich bis dahin geweigert hatten.

Die Blockade war durch zwei Gleichsetzungen entstanden: Der Umgangsstil bzw. die Umgangsformen eines Lehrers wurden mit seiner Gesamtpersönlichkeit gleichgesetzt und die Vereidigung als Verkehrsform mit dem gesamten Bildungssystem. Arbeitsorientiert dialektisch gedacht, ist die Projektion daher immer auch eine Verschiebung, insofern die Antriebsenergie sich auf Teile, vorzugsweise auf äußere Erscheinungsweisen verlagert und damit die Erkenntnis des Zusammenhangs, des Ganzen bzw. der Totalität verblendet.

Die Verblendungen, die durch Verschiebung der Antriebs- bzw. Erkenntniskräfte entstehen, wirken doppelt: sie verdunkeln das Erkenntnisobjekt und behindern im übertragenen Sinne das Sehen des nach Erkenntnis strebenden Subjekts. Wenn nun aber, im übertragenen Sinne, die Sehbehinderung die Erkenntnis verhindert, dann versagt sie auch diejenige Bedürfnisbefriedigung, welche die Erkenntnis zur Voraussetzung hat. In unserem Falle stellte dies die Versagung von Autonomie und entfaltetem Gestalten dar.

Die partikulare Bindung der Sehkraft aufgrund der Projektion konnte nur entbunden werden, indem die doppelte Wirkung der Verblendung aufgehoben wurde. Dies geschah dadurch, daß das Erkenntnisobjekt real, d.h. sinnlich wahrnehmbar vor Augen gestellt und zugleich die Bedürfnisbefriedigung angereizt und herausgefordert wurde.

4. Zwischenreflexion: Besinnung auf Bildung

Die Suche nach angemessenen Bezeichnungen bzw. Begriffen im Rahmen der *Arbeitsorientierten Exemplarik* hat uns beträchtliche Schwierigkeiten bereitet. Nicht nur sind in den Geisteswissenschaften die Begriffe „ideologisch“ besetzt; es gibt darüber hinaus in der Pädagogik nur eine veschwindend kleine (wenn überhaupt eine) Grundmenge Begriffe, über deren Definition Konsens besteht. Hinzu kommt heute ein fast inflationistischer Rückgriff auf andere Wissenschaften. Da sich aber überall im Zuge der Atomisierung auch des Wissenschaftsbetriebes schmalste Teilgebiete zu Disziplinen und Methoden oder Parameter zu ganzen Theoriegebäuden aufblähen, können terminologische Studien zu Urwaldabenteuern geraten.

Wir sind, gemessen an dem, was die wissenschaftliche Konvention verlangt, mit einigem Rigorismus verfahren. Im Extremfall ist wissenschaftliches Arbeiten heute ja dadurch gekennzeichnet, daß kein Begriff verwendet wird, ohne daß man seinen Bedeutungsgehalt und seine theoretische Verortung in der Benutzung durch die Gelehrten A – K und in der Verwendung in den Theorien L – Z verglichen hat. Solches kann wichtig , es kann auch unabdingbar geboten sein. Doch verfolgten und verfolgen wir keine wissenschaftstheoretischen Vergleiche. Es sind keine metatheoretischen Erwägungen, die zur Debatte stehen, sondern praktische. Wir betreiben Pädagogik aus praktischem Interesse und suchen nach Lösungen u.a. mit Hilfe der Praxis. Für ein solches Vorgehen ist es – überspitzt formuliert – gleichgültig, was z.B. Chomsky im Rahmen seiner linguistischen Theorie mit dem Begriff der Kompetenz zu fassen suchte, wie Habermas den Begriff rezipiert hat, wie andere (z.B. der Bildungsrat) und welches die Gründe für die Inflationierung des Begriffes sind. Die Benutzung der Begriffs-Trias Selbst-, Fach- bzw. Sach- und Sozialkompetenz (übernommen von Roth) z.B. erscheint uns – unserer wissenschaftstheoretischen Grundposition entsprechend – ganz einfach deshalb angemessen, weil sie im Hinblick auf unser Verständnis von Bildung Wesentliches faßt, was die Struktur der Psyche wie die Struktur der Gesellschaft sowie deren Relation zueinander kennzeichnet: das Selbst als Ausdruck der Identität und Autonomie, das Fachliche als Bezug zu den Produktionsformen, das Soziale als Hinweis auf die Verhältnisse und Beziehungen der Menschen zueinander und den Austausch ihrer Beziehungen. Als Ganzheit betrachtet, lassen sich die Subjekt-Objekt-Dialektik und die Dialektik von Verkehrsformen, Bewußtseinsformen und Produktionsformen durch den Kompetenzbegriff treffend einfangen. Auf nichts sonst kommt es an.

Hinsichtlich des in der Pädagogik und im Rahmen unserer Leitvorstellungen zentralen Begriffes „Bildung“ befinden wir uns noch in einem terminologischen Entwicklungsprozess.
Der Begriff „Bildung“, den wir auch noch benutzen, hat sich trotz scharfer theoretischer und politischer Auseinandersetzungen bisher nicht ersetzen lassen. Er enthält aber nur die folgenden in der Literatur als durchgängig auszumachenden Aspekte: breites, sogenanntes Allgemeinwissen, kultivierte Umgangsformen, Autonomie und die Fähigkeit zur (Selbst)reflexion. Die Gegenstandsbereiche, die individuellen und gesellschaftlichen Dimensionen und die Gerichtetheiten, die bei der Bildung immer „mitgedacht“ sind, werden unterschiedlich präzisiert. Das ist die Ursache dafür, daß interpretiert werden muß, was mit Bildung gemeint ist, wenn man diesen Begriff benutzt.
Unsere Distanz gegenüber dem Bildungsbegriff resultiert erstens aus der Verbindung von Bildung und Herrschaft und zweitens aus der Trennung von Bildung und Ausbildung und damit der Entgegensetzung von Berufsbildung und Allgemeinbildung. Trotz Bildungsreform ist es nämlich nicht gelungen, der Mehrheit des Volkes das „Bürgerrecht auf Bildung“ zu garantieren; geschweige denn, daß dieses Recht sich als das ihre im Bewußtsein verankert hätte. Drittens: Das sogenannte Bildungswesen und die als Rechtsvorschriften erlassenen Lehrpläne, ferner alle Komposita zu Bildung (z.B. Bildungseinrichtung, Bildungsveranstaltung, Bildungsanstalt, Bildungsökonomie, Bildungsdefizit, Bildungswerbung) belegen, daß sich mit dem Begriff „Bildung“ immer auch das Verständnis von Gebilde verbindet; und zwar im Sinne eines in der Planung vorwegnehmbaren Endproduktes.
Unsere Bedenken richten sich also gegen das, was heute durch den Bildungsbegriff an gesellschaftlichen Verhältnissen verdeckt wird, nicht aber gegen das, was er immer auch im Sinne von Entfaltung, Aufklärung, Freiheit und Selbstbestimmung transportiert hat.

Wir verstehen Bildung als die zur Einheit entfaltete Trinität der Gattungsmäßigkeit, Individualität und Geschichtlichkeit des Menschen.

In der allgemeinen Gattungsmäßigkeit des Menschen entfalten sich die nur ihm eigenen Wesenskräfte des Denkens, Fühlens und Wollens und die nur ihm eigene Einheit der Wesensglieder Körper, Seele und Geist zur Produktivkraft. Damit wird auf die Spezifizierung der Gattungsmäßigkeit in der Geschichte und Sozialität ver-

wiesen. Dies fassen wir mit der Einheit von Selbst-, Fach- und Sozialkompetenz. Ihr entspricht, von der Individualität aus betrachtet, die *Konkreszenz* als die individuelle Formbestimmtheit menschlicher Bildung (vgl. Kap. 4, Punkt 5).
Bildung ist immer Subjektbildung; denn das Subjekt ist der sich seiner Gattungsmäßigkeit, seiner Geschichtlichkeit und Individualität bewußte Mensch, der seine Produktivkraft in Arbeit zugleich entäußert und aneignet.

Wir haben durchgängig nach solchen Begriffen gesucht, die

- sich nicht gegen die Erfassung des Gesellschaftlichen Implikationszusammenhangs und die Dialektik seiner Relationen sperren,
- gleichwohl ausreichend zu einem der gesellschaftlichen Formkomplexe hin differenziert sind,
- konkret, d.h. deutlich, gegenständlich auf Bestimmtes bezogen *und* abstrakt, d.h.gedanklich verallgemeinernd,

benutzt werden können.
Dies gilt für die bereits von uns vorgestellten und erläuterten Begriffe Arbeitsorientierung, Exemplarik, Dialektik, Gesellschaftlicher Implikationszusammenhang, Didaktischer Implikationszusammenhang, Lebenszusammenhang sowie für die noch folgenden didaktischen Begriffe Konfrontation, Komplexion, Konkreszenz, Entfaltung, Reorganisation und Verdichtung.
Für einige Leser ist sicherlich noch erwähnenswert: Trotz arbeitsorientierter Dialektik würden wir nicht auf den Gedanken kommen, pädagogische, insbesondere unterrichtstheoretische Ausführungen in den Begriffsapparat der Kritik der Politischen Ökonomie zu sperrren (vgl. Karras, 1958; Oberlechner, 1973). Wohl aber sind wir der Auffassung, daß die bildungstheoretische Didaktik Begriffe entwickelt hat, die, weil sie dem Wesen pädagogischer Prozesse entsprechen, arbeitsorientiert dialektisch gewendet werden können.

Bevor wir uns in Punkt 5 dieses Kapitels der didaktischen Konkretisierung der *Arbeitsorientierten Exemplarik* zuwenden, wollen wir noch auf folgendes hinweisen.
Es gibt im Bereich der akademischen Arbeit über das, was Erziehungswissenschaft ist oder sein soll, keinen Konsens, der in irgendeiner Weise definiert wäre. Auch die theoretisch-systematischen und praktischen Untergliederungen in Teildisziplinen präsentieren sich in sehr unterschiedlichen, sich vielfältig überschneidenden Teilmengen und – zum Teil sogar entgegengesetzten – Benennun-

gen. So nimmt es nicht wunder, daß auch Didaktik ein mehr als fließender Begriff ist.

Wir definieren Didaktik als Theorie und Praxis der Zusammenhänge von Zielen, Gegenständen und Verfahren institutionalisierten Lehrens und Lernens. Aufgrund ihrer Funktion als heuristisches Instrument in psychosozialen Implikationsprozessen betrachten wir die Didaktik als Herzstück der Pädagogik.

Die folgenden Abschnitte verstehen sich nicht als Grundinformation oder als Antwort auf die Frage: „Unterrichten – wie macht man das?“ Sie sind vielmehr ein Beitrag zur Entwicklungsgeschichte von Didaktik: ein Versuch der Überwindung von Zerfallsprozessen und Sackgassen; schließlich eine didaktische Antwort auf die Herausforderung der technisch-ökonomischen Entwicklung an die Pädagogik und die Frage, ob man das Bildungssystem verkabeln und die Lehrer entlassen kann, weil Bildung nicht mehr gefragt ist.
Weil wir also nicht für Laien geschrieben haben, konnten wir darauf verzichten, die bekannten Planungsmodelle für Unterricht zu referieren. Mit den Rückbezügen und Abgrenzungen im dritten Kapitel glauben wir, das didaktische Feld genügend beleuchtet zu haben.
Die *Arbeitsorientierte Exemplarik* ist Prinzip im Sinne eines generierenden, d.h. erzeugenden, produzierenden Instruments für prozeßgebundene Entscheidungen. Es kann dies nicht genug betont werden, damit der Leser nicht dem weit verbreiteten Irrtum verfällt, eine didaktische Theorie bzw. ein didaktisches Modell sei durch dic spezifische Verwendung oder Kombination von Unterrichtsverfahren oder Medien charakterisiert.

5. Die Bewegungsform von Lehr-/Lernprozessen: Der Spiralverlauf

Wo das Lernen in Gruppen stattfindet, muß der Verlauf des Unterrichts so rhythmysiert werden, daß alle Beteiligten auf annähernd gleiche Weise am Bewegungsprozeß teilhaben. Dies bedeutet, die Verlaufsphasen müssen geplant werden.
Für solche Planungen gibt es seit fast einem Jahrhundert die sogenannten Artikulationsschemata. Sie gliedern den Unterricht nach sogenannten Formalstufen.

Es gibt eine schier unübersehbare Fülle solcher, sich zu einem Artikulationsschema fügenden Gliederungen von Formalstufen (vgl. Vogel, 1976).
Im wesentlichen liegt ihnen allen ein Dreischritt zugrunde. Der *erste Schritt* läßt sich als Hinleitung, Einstimmung, Einstieg, Motivierung oder Zielorientierung bezeichnen. Die Verknüpfung mit Bekanntem ist meistens Hauptbestandteil dieser Phase. Sie dient also einerseits dazu, Sicherheit und Vertrautheit wachzurufen; andererseits Neugierde zu stimulieren und so etwas wie eine wirkungsvolle Absprungbasis ins Neue zu schaffen. Einstiegsphasen bieten darum der Kreativität, der Experimentierfreudigkeit und dem Einfühlungsvermögen der Lehrenden alle Chancen.
Der *zweite Schritt* kann anfangs noch der weiteren Klärung des Zieles zugeordnet werden. Im wesentlichen dient er aber der Erarbeitung von Kenntnissen und Fertigkeiten; sei es im Hinblick auf praktische Anwendung; sei es im Hinblick auf generalisierende Erkenntnis. Kombiniert werden im mittleren Schritt Teilphasen, die man als bloßen Input bezeichnen könnte, insofern die Schüler lediglich zu speichern und zu trainieren haben, mit Teilphasen eines verarbeitenden Umgangs mit dem zu Lernenden.
Die *dritte Stufe* des Lernprozesses beinhaltet Übertragungs- und Anwendungsaufgaben; sei es in Form der Besinnung, der Übung oder der Leistungskontrolle. Das Spiralmodell des Lehr-/Lernprozesses im Sinne arbeitsorientierter Dialektik unterscheidet sich von den Artikulationsschemata nicht in der Ansicht, effizienter Unterricht habe nach Phasen zu verlaufen und aus lernpsychologischen Erwägungen im wesentlichen dem skizzierten Dreischritt zu entsprechen. Die Zusammenschau von Gesellschaftlichem Implikationszusammenhang (GIZ), Didaktischem Implikationszusammenhang (DIZ) und Psychodynamik ändert aber die Sicht von Wesen, Erscheinung und Planbarkeit von Lehr-/Lernprozessen grundlegend. Wir fassen diese Sicht in den folgenden Thesen zusammen:

5.1 Das Spiralmodell als Implikat von GIZ, DIZ und Psychodynamik

(1) Lehr-/Lernprozesse verlaufen nicht linear, d.h. nicht im Sinne stetigen, durch gleichmäßige Abschnitte gekennzeichneten Aufstiegs; d.h. auch, sie verlaufen nicht gestuft.
Wer schon einmal für sich alleine ein Lehrbuch durchgearbeitet oder wer sich, experimentierend, Fertigkeiten angeeignet

hat, weiß von den unterschiedlichen Graden der Nähe zum Neuen wie auch von der unterschiedlichen Schnelligkeit, mit der die Lernfortschritte vorangehen.
Widerspricht schon die zeitliche Organisation von Unterricht nach 45-Minuten-Einheiten allen lernpsychologischen, insbesondere durch den Epochenunterricht erhärteten Erkenntnissen, so drohen Zeitrichtwerte für Arbeitsschritte innerhalb einer Stunde Lernen mit industrieller Taktarbeit zu verwechseln. Im wesentlichen ist es ökonomisch begrenzte Zeit, die zur Planung von Lehr-/Lernprozessen zwingt. Davor verschließen auch wir nicht die Augen. Was sich als Aufgabe stellt ist aber dies: Es gilt, soviel Zeit wie möglich für die Lernbedürfnisse der Schüler zu gewinnen und den Verlauf dem Erkenntnis- und Aneignungsprozeß der Schüler zu synchronisieren, statt zeitliche Zwangvorgaben zu machen.

(2) Wir betrachten den Unterrichtsprozeß als rhythmischen. Dies heißt, wir sehen ihn als einen Bewegungsablauf, der gekennzeichnet ist durch die gleichmäßige Wiederholung eines Vorgangs, dessen Einheit aus dialektischen Gegensätzen besteht, wie zum Beispiel der Atemrhythmus aus Ein- und Ausatmen, der Tagesrhythmus aus Tag und Nacht. Dauer, Intensität und Tempo der Bewegungsteile des Ganzen sind unterschiedlich. Durch diese Unterschiede in Kombination mit der Gegensätzlichkeit der Teilbewegungen wird es überhaupt erst möglich, daß Aneignung und Einbinden ins Denken, Fühlen, Wollen und in das Handlungspotential stattfindet.

(3) Der Verlauf des Lehr-/Lernprozesses ist ein rhythmischer *und* dialektischer, insofern Entfaltung und Verdichtung, Objekt-Sicht und Subjekt-Sicht, Abstraktion und Konkretion, Sinnliches und Kognitives fließend ineinander greifen. Seine Form ist die einer Spirale.

(4) Wir setzen uns damit, wie sich noch zeigen wird, nicht über Lehrpläne und Stoffpensen hinweg. Wir fordern aber, sie vernünftiger und weniger zwanghaft zu handhaben und zeigen, wie man sie wirkungvoller nutzen kann.
Gegenstand des Lehr-/Lernprozesses ist nicht das, was als Lernziele oder Stoffe den Lernenden geboten wird, sondern der Prozeß, in dem sich der Entfaltungsstand der Wesenskräfte und Wesensglieder der Lernenden verändert.

(5) Das Spiralmodell verweist darauf, daß es um Entfaltungsprozesse ähnlich wie beim Wachstum geht, insofern jede erreichte

Ebene zum Ausgang eines neuen Erfahrungs-, Lern- und Erkenntnisprozesses wird; aber auch insofern es rückläufige Bewegungen geben kann.
Die Entfaltung der Menschlichkeit des individuellen (u. kollektiven) Sein erfolgt stets durch Lernen. Dies heißt, daß Kenntnisse, Fertigkeiten/Fähigkeiten, Erkenntnisse und Haltungen/Einstellungen sich spiralförmig zur Einheit zusammenfügen.
Wir bezeichnen diesen Prozeß als *Konkreszenz*, unter dem Vorbehalt, daß er nicht biologisch gedeutet wird. *Konkreszenz* bedeutet ursprünglich das Zusammenwachsen zu einer spezifischen Gestalt. Das Ergebnis einer sichtbaren und unsichtbaren, wahrgenommenen oder nicht wahrgenommenen *Konkreszenz*phase ist die Erfahrung, wenn man den Aspekt der Individualität oder Partikularität und der konkreten Unmittelbarkeit betont. Zum Allgemeinen und zur Abstraktion, zur Reflexion und Objektivität gewendet, rückt dabei die Erkenntnis in den Blick. Der – endlose – *Konkreszenz*prozeß verläuft spiralförmig und erreicht immer neue *Konkreszenz*-Ebenen.
Die *Konkreszenz* manifestiert sich im Lernen und umgekehrt als „Stoffwechsel“, was heißt als Arbeit (vgl. hierzu auch Negt/Kluge 1981). Es geht dabei immer um Bewußtsein und Verkehrsformen als Produktionsformen und umgekehrt. Unterrichtsplanung wie Realisierung von Unterricht sind zwar nicht an eine spezifische gesellschaftliche Formbestimmung gefesselt, sie realisieren sich aber nur als Formbestimmung. Lernen dient ausschließlich der Möglichkeit bzw. Veränderung/Verbesserung von Lebensäußerung unter den Bedingungen von Formbestimmtheit.

(6) Angetrieben wird der Lernprozeß durch die nach Aufklärung drängenden Bedürfnisse. Daher ist der Lerngegenstand – betrachtet in der didaktischen Aufbereitung der Lehrplanelemente durch den Lehrer – entweder Vergewaltigung oder er ist die unbestimmteste Größe im Didaktischen Implikationszusammenhang.
Streng genommen ist der Didaktische Implikationszusammenhang keineswegs einer zwischen Lerngegenstand und Schüler (wie Blankertz es noch sah) und auch nicht einer zwischen Zielen, Inhalten und Verfahren sondern nur einer zwischen Ziel(en) und Verfahren.
Dennoch kann auf die so unbestimmte Größe Unterrichtsmaterial oder Lern-/Lehrgegenstand nicht verzichtet werden.

Seine Funktion – und nur auf diese kommt es an – läßt sich aber erst dann fassen, wenn man ihn als *Komplexion* begreift.
Eine *Komplexion* ist das zu einem Erscheinungsbild Zusammengefügte. Die *Komplexion* ist eine Einheit, ein Ganzes (z.B. Haut-, Haar- und Augenfarbe beim Menschen, das Warenwirtschaftssystem in einem Handelsbetrieb) und doch Teil; sie ist Vielheit, Vielschichtigkeit *und* Integration.
Didaktisch heißt das: die *Komplexion* ist ihrem Wesen nach exemplarisch, weil in ihr der Gesellschaftliche Implikationszusammenhang (GIZ) eingefangen ist und sich in Gestalt von Lernzielen aus ihr entfalten läßt bzw. entfaltet werden soll.
Die *Komplexion* ist das, was sich in der Unterrichtsthematik an Verknotung von Biographie und Geschichte, an Einheit von individuellem Lebenszusammenhang und Gesellschaftlichem Implikationszusammenhang erkennen läßt. Das *Konkreszenz*-angebot, das mit dem Unterrichtsthema gemacht wird, liegt in der Möglichkeit, die *Komplexion* zu entfalten, zu analysieren und im Denken zu reorganisieren.

(7) Die sogenannten Unterrichtsgegenstände und die Verfahren werden darum von den beteiligten Lehrenden *und* Lernenden „automatisch" auf das Beziehungsfeld des Gesellschaftlichen Implikationszusammenhangs projiziert und einem vergleichenden Aussonderungsverfahren unterworfen. Dieses sucht nach Äquivalenzen zwischem Lebenszusammenhang als *erfahrenem* und der durch Unterricht *angebotenen* Verortung der Individualität/Identität in ihm.
Der erste Akt in der Unterrichtsplanung wie in der Reaktion der Lernenden auf ein Unterrichtsthema besteht daher im Abklären der Beziehung zwischen erwünschten und vorhandenen Verkehrsformen und Bewußtseinsformen, zugeordnet zur primären oder sekundären Produktionsform.

Es sei betont, daß die hier skizzierte Auslegung des Unterrichtsthemas gerade durch die Lernenden in der didaktischen Literatur tabuisiert ist.

(8) Das Spiralmodell veranschaulicht den Bewegungsprozeß des Lernens *und* die Ebenen, zwischen denen er erfolgt. Schließlich bringt das Spiralmodell zum Ausdruck, daß Lehr-/Lernprozesse um eine Achse kreisen, nämlich die Bildung des Subjektes als Bewußtwerdung der Einheit von Individuellem und Gesellschaftlichem, von Wesensgliedern und Wesenskräften.

Das Spiralmodell ist ein zeitlich ungebundenes flexibles Prozeßmodell. Insofern verwirklicht es sich in kleinsten Phasen und in größeren Epochen.

5.2 Phasen des Spiralverlaufs: Die Konfrontation

Jede Lernphase beginnt mit einer Konfrontation von *Komplexionen* bzw. von Auslegung der Thematik. Wir nennen das *Konfrontation.*
Auf der Seite der Lernenden steht die bis dahin erworbene *Konkreszenz*, d.h. die zur Einheit von Selbst-, Fach- und Sozialkompetenz verschmolzenen Kenntnisse, Fertigkeiten, Fähigkeiten; der Grad ihrer Habitualisierung, aber auch der Grad des bewußten Verfügens darüber; die Klarheit, Dimensioniertheit und Flexibilität von Einstellungen und Haltungen, Bedürfnissen und Zielvorstellungen.

Auf der Seite der Unterrichtsplanung steht das Angebot, die *Konkreszenz* zu verändern. Damit sie sich auf dieses Angebot einlassen können, müssen die Lernenden das Lernobjekt klar erkennen können. Nur dann können sie die Bedeutung der Lernziele für sich selbst bestimmen. Die erste Phase des Unterrichts hat demnach nichts zu tun mit dem Unterrichtseinstieg in Form irgend eines geglückten Gags, in der Präsentation irgend eines Aufhängers. Das kann auch dazu gehören. Verfahren, die der Verfremdung dienen, können die Konfrontation intensivieren. Dem Einfallsreichtum sind da keine Grenzen gesetzt.
Immer müssen die Verfahren in der Anfangsphase des Unterrichts bereits die *Komplexion* in der Dialektik von Ganzem und Elementen, Erscheinungsform und Wesen veranschaulichen; und zwar so, daß sie den Schülern Projektionsebene bieten für

- die Auslegung der *Komplexion* hinsichtlich des gesellschaftlichen Bewußtseins;
- die Auslegung der *Komplexion* als Ausdruck von Verkehrsformen;
- die Auslegung der *Komplexion* durch Zuordnung zu den Einheiten der Produktionsform.

Nur unter diesen Bedingungen kann die erste Unterrichtsphase dazu genutzt werden, am Thema bzw. am Lernzielkomplex so vielfältig wie möglich die Lernbedürfnisse der Schüler zu sammeln, um dann in gemeinsamen Erörterungen das kollektive Interesse des Unterrichtsvorhabens herauszupräparieren.

Dabei ist wichtig: Die je individuellen Lernwünsche müssen sich mit der generellen Zielstellung verbinden lassen und eins sich zum anderen wie das Allgemeine zum Besonderen verhalten können.

Es gibt auf der Verfahrensebene hierzu zwei extreme, allerdings zu vereinbarende Aktivitätsformen: reine Lehreraktivität, die mit oder ohne Hilfe von Medien die *Komplexion* als eine ausdifferenzierte veranschaulicht und damit die Aufmerksamkeit streng auf das Objekt richtet oder umgekehrt reine Schüleraktivität. Diese muß allerdings zielgerichtet sozusagen in Auftrag gegeben werden. Brainstormings in Form freier Assoziation zu einem Begriff oder Thema sind immer dann ein gutes Verfahren, wenn die Interessen und Erfahrungen der Teilnehmer weniger bekannt sind oder vermutlich sehr divergieren *und* wenn zu vermuten ist, daß atomisiertes Denken, Tauschwertverhalten, Konkurrenzangst, Leistungsangst oder Bedürfnisunterdrückung ausgeprägt sind.

Die *Konfrontations*phase ist eine Phase des Wahrnehmens, Beobachtens, Vergleichens, Wertens, des Zuordnens und des Fügens zu Vorstellungen und zur Artikulation von diesem allem.
Aus der *Konfrontations*phase resultieren gezielte Fragen, Berichte, Stellungnahmen ebenso wie freie Einfälle und scheinbar nicht zum Thema gehörige Diskussionen. All dies birgt die Aussage der Lernenden darüber, was es aus ihrer Sicht am Unterrichtsgegenstand zu lernen gibt.
Die Aufgabe des Lehrenden ist es, systematisierend Bezüge herzustellen, das innere Band freilegen zu helfen, so daß sich das Thema als Lernzielbündel aller *und* in je spezifischer Ausprägung als eines für einzelne ergibt.
Die *Konfrontations*phase veranschaulicht demnach, daß das Exemplarische weder als Beispiel für irgend etwas, noch für eine Reihe von etwas, erst recht nicht als Beispiel für Phänomene steht. Vielmehr ist es das didaktische Prinzip der Entfaltung der Elemente des Gesellschaftlichen Implikationszusammenhanges aus dem Unterrichtsthema als *Komplexion*.

Das folgende Beispiel veranschaulicht dies für die *Konfrontations*phase. Es gibt zugleich ein Gesamtbild vom Spiralverlauf, bevor wir weitere theoretische Erklärungen folgen lassen:

Die spiralförmige Bewegung des Unterrichtsprozesses nach der Arbeitsorientierten Exemplarik

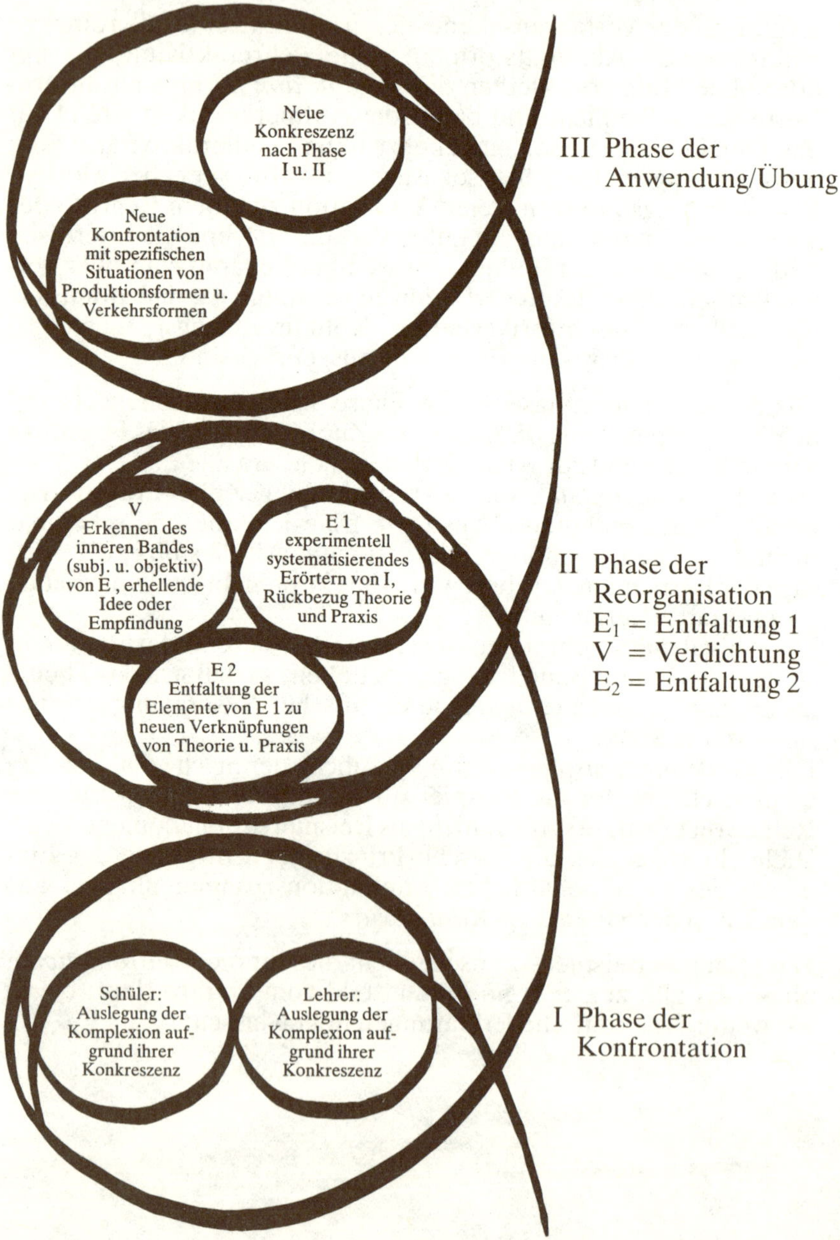

5.3 Veranschaulichung

Lehrgangsbeispiel „Strukturwandel im Handel“

Das folgende Beispiel stammt aus dem Bereich der gewerkschaftlichen Erwachsenenbildung. In einem fünftägigen Lehrgang mit Betriebsräten war die ökonomische Thematik „Strukturwandel im Handel“ vorgegeben. Strukturwandel heißt ein Phänomen, bei dem Unternehmen ihre Produktion weltweit neu organisieren, sowohl durch Produktionsverlagerung zu neuen Standorten als auch durch beschleunigte Rationalisierungen an den traditionellen Standorten. Es geht dabei immer um die Kostenstruktur bzw. um die Verbesserung der Kosten-Leistungs-Relation. Kern der Rationalisierung ist das Ziel der intensiven Nutzung der Relation von Arbeit und Kapital. Dies erklärt im Handel die Bedeutung des Warenwirtschaftssystemes, von dem aus die Rationalisierung vorangetrieben wird. Das Warenwirtschaftssystem auf Computerbasis erlaubt nämlich sehr viel schneller als bisher eine Bestimmung der organischen Zusammensetzung des Kapitals bzw. der Kosten- und Leistungsstruktur eines Unternehmens.
Der Lehrgang „Strukturwandel im Handel“ sollte diesen ökonomischen Zwang zur Rationalisierung mit Hilfe neuer Technologien zur Erkenntnis bringen und damit die sogenannte Interessengebundenheit als ökonomisches „Muß“ aufklären.
Ergänzend sollte sich eine Übersicht über die Erscheinungsformen der Strukturveränderungen im volkswirtschaftlichen Rahmen fügen, insbesondere sollte die veränderte Funktion der Beziehungen von Produktion, Groß- und Einzelhandel sowie Verbraucher zueinander deutlich werden.
Hinsichtlich der Handlungkompetenz von Betriebsräten zielte die ökonomische Akzentuierung des Kurses auf Deutungsmöglichkeiten zur Früherkennung von Rationalisierungsvorhaben und deren Folgen. Die für den letzten Teil des Lehrgangs vorgesehenen juristischen Kenntnisse sollten praktische Perspektiven für Entscheidungen in Problemsituationen bieten, in denen der Betriebsrat aufgrund seines Auftrages das Recht oder die Pflicht hat, aktiv zu werden.
Die Lehrgangsteilnehmer waren im einzelnen mit den soeben skizzierten technisch-ökonomischen Phänomenen vertraut gemacht worden. Außerdem hatten sie nach unterschiedlichen Gesichtspunkten aufbereitete Lehr-/Lernmaterialien erhalten.
Im einzelnen war der Lehrgang weder zeitlich noch thematisch noch nach Lernzielen untergliedert. Den Prinzipien der *Arbeits-*

orientierten Exemplarik folgend, kam es vielmehr darauf an, die Auslegung des Lehrgangsthemas durch die Teilnehmer zur Basis des Lernprozesses zu machen, von ihren Erfahrungen und Aufklärungswünschen her den individuellen Lebenszusammenhang zum Gesellschaftlichen Implikationszusammenhang zu wenden.
Der erste Tag diente der ausgiebigen Vorstellung der Teilnehmer und einer Schilderung ihrer Erfahrungen mit Erscheinungen des Strukturwandels. Die ersten Berichte beschrieben größere Rationalisierungsmaßnahmen in den Betrieben. In diesem Zusammenhang berichtete eine Teilnehmerin, wie in einem Warenhaus der Restaurationsbetrieb „abgekoppelt" wurde und – sie betonte dies – den Status eines „juristisch" eigenständigen Betriebsteils erhielt. Unvermittelt an diesen Beitrag schloß sich dann eine Schilderung über den Diebstahl einer Kassiererin und darauf bezogen eine lange Diskussion an.

Der Diebstahl, über den so lange und heftg diskutiert wurde, bestand darin, daß eine Kassiererin DM 50.-- aus der Kasse entwendet hatte, woraufhin die Unternehmensleitung die Kündigung verlangte. Wie der Betriebsrat sich verhalten hatte, konnte die Teilnehmerin nicht mehr berichten, weil sofort eine Diskussion darüber entbrannte, wie der Betriebsrat sich in einem solchen Fall zu verhalten *habe*.
Für eine Gruppe der Argumentierenden war klar, daß der Betriebsrat der Kündigung zuzustimmen hätte. Schließlich wolle niemand mit Menschen zusammenarbeiten, die stehlen und betrügen.
Eine zweite Teilnehmergruppe führte an, daß es viel wichtiger sei, wie man sich als Betriebsrat gegenüber den Kontrollen verhalten solle, denen Kassiererinnen dadurch ausgesetzt seien, daß die Unternehmer präpariertes Geld in Umlauf setzten und dann die Geldbörsen der Kassiererinnen auf dieses Geld hin überprüften. Sei solches ohne die Zustimmung des Betriebsrates überhaupt statthaft?
Eine dritte Gruppe lehnte Kündigung wegen Diebstahls grundsätzlich ab.
Eine vierte wollte sich der Zustimmung zur Kündigung nicht entziehen, verlangte jedoch, daß vorher eine Verurteilung durch ein Gericht erfolgt sei.

Die Heftigkeit, teilweise sogar die Aggressivität, mit der die Diskussion geführt wurde, bewies, daß der Komplex „Diebstahl" hochgradig emotional besetzt war, und zusammen mit der Dauer der Diskussion ergab sich die Vermutung, daß das Lehrgangsthema unbewußt als Diebstahls- bzw. Eigentumsproblematik ausgelegt wurde.

Bestärkt wurde diese Vermutung dadurch, daß während der ersten Berichte nebenhergehend schon einige Male Diebstahlsaffären angedeutet worden waren.
Da der Diebstahl zum Thema gemacht wurde, nachdem das Stichwort „juristisch“ im Zusammenhang mit einem Rationalisierungsbeispiel gefallen war, ergab sich für den Lehrgangsleiter der Schluß, daß die Rationalisierungsthematik als juristischer Komplex verstanden wurde, und zwar der Eigentumsproblematik zugehörend.
Da noch dazu das gewerkschaftspolitische Denken vorrangig vom Juristischen her bestimmt wird (man spricht von der sogenannten Verrechtlichung) nimmt es nicht wunder, daß die Lehrgangsteilnehmer sich primär dem juristischen Komplex zuwandten. Sie wehren damit den angebotenen ökonomischen Schwerpunkt des Lehrgangs ab.

Aus sozialisationstheoretischer und tiefenpsychologischer Sicht betrachtet, stößt der Diebstahl auf besonderes Interesse, weil die Wahrung des Eigentums zu den zentralen, auch grundrechtlich gesicherten, Rechtsnormen der Gesellschaft gehört. Die damit verbundenen moralischen Wertungen werden von der frühesten Kindheit an vermittelt und sind tief verinnerlicht.

Betrachtet man diese Argumente, so verbietet sich der Schluß, die Lehrgangsteilnehmer seien mit der Diebstahlsdiskussion unbeabsichtigt oder versehentlich vom Thema abgekommen. Dagegen muß man diese Diskussion als Interpretation des Themas entsprechend ihrem Lernbedürfnis akzeptieren.

Die weitere Planung des Lehrgangsverlaufs hatte darum von der Diebstahls- und Eigentumsproblematik auszugehen und den ökonomischen Zwang zur Rationalisierung mit den juristischen Implikationen zu konfrontieren. Hinsichtlich der Psychodynamik war nach den Ursachen für die Vehemenz der Diebstahlsdiskussion zu fragen, um mögliche Lernblockaden aus dem Wege zu räumen.

Der Lehrgang zielte auf die Schulung von Handlungskompetenzen in einem Sektor der sekundären Produktionsform, nämlich dem Handel. Hier wiederum betraf er das Arbeitsfeld der Betriebsräte, in welchem es um die Sicherung von Arbeitsplätzen auf der Basis ökonomisch-sozialpolitischer Entscheidungen einerseits und spezifischer rechtlicher Grundlagen andererseits geht.

Mit dem Diebstahl-Konflikt nun waren die Normen und Wertvorstellungen der sozialpolitischen Interessenssphäre in Widerspruch

zum herrschenden Rechtsbewußtsein geraten.
Zur Lösung solcher Konflikte bedarf es differenzierender Beurteilungskriterien. Diese zu vergegenwärtigen bzw. zu entwickeln war darum die Aufgabe für die nächste Unterrichtsphase.

In der nächsten Phase sollten die Teilnehmer in Gruppen mit Hilfe des BGB und StGB einerseits und mit Hilfe ihrer Erfahrungen über die Behandlung von Diebstahlsdelikten in Handelsbetrieben andererseits die Dimensionen dessen erschließen, was "Angemessenheit" bei der Beurteilung von Diebstahl sein kann. Geklärt wurde vorab durch den Lehrenden, daß der Betriebsrat einer Kündigung mit und ohne gerichtliche Verurteilung des "Rechtsbrechers" zustimmen kann.
Interessant war das Arbeitsergebnis der Gruppen: Es führte zu einem ganz neuen Rechtskomplex, nämlich dem Arbeitsrecht und der Verfügungsgewalt über Arbeitsplätze. *Psychodynamisch zeigte sich dabei der Zusammenhang von Kasse – Geld – Einkommen – Arbeitsplatz und der Verfügung darüber!*

Es läßt sich dies wie folgt erklären:
Die Teilnehmer sahen sich als Bürger dieses Staates einerseits mit dem Privatrecht konfrontiert, wonach sie das Eigentum anderer zu achten und zu schützen haben. In ihrer gesellschaftlichen Stellung als Betriebsräte stießen sie nun aber auf eine besondere Funktion hinsichtlich des Eigentums: Als Betriebsräte sind sie nämlich nach dem Betriebsverfassungsgesetz als Interessenvertretungsorgan von Arbeitnehmern dazu aufgefordert, über Arbeitsplätze mitzubestimmen, und dies bedeutet in der gängigen Vorstellung: Arbeitssplätze schützen zu helfen. Es ist dies ein Komplex bzw. eine Norm *arbeits*rechtlicher Natur.
Die *eigentums*rechtliche Verfügungsgewalt über Arbeitsplätze liegt aber ausschließlich bei den Unternehmern. Der Abbau von Arbeitsplätzen ist darum letztlich *privat*rechtlicher Art, wenn man es juristisch betrachtet.
Die Betriebsräte sahen ein, daß sie ihre arbeitsrechtliche Funktion nicht aufrechterhalten können, sobald über Arbeitsplätze als Eigentum nach privatrechtlichen Gesichtspunkten verfügt wird.
Sie sahen sich konfrontiert mit einem realen gesellschaftlichen, in der sekundären wie primären Produktion wirksamen Sachverhalt: Es gibt eine soziale Notwendigkeit für Arbeit und ein ethisches Recht auf Arbeit. Doch ist dieses Recht auf Arbeit in unserer Gesellschaft immer noch nicht kodifiziert. Dies war ihnen zwar bekannt, doch nicht bewußt.

Die Teilnehmer stehen somit vor einem regelungsbedürftigen Gebiet, einem Vakuum in der Einheit "gesellschaftliches Bewußtsein" und sie fragen sich, ob dieses Vakuum in unserer Gesellschaft durch das Betriebsverfassungsgesetz verdeckt bleibt. "So gesehen", formuliert einer der Teilnehmer, "wäre die Mitbestimmung Betrug".
Der hierauf ausbrechende Tumult kann nur durch eine längere Pause, die ausreichend Gelegenheit zu Einzeldiskussionen bietet, beendet werden.

Will man das Ergebnis der Gruppenarbeit und die Frage danach, ob Mitbestimmung Betrug ist, nicht als unsachlich vom Tisch wischen, so muß der Unterricht im folgenden die Frage aufgreifen, ob der Diebstahl womöglich deshalb auf soviel Interesse stieß, weil mit Strukturwandel und Rationalisierung "Wegnehmen von Arbeitsplätzen" assoziiert wurde und wird. (Strukturwandel = Wegrationalisieren).
Es folgte dann eine neue Arbeitsphase, in der die oben erwähnten Materialien durchgearbeitet werden konnten. Sie fanden nun nämlich Interesse, weil sie versprachen, über die materielle Basis des Rechtsproblems aufzuklären und den inneren Konflikt der Betriebsräte zu lösen.
Ergebnis der Arbeit ist, daß der Rationalisierung – zumindest vorderhand und in Einzelbereichen der Wirtschaft – Arbeitsplätze zum Opfer fallen und daß dies aufgrund ökonomischer Zwänge geschieht, daß es sich dabei aber nicht um Diebstahl handelt.

Zusammenfassend sei rekapituliert, wie in den einzelnen Lernphasen DIZ und GIZ zur Deckung gelangten:

Erste Lernphase (Konfrontation)

Das von den Lehrenden auf ökonomische Erkenntnisse und gewerkschaftliche Handlungskompetenz hin ausgelegte Lehrgangsthema wird von den Teilnehmern aus ihrem Lebenszusammenhang heraus als juristisches interpretiert und während der methodischen Phase des Kennenlernens artikuliert sich durch die Diebstahlsdiskussion das Lernangebot der Teilnehmer in Richtung auf eine juristische Auslegung des Themas: Sie suchen nach dem Zusammenhang von Rationalisierung und Eigentum, von *Strukturwandel und Verfügen über Geld*, das ihnen nur der Arbeitsplatz sichert.

Zweite Lernphase (Entfaltung 1)

Den Teilnehmern wird durch Gruppenarbeit die Möglichkeit gegeben, rückgreifend auf ihre Erfahrungen und auf Objektivationen aus der Einheit "Gesellschaftliches Bewußtsein" (BGB, HGB, StGB) den gesellschaftlichen Zusammenhang zwischen Recht, Rechtsprechung, persönlichem Rechtsbewußtsein und personalpolitischen Entscheidungsmöglichkeiten auszudifferenzieren und damit für sich selbst Entscheidungs- und Handlungsfähigkeit zu erproben. Durch die Ausdifferenzierung der Relationen im GIZ mittels Erfahrungen aus dem individuellen Lebenszusammenhang entsteht für die Teilnehmer hinsichtlich ihrer Betriebsratsarbeit Rollenflexibilität auf der Basis von Ich-Stärke und Ambiguitätstoleranz.

Dritte Lernphase (Verdichtung)

Der Korrelation zwischen DIZ und GIZ und persönlichem Lebenszusammenhang, anders ausgedrückt, zwischen Strukturwandel im Handel und Diebstahl folgt der Hypothese, Mitbestimmung sei Betrug, insofern sie die Wegnahme von Arbeitsplätzen und damit von Einkommensmöglichkeiten verschleiere. Von dieser Verdichtung her gelingt der Übergang zur 4. Lernphase.

Vierte Lernphase (Entfaltung 2)

Erst in dieser Phase kommt die Behandlung des Themas, so wie sie von dem Lehrenden vorgesehen war, zum Tragen. Die noch verbliebene Zeit ist aber ausreichend, weil nunmehr alle psychodynamisch wirksamen Lernbarrieren (individuelles Rechtsbewußtsein und Rollenunsicherheit, ferner Überlagerung der ökonomischen Problematik durch die juristische und der gesamtgesellschaftlichen durch Einzelfälle) aus dem Weg geräumt sind. Durch diese "Bereinigung" des Lernfeldes und die daraus resultierende erhöhte Motivation erhält die Gruppenarbeit in der letzten Unterrichtsphase ihre besondere Effizienz.

5.4 Phasen des Spiralverlaufs: Entfaltung und Verdichtung

Die zweite Phase heißt *Reorganisation*. Sie gliedert sich in die drei Teilphasen *Entfaltung 1 – Verdichtung – Entfaltung 2*.

In der *Entfaltung 1* geht es um

- das Aufspüren des inneren Bandes dessen, was die Lernenden in der *Konfrontations*phase geäußert haben;
- die Relation des inneren Bandes zum Lernangebot durch den Lehrenden.

Das Material dieser Phase ist positives Wissen und dessen Ordnung und Systematisierung zu Sinneinheiten im Bereich der Wissenschaften, der Künste sowie der Anwendung in der Praxis der primären und sekundären Produktion. Allerdings – und das ist entscheidend – nicht oder nicht primär als Neu-Erwerb von Wissen sondern als "Hantieren" mit vorhandenem zur Lösung der in der *Konfrontations*phase aufgeworfenen Fragen. Insofern ist die *Entfaltungs*phase so gut wie nahtlos mit der *Konfrontations*phase verbunden.

Die erste *Entfaltungs*phase spitzt sich zu dem zu, was wir *Verdichtung* nennen. Es ist dies eine für den weiteren Lernprozeß ausschlaggebende Erkenntnis, deren Erscheinungsform sehr unterschiedlich sein kann.
In dem o.a. Seminarbeispiel war es die Hypothese, Mitbestimmung sei Betrug.

Es kann die *Verdichtung* auch ein Begriff sein, ein Gesetz, eine Struktur, eine Verlaufsform, eine Sinnerfahrung oder ein Körpergefühl. *Die Verdichtung vereint das Wesenhafte des bis dahin Erörterten mit dem emotional zentralen Lernbedürfnis des Lernenden.*

Für den Lehr-/Lernprozeß handelt es sich dabei um Schlüsselbegriffe oder -erkenntnisse im wahrsten Sinne des Wortes. Die Lernenden formulieren sie oft spontan. Es kann aber genausogut sein, daß sie vom Lehrenden aus den Teilnehmer-Äußerungen herausgefiltert werden müssen. Die Verdichtung kann sich ergeben. Es kann aber auch notwendig sein, daß der Lehrende nachhelfen muß. Das heißt, er muß begreifen, worauf das Erkennen der Lernenden hinauswill, und er muß in der Lage sein, eine realistische Hypothese darüber aufzustellen, warum die entscheidende Erkenntnis sich nicht einstellt.
Aufgrund dieser Hypothese nämlich entscheidet er über das Verfahren, das den Prozeß vorantreiben soll. So muß z.B. etwas, das schwierig zu erfassen ist, möglichst auch den Sinnen, und zwar direkt und mehrfach, zugänglich gemacht werden. In einem eher kognitiv ausgerichteten Unterricht dürfen darum Modelle, Graphiken, kurz, multimediale Veranschaulichungen nicht fehlen.
In unseren „Blaufs" erfüllen häufig Spiele diese Funktion, und wir

werden im nächsten Kapitel einige Beispiele dazu schildern.
Es kann sich folglich bei der *Verdichtung* um eine Phase im Sinne einer ausgedehnten Zeitspanne handeln; sie kann aber auch nur ein kurzer Moment sein.
Ist die Erkenntnis gewonnen, dann gilt es, sie zur Theorie und zur Praxis hin zu entfalten. Es folgt die *Entfaltungs*phase 2 als die eigentliche Phase des Wissenserwerbs. Nun aber unter einem leitenden Gesichtspunkt, der neuartig Zusammenhänge herstellt und damit die Konkreszenz auf neuer Ebene reorganisiert.
Die darauf folgende Phase der *Anwendung* festigt Erworbenes, wirft zugleich neue Fragen auf und leitet so über zu einer neuen Spiralebene des Lernens.

Wir haben weiter oben gesagt, daß in der *Arbeitsorientierten Exemplarik* die Negation der Negation als das wirkt, was den Prozeß vorantreibt. Es gilt dies nicht starr, dogmatisch und schematisch, als müsse man mit der Elle messen können, von wo bis wo die Verneinung reicht und wann die Aufhebung beginnt.
Das im 2. Kapital dieses Buches geschilderte Seminar bietet hierfür eine gute Veranschaulichung, weshalb wir uns im folgenden darauf beziehen.

Die *Konfrontations*phase z.B. war Negationsphase, insofern sie infrage stellte.
In der Vorstellungssequenz z.B. ergab sich auf einmal, daß nicht nur die Schulbildung oder die Intelligenz oder die Anzahl der gelesenen Bücher lernrelevant sind, sondern anderes mehr. Daß die Biographie etwas ganz Persönliches, Einmaliges ist und doch mit anderen Gleiches enthält; daß man Arbeit und Freizeit, berufliche und private Interessen so verbinden kann, daß dies bereichert und gerade nicht zu Banausentum führt u.a.m.. In den beiden anderen der zur insgesamt 10-stündigen *Konfrontations*phase der „Blaufs" gehörenden Sitzungen wurden sowohl der Eindruck der ersten Sitzung infrage gestellt als auch durch die Lektüre des Buches von Ottomeyer über den Zusammenhang von ökonomischen Zwängen und menschlichen Beziehungen festgefügte Auffassungen erschüttert. Schließlich wurden die Vorurteile und Erwartungen bezüglich des Seminarablaufs durcheinandergebracht.
Aber aus alledem fügte sich bereits Neues. Sehr vereinfacht und zusammengefaßt könnte man sagen, daß die scheinbar so festgefügten Auffassungen darüber, wie Lehrer seien und wie man selber angeblich nie werden würde sich zu etwas Fragwürdigem wandelten, an dem man arbeiten wollte.
So einfach war es dann nicht. Es ergaben sich Schwierigkeiten, weil

da eine Menge Habitualisiertes, Eingeschliffenes, Wertgeschätztes sich in den Weg stellte, das man nicht einfach beiseite schieben konnte.
Jemand, der der Meinung ist, Lehrer seien überflüssig oder der die Gruppensolidarität zum unumstößlichen Prinzip erhoben hatte, drängte sich z.B. bei jeder Mahlzeit auf den Platz neben den Leiter und versuchte in den Sitzungen, die anderen tot zu reden. Jemand, der Pünktlichkeit für eine Ausgeburt von Ausbeutung hielt, hatte nach dreimaligem Zuspätkommen den Anschluß verloren und wer Kostentheorie nur zwangsweise studiert hatte, merkte auf einmal, wie weitreichend die aufschließende Funktion von Wissen sein kann.

In der Phase *Entfaltung 1* war demnach in dem „Blauf", das wir im zweiten Kapitel schildern, das Drehen, Wenden, Erörtern, Zuordnen all dessen, was in der Konfrontationsphase wahrnehmbar geworden war, nichts anderes als das Betrachten des Aufzuhebenden in dem doppelten Wortsinne des Hochnehmens und Bewahrens wie des Ungültig-Erklärens.

In der *Verdichtung* (Einheit von Person und Rolle) wurde deutlich, warum man subjektiv und objektiv um all das, was in der ersten *Entfaltungs*phase Thema war, nicht herum kommt. Und es wurde gleichzeitig sichtbar, was man anderes damit anfangen kann, was man dazu aber noch braucht. Die zweite *Entfaltungs*phase vollendete, realisierte, was in der *Verdichtung*, der Erhöhung, sich als Wendung zum Neuen abzeichnete. Die zweite *Entfaltungs*phase ließe sich darum im Sinne der Dialektik auch als Synthese bezeichnen. Sie erbrachte das neue Lehrer-Leitbild und dessen erste, wenngleich spielerische Erprobung.

Für Ihre Notiz

Fünftes Kapitel

Arbeitsorientierte Exemplarik in der Anwendung

1. Erkennen von Aufklärungsbedürfnissen: Aus einem Lehrgang für angehende Handelsfachwirte

1.1 Vergleich von Lehrgangsziel und Gebrauchswert des Prüfungspensums im GIZ

Zu den gegenwärtigen Möglichkeiten beruflicher Fort- und Weiterbildung gehört der Besuch von zweijährigen Lehrgängen zur Vorbereitung auf die Prüfung zum Handelsfachwirt. Die Prüfungen werden vor der Industrie- und Handelskammer abgelegt, die Lehrgänge werden u.a. aber von sogenannten Berufsfortbildungswerken angeboten. Sie finden samstagsvormittags statt. Die Stoffgebiete werden epochal zu Kursen zusammengefaßt. Einer davon beinhaltet die *Organisationslehre*.

Die Teilnehmer des hier geschilderten Kurses verfügten über eine berufliche Ausbildung vor allem als Einzelhandels-, aber auch als Industriekaufmann und über mehrjährige Berufserfahrung.
Die Teilnehmer sollen durch den Lehrgang insgesamt lernen, betriebliche Abläufe und Strukturen in einem Gesamtzuammenhang zu erkennen und zu beurteilen. Sie sollen befähigt werden, selbständig und eigenverantwortlich an Leitungs- und Führungsaufgaben im kaufmännischen Bereich mitzuwirken. Für den Kurs *Organisationslehre* sieht der Stoffverteilungsplan die folgenden Gebiete vor:

Betriebliche Organisation
Einordnung und Zielsetzung der betrieblichen Organisation
Begriff der Organisation
Planung als Grundlage der Organisation
Organisation als Realisierung der Planung
Kontrolle der Realisierung
Kriterienauswahl für eine optimale Organisation

Aufbauorganisation
Organisationsgrundsätze
(Zentralisation, Dezentralisation)
Organisationsmodell der Praxis
(Funktional-System, Spartenorganisation, Matrixorganisation, Teamorganisation)

Ablauforganisation
Graphische Darstellungsmöglichkeiten
(Verzeichnis der Arbeitsabläufe, Ablaufschaubild, Frequenzermittlung, Zeitermittlung, Kostenermittlung, Datenflußplan)
Raumorientierte Ablauforganisation
Zeitorientierte Ablauforganisation
Netzplantechnik

Organisationshilfsmittel
Schreibmittel
Rechenmittel
Ordnungsmittel

Grundlagen der automatisierten Datenverarbeitung
Informationsdarstellung
(Verschlüsselung von Daten)
Informationsspeicherung
(Speichergeräte)
Informationsverarbeitung
(Aufbau und Wirkungsweise der ADVA)

Wie detailliert oder global diese Kapitel behandelt werden, ist unterschiedlich. Der Lehrende muß und soll je nach Kurs selber über einen angemessenen mittleren Grad der Detaillierung entscheiden. Dieser gibt bezüglich der Relation Ziel-Inhalt den Mindestrahmen seines Kursprogramms ab. Die Frage, wie die Kursteilnehmer sich das Wissen erwerben sollen, wie dabei praktisch Teilnehmer, Unterrichtszeit, Lehrender und Buch zusammenwirken, hängt davon ab, welche der o.a. Ziele bezüglich der Anwendung des Wissens über die Prüfung hinaus angestrebt werden (bzw. zugestanden werden). Ergänzend muß dabei in den Blick genommen werden, wie, der Regelung oder der Gewohnheit entsprechend, die Prüfungen stattfinden.
Zum Beispiel: schriftlich?: Wenn ja, Aufsatz oder Beantworten von Fragen; wenn dieses, nach welcher Form (multiple choice oder Lösung von Fällen)? Mündlich: Frage-Antwort-Ritual ähnlich wie zu schriftlich oder erörterndes Gespräch?

Zweifellos muß dahingehend geübt werden, daß das prüfungsrelevante Wissen auch der Form der Prüfung entsprechend abrufbar ist. Dieses Erfordernis führt nicht selten zu einer panikartigen Fixiertheit von Lehrenden auf jeweiliges Buchwissen und auf dessen Einpauken (z.B. erläuternder Lehrervortrag oder Lektüre mit Erläuterungen von Fragen und Übungsaufgaben – Wiederholung durch Testfragen – erneut Lehrervortrag). Ein alle sonstigen Lebensbedürfnisse abkappendes Verfahren, das wegen der rasch auftretenden Ermüdung viel Zeit kostet.

Unterstellt man in der beruflichen Weiterbildung immer auch Gebrauchswertinteresse unabhängig von der Prüfung – wie unterdrückt solches Interesse auch sein mag – so muß nach der Bedeutung des Prüfungspensums sowohl für den betrieblichen Alltag als auch für weitere Lebensbereiche gefragt werden. Dieses aber rückt sogleich den Gesellschaftlichen Implikationszusammenhang in den Blick; denn es tauchen gesellschaftspolitische und soziokulturelle Probleme auf.

Man stößt nämlich darauf, daß Organisationsprobleme heute ihren brisantesten Ausdruck in der Entwicklung der neueren Technologien und deren Anwendung in der Rationalisierung finden, wodurch der Zusammenhang von Organisationslehre und Freisetzungen im Prozeß der Vergesellschaftung sich herstellt. Arbeitslosigkeit; Entwertung von erworbenen Qualifikationen; neuartige und erhebliche Berufskrankheiten spezielller (Bildschirmarbeit und Augenkrankheiten), aber auch diffus-allgemeiner Natur (vegetative Dystonien); Unterwerfungen durch „automatische" Kontrollen bis in dic Privatsphäre (z.B. in der Kantine: das vollautomatische Auswahl- und Abrechnungssystem registriert, daß Herr K., wegen eines Leberleidens gerade von der Kur zurück, keine Diätgerichte wählt und dadurch seine Arbeitskraft beeinträchtigt!) seien als Beispiele genannt.

Vom Gesellschaftlichen Implikationszusammenhang auszugehen, bedeutet darum didaktisch, daß die Ziele eines Kurses Organisationslehre darauf abzustellen sind, daß die Funktion der Organisationstheorie bei technischen Innovationen bzw. betrieblichen Neuerungen und im gegenwärtigen Gesamtprozeß der Vergesellschaftung begriffen wird. Dies verlangte im vorliegenden Fall, auf die Ausdifferenzierung der Lernziele im Bereich der Verkehrsformen Wert zu legen sowie Betriebswirtschaftslehre und Volkswirtschaftslehre, die zwei getrennte Fächer sind, zu integrieren. Der Lehrende vertrat die Ansicht, daß über den Lehrplan hinaus und

unabhängig von Buch- und Prüfungswissen das Lesen von Struktur- und Prozeß(Verlaufs)-Graphiken zu üben sei, daß ferner Sachwissen über Kostenrechnung und Personalplanung zu aktualisieren und seine Übertragung auf die Organisationslehre als auf *den* Komplex betriebswirtschaftlicher Theorie (nicht der Praxis!) zu versuchen sei, der aufgrund der Ausbildung und der Struktur der Betriebe in den Köpfen der Teilnehmer nichts mit Kalkulation und Personalwesen zu tun hat.
Hinsichtlich der Organisationsform des Unterrichts fiel die Entscheidung zwecks Nutzung der vielfältigen Erfahrungen der Teilnehmer schwergewichtig zugunsten der Plenarform aus und hinsichtlich der Aktionsform zu einer Gleichgewichtung zwischen erklärendem Lehrervortrag und Teilnehmergespräch (Berichte – Übertragung von Theorie auf Praxis durch Lösung von Fällen in Kreisgesprächen). Es waren die Tafeln und Projektoren zu nutzen.

1.2 Wahrnehmen und Benennen von Widersprüchen individuellen und gesellschaftlichen Bewußtseins

Die in den Betrieben stattfindenden technologischen Innovationen zwingen die Arbeitenden nicht nur zu weitreichenden Umstellungen. Sie wirken auch hochgradig angsterzeugend, weil sowohl der Verlust von Sinn- und Lebensbezügen als auch der Verlust der Arbeitsplätze drohen. Diese Angst wird aber in Weiterbildungsveranstaltungen umgewandelt in einen ausgeprägten Eifer bezüglich des Erwerbs möglichst ausschließlich von Prüfungswissen. Die Fixierung auf die Prüfung verstärkt eine gewisse Inflexibilität gegenüber Rückgriffen auf Erfahrungen, gegenüber deren Artikulation und deren Verknüpfung mit anderen Wissensgebieten. Der bewußte und flexible Zugriff auf eigenes Wissen wird in Bildungsinstitutionen, die bisher bis zum Abschluß der Lehre durchlaufen werden, nicht gelernt. In angstbesetzten Situationen wird er fast verunmöglicht.

Die Konfrontation würde also darin bestehen, den Erwartungen auf positives Wissen für die Prüfung Intentionen über intensive Theorie-Praxis-Reflexion entgegenzustellen. Aus den erwarteten Widerstandsäußerungen wären dann als Entfaltung genau diejenigen Aspekte festzuhalten, welche das praxisbezogene Interesse der Lernenden zum Ausdruck brächten. Dieses wäre dann zur Organisationslehre hin mittels Lehrvorträgen, Schaubildern, Buchlektüre zu wenden.

Wie leicht die Organisationstheorie und die Erfahrungen der Teilnehmer zur Deckung zu bringen wäre, bewies bereits der erste, nochmals vergewissernde Blick auf die Grobgliederung des Lehrplans.
Dessen Details korrespondieren fast ausnahmslos mit den praktischen Erfahrungen der Teilnehmer im Betrieb. Die Aufgabensynthese z.B., und hieraus die Stellenbildung, hat zu tun mit Fragen der Qualifikationsstruktur (Lehre, Anlernen, Teilzeitarbeit, Vollzeitarbeit, Aushilfstätigkeit); der Arbeitsmarktsituation; der Ausstattung mit Arbeitsmitteln; der Entlohnung; der Eingruppierung; dem Tarifvertrag; der gewerkschaftlichen Zugehörigkeit; der Arbeitsteilung; der Ersatzgestellung bei Krankheit; der Kommunikation mit anderen Stellen (Telefon, mit und ohne Amtsanschluß); der Einschätzung von Persönlichkeitsstrukturen usw..

Die Kursintention „Erkennen der Zusammenhänge von Theorie und Praxis" wurde den Teilnehmern mitgeteilt. Daraufhin konterten sie sofort. Praktische Erfahrungen hätten sie in den Betrieben genug. Sie wollten theoretisches Rüstzeug für die Prüfung. Es kam zu kleineren Reibereien. Dabei vermerkten die Teilnehmer, Organisation sei doch die Sache des „dispositiven Faktors" (d.h. der Unternehmensleitung), und darüber wollten sie etwas hören und erfahren. Mit ihnen selbst habe Organisation überhaupt nichts zu tun; ja, Organisation gehe sogar über die Köpfe der Betroffenen hinweg.

An diesen Aussagen spiegelt sich paradigmatisch, wie Menschen ihre Erfahrungen mithilfe des gesellschaftlichen Bewußtseins (Organisation sei Angelegenheit des dispositiven Faktors) verarbeiten und (zu ihrem eigenen Schaden) als Mittel der Beschwichtigung benutzen, wenn ihnen die (kognitive) Verkehrsformen vorenthalten werden, mit deren Hilfe sie den Wahrheitsgehalt von Lehrmeinungen durch Vergleich mit der Praxis überprüfen könnten.

Die Intention, Theorie und Praxis zu verbinden, erwies sich so in der ersten Stunde als angemessen; eine „emanzipatorische" Grundsatzhaltung vorausgesetzt.
Zugleich entäußert sich in dem, was die Teilnehmer sagen, der Wunsch, endlich einmal die „Seite" wechseln, den Standpunkt des „dispositiven Faktors" einnehmen zu können.
Daraufhin angesprochen, wie denn der „dispositive Faktor", der ja nichts anderes als eine Umschreibung der Geschäftsleitung sei und den Gegensatz zwischen Leitenden und Ausführenden erkennen lasse, Organisation durchführe, herrschte zunächst „betriebsge-

heimnisvolles“ Schweigen. Nach der Aufforderung, man müsse schon sein Betriebsgeheimnis „lüften“, wenn man etwas über den „dispositiven Faktor“ und dessen „wissenschaftliche Organisation“ erfahren wolle, wurde zögernd, dann aber vehement „Praxis“ offenbart. Aus der Vielzahl der Beispiele seien hier drei ausgewählt:

(1) Ein erster Fall beschreibt den Prozeß der Zentralisierung von Einkaufstätigkeiten. Die Abteilungsleiter und Substituten, die die Tätigkeiten bislang relativ autonom durchführten, gaben sie an eine zentrale Einkaufsleitung ab. Sehr richtig diagnostizierten die Teilnehmer diesen Vorgang als einen der Dequalifizierung durch gleichzeitige Zerlegung und teilweise Zentralisierung ihres bisherigen Aufgabengebietes. Interessenkollision, Konkurrenz, Spezialisierung, Entfremdung waren weitere Begriffe, die fielen. Sie wurden an der Tafel festgehalten.

(2) Ein weiteres Beispiel schildert die Reaktion eines Abteilungsleiters auf die Einführung eines neuen Warenwirtschaftssystems in einem Kaufhauskonzern. Das Problem der Dequalifizierung im ersten Beispiel wurde dahingehend modifiziert, daß der Abteilungsleiter mehr Zeit für Beratungsaufgaben erhalten habe, weshalb er begonnen habe, sich intensiv um Mitarbeiter und Kunden zu kümmern. Sogar gruppendynamische Lehrgänge absolviere er zwecks Verbesserung seiner Gesprächsführungstechniken, zur Stabilisierung seines äußeren Auftretens; aber – auch zur Übernahme von Kontrolltechniken gegenüber den Mitarbeitern! Intensivierung von Arbeitstätigkeiten, Streß und Unzufriedenheit wurden daraufhin erörtert.

(3) Das dritte Beispiel behandelt die Einführung eines Hochregallagers mit nachfolgender Freisetzung von Mitarbeitern, zu denen man bislang gute freundschaftliche Kontakte unterhalten habe und die einem selbst die Arbeitstätigkeit in vielerlei Hinsicht vereinfacht hätten. Mit der Einführung des Hochregallagers wie den damit verbundenen Entlassungen ging ein Versprechen von seiten der Geschäftsleitung einher, an einer anderen Stelle 15 neue Arbeitsplätze zu schaffen. An diesem Fall wurde das Problem der Zerrissenheit des Betriebsrates diskutiert. An der Tafel standen als Ergebnis entsprechende gegensätzliche Beurteilungskriterien.

1.3 Aufspüren von Beziehungsfallen im Denken und Verdichtung als spontane Enttabuisierung

Der Tafelanschrieb wurde nach zwei Gesichtspunkten geordnet: Gegensätzliches bezüglich der Auswirkungen von Innovationen auf die Arbeit als „Sache“ und bezüglich der Auswirkungen auf die Menschen selbst.
„Sie wollten ja etwas über den „dispositiven Faktor“ bei Organisationsentscheidungen wissen. Was läßt sich hierüber aufgrund des Tafelanschriebs aussagen?“
Dies war die Frage, die nach der Systematisierung des Tafelanschriebes vom Lehrenden gestellt wurde. Das Ergebnis der Diskussionsrunde läßt sich zusammenfassen mit: „Der dispositive Faktor hat Entscheidungen zu treffen, die den Bedürfnissen der Arbeitenden nur insoweit entsprechen, als diese mit den Betriebsinteressen gleich sind.“

- „Aber welches sind die Betriebsinteressen?“
- „Der Laden muß laufen, ist doch klar!“
- „Und wovon ist das abhängig?“

Mit dieser Frage-Antwort-Sequenz zwischen Lehrenden und Lernenden war der Komplex Unternehmensführung und gesamtwirtschaftliche Entwicklung angesprochen. Damit war das anfänglich nicht scharf konturierte Interesse „am dispositiven Faktor“, nämlich zu wissen, was die Geschäftsleitung zu welchem Ziel und wie mehr oder minder heimlich organisiert hatte, versachlicht und verallgemeinert zugleich. Die Ziele der Unternehmensführung konnten wirtschaftswissenschaftlich generell formuliert werden; die „Disposition“ wurde als Entscheidungskalkül in einem Mehrfaktorensystem gesehen und die Verzahnung von Volkswirtschaft und Betriebswirtschaft war einsichtig geworden. Das weitere Interesse an der Organisationslehre speiste sich darum aus dem Fragekomplex, welche Entscheidungshilfen (Instrumente) der Unternehmensleitung zur Verfügung stünden und welche Funktion dabei der Organisation(slehre) zukomme.

1.4 Entfaltung der neugerichteten Interessen

Die zu dieser Phase gehörenden Sitzungen vermittelten vor allem

- betriebswirtschaftliches Wissen über den Zusammenhang von Zielplanung, Kalkulation und Betriebsstrukturanalyse; Aufbau-

und Ablauforganisation eingeschlossen;
- gegenwärtige volkswirtschaftliche Strukturveränderungen.

Verfahrensmäßig wurde vor allem mit stark formalisierten Schaubildern (mittels Tageslichtprojektor) gearbeitet (siehe Vorüberlegungen). Die Folien ernteten immer wieder Mißfallensäußerungen. Nicht etwa, weil sie nicht korrekt, unverständlich oder unschön gewesen wären, sondern weil sie „zu formal" waren. Etwas schien zu fehlen.

– „Immer der Formalkram. Das ist ja nun wirklich nicht die Praxis, die hier zusammen mit der Theorie berücksichtigt werden soll". –

Das betriebs- und volkswirtschaftliche Wissen konnte aufgrund der einschlägigen Vorbildung der Teilnehmer und aufgrund ihrer konkreten Anschauung aus den Betrieben (weshalb sie den „abstrakten formalen Kram" rasch begriffen) in relativ kurzer Zeit (insgesamt nur die Hälfte des Kurses!) vermittelt werden. Gegen Ende dieser Unterrichtsphase fragten die Teilnehmer fast nach jeder Doppelstunde stereotyp: „Ist das alles?" – „Das kann doch nicht alles sein ?!"

1.5 Neue Zuwendung zur Praxis und Aneignung

Die Anwendung des Gelernten auf einen konkreten Komplex organisatorischer Entscheidungen aufgrund technologischen Wandels sollte erweisen, ob etwas fehle und wenn ja, was es sei. Als Beispiel wurde, da sehr viele Teilnehmer im Handel arbeiteten, die Einführung des Warenwirtschaftssystems gewählt.
Warenwirtschaftssystem, dies sei hier wiederholt, ist der zusammenfassende Begriff für alle Prognostizierungen und Planungen, die mit Hilfe der Datenverarbeitung die kostengünstigste Organisation des Durchlaufs der Güter durch den Betrieb gewährleisten. Dabei spielen u.a. sowohl Gütermengen und -arten, Umsatzgeschwindigkeiten als auch die räumlichen, apparativen (maschinellen) und personellen Kapazitäten eine Rolle. Sehr weit betrachtet, ist das Warenwirtschaftssystem ein von den Waren her gedachtes Wirtschaftssystem, dessen Dimensionen bis in den Zusammenhang von Kapitalstruktur und Unternehmensform reichen. Wichtig ist dessen Regulierung mithilfe von Mikroprozessoren.
Diejenigen Teilnehmer, die aus dem Handel kamen, hatten so weit wie möglich graphische Darstellungen des Warendurchlaufsystems ihres Betriebes zu erstellen, daran strukturell die Verzahnung aller

Abteilungen sichtbar zu machen *und* zu erläutern, welches für das Warenwirtschaftssystem die organisatorisch zentralen Daten der Rationalisierungen wären.
Bei den entsprechenden Erläuterungen und Rückfragen der übrigen Teilnehmer standen, – wie von alleine – Personalfragen im Mittelpunkt. Das war es gewesen, was in der vorhergehenden Unterrichtsphase gefehlt hatte!
So wendete sich die Organisationsproblematik zur Mitbestimmungsproblematik und zu deren Organisationsproblemen. Probleme der Mitgliedschaft in der Gewerkschaft und der Zusammenhang von Gewerkschaftspolitik, Sozialpolitik und Kulturpolitik (wie war das eigentlich früher mit Arbeiterbildungsvereinen, mit der Teilhabe der „Arbeitnehmer" am kulturellen Angebot und, vor allem, der „Kultur- und Freizeit-Szene" in der Arbeiterschaft) waren auf einmal das beherrschende Thema für drei Vormittage.

Damit hatte sich in der letzten Phase die Reorganisation des vorhandenen Wissens zu einer Bewußtseins-Ebene entfaltet und geformt, die Fachwissen und berufliche Erfahrung mit ökonomisch verursachten Existenzängsten und der Suche nach Auswegen zu neuer Handlungsorientierung im gesellschaftlichen Ganzen verband.

2. Fachsystematik oder Lebenshilfe: Zu einem Biologie-Kurs für Jugendliche

Das folgende Negativ-Beispiel ist der Literatur zur Unterrichtsvorbereitung entnommen (Geißler, 1980b, S. 31ff.). Es bezieht sich auf den Naturkunde-Unterricht in einer achten Klasse. Es läßt sich aber problemlos auch so lesen, als ob der Planende sich auf einen Kurs Gesundheitslehre in irgendeinem Jugendprojekt bezöge. Auch in die Erwachsenenbildung, z.B. in einen Volkshochschulkurs „Gesundheitslehre", „Unser Körper" oder „Anatomie und Körperpflege" läßt es sich mühelos transponieren.
Geißler benutzt das Beispiel zur Veranschaulichung dessen, wonach der Lehrende in Planungsprozessen entscheidet. Das Konzept der Relevanzsysteme von A. Schütz (Schütz, 1971a) wird hierzu als Erklärungsmuster herangezogen. Es handelt sich um Relevanztypen für Bewußtseinsprozesse, von denen Geißler meint,

daß sie für die Unterrichtsplanung Bedeutung hätten. Geißler umschreibt die Relevanztypen mit den folgenden Fragen (Geißler,1980b, S. 31):

"– *Welche Bewußtseinselemente sind (im Unterrichtsplanungsprozeß) so wesentlich, daß sie aus der Fülle der schier unbegrenzten Möglichkeiten thematisch hervorzuheben sind? (Thematische Relevanz)*
– *In welchem funktionalen (d.h. bezogen auf das Problem der Unterrichtsplanung zeitlich-kausalen) Zusammenhang stehen diese thematisch relevanten Bewußtseinselemente? (Motivationsrelevanz)*
– *Auf welchen integrationskonstitutiven normativen Standpunkt sind diese thematisch relevanten Elemente und ihr funktionaler Zusammenhang bezogen? (Auslegungsrelevanz)"*

Die Bewußtseinselemente sind – grob vereinfacht gesagt – das, was der Lehrer bei der Planung im Kopfe bewegt, was sich ihm als wichtig oder nebensächlich darstellt. Wir gehen hierbei nicht weiter auf Schütz ein und auch nicht im Detail auf den Versuch Geißlers, Schütz' Relevanztypen auf die Unterrichtsplanung anzuwenden. Wir setzen gegen die formalistisch phänomenologische Aufschlüsselung von Planungsentscheidungen die Relevanz des gesellschaftlichen Implikationszusammenhangs in seiner Konkretion. Hierzu der Fall, und zwar so, wie Geißler ihn durch den Schnitt seines Zitates vorführt (zitiert nach Geißler, 1980b):

„Morgen in der dritten Stunde habe ich Naturkunde in der 8. Klasse. Wir werden uns weiter mit der Haut des Menschen zu beschäftigen haben.
Ich sitze am Schreibtisch. Vor mir ein Lehrbuch. Ich arbeite die Sache wieder durch: Die Schichten der Haut, Hornbildung, Haare, Blutgefäßte, Poren, Atmung... Stunden der eigenen Schulzeit steigen auf, Übungen aus dem Studium: Untersuchungen über die Zusammensetzung des Schweißes, Empfindlichkeitsversuche... Die Sache und ihre Eigengesetzlichkeit wird mir wieder bewußter Besitz, klärt sich, ist da. Für morgen, in der 3. Stunde bei meinen 34 Jungen und Mädchen.
Halt, ist mir die Sache wirklich klar? Was fragte Theo da vorgestern in der Deutschstunde, „Herr K., woher kommen eigentlich die Pusteln?" (...)
Wir werden uns morgen mit den Mitessern und „Pusteln" beschäftigen. Ich glaube, daß die Kinder diesem Gegenstand ein natürliches Interesse entgegenbringen werden, viele von ihnen haben Pusteln und Mitesser im Gesicht und bearbeiten sie mit den Fingernägeln. Im Lehrbuch werden diese Hautunreinheiten zwar nur mit einem Satz erwähnt, sie scheinen mir aber wichtiger zu sein als einige breit ausgeführte populärmedizinische Fakten, die unanschauliches Verbalwissen fürs Kreuzworträtsel bleiben. In der letzten Woche haben wir das Schwitzen durchgearbeitet. Wir werden uns morgen

zunächst in einem wiederholenden Gespräch für unser Thema „warmlaufen". Ich schreibe dazu nach der Begrüßung auf den linken Tafelflügel: Poren – Schweißdrüsen – Wärmeregulierung. Damit will ich einen Impuls geben. Gert soll uns berichten, warum wohl Pferde schwitzen, Hunde und Ziegen aber nicht. Daran wird sich das wiederholende Gespräch knüpfen. Ich setze dafür etwa 8 Minuten an.
Wie bekomme ich jetzt die „entscheidende Kurve" zu den Pusteln? Ich könnte schon jetzt meinen Sahnespritzer einsetzen – das wäre zwar eine wirkungsvolle Demonstration, würde die Kinder aber um eigene geistige Arbeit bringen. – Ich könnte mit der direkten Frage nach den Pusteln überleiten. Ich werde diese Frage nicht allgemein stellen, sondern mich an Theo wenden: „Theo, du fragtest vorgestern nach den Pusteln. Weißt du inzwischen schon, was das für Dinger sind?" (...)"

Die Haut des Menschen ist das im Lehrplan vorgegebene Thema. Welches Konkreszenz-Angebot entwickelt Herr K., der Naturkundelehrer, hieraus?
Er ist bemüht, den Schülern das zur „Sache" gehörige Wissen zu vermitteln. Darauf bereitet er sich gründlich vor. Er studiert das Lehrbuch und rekapituliert, was er als Schüler und Student über die Haut des Menschen gelernt hat. Er eignet sich die sogenannte Eigengesetzlichkeit der Sache an.
Aber: Was ist die Sache? Was bedeutet Eigengesetzlichkeit? Welchen Zugewinn an Erkenntnis über die Gattungsmäßigkeit des Menschen, über Art und Grad der Vergesellschaftung, über das individuelle So-Sein; welche Kenntnisse, Fertigkeiten und Fähigkeiten seelischer, geistiger, körperlicher Art bezüglich der persönlichen Lebensführung und -erhaltung und hinsichtlich der Notwendigkeit zum wie der Bedürftigkeit nach Zusammenleben mit anderen soll das Thema Haut erbringen?

Der Lehrplan scheint darüber zu schweigen. Aus dem Lehrbuch gewinnt Herr K. den Eindruck, daß es um populärmedizinisches Verbalwissen fürs Kreuzworträtsel gehe. Aber selbst das ist ja nicht eindeutig. Heißt medizinisch anatomisch, physiologisch, hygienisch? Bedeutet medizinisches Wissen Kenntnisse-Haben aus Pathologie, Diagnostik und Therapie? Oder heißt es, von allem etwas mitzubekommen und wenn ja, zu welchem Zweck?

Herr K. ist konfrontiert mit dem Problem, das in der Didaktik als Frage nach Art und Umfang der Korrelation von (Schul-)fächern bzw. Curriculumelementen und wissenschaftlichen Disziplinen, Künsten, Handlungslehren u.a. thematisiert wird. Die Systematik, nach der die Wissenschaften ihre Erkenntnisse ordnen und darstellen, kann nicht diejenige der Stoffauswahl, der Fächerung, der Un-

terrichtsplanung bestimmen. Diese Erkenntnis ist unbestritten. Gleichwohl entspricht die Praxis des Bildungswesen dem Gegenteil.
Erklären läßt sich dies auf doppelte Weise. Die Geschichte unseres Schulwesens verlief als Prozeß zunehmender Entfernung von der ursprünglichen Zweckbezogenheit auf die Bereiche der primären und sekundären Produktion. Die berufsvorbereitende bzw. ausbildungsvorbereitende Funktion der Wissensvermittlung ging mehr und mehr verloren. Die kanonisierten Stoffpläne verselbständigten sich, wurden zur Sache an sich und Gesetzmäßigkeiten von Erscheinungsformen oder Funktionen solcher Sachen erschienen nunmehr im Kontext der spezifischen Fachsystematik und wurden so zur Eigengesetzlichkeit.
Wir haben das weiter oben als Konvention der Stoffauswahl und Stoffauslegung bzw. als ideologische Verhaftung gekennzeichnet. Letzteres bezieht sich insbesondere auf Auffassungen über sogenannte Eigengesetzlichkeiten.
Hier setzt die Erklärung dafür an, daß in den Schulen, aber weithin auch in der Jugendbildung und in der Erwachsenenbildung totes Wissen vermittelt wird. Die Rechtfertigung dafür ist stets, daß es nicht oder weniger auf die materiale Bildung ankomme, d.h. auf die je spezifischen Kenntnisse und Fertigkeiten, sondern auf die daran im allgemeinen geschulten Fähigkeiten sowie die daraus resultierenden Dimensionen und Grade von Flexibilität.
Die negative Seite der Überbewertung der formalen Bildung ergibt sich aus der Ungleichheit der Bildungschancen aufgrund der Schichtenspezifik in unserer Gesellschaft. Das aus dem Verwertungskontext im Bereich der Produktionsformen herausgelöste tote Wissen erfüllt eine Alibi-Funktion im Rahmen der formaljuristischen Gleichheit der Bildungschancen und verhindert tendenziell zugleich die mögliche gesellschaftspolitische Wirkkraft von Bildung, weil das Wissen von der Handlungsrelevanz abgeschnitten, eben „tot" bleibt.

Die Schüler im vorliegenden Beispiel scheinen sich hieran bereits gewöhnt zu haben. Denn die Frage nach den Pusteln wird in der Deutschstunde gestellt und nicht, als über die Haut gesprochen wird. Auch der Lehrer ist der Konvention erlegen. Allerdings nicht völlig, wie sein Aufgreifen der Schülerfrage beweist. Aufgrund dieser Schülerfrage beginnt er, das Thema „Die menschliche Haut" zu einem Konkreszenz-Angebot hin auszulegen, indem er das Unterthema „Pusteln und Mitesser" formuliert. Weiter allerdings gelangt er nicht. Er kann im Grunde nur konstatieren, daß Pusteln und Mitesser die Schüler interessieren. Die Existenz dieses

Interesses an sich scheint den Gebrauchswert des neuen Unterthemas zu belegen; denn die Konkretisierung des Themas auf die Lebenspraxis hin bleibt ja aus. Sprachlich äußert sich dies so, daß der Lehrer die Schülerfrage „woher kommen die Pusteln" umwandelt in „was sind Pusteln", wodurch er problemlos bei seinem Wissen von der „Sache" Haut, wie es im Lehrbuch steht, bleiben kann.
Der Stoff bereitet diesem Lehrer deshalb keine Probleme, weil – aus der Macht der Gewohnheit heraus – die Lernziele ihm keine bereiten. Nach denen zu fragen verlernt man als Proviantmeister für Verbalwissen sehr schnell. Kopfzerbrechen bereitet dann nur noch der zeitliche Verlauf des Unterrichts und die Aktionsformen des Lehrers. Der Implikationszusammenhang ist auf eine Dualität von vorgegebenem Stoff und Unterrichtsverfahren geschrumpft.
Auch die Methode scheint für diesen Lehrer eine Sache mit Eigengesetzlichkeit zu sein. Am Anfang hat die Wiederholung zu stehen. Sie dient dem „Warmlaufen". Welche Kenntnisse aber werden durch die Wiederholung abrufbar? Welche Denkmodi werden ingang gesetzt, welche Motivationen frei und beweglich? Was hat das Wissen, das rekapituliert wird, mit den Pusteln zu tun; genauer: mit dem, was am Thema Pusteln gelernt werden soll?
Anscheinend sehr wenig, denn sonst entstünde nicht das Problem des Übergangs, des „Kurve-Kriegens" nach der Wiederholung. An der Tafel steht „Poren-Schweißdrüsen-Wärmeregulierung". Es könnte auch angeschrieben sein:

Poren ↗ Schweißdrüsen Wärmeregulierung
Poren ↘ Talgdrüsen

oder

Poren ↗ Schweiß
Poren ↘ Pusteln

Aber so steht es nicht da. Weil die Wiederholung – der Konvention gehorchend – auf das Vergangene gerichtet sein soll! Die Verknüpfung zum Folgenden erfolgt dann nicht durch ein inneres logisches Band der Sachverhalte, sondern mittels Verfahren (Lehrerfrage oder Sahnespritzer); was heißt, sie ist keine.
Nach der Wiederholung beginnt im vorliegenden Fall nämlich eine völlig neue Unterrichtseinheit. Was in ihr gelernt werden soll, vor allem, welchen Gebrauchswert es haben soll, bleibt völlig offen.

Die Eingangsfrage ist zudem so formuliert, daß mit an Sicherheit grenzender Wahrscheinlichkeit alles in Richtung „populärmedizinisches Faktenwissen" über die Anatomie oder Physiologie der Haut laufen kann. Durch die Frage an Theo wird das Pustelproblem außerdem zu einem individuellen und damit als Thema für alle liquidiert. Ganz gleich, ob Theo mit Ja oder Nein antworten wird, der Lehrer wird aufgefordert sein, das, was Theo weiß oder nicht weiß, zum obligatorischen Stoffpensum zu wenden.

Ob Pusteln womöglich aufgrund der „Eigengesetzlichkeit" der Haut Schicksal sind, ob sie geheilt, ob ihnen vorgebeugt werden kann und wie; ob sie eine Krankheit sind oder nur Schönheitsfehler; was Pusteln mit welchen Arten von Konsumzwang (Nahrung, Genuß, Kosmetik), mit der Zivilisation zu tun haben; was mit Phänomenen von Sympathie und Antipathie; was die Haut mit den Funktionen des menschlichen Organismus insgesamt, das alles wird wahrscheinlich nicht ins Zentrum der Stunde rücken, weil das Kreuzworträtselwissen sich gegenüber der Lebenshilfe durchsetzen wird.

Der geschilderte Fall ist prototypisch für alle Art von Unterricht, wo aufgrund der Fixierung auf vorgegebene Stoffe, auf die scheinbar klare „Sache" die Ziele des Lernens nicht als gebrauchswertbezogene aus der Totalität des gesellschaftlichen Implikationszusammenhangs heraus konkretisiert werden. Dem scheinbaren Primat der Inhalte folgt das faktische Primat des Planens als Auswahl von Verfahren.
Die Ziele realisieren sich in Gestalt der Konvention: Es wird gerade soviel Wissen zugestanden, daß Bildung sich nicht verwirklichen kann.

3. Integration von berufsbezogener und allgemeiner Bildung: Gleichgewichtung von Fach-, Sozial- und Selbstkompetenz (Aus einem Ausbildungsseminar für Lehrer)

3.1 Lernbedürfnisse erkennen, zugestehen und exemplarisch verknotend thematisieren

Der Studienordnung Wirtschaftspädagogik des Frankfurter Fachbereiches Erziehungswissenschaften entsprechend, dienen die Hauptseminare für angehende Diplomhandelslehrer dazu, die Theorie-Praxis-Relation zu reflektieren. Den thematischen Rahmen für und damit den Zugriff auf Handlungsprobleme einerseits, Probleme der Theoriebildung andererseits bietet entweder ein Praxisfeld (wir sprechen vom handlungsorientierten Typ eines Seminars) oder ein Bereich der Theoriebildung (theorieorientierter Seminar-Typ).

Die theorieorientierten Seminare beschäftigen sich im regelmäßigen Turnus mit Bildungstheorie, Didaktik/Methodik oder Jugendtheorie/Sozialpsychologie. Dabei wird grundsätzlich so verfahren, daß ausgewählte Theorien bzw. Theorieansätze mit empirischen Breitenphänomenen des Alltags verglichen werden. Zum Beispiel der sozialpsychologische Ansatz Ziehes und/oder die Jugendtheorie Liebels mit dem Bild von Jugendlichen in den Massenmedien oder mit Berichten aus der Subkultur; Theorie-Modelle der Didaktik mit dem Markt pädagogischer Technologien und seinem Management, seinen Verkaufsstrategien.

Auf diese Weise verlangt der Praxisbezug immer auch Rückvermittlung zur Soziologie und zur Ökonomie und zum realen Prozeß gesellschaftlicher Entwicklung. Dadurch aber drängt sich das ins Bewußtsein, was von den Lernenden als individueller Lebenszusammenhang gesehen wird: der Studienalltag, das Privatleben, die Arbeitssituationen heute in Betrieben und Schulen sowie Leben unter den Bedingungen von Arbeitslosigkeit. Auf die Behandlung diesbezüglicher Probleme drängten die Studenten in den letzten Jahren mehr und mehr. Wir suchten daher nach einem Thema, daß die Bedürfnisse nach sogenannter allgemeiner Bildung mit berufsbezogenem Lernen verbände. Das geeignet wäre, die Wünsche,

Fragen, Interessen, Hoffnungen und Ängste der Studenten bezüglich ihres gegenwärtigen und zukünftigen Lebens, bezüglich Wissenschaft, Berufspraxis, Privatem und Öffentlichem als Einheit zum Gegenstand ihres Lernens und ihrer Existenz zu machen, das heißt, subjektbezogen lernen zu können.

Die großen Utopien der schöngeistigen Literatur schienen uns ein geeignetes Modell zu sein, den Lebenszusammenhang, um den es ging, plastisch vor Augen zu führen. Mit dem Seminarthema „Arbeit und Bildung in ausgewählten Utopien der Gegenwart und vergangener Jahrhunderte", trafen wir eine erste Zuordnung im Sinne des o.a. „Zugestehens von Lernzielen".
Wir hatten die Lernbedürfnisse der Studenten anerkannt, weil wir sie als Bedürfnis nach Kompetenzzuwachs im Sinne von Selbst-, Fach- und Sozialkompetenz deuteten, die als Einheit für eine gelungene berufliche Identität und Berufsausübung unerläßlich ist. Wir akzeptierten ferner, daß zu solcher Kompetenzentfaltung die Reflexion und Standortbestimmung im gesellschaftlichen Ganzen, insbesondere die Reflexion krisenhafter gesellschaftlicher Umwälzungen gehören, wenn man als Lehrer, insbesondere als Lehrer in kaufmännischen Schulen, arbeiten will. Solche Reflexion nicht dem wirtschaftswissenschaftlichen Fachstudium oder dem Nebenfachstudium z.B. in Politologie zu überlassen, sondern in der Erziehungswissenschaft anzusiedeln, hing mit unserem Verständnis von Bildung und Bildungstheorie zusammen. Bildungstheorie zu behandeln hieß immer, das Verhältnis von Arbeit und Bildung zu reflektieren.

Die Konkretisierung des Themas mittels Utopien war dann die erste Entscheidung im Rahmen des Gesellschaftlichen Implikationszusammenhangs:

- Die Lernziele mußten dem Wesen der Lernbedürfnisse entsprechen. Das war unserer Wahrnehmung nach eine Positionssuche zwischen den gesellschaftlichen Ist-Zuständen und anderen Möglichkeiten – Alternativen.
- Das Lernbedürfnis der Studenten resultierte unserer Beobachtung nach auch daraus, daß sie Kriterien für die Positionsbestimmung, für die Beurteilung (oder erst einmal Entwicklung) von Alternativen brauchten aber nicht wußten, wo und wie sie sich solche beschaffen sollten. Diese unsere Beurteilung der Bedürfnisse ist partiell zugleich die Einschätzung des akademischen Arbeitsvermögens.

- Als „Inhalt“ war darum eine Komplexion zu finden, die mit der Suche nach Alternativen korrespondierte *und* die half, die herrschende Unbestimmtheit, Unkonturiertheit der Vorstellungen der Studenten zur Präzision und Umrissenheit zu wenden.
- Im Rahmen der Verfahren war vor allem ein Medium zu finden, das als Träger der Komplexion – der Veranschaulichung diente *und* als Stimulans für die Konkretion und Artikulation des Denkens, Fühlens und Wollens fungierte.

In der ersten Phase war zu erreichen, daß Selbstbetroffenheit nicht nur entstünde, sondern es waren die Erfahrungen der Studenten zur Artikulation darüber zu wenden, welche Vorstellungen sie über die Möglichkeiten und Grenzen der privaten und öffentlichen Lebensgestaltung in Gegenwart und Zukunft hatten und in welcher Relation diese Vorstellungen zu gesellschaftspolitischen Trends standen.
Zur obligatorischen Vorleistung (Aufnahmebedingung) wurde daher die Lektüre einer der folgenden Utopien bzw. Utopie-Komplexe:

- Die Utopien von Morus, Campanella und Bacon (sogenannte Renaissance-Utopien);
- Der geschlossene Handelsstaat (Fichte);
- Ausgewählte pädagogische Schriften von Owen;
- Huxley: Schöne, neue Welt; Orwell: 1984;
  Callenbach: Ökotopia.

Der Hauptgesichtspunkt für die Wahl dieser Utopien lag darin, daß sie prägnant den Umbruch zwischen historischen Epochen (gesellschaftlichen Formationen) zum Ausdruck bringen sollten. Fichtes und Owens Schriften bilden, so betrachtet, zwar eine Einheit; es gab aber wissenschaftssystematische und didaktische Gründe, sie getrennt anzubieten. Die Studenten hatten mindestens zwei, maximal fünf Schreibmaschinenseiten mit Anmerkungen und Fragen zur jeweiligen Lektüre bis zu Beginn des Seminars abzugeben. Die Beschäftigung mit Sekundärliteratur war freigestellt. Es gab dazu Hinweise. Sie verzahnten das Seminar mit den für Handelslehrer wählbaren Studienfächern Deutsch, Englisch, Soziologie und Politologie.

3.2 Entknoten der Lebensbedürfnisse und Befähigung zur beruflichen, privaten und gesellschaftlichen Lebensgestaltung

Das erste Semester (Sommer) war in drei zeitliche Blöcke gegliedert. Fünf Sitzungen fanden in vier Parallelgruppen (jeweils ca. 20 Teilnehmer) entsprechend den Lektüregruppen statt. Die schriftlichen Fragen und Anmerkungen der Studenten waren vervielfältigt worden und wurden in Kleingruppen soweit hinsichtlich möglicher Beantwortung erörtert, daß daraus thematische Blöcke für die Weiterarbeit herausgegliedert und notwendige ergänzende Informationen durch Referate oder Lektüre erkennbar wurden.

Ohne unser Zutun ergaben sich in allen vier Gruppen drei Themenkomplexe sowohl als Fazit der Konfrontation als auch als Material der Entfaltung 1:

- *Fragen zum Seminarthema*

Warum gerade dieses Thema; wieso die Kombination von Arbeit, Bildung und Utopien in dieser Formulierung; was hat das mit Erziehungswissenschaft zu tun; was mit Wirtschaftspädagogik; was mit Bildungstheorie; wo liegt der Bezug zur Praxis; welches sind die Lernziele hinsichtlich Planung und Durchführung von Unterricht; hinsichtlich Bildungstheorie und Didaktik u.a.m.

- *Fragen zu den gelesenen Texten*

  Zum Begriff der Utopie in der Primär- und Sekundärliteratur; Utopie und historische Wirklichkeit; Ideal und Wirklichkeit in den Utopien, bezogen auf die Gesamtheit des geschilderten Lebenszusammenhangs.

- *Fragen grundsätzlicher (philosophischer, ethischer) Natur*

  In Überschneidung mit dem zweiten Fragenkomplex ging es im wesentlichen um die Werte Freiheit, Gleichheit, Glück, Wohlstand, Sinnerfüllung; um das Entstehen und Verwirklichen von Idealen; um Bewahren und Verändern als Aufgaben im historischen Prozeß.

Als Ergebnis der ersten Seminarphase entstanden

- Schaubilder, die das *Thema in seinen Bezügen zu den verschiedenen Fächern und Gegenstandsbereichen* im Rahmen der Studienordnungen für Diplom-Handelslehrer einerseits, im Rahmen der Praxisfelder für Diplom-Handelslehrer andererseits darstellten. Das Lernergebnis könnte man als sachstrukturelle Verortung im gegenwärtigen und zukünftigen Arbeitsfeld bezeichnen. Man muß dabei aber beachten, daß mit dem Erkennen von Strukturen und Prozessen der Arbeitsfelder sich auch Erkenntnisse über Funktionen, Motivationen und Interessen ergaben.

- *Nach Produktionsformen, Verkehrsformen und Bewußtseinsformen gegliederte Vergleiche* zwischen einst und jetzt, welche die Aktualität des in den Utopien Dargestellten konkretisierten. In diesen Listen wurde interessanterweise nicht nach Privatem und Beruflichem, nach persönlicher und gesellschaftlicher Relevanz unterschieden, sondern immer auf Beziehungen und Verschränkungen verwiesen.
  Lernergebnis ist hier die Aktualisierung und Artikulation von Interessen (im wörtlichsten Sinne des Dabei-Seins, des Involviert-Seins), die Produktion des Lerngegenstandes (Stoffes) als aus der Vermittlung zwischen Subjekt und Objekt Hervorgegangenem und darum ebenso konkreten, detaillierten, *persönlichen wie generellen und systematisierten Materials.*

- Auflistungen über *Defizite an Daten- und Faktenwissen* sowie wissenschaftlichen Verfahren zur Interpretation der Utopien
  - im Bezug auf den historischen Kontext, was zugleich hieß in Bezug auf Verwirklichung;
  - hinsichtlich des (in der Tat nicht unmittelbar erkennbaren) Zusammenhangs von gesellschaftlich organisierter Arbeit, Normen und Bedürfnissen sowie der Konkretisierung des Alltagslebens in Wohnung, Kleidung, Ernährung, Umgangsformen, Zerstreuung, Gesundheit, Fortpflanzung;
  - hinsichtlich des Zusammenhangs von Arbeit und Bildung (der verstellt blieb, weil er als solcher ja in den Utopien nicht thematisiert wird).

Konfrontations- und *Entfaltungsphase* hatten sich demnach zur *Formulierung* von *Lernwünschen und Lernzielen* verdichtet. Für die zweite Seminarphase des ersten Semesters (Entfaltung 2) wurden die Gruppen so zusammengesetzt, daß je vier bis fünf Teilnehmer aus jeder der bisherigen Gruppen sich zu einer neuen zusammenfanden. Auf diese Weise waren alle Lektürebereiche vertreten. Die zweite Arbeitsphase begann mit Referaten über die Lektüre und den Verlauf sowie die Ergebnisse der Arbeit in den ersten Gruppen. Parallel hierzu war als „Hausaufgabe" ein ca. 40-seitiger Text zu lesen, den wir als Interpretationshilfe zur Bearbeitung der

Utopien verfaßt hatten. Er enthielt Ausführungen
(1) über interpretative Methoden in der Geschichtswissenschaft;
(2) zur geschichtlichen Situation (Staatswesen, Wirtschaft, Kirche und Religion) in England, Italien und Deutschland im 16. und 17. Jahrhundert;
(3) ausgewählte historische Daten über technische Erfindungen, Gründungen und gesetzliche Neuregelungen zwischen 1448 (Buchdruck) und 1893 (Dieselmotor);
(4) ein skizzenhaftes, exemplarisch angelegtes Deutungsmodell für die Renaissance-Utopien, von dem aus Übertragungen auf die anderen Utopien entwickelt werden konnten;
(5) ergänzend zu 4. Notizen zu den Lebensläufen und zum Wirken von Morus, Campanella und Bacon;
(6) einen interdisziplinären terminologischen Überblick zum Begriff Utopie.

Außer diesem Text gab es mehrere andere Kurz-Texte und Kurz-Referate zur ergänzenden Information.
Im Anschluß an die Referate und die wechselseitigen Informationen wurde dann wahlweise am Beispiel entweder der Schriften von Owen, des geschlossenen Handelsstaates oder der Utopien aus unserem Jahrhundert versucht, auf der Basis unseres Textes die jeweils konkreten historischen Erscheinungen der Widersprüche zwischen Produktivkraft und Produktionsverhältnissen mit dem utopischen Entwurf zu vergleichen. Insbesondere war die organisatorisch-strukturelle Gestaltung des Gemeinwesens und die Organisation der Arbeit sowie der Zusammenhang von Arbeits- und Bildungssystem, waren generelle und spezielle Bildungsziele (hier Arbeitstechniken und zugehörige Kenntnisse und Fertigkeiten für berufliche Arbeit sowie alle anderen Bereiche der Produktion und Reproduktion) herauszupräparieren. Dabei spitzte sich die Diskussion immer wieder auf die folgenden Komplexe zu:

- Welche Beziehungen bestehen in *unserer* Gesellschaft zwischen Arbeit, Bildung und Eigentum?
- Wie verhalten sich Arbeit, Bildung und Partnerschaft in unserer Gesellschaft zueinander?
- Sind Arbeit und Bildung bzw. ist deren Beziehung relevant im Zusammenhang ökologischer Probleme?

Die Sicht, aus der heraus die Fragen formuliert und nach Antworten gesucht wurde, zwang zu wissenschaftlichen Rückbezügen zur Jurisprudenz, zur Ökonomie und Bildungsökonomie und zur Philosophie (Ethik). In allen Debatten ging es um Widersprüche zwi-

schen vorgegebener und durch Sozialisation verinnerlichter Moral, gesetztem Recht und praktizierter Moral; zwischen Alltagserfahrung und wissenschaftlichen Erkenntnissen, zwischen Vermeidung negativer Sanktionen und Erleiden emotionaler Versagungen, zwischen einzelwirtschaftlichem (privatem, persönlichem) Nutzen und volkswirtschaftlichem (gesellschaftlichem) Schaden.
Wir können sogar sagen, daß die Seminarsitzungen bis in die Details dessen, was verhandelt wurde, von Gegensatzpaaren gekennzeichnet waren. Als Beispiel seien genannt: Freiheit und Ordnung; Mitbestimmung und Unterordnung; Arbeit und Freizeit; Kooperation, Solidarität und Einzelkämpfertum; Mündigkeit und Funktionalität; Lehrerzentriertheit – Schülerorientierung; Pünktlichkeit – Unverbindlichkeit.
Von diesen und vielen anderen Gegensätzen aus entbrannte geradezu eine Suche danach, wie eine Synthese zu finden wäre, welche die nur schwer aushaltbaren kognitiven Verunsicherungen und emotionalen Versagungen aufheben, Orientierungen und Handlungsfähigkeit als Kraft zur Lebensgestaltung freisetzen könnte.
In der dritten, aus einem Wochenendblock bestehenden Seminarphase *(Anwendung)* konnte dieses Suchen in Vorschläge für die Gestaltung des folgenden (Winter)Semesters gewendet werden. Im Wintersemester sollte dann an ausgewählten Beispielen aus der Unterrichtsarbeit von Handelslehrern der Zusammenhang von Arbeit und Bildung für die Persönlichkeitsentfaltung des jungen Lehrers selber wie für Jugendliche analysiert, ferner Unterrichtsentwürfe oder Materialien für Unterricht entwickelt werden.
Wir verzichten hier auf die Schilderung der dritten Phase. Wichtig ist, daß sich darin drei Themenkomplexe herauskristallisierten, an denen die Studenten weiterarbeiten wollten: Eigentum, Ökologie und Partnerschaft.

3.3 Auslegen und Entscheiden im Gesamt von Verortung und Orientierung, Autonomie und Gemeinschaft, Entfaltung und Entwicklung

Die Grobplanung für die Gruppe Eigentum hatte die folgenden Verlaufsetappen für das folgende Semester vorgesehen:

(1) Als gesellschaftswissenschaftliche Ausgangsposition und damit zentraler Parameter (Basisparameter) galt:
Wir befinden uns in einer Phase technisch-ökonomischer Entwicklung, in der die Widersprüche zwischen Produktionsver-

hältnisen und Produktivkräften die juristische Verfaßtheit der gesellschaftlichen Verhältnisse zu sprengen drohen. Der gesellschaftliche Produktionsprozeß erbringt selber den Problemkomplex „Eigentum", und dieser ist nicht nur für die Alternativbewegung und die Bürgerinitiativen zentral, sondern insgesamt für das gegenwärtige gesellschaftliche Bewußtsein prägend.
Im Bereich der primären Produktion manifestiert sich das Eigentumsproblem in Fragen der Kontrolle der Technologien, ja der Mitbestimmung generell. Im sekundären Sektor geht es um die gleichen Probleme, nur in anderer Akzentuierung, wenn man die Besonderheiten des Wohnungselends und die Verfügung über den Boden in den Blick nimmt.
Man könnte auch sagen, das Eigentumsproblem drückt die existenzielle Bedeutung der Verfügungsgewalt über die „Produktionsfaktoren" Boden, Arbeit und Kapital aus. Dabei bedeutet Verfügen Entscheidung und Durchführung, Herstellung, Verändern, Bereitstellen und Nutzen, also Produktion und Aneignung. Und zwar in einem sehr weiten Sinne, Eigentum im ideellen Sinne eingeschlossen.

(2) Der erste Schritt zur Ausdifferenzierung des Themas hin auf den Gesellschaftlichen Implikationszusammenhang wie unter Punkt (1) skizziert erfolgte in einer Brainstorming-Phase. An diese waren nur zwei Bedingungen geknüpft: Sie sollte durch mediale Hilfsangebote und Freiheit der Aktionsformen Vielfalt erbringen. Im einzelnen hatten die Leiter der Gruppen (akademische Tutoren) zu entscheiden.

(3) Dem Brainstorming (*Konfrontations*phase) sollte folgen eine Phase der Systematisierung durch Rückbezug zu Wissenschaftsbereichen und zum Lebens- und Erfahrungshorizont der Studenten, vom Auszubildenden und von Angestellten sowie von Lehrern. Dies bedeutete, die Ergebnisse des Brainstormings mußten als Komplexionen gewertet werden, die es zu entfalten galt, indem bestimmte Bezüge (Verknüpfungen) zwischen ihren Elementen hergestellt würden. (Phase der *Entfaltung* 1)

(4) Die dritte Phase *(Verdichtung)* galt der Formulierung erster Erkenntnisse in Bezug auf den Zusammenhang von Wesen und Erscheinung in der Dialektik des Lebenszusammenhangs: konkrete Beispiele für den Zusammenhang von Produktivkraftentwicklung, Produktionsverhältnissen und Eigentum;

von Tauschwert – Gebrauchswert und Eigentum; von Arbeit und Kapital und Eigentum; von eigentumsspezifischer Verrechtlichung von Privatbeziehungen.

(5) Der dritten Phase sollte eine vierte Phase folgen, und zwar die *Entfaltung 2* der Erkenntnis über das Wesen von Eigentumsregelung im Hinblick auf den Wirtschaftslehre-Kanon für kaufmännische Schulen. Diese Phase war als vierwöchige Recherche gedacht (Lehrbücher, Lehrpläne, Hospitationen, Interviews mit Lehrern).

(6) Nach einer berichtenden Zwischenphase galt die Abschlußphase *(Anwendung)* dem Erstellen von Unterrichtsentwürfen und -materialien.

Der faktische Verlauf erwies – hier gerafft wiedergegeben – die Relevanz des gesellschaftlichen Implikationszusammenhangs und die Realität der Dialektik an den folgenden Stellen:
Nach dem Brainstorming standen an der Tafel neben allerlei Slogans aus der Werbung (im Stile von „mein x ist dein x") drei gehäufte Nennungen. Und zwar „Jugoslawien", „Startbahn-West" und „Selbstverwaltung". Zweifellos wegen der besonderen Aktualität galt dem damals bundesweit umstrittenen Ausbau des Rhein-Main-Flughafens das größte Interesse.
Entsprechend der globalen Vorgabe für die zweite Phase wäre es nun darum gegangen, Relationen zwischen Teilen und Ganzem zu entfalten, um das innere Band der Nennungen aufzuspüren. „Inneres Band" ist ein Terminus, der auf die Dialektik von Wesen und Erscheinung verweist, und zwar im Kontext der Dialektik von Totalität und Element.

Aber wie didaktisch vorgehen, wenn an der Tafel u.a.

(1)		(2)
Selbstverwaltete Betriebe	–	mein Deodorant ist dein Deodorant

steht?

In der Logik – der Alltagspraxis, der Alltagssprache und der wissenschaftlichen Verfahrenslehre – gibt es für die Ordnung von Ganzem und Teilen zueinander u.a. die Möglichkeit der Unter-/Überordnung und der Nebenordnung. Ordnet man nun das Thema Eigentum im Gesellschaftlichen Implikationszusammenhang unter „gesellschaftliches Bewußtsein" seiner spezifischen Abteilung zu, dem Recht nämlich, und begreift nun das Recht als die größere Einheit, der die Beispiele (1) *und* (2) zugehören müßten, da sie als

Besonderung der Eigentumsthematik genannt wurden, dann läßt sich fragen, was die Beispiele (1) und (2) mit Recht zu tun haben. Am Beispiel (2) springt dies sogleich ins Auge. „Mein" und „Dein" sind besitzanzeigende Fürwörter. Ersetzen wir Besitz durch Eigentum (obwohl beides nicht identisch ist), dann bedeutet mein = dein „gemeinsames" Eigentum. Wendet man nun diese Kategorie auf das an, was an der Tafel steht (einschließlich Startbahn-West), dann lassen sich alle dortigen Nennungen als Besonderungen von „gemeinsames Eigentum" oder treffender von „Gemeineigentum" begreifen.

Von dieser Kategorie aus hätte dann, im Kontext dessen, was an der Tafel stand, eine Sammlung von Fragen und Aspekten entstehen können, welche die Basis für die Wendung zur Wirtschaftslehre abgegeben hätte.

Verfahrenstechnisch hätte es unterschiedliche Möglichkeiten gegeben, das „Innere Band" des an der Tafel Stehenden aufzuspüren. Da Unterricht – zumal Seminare mit angehenden Lehrern – nicht darauf angewiesen ist, Vorführung mit Überraschungseffekt zu sein, hätten die Lehrenden aussprechen können, daß die folgende Arbeitsphase dazu diene, die innere Gemeinsamkeit des an der Tafel Stehenden zu erkennen. Solches kann bisweilen als Impuls genügen, um die Arbeit in Gang zu setzen. Man kann nachhelfen, indem man eine Frage oder Denkaufgabe formuliert. Ein Hinweis, daß „Eigentum" in den Komplex der juristischen (rechtlichen) Regelung menschlicher Beziehung gehöre, wäre eine besonders intensive Hilfe gewesen. Auch „Gemeineigentum" quer über die Tafel zu schreiben, wäre eine Möglichkeit gewesen. Die Wahl hängt u.a. davon ab, welche Determinanten insgesamt die Situation bestimmen und was daran noch alles erörternswert ist oder was geübt werden muß, bevor die nächste große Unterrichtsphase begonnen wird.

Im vorliegenden Fall war die Situation dadurch gekennzeichnet, daß sich sehr rasch eine ungelenkte, lebhafte Diskussion über die aktuellen Startbahn-Ereignisse und deren allgemeine Problematik ergab.

Die Studenten wollten „erst'mal grundsätzlich und nur" über den Bau der neuen Startbahn reden, noch bevor irgend etwas über weitere Arbeitsschritte geäußert wurde.

Die Tutoren hatten Angst, daß das Thema sich verselbständigen könnte und wiesen darauf hin, daß es um den Zusammenhang dessen ginge, was an der Tafel stand. Ihre Furcht erklärt sich aus zweierlei. Erstens muß man ein sehr geübter und geschickter Gesprächsleiter sein, wenn man das Abgleiten vom Thema im Gegenstrom zu einer emotionalen Aufgeladenheit und zu tagespolitischer Brisanz verhindern will. Dem fühlten sie sich nicht gewachsen. Insofern waren ihre Bemühungen richtig, die „Startbahn-Diskussion" zu verhindern. Zweitens aber – und hier irrten die Tutoren bzw. bestanden die Befürchtungen zu Unrecht – mußte die Startbahn-Diskussion nicht notwendig vom Thema abführen; konnte man sogar damit rechnen, daß sie zu ihm hinführte. Weil in allem, was sich aktuell abspielte und was diskutiert wurde, die Rechtsfrage dominant war und weil diese die ökologischen Fragen längst überlagert hatte.

Zur Zeit des Seminars wurde in Hessen bereits die Lösung des Startbahn-Problems über ein Volksbegehren diskutiert (verfassungs*rechtliche* Lösung).
Gelassen darauf zu vertrauen, daß der Diskussionsverlauf folglich – notfalls mit ein, zwei Zwischenfragen durch die Lehrenden – dies schon erweisen würde, hätte allerdings vorausgesetzt, daß die Lehrenden „Gemeineigentum" als das „Verdichtungsergebnis" bereits klar vor Augen hatten. Im vorliegenden Fall war das nicht so. Vielmehr war „Was tun" die große Frage, und so gaben die Tutoren schließlich widerwillig den Studenten nach.

– „Na gut. Was hat die Startbahn-West mit Eigentum zu tun!?" –

Schweigen. Beharrlich. Der Aufforderung, im einzelnen zu benennen, was an der Startbahn – aber eben möglichst auch an Jugoslawien und auch an der Selbstverwaltung – interessiere (man sieht, die Werbeslogans wurden nicht recht ernst genommen von den Lehrenden, obwohl gerade die Slogans offenbarten, worum es ging), folgten Murren und Mißfallensäußerungen. Schließlich wird von einem Studenten vorgeschlagen und andere pflichten bei, daß man Startbahn, Jugoslawien und Selbstverwaltung als Systemvergleich behandeln solle.
Die Tutoren lehnen den Systemvergleich ab. Das Seminar finde im Fachbereich Erziehungwissenschaften, nicht in Gesellschaftswissenschaften oder Wirtschaftswissenschaften statt.Die Studenten sollten vielmehr die Komplexe Startbahn, Jugoslawien und kollektive Betriebe in der Bundesrepublik unter dem Aspekt behandeln, was sich jeweils für Schule, Familie, Freizeit und Ökonomie aussagen ließe.
Auf diese Aufgabe lassen sich die Studenten ein und tragen in kleinen Gruppen lebhafte Beispiele zusammen. Allerdings ausschließlich zum Thema Schule (im allgemeinen) und Manifestation von

Eigentumproblemen im Schulalltag und im Bildungssystem. Kern des Problems war nach Ansicht der Studenten die Frage, wer sich das Ergebnis schulischer Arbeit zu welchem Zweck aneigne. (So wörtlich!)
Die Tutoren, ebenso verblüfft über die Abwendung von der Startbahn und von Jugoslawien wie erfreut über die Zuwendung zur Schule, nutzen dies sogleich, um den Sprung in die vorgeplante vierte Seminarphase zu tun, die auf didaktische Probleme in der Schule gerichtet sein sollte.
„Dann können wir ja bei der Wendung zur Schulpraxis bleiben und die didaktischen Fragen in den Blick nehmen: nämlich Unterricht zu den Themenbereichen Jugoslawien, kollekive Betriebe, Startbahn-West."
An dieser Stelle nun macht sich spürbar Resignation unter den Studenten breit. Was soll das? Wozu haben sie in den Gruppen Beispiele zusammengetragen? Sie sind es aus anderen Pädagogik-Seminaren gewohnt, daß die Arbeitsergebnisse weiter verarbeitet werden!
Daraufhin die Tutoren: Es gehe doch um das Utopie-Thema; folglich darum, „wie man unter verbesserten Bedingungen sein Geld verdienen" könne.
Diesem Lehrerimpuls folgt geradezu hektische Aktivität. Es entstehen Unterrichtsentwürfe, Abhandlungen, Unterrichtsmaterialien der verschiedensten Art über die „alternative Szene" unter besonderer Berücksichtigung von Wohnen und Freizeit. Nichts mehr von Eigentum, nichts mehr von Schule!
Der Seminarprozeß fand nach einigen Umwegen zu dieser Thematik zurück. Was uns hier zusammenfassend interessieren soll, sind die entscheidenden Deutungen aus dem Gesellschaftlichen Implikationszusammenhang:

(1) Mit der Nennung von Werbeslogans zu „mein und dein" sind die Reichweite von Eigentumsregelungen (bis hinein in Privatbeziehungen) und die Vermarktung des Bewußtseins angesprochen; hier die Subsumtion der Bedürfnisse nach Gemeinschaft unter den privat-individuellen Alltagskonsum.

(2) Das Schweigen auf die Lehrerfrage, was die Startbahn mit Eigentum zu tun habe, folgt der Erfahrung im Sektor der sekundären Produktion, hier der Schule: die Verfügungsgewalt hat der Lehrer; die Sanktionsmacht auch. Wenn man nicht weiß, was er will oder nicht ahnt, was er nicht will, hat man zu schweigen. In diesem Fall muß geschwiegen werden, weil dic Frage aufgrund ihrer Formulierung Zweifel (am Zusammenhang

Startbahn/Eigentum) suggeriert und weil die Antwort zu naheliegend ist, nämlich: wem das Gelände gehört, wer darüber verfügen soll. Aus der Sicht der Leistungmotivation traf die Lehrerfrage nicht den anreizenden Mittelwert, weil sie sowohl als zu komplex wie als zu naiv interpretiert werden konnte (und es auch faktisch war).
Wichtig hieran ist, daß die Erfahrungen mit schulischen Verkehrsformen *die* Produktionserfahrungen sind, die in Anfangsphasen von Lernprozessen durchschlagen. Selbst in der Weiterbildung.

(3) Mit Jugoslawien, Startbahn und Selbstbestimmung sind die Eigentumsfragen hinsichtlich der Produktionsfaktoren Boden, Arbeit und Kapital unverschlüsselt sowohl für die primäre Produktionsform wie für die sekundäre benannt, sind die Probleme gesellschaftlichen Bewußtseins im Systemvergleich eingefangen wie in der Konfrontation zwischen Bürgern um die Startbahn.

(4) Mit dem Wunsch nach Systemvergleich äußert sich das Wissen um die Verflechtung von eigentumsrechtlichen und verfassungsrechtlichen Problemen wie die Angst vor politischen Mißverständnissen, Diffamierungen und Kriminalisierungen. Die Tutoren können den Wunsch „Systemvergleich" nicht rückbeziehen auf das Staatsrecht als den Teil des gesellschaftlichen Bewußtseins, der im vorliegenden Fall wissenschaftssystematisch zwischen Jurisprudenz, Politologie und Pädagogik vermittelt und darum durchaus *auch* in ein pädagogisches Seminar gehören kann (Beamtenrecht!). So blieben die Tutoren selber im Netz des atomisierten Wissenschaftsbetriebes verfangen: Systemvergleiche waren für sie politologischer Natur!

(5) In den Köpfen der Studenten scheint sich mehr an Entfaltung des Themas Eigentum zur Totalität des gesellschaftlichen Lebens hin abgespielt zu haben, als sie geäußert haben (und die Tutoren deuten konnten). Sonst hätten sie kaum aus den Vorschlägen der Tutoren den berufsrelevanten (Schule und Eigentum) ohne Lehrerhilfe zu einer der o.g. zentralen Kategorien verdichtet, nämlich der Dialektik von Produktion und Aneignung.

(6) Im Phasenverlauf der *Arbeitsorientierten Exemplarik* folgt nach der Eingangsphase (hier Brainstorming und Konkretisierung) die Phase der *Reorganisation* (von Erfahrung) in dem Dreischritt *Entfaltung* (Detaillierung, Konkretisierung, Syste-

matisierung) – *Verdichtung* (Zuspitzung auf die zentralen Kategorien) und erneute *Entfaltung* als Rückwendung zum Lebenszusammenhang (Praxis) aus veränderter Sicht. Nach der Gewinnung der zentralen Kategorie durch die Studenten hätte darum deren Anwendung auf Unterricht bedeutet, Lehrpläne u.a. auf die dort verhandelte Systemgesetzlichkeit zu befragen, nämlich Eigentum als die juristische Regelung von Produktion und Aneignung. Da dies nicht erfolgt, ist die resignative Reaktion der Studenten angemessen, und sie führt, psychosozial logisch, zur Aktivität über die Alternativ-Szene. Die Studenten steigen sozusagen aus.

(7) In den Arbeiten über Freizeit u.ä. dokumentierte sich die aus der Formbestimmtheit der Produktion resultierende Trennung von Arbeit und Freizeit, Arbeit und Leben und die, aus der Sinnentleerung von Erwerbs-Arbeit resultierende (aber verblendete), Sinn-Überfrachtung des arbeitsfreien Privatlebens. Die Lehrer (Tutoren) hatten den Arbeits(seminar)prozeß sinnlos werden lassen; die Studenten wandten sich daher dem Thema Freizeit zu. Die „verbesserten Bedingungen“, die in der Lehrerfrage angeschnitten wurden, konnten lediglich als Bedingungen von Freizeit gedeutet werden.

4. Umgang mit Widerstand und Verschränkung von Lernphasen: ein Beispiel aus der Erwachsenenbildung

Bei der Darstellung der Phasen des Spiralverlaufs haben wir bereits darauf hingewiesen, daß die Übergänge von einer Phase zur anderen fließend vonstatten gehen und daß jede Phase in sich noch einmal mehr oder minder spiralförmig verläuft, weil der psychische Prozeß im Grunde ein ständiger Konfrontationsprozeß ist.

Das folgende Beispiel, prototypisch für weite Bereiche der Erwachsenenbildung, zeigt, das Ineinandergreifen von Konfrontation, Entfaltung und Verdichtung unter besonderer Berücksichtigung der Widerstands-Dynamik.

Die Konfrontationsphase hatte Konflikte befördert, deren Kern es zu fassen galt, damit die darin verborgenen Bedürfnisse als Lernbedürfnisse greifbar würden. Das Beispiel ist relativ ausführlich gehalten. Der Diskussionsverlauf macht nämlich sehr anschaulich, daß die Teilnehmer in Fällen wie dem geschilderten in ihren Verstrickungen verfangen bleiben, wenn der Lehrende nicht gezielt reorganisierend eingreift, das heißt seine *Lehrer*rolle wahrnimmt.

In einem „Blauf" hatte sich nach den Sitzungen in Frankfurt als Arbeitskomplex für die Gruppe herauskristallisiert, daß der Rollenzwiespalt: „Jetzt Student – demnächst Lehrer an kaufmännischen Schulen" zu klären war. In Zusammenhang mit diesem Problem stand die Frage, wie die Gruppe den Umgang mit den Leitern bewältigen würde; es ging um deren Integration oder Desintegration, was bereits zu einer konfliktreichen Sitzung in Frankfurt geführt hatte. Dort war es beinahe zu einer Art Abstimmung darüber gekommen, ob man mit den Leitern gemeinsam beraten und arbeiten oder sie eigentlich nurmehr als Zuschauer dabei haben wollte bzw. als formale Diskussionsleiter ohne sonstige Befugnisse.

Diese Fragen zielten im Kern auf den Gebrauchswert und/oder Tauschwert von Lern- und Arbeitsangeboten der Leiter.

Die ausführliche Vorstellung der Gruppenmitglieder in der ersten Sitzung und die Art, wie die Teilnehmer in der ersten und in der dritten Sitzung diskutiert hatten, hatte bei den Leitern folgenden Eindruck hinterlassen: Die Gruppe spielte ständig eine Art „Verschiebebahnhof", man benutzte permanent die Hilfsverben „sollte, könnte, müßte", ließ sich also nicht direkt und unmittelbar auf Arbeitsangebote ein und packte auch die Arbeit nicht direkt an. Es bestanden Schwierigkeiten im Umgang mit Reglements. Wir Leiter hatten auch den Eindruck, daß die Gruppe jeder Anstrengung auswich und geradezu Angst vor einer intensiveren Auseinandersetzung mit bestimmten Fragen hatte. Die Teilnehmer waren zum großen Teil sehr stark daran interessiert, mehr über sich als Person zu erfahren. Wir bezeichneten (für uns) ihre Interessen als privatistisch. Sie lassen sich mit den Formulierungen „bei den anderen gut ankommen" und „gut rauskommen" kennzeichnen. Es ging also um die Geltung und das Inszenesetzen der eigenen Person. Fast alle Teilnehmer waren sehr stark auf Finanzielles ausgerichtet, etwa mit dem Schlagwort „man ist, was man sich leisten kann". Fast alle erwähnten Erfahrungen aus der Arbeitswelt; aber die Mehrzahl hatte diese Erfahrungen verdrängt. Sie redeten nicht darüber. So, als hätten sie keine gemacht. Auch die Beziehung zu den Eltern und die Erfahrungen mit diesen schienen verdrängt oder in ein rosiges Licht gerückt. Es ließ sich von einigen Teilnehmern geradezu sagen, daß sie von ihrer eigenen Biographie entfremdet waren. Eine Äußerung wie: „Dieser Abend hat gezeigt, wie gleichgültig ein Leben sein kann, wie wenig interessant, wie wenig Fakten darin zählen", beweist dies. Das, was für das Leben wesentlich gewesen war, konnte nicht benannt werden. Kaum wurde es, so schien es, von den Teilnehmern geahnt.

Bei einigen Teilnehmern wurde Zerrissenheit zwischen der bürgerlichen Herkunft und dem Wunsch nach einer proletarischen Herkunft oder zwischen der bürgerlichen Herkunft und dem jetzigen Zusammenleben mit Studenten aus eher proletarischem Milieu sichtbar.Großes Interesse bestand bei allen Teilnehmern an Fragen von Ehe, Partnerschaft und daran, ob man in solchen Partnerschaften glücklich sei oder glücklich sein könne. Das Fazit war: Fast alle Teilnehmer schienen zerrissen und zerfallen in zwei Menschen, nämlich in den Privatmenschen und den Berufsmenschen, den sie beiseite geschoben hatten.

Die Arbeit im Walsertal begann, wie immer, mit einem Plenum nach dem Abendessen. Alle Teilnehmer waren über die Ziele, Inhalte und Verfahren dieses Plenums informiert worden. Sie wußten, daß es anstrengend sein würde, nach einer langen Fahrt noch einem Plenum beizuwohnen. Auch waren alle Teilnehmer über die Fahrtstrecke und über die Dauer der Fahrt informiert und gebeten worden, möglichst vor dem Abendbrot an Ort und Stelle zu sein, um sich noch ein wenig auszuruhen. Das Plenum diente einem Bericht über die bisherige Arbeit der beiden Paralellgruppen mit je 2 Leitern, einem nochmaligen Vergleich der Erwartungen der Studenten mit der Konzeption des Seminars und der Erörterung bereits in Frankfurt verteilter Papiere zu Verfahrensproblemen und zum Spiralverlauf.

Die erste Gruppensitzung am Morgen nach dem Plenum begann mit einem „Blitzlicht", d.h. kurzen Statements reihum, die unter dem Thema „Bericht zur Lage" standen. In diesem Bericht zur Lage wurden nur privatistische Äußerungen getan: „Ich fühle mich topfit"; "es ist noch zu früh"; „ich habe gut geschlafen"; „es geht mir schlecht"; „ich habe eine Magenverstimmung"; „ich habe keine Lust" usw.. Die Leiter äußerten, daß sie sich wünschten, daß mit der Arbeit begonnen würde. Nach einer Pause machte einer der Leiter den Vorschlag, man könne die Arbeit mit der Erörterung des gestrigen Plenums beginnen. Zunächst Schweigen, dann:

Armin: (die Namen sind frei gewählt)	Das Schweigen sei aufschlußreich, man könne da das averbale Verhalten studieren. Das Schweigen sei auch wohltuend.
Jürgen:	Schweigen blockiere.
Karlo:	Es sei doch erwartet worden, daß sie arbeiten, oder…?
Holger:	Er hätte im Plenum zur anderen Gruppe überhaupt keinen Bezug gehabt.
Frank:	Was Karlo's Frage solle.
Leiter:	Was ist mit dem Material, das die Gruppe zusammengetragen hat?
Karlo:	(ziemlich empört) Der Arbeitsauftrag sei zu unstrukturiert gewesen.
Gerda:	Sie hätte die Papiere gestern abend zu theoretisch gefunden. Könnte sich nichts darunter vorstellen, habe den Eindruck gehabt, es solle bewiesen werden, daß die Studenten nichts verstehen. Sie habe auch nichts verstanden.
Karlo:	Ob das Schweigethema schon vom Tisch sei?
Armin:	Da gäbe es doch Widersprüche: Äußerungen zum Plenum und dann gäbe es Arbeitsaufträge; was denn nun sei?
Helmut:	Das Ganze sei unbefriedigend. Wenn schon eine Schweigepause dagewesen sei, dann solle man da weitermachen. Man bekäme ja schon non-verbal was mit, und das sollte jetzt zu Ende gebracht werden.
Frank:	Wodurch denn die momentane Arbeitsbehinderung entstanden sei – und wer es schaffe, das Eis zu brechen. Sei man Arbeitnehmer oder Schüler? Warte man auf die Leiter?
Karlo:	Es sei alles viel zu viel und es sei alles zu wenig strukturiert.
Heinz:	Armin und Karlo sprächen wie Beobachter.
Armin:	Sein Interesse sei das Verhalten der Gruppe; er schätze, was aus der Gruppe erwachse.
Frank:	Er sei durch das Schweigen irritiert.
Helmut:	Das sei nun so, wenn Autoritäten anwesend seien. Die schwebten auf einer wissenschaftlichen Ebene. Die sei zwar nicht zu hoch, aber sprachlich könne alles kürzer ausgedrückt werden.
Hinweis eines Leiters:	Da sei doch eine Nebenkommunikation gewesen

gestern. (Es war abgemacht worden, daß über Arbeitsverläufe möglichst nur in der Gruppe, d.h. in den Gruppensitzungen, kommuniziert werden solle und nicht in der Freizeit, in sogenannter „Nebenkommunikation".)

Frank: In der Nebenkommunikation sei die gleiche Kritik gefallen. Es sei ermüdend gewesen, gestern das Plenum. Eine Anballung von Fremdwörtern. Die vier Leiter hätten alles mögliche breitgewalzt. Sie seien bemüht gewesen, überhaupt etwas zu sagen, wahrscheinlich hätten sie sich profilieren müssen; wahrscheinlich untereinander in einer ganz bestimmten Reihenfolge.

Holger: Ziele und Struktur seien schon richtig gewesen, nur das Wie habe nicht gestimmt.

Karlo: Er hätte lieber mehr activity gehabt; außerdem sei schon die eigene Gruppe zu groß. Man hätte mit der anderen Gruppe erst recht nichts anfangen können.

Leiter: In jeder Gruppe 12 Teilnehmer!

Gerda: Die vielen Fremdwörter, man sei viel zu hoch eingestiegen.

Maria: Es sei viel zu viel.

Karlo: Die Sitzung sei methodisch überhaupt nicht günstig gewesen.

Heinz: Das Plenum sei inhaltlich gut gewesen, es hätte was gebracht. Aber das hätte man auch vorher haben können.

Armin: Er hätte eine Vorstellungsrede und einen Austausch der Gruppen erwartet.

Maria: Das Plenum sei Augenwischerei gewesen. Natürlich werde zwischen den Gruppen Konkurrenz auftauchen; es bestünde ein Gefälle zwischen den Leitern der beiden Gruppen. Warum das nicht in Frankfurt längst aufgeklärt worden sei.

Heinz: Er habe Angst vor der Konkurrenz der Gruppen untereinander.

Armin: Er habe schon die Tatsache, daß die anderen ein Papier hatten, nämlich eins über ihre Erwartungen an das „Blauf" als Vorpreschen empfunden.

Heinz: Es sei ein Elend, daß man die Leute nicht kenne.

Gerda: Man solle halt mit den anderen gemeinsam am Tisch sitzen und die Freizeit mit ihnen verbringen.

Bernd: Man könne ja auch mit denen arbeiten, könne ja auch das eine oder andere austauschen oder pendeln, man brauche ja nicht auf eine Gruppe fixiert zu sein.

Jürgen: Ob das aber sinnvoll sei! Das sei doch illusionär, man könne jetzt nicht mehr umsteigen, selbst im Privatbereich nicht.

Bernd: In der Schule müsse man auch mit vielen Leuten fertig werden.

Armin: Der Gruppenprozeß sei doch getötet, wenn ein Pendeln zwischen den Gruppen begänne. Er habe auch Angst, daß die Gruppe dann nicht mehr stark genug sei.

Hier greift einer der Leiter ein und stellt eine Aufgabe: Die Teilnehmer sollen stichwortartig schriftlich und einzeln (10 Minuten Zeit) rekapitulierend festhalten, worauf sich das bisher Gesagte bezogen habe und welche Bedeutung es für den weiteren Lernprozeß habe.
Die folgenden Komplexe wurden von den Teilnehmern genannt:

- *Das Schweigen*, das zu Anfang der Sitzung in der Gruppe geherrscht hatte. Die Kommentare, die sich daran heften, lauten etwa:„Die Gruppe müßte anders diskutieren lernen; sie dürfe nicht so abblocken, sie dürfe nicht so oberflächlich und sprunghaft mit den Themen umgehen“.
- *Das Plenum* des Vorabends. Das Sprachverhalten der Leiter, so wird kommentiert, sei viel zu hoch gewesen; es sei betont wissenschaftlich gesprochen worden, man müsse sich ja fast schämen, wenn man nicht wissenschaftlich spreche und sich dafür entschuldigen. Die Studenten hätten überhaupt nicht mitreden können und das sei auch so beabsichtigt gewesen. Stellungnahmen der Studenten seien überhaupt nicht möglich gewesen. Dafür seien die Beiträge der Leiter redundant, ständig wiederholend.
- *Die Kooperation* bzw. *Konkurrenz* der beiden Gruppen im Walsertal-Blauf: Die Frage, wer für den Fortgang der Arbeit in der Gruppe verantwortlich sei, die Teamer oder die Gesamtgruppe.
- *Die Konkurrenz der Gruppenmitglieder* untereinander, insbesondere zwischen Armin und Frank.

  Ferner kommt es noch zu einem mehrfach bestätigten Tadel über die Blitzaufgabe zu Beginn der Sitzung und auch über die jetzige Zwischenaufgabe, weil ein Leiter sie gestellt habe.

Es ist zunächst zu fragen, warum die Leiter die Diskussion gerade bis zu der o.a. Äußerung von Armin sich entwickeln ließen.

Nun, ihre individuelle Einschätzung war die, daß bis dahin alle wesentlichen Bedürfnisse ausreichend klar und zu wiederholten Malen ausgesprochen waren und daß jetzt damit begonnen werden konnte und mußte, die Bedürfnisse so zu ordnen, daß sie der Reflexion zugänglich würden. Die privatistischen Äußerungen der „Blitzrunde" und das Schweigen zu Anfang hatten Leistungsangst signalisiert. Dies bewies die „Schelte" über die „hochgestochene" wissenschaftliche Sprache. Die Angst hatte drei Gerichtetheiten kommunikativer Natur und zwei Tiefendimensionen bezüglich sozialer Verortung. Die Gerichtetheiten und Dimensionen waren miteiander verknüpft. Die *Gerichtetheiten* bezogen sich

a) auf die Leiter und waren insofern Angst vor negativer Benotung sowohl im engeren schulischen Sinne wie hinsichtlich des Bedürfnisses nach Anerkennung als Person;
b) auf die übrigen Gruppenmitglieder , und sie waren insofern gekennzeichnet sowohl vom Wunsch nach Anerkennung und Beliebtheit wie nach Überlegenheit;
c) auf die Parallelgruppe im gleichen Sinne wie unter b) skizziert.

Die soziale *Verortung* betraf die Übernahme der Lehrerrolle und mit ihr verknüpft die Frage, wie wissenschaftlich man dafür zu werden habe und was dann aus Beziehungen und Kontakten zu Nicht-Akademikern, z.B. zu Eltern und Partnern, würde.
Die Arbeitsaufgabe an die Studenten diente dazu, diese Komplexe ins Bewußtsein zu rücken, indem das bisher Gesagte nicht vergessen, sondern als Lernmaterial benutzt werden sollte.
Der Ärger, der über den Arbeitsauftrag formuliert wurde, resultierte aus der Leistungsangst und ihrer Äußerung in Konkurrenzverhalten gegenüber den Lehrenden. (Würde es gelingen, sie als Urteilende mattzusetzen?). Er war zugleich der Ausdruck der Kränkung darüber, daß man ohne Leiter anscheinend in Gefahr geriet, aneinander vorbei zu reden und zum Schluß ohne Ergebnisse dazustehen.
Die Zusammenfassung der Studenten war objektiv richtig. In ihrem Mittelpunkt standen Konkurrenzängste und Leistungsängste und diese machten sich genau an *der* Verkehrsform fest, die im „Blauf" im Zentrum steht und die unverschleiert (akademisches) Wissen und Sensibilität offenbart: der Sprache nämlich.
Da Angriff als beste Verteidigung erscheint und die größte Bedrohung von den Leitern ausgeht, werden zunächst diese attackiert.

Wie nun aber die Studenten dazu führen, daß sie dies erkennen; daß sie keine Möglichkeit des Ausweichens haben?

Wir schlagen vor, das Plenum zu spielen, und zwar insbesondere so, daß unser Sprachverhalten korrigiert würde. Es sollte alternatives Sprachverhalten und die Möglichkeit dazu sichtbar werden und es sollte das Konkurrenzverhalten angegangen werden zwischen den Gruppen und den Gruppenmitgliedern, aber auch das zwischen den Leitern der Gruppen.

Nach dem Spiel fragen die Leiter, wo der qualitative Unterschied zum wirklichen Plenum gelegen habe bzw. liege.
Die Teilnehmer sehen das Folgende:
Man habe sich beim Rollenspiel wohler gefühlt, weil es von den Teilnehmern gekommen sei. Zwar sei das Sprachverhalten diffuser gewesen als im Plenum am Vorabend , dennoch habe es klarer *gewirkt.* Vielleicht, weil man ausgeruht gewesen sei. Man habe das Ganze als zusammenhängender empfunden; aber vielleicht auch, weil man es das zweite Mal gehört habe. Sprachlich sei kein Unterschied gewesen.
Einige Teilnehmer wehren sich gegen den Vergleich u.a. auch damit, daß sie sich in der kurzen Zeit sich nicht richtig hätten vorbereiten können und daß die Arbeitsaufgabe sie überfordert habe. Einige fühlten sich „angemacht“ bei der Aufforderung, es besser zu machen als die Leiter.
Das Sprechen der Studenten sei aber in jedem Falle menschlicher gewesen als das der Leiter im Plenum.

In einem Tafelanschrieb werden die Widersprüche der Studenten zusammengestellt, die darauf hinauslaufen, daß in dem von den Studenten vorgeführten Plenum die sprachlichen Äußerungen verwaschener, unverbindlicher, weniger klar gewesen seien, daß der Lernprozeß und die Lernaufgabe diffuser gewesen seien , daß man sich aber dennoch behaglicher gefühlt habe und daß man dennoch alles besser verstanden habe.
Wie läßt sich dieser Widerspruch erklären?
Mit dieser Frage endet die erste Sitzung und beginnt die zweite Sitzung am Nachmittag.

Heinz:	Die Leiter hätten die berechtigte Kritik der Studenten an ihnen unter den Tisch fallen lassen. Sie schöben alles von sich und reduzierten es auf Konflikte, die die Studenten untereinander hätten.
Maria:	Nicht die Materie, um die es gegangen sei, sei zu

hoch gewesen im Plenum, sondern die Sprache der Leiter.

Karlo: Ihm habe nicht gefallen, daß es auf einmal so ausgesehen habe, daß bei den Leitern alles klar, also die Sprache insbesondere klar gewesen sei. Er habe Klarheit weder im gespielten noch im wirklichen Plenum empfunden.

Gerda: Doch, sie glaube, sie hätte die Leiter im Plenum begriffen.

Jürgen: Offensichtlich bestünden doch Widersprüche, aber woher? Die seien doch viel gravierender und es ginge nicht nur um Nuancen.

Gerda: Er mache sich lächerlich.

Karlo: Mit der Klarheit sei doch die Wissenschaftssprache nur gerechtfertigt worden.

Armin: Fragt, ob die Skizze, die die Leiterin über die Widersprüche an die Tafel geschrieben habe, richtig sei und ob ihre Folgerungen richtig gewesen seien oder ob nicht etwas „unterschlagen" worden wäre. Er auf jeden Fall fände die Gegenüberstellung nicht richtig.

Rolf: Er habe beim Tafefanschrieb das Gefühl gehabt, da würde was konstruiert zur Verteidigung. Zur Verteidigung, weil die Leiter sich und ihre wissenschaftliche Sprache angegriffen gefühlt hätten. Vor allen Dingen, daß die wissenschaftliche Sprache nicht als menschlich gelte. Aber statt sich zu verteidigen, sollte lieber darauf geachtet werden, daß es um ein partnerschaftliches Gespräch gehen müsse.

Armin: Es gehe doch um den Streit umgangssprachliche versus wissenschaftliche als präzisere Sprache. Was denn vom Lernen her ergiebiger sei. Wenn das Halbwissenschaftliche doch stärker motiviere, dann sei das doch wohl das Ergiebigere!

Heinz: Bei wissenschaftlicher Sprache oder Wissenschaft überhaupt müsse man kauen. Seine Erfahrungen seien die des Erschlagenwerdens; auch des Nachkauens für die Prüfung.

Erwin: Er habe sich beim Tafelanschrieb übertölpelt gefühlt.

Karlo: Es sei jetzt von Wissenschaft, von Autorität, von

Sprache die Rede, das sei so alles gar nicht zu bewältigen.

Rolf: Aber beim Trennen gehe ein komplexer Sachverhalt verloren.

Armin: Wiederholt seine Frage, was denn ergiebiger sei, nicht gesteuerter Stil oder eine Vorlesung im Seminarstil.

Jürgen: Macht darauf aufmerksam, daß man heute weniger Druck als gestern empfinde.

Armin: Ja, weil sie die Stunde selber hielten!

Bernd: Woher kommen denn Behagen und Unbehagen? Hier wird doch um den heißen Brei herumgeredet.

Gerda: Vielleicht bestehe Angst vor wissenschaftlichem Arbeiten, weil es nicht verstanden werde und weil überhaupt die Materie nicht verstanden werde, weil es zu hoch sei.

Helmut: Er habe noch Kontakt zu anderen Menschen als Studenten. Er könne seine Sprache umstellen. Studenten sprächen für Arbeiter zu arrogant. Professoren seien sowieso abgeschrieben. Er sähe nicht ein, daß man immer die wissenschaftliche Ebene einnehmen müsse. Er habe auch Angst, sich das anzugewöhnen und dadurch den Kontakt zu seinen nicht akademischen Freunden zu verlieren.

Frank: Pflichtet dem bei.

Helmut: Du pflichtest mir bei, tadelst mich aber gleichzeitig, weil ich auch Fremdwörter benutze. Willst Du mich disqualifizieren?

Frank: Warum kompliziert ausdrücken, wenn es anders geht. Das Spiralpapier sei ja fürchterlich gewesen, das müsse man ja übersetzen. Das Plenum sei ein einziger Einschüchterungsversuch gewesen, von vorneherein so geplant.

Rolf: Sieht auch ein gesellschaftliches Problem: Wissenschaftssprache sei Herrschaftssprache – systemerhaltend. Und es sei ganz gut, wenn die Leiter nun mal die Kritik annehmen würden!

Armin: Vielleicht solle man das Ganze aber auch nicht überbewerten. Es gehe ja nicht nur um Fremdwörter. Vielleicht seien Fachausdrücke hier und da auch nötig.

Holger: Aber durch diese Sprache blieben Teile der Bevölkerung draußen.

Heinz: Es gehe nicht um Fremdwörter sondern darum, daß in den Papieren, die im Plenum verteilt worden seien, etwas Kompliziertes stehe, daß sie selber nicht erarbeitet hätten. Außerdem habe er etwas gegen Autoritäten!

Hier nun wird von den Leitern unterbrochen, und es werden die beiden Protokollantinnen gebeten, die Hauptkomplexe der Diskussion zu nennen (wofür sie einige Minuten Vorbereitungszeit haben).
Es ergeben sich drei Großgruppen, die noch einmal untergliedert sind.
Der erste Komplex der Äußerungen umfaßt Verteidigungsreden insbesondere dadurch, daß das Verhalten und die Sprache der Leiter als Abwehr der Kritik, als Herrschaftsallüren u.ä. etikettiert wird.
In einer zweiten Untergruppe von Äußerungen geht es um die Rolle der Wissenschaftssprache und ihre Funktion in dieser Gesellschaft:Sprache und Herrschaft, Schichtenspezifik von Sprache.
Schließlich als dritte Untergruppe die immer wieder von Armin eingebrachte, aber von niemand aufgegriffene Frage nach der Funktion von Sprache als Methode, als Motivationsmittel.
Vierter Unterpunkt: Die Schwierigkeiten, mit der Rollenzuschreibung fertig zu werden; nämlich nicht nur den Professoren die wissenschaftliche Sprache zuzuschieben, sondern sie selber zu benutzen. Im fünften Unterpunkt geht es um Konflikte, die unter den Studenten aufzulodern beginnen.
Neben dieser inhaltlichen Gliederung ergab sich eine Gliederungsmöglichkeit der Diskussion nach Beiträgen, die aufgegriffen und weiterentwickelt wurden und solchen, die liegen blieben. –
„Schön. Aber wie wurde denn die Frage, mit der die Sitzung begonnen hatte, beantwortet?"
Auf diese Frage der Leiterin hin brach die Wut los. Was denn die Diskussion in dieser ersten Hälfte der Sitzung anderes gewesen sei als Beantwortung. Aber sie genüge wohl nicht, weil sie nicht wissenschaftlich genug formuliert sei!

Wir Leiter beraumten eine kleine Pause an und baten dann hinaus zum Spielen auf dem Rasen.
Wir schlugen der Gruppe vor, sich an den Ballspielen zu beteiligen. Das erste bestand darin,daß die sogenannten Autoritäten, d.h. die Leiter, den Studenten den Ball zuwarfen, den diese abzuschmet-

tern hatten. Das zweite Spiel bestand in einem gegenseitigen Zuwerfen im Kreis und das dritte war ein Völkerballspiel.
Nach den Spielen, zurück im Sitzungsraum, fragt ein Student ganz spontan, wie sich denn die Leiter fühlten! Sie stünden ja immer noch draußen; wie sie das aushielten. Kein Ball sei ihnen zugeworfen worden und beim Völkerballspiel seien sie als letzte in die Gruppen gewählt worden. Ein anderer fragt, warum die Spiele gerade jetzt gemacht worden seien, ob man einen Schnitt durch die Gruppe habe ziehen wollen, sehen wollen, wo Sympathien und Antipathien lägen.
Der Zusammenhang zwischen dem Diskussionsverlauf am Nachmittag, in dem der Arbeitsauftrag nicht aufgegriffen wurde, und dem ersten Spiel, in dem die Bälle, die die Leiter zuspielten, abgeschmettert wurden, wird klar gesehen. So kommt es aufgrund der Sinnfälligkeit der Spiele dazu, daß es in der Gruppe Thema wird, daß einerseits über die Angebote der Autoritäten gewettert wird, andererseits das, was die Autoritäten anbieten, nicht angenommen wird; daß man sie integrieren will und andererseits doch nicht bei sich haben will, wie die Ballspiele zeigen. Außerdem haben die Ballspiele klar bewiesen, wie leicht die Studenten sich fremdbestimmten, festen Reglements unterwerfen, sie akzeptieren und befolgen, während sie eher offenere Angebote, die sie selber gestalten müssen, abwehren.
Mit den Äußerungen der Studenten sind zwei von Frankfurt mit ins Walsertal gebrachte Arbeitsaufträge neu verknüpft wieder auf dem Tisch. Es geht um die sogenannte Doppelrolle der Studenten, nämlich hier Student sein mit einer konsumtiven Haltung, sich aber gleichzeitig auf die Lehrerrolle vorbereiten zu wollen; andererseits darum, daß diese Lehrerrolle dort, wo die Leiter sie ausüben, abgelehnt wird. Damit ist das Integrationsproblem der Leiter verwoben, nämlich: Wie können Studenten und Leiter zu einer gemeinsamen Arbeit gelangen? Gleichzeitig ist angesprochen, daß die Studenten diesen Problemkomplex so handhaben, daß sie sich selbst, vor allen Dingen aber auch die Leiter immer wieder in eine Beziehungsfalle, in ein sogenanntes double-bind nehmen. Quer zu dieser Problematik liegt das Thema Sprache, insbesondere Wissenschaftssprache und Herrschaft, das auf der Seite der Verkehrsformen die knotenpunktartige Verdichtung der Doppelproblematik Lehrer- Schülerrolle, Leiter- Studentenrolle darstellt. In der Sprache bündelt sich die gesamte Sozialproblematik als schichtenspezifische und kombiniert sich mit Kompetenzansprüchen und Kompetenzwünschen als Frage danach, was Wissenschaft für die Lehrertätigkeit tauge.

Die Problematik, um die es geht, ist nun artikuliert, sie ist auch zusätzlich sinnlich erfahrbar geworden. Die Studenten finden aber den springenden Punkt nicht, weil sie die Zusammenhänge nicht sehen.
In der Konfrontationsphase, das heißt, in den Sitzungen in Frankfurt, vor allem aber im Plenum im Walsertal, waren schlaglichtartig die Dimensionen des Gesellschaftlichen Implikationszusammenhangs ins Bewußtsein getreten, die sich aus einer intensiven Auseinandersetzung mit dem Leitbild des Lehrers ergeben. Dessen, d.h. des Lehrers, gewichtigstes Kommunikationsmittel bzw. *die* zentrale Verkehrsform in Lehr- Lernprozessen, nämlich die Sprache, wurde zum Thema bzw. zur Komplexion. In der hier geschilderten Entfaltungsphase wurde sie entwickelt.
Die Produktionsformen-Bereiche kamen mit der Frage nach dem Nutzen von Fachsprache ebenso in den Blick wie die soziale Hierarchie von Berufen und die Ausübung von Herrschaft über deren Verkehrsformen. Die soziale Funktion der Verkehrsformen (hier der Sprache) war damit als private *und* als öffentliche benannt.
Verdichtet und auf den Punkt gebracht wurde das Lernbedürfnis der Studenten, nämlich Klarheit zu erhalten über die soziale Rolle des Lehrers, über die notwendige Fach-, Sozial- und Selbstkompetenz und die Sprache als sozialer Mittler durch eine Tafelskizze der Gruppenleiter. Sie zeigte eine liegende Acht als „Die soziale Funktion der Sprache“, deren Bewegung Gegensatzpaare durchläuft: Herrschaft und Knechtschaft; Privatheit und Öffentlichkeit; Konkurrenz und Solidarität; Isolation und Geborgenheit; Verbindung und Trennung; Aufklärung und Verschleierung; Komplexität und Elementarität. Der Tafelanschrieb erhielt verdichtende Funktion, insofern er die Bedürfnisse *und* die Ängste, pädagogisch Spezielles *und* gesellschaftlich Allgemeines zum Ausdruck brachte und zugleich die vorhergegangene Diskussionsphase komprimierte.
Die *Entfaltung 2* bestand dann in der Erörterung der Gegensatzpaare insbesondere im Hinblick auf die berufliche Ausbildung, das spätere Arbeitsfeld der Seminarteilnehmer.

5. Sinnfällig-Machen durch Spiele und Medien: Zwei Beispiele zum Sozialen Lernen aus Lehrerbildung und Jugendarbeit

Wir haben im ersten Kapitel geschildert, wie Lernende aufgrund der gesellschaftlichen Verhältnisse sich selber in der Wendung der Erfahrungen zu Erkenntnissen und zu deren Aneignung im Wege stehen können. Atomisiertes Wissen und Schwierigkeiten, in Zusammenhängen zu denken, Verblendungen hinsichtlich des Erkennens von Ursache-Wirkungs-Gefügen; ausgeprägte Sanktionsängste und Behinderungen im Zugang zu den eigenen Bedürfnissen haben wir als hauptsächliche Barrieren für ein Lernen benannt, das Konkreszenz ermöglichen soll und nicht nach der Prüfung vergessen wird.
Da die Blockseminare außerhalb Frankfurts der Klärung des Lehrerleitbildes dienen, sind die Widerstände gegen das Lernen in diesem Seminar besonders ausgeprägt. Wo verbal gearbeitet wird, äußern sie sich in vielfältigen Ausweichmanövern.
Im vorigen Beispiel haben wir geschildert, wie durch Sinnfällig-Machen solches Ausweichen angehalten und produktiv gewendet werden kann. In den „Blaufs" dienen dazu vorzugsweise Spiele. Sie haben zweierlei Funktion: Erstens Lockerung, Entkrampfung und Angstminderung, wonach kognitve Prozesse überhaupt erst in Gang kommen und zielgerichtet fortgesetzt werden können und zweitens unmittelbare Verdichtungs-Hilfe.
Die Verdichtung enthält ja die Zuspitzung der individuellen Bedürfnisstruktur einerseits, der gesellschaftlichen Widersprüche andererseits und fängt beide in ein und demselben Begriff bzw. in ein und derselben Aussage ein. Die Verdichtung stellt den Wendepunkt dar, von dem die Reorganisation in der zweiten Entfaltungsphase ihren Ausgang nimmt.
Wir haben darauf hingewiesen, daß die Verdichtung der Analyse von Erscheinung und Wesen, Totalität und Elementen erwächst. Es hat dies ausschlaggebende Bedeutung für das Sinnfällig-Machen. Das heißt, dieses muß Wesenhaftes zum Ausdruck bringen und die Einheit von Ganzem und Teilen. Wir halten, da sie solches nicht leisten, die gängigen Interaktionsspiele (z.B. Vopel, 1976) für fragwürdig, wenn nicht bedenklich; es sei denn, sie werden im

jeweiligen Implikationszusammenhang „umfunktioniert". Auch szenische Darstellungen (meist pauschal als Rollenspiele bezeichnet), die lediglich wiederholend vorführen sollen, wie etwas war, dienen nicht der Verdichtung. Zu spielen, „wie etwas war", bewirkt nur Reproduktion des Befangen- und Verfahren-Seins in der aktuellen Situation, rückt nichts als die Erscheinungsform vor Augen, die ja, isoliert betrachtet, die Wesensstruktur gerade verdeckt. Für die Verdichtung sind darum die Veranschaulichungen dessen erforderlich, das bislang nicht in den Blick geriet. Es müssen daher für das Spielen Vorgaben gemacht werden, die Verfremdungseffekte bewirken bzw. im Sinne der Exemplarik analoge Situationen herstellen.
Dies wird im folgenden Beispiel geschildert.

5.1 Das Bus-Spiel
Eine szenische Ergründung und Lösung von Konflikten

Am Ende des dritten Arbeitstages findet in unseren „Blaufs" das sogenannte Mittelplenum statt. Es dient dem Informationsaustausch der Parallelgruppen.
Zunächst findet in Vierergruppen (je zwei Teilnehmer aus jeder Gruppe; die Paare tun sich freiwillig zusammen und haben ausreichend Zeit zur Vorbereitung) ein wechselseitiges Berichten statt. In der anschließenden Plenarrunde ist Gelegenheit zur Erörterung der Parallelitäten, aber auch der Andersartigkeiten der Gruppen gegeben.
Diese Plenen sind außerordentlich unbeliebt, weil ihre Zielstellung den wunden Punkt des Verhältnisses von Kompetenz und Konkurrenz zueinander betrifft.
In der Schulpraxis ist die Konkurrenz zwischen Parallelklassen ein Faktum. Unter den Interessengruppen, nämlich Schülern, Lehrern, Schulleitung und Eltern, wird die Konkurrenz häufig aus unterschiedlichsten Motiven und mit unterschiedlich offenen oder subtilen Mitteln geschürt; oft ist sie einfach da und keiner weiß, wieso.
Auch in den „Blaufs" war das, was wir den Parallelklassen-Effekt nennen, Realität. In der Zeit, aus der das Bus-Beispiel stammt, war dies besonders stark der Fall. Die vier Lehrenden hatten einen je unterschiedlichen Status, personalrechtlich betrachtet. Die Gruppen arbeiteten zwar zur gleichen Zielstellung und auf der Ba-

Druckfehler – Korrektur

Arbeitsorientierte Exemplarik

Wir bitten den Leser, die folgenden Ergänzungen und Korrekturen zu berücksichtigen:

S. 3/4 Die vollen Autorennamen lauten:
Ingrid Lisop
Richard Huisinga

S. 5 Die unter Kapitel 4.2 aufgeführten „Beispiele“ gehören zu Punkt 4.1 und sind – korrekt – auf S. 39 ff abgedruckt.

S. 8 Der Punkt 3.4 des vierten Kapitels beginnt auf S. 166

S. 10 Es fehlen:
„Verzeichnis der verwendeten Literatur, S. 272 “

„Literatur zur Chronologie der Trends in der Didaktik von 1970 bis 1980 (R.H.), S. 287 “

S. 39 In der Überschrift heißt es richtig „Konflikterfahrungen“

S. 134 In der Zeile „Zentralbegriff“ und der Spalte „Kybern. Did.“ ist „u. Verhaltens-“ zu streichen

Die arbeitstechnische und die ökonomische Seite der Erstellung des Buches erzwangen es, auf die vollständige Korrektur der Druckfehler zu verzichten, die den Sinn nicht entstellen. Wir bitten den Leser hierfür um Verständnis und um wohlwollendes Darüber-Hinweg-Lesen.

Ingrid Lisop
Richard Huisinga

Korrigierte Graphik S. 140

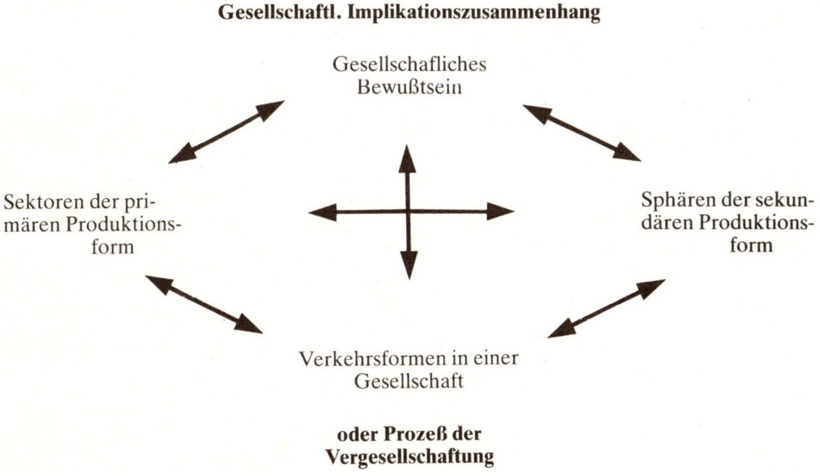

Korrigierte Graphik Seite 203

Poren ↗ Schweißdrüsen → Wärmeregulierung
Poren ↘ Talgdrüsen → ?

oder

Poren ↗ Schweiß
Poren ↘ Pusteln

sis der gleichen Lektüre, aber nach unterschiedlichen Konzepten. Diese waren offen als solche dargelegt und begründet worden. Das eine auf der Basis der *Arbeitsorientierten Exemplarik*, das andere auf der Basis eines Integrationsversuches von themenzentrierter Interaktion und Psychodrama. Die eine Guppe stärker zu gleichzeitiger didaktischer Ausbildung neigend (Reflexion aller Lernphasen aus dem Implikationszusammenhang heraus), die andere mehr zur Beförderung individuellen Wachstums im Sinne der Humanistischen Psychologie. Die eine Gruppe fachsprachen-zugewandt; die andere eher abgewandt.

Das Plenum enthielt folglich Sprengstoff. Günstigstenfalls – so dachten wir – würde es die Unterschiede so zur Sprache gelangen lassen, daß eine sachliche Betrachtung aus didaktischer Sicht und damit die Milderung der Konkurrenzängste möglich würde; im ungünstigsten Fall würde man sich wechselseitig beschimpfen und fortan nicht mehr miteinander reden.

„Chefgruppe“ und „Kriecher“ waren die mildesten Antworten auf die Versuche unserer, d.h. der Autoren Gruppe, im Plenum aus dem Kategoriengefüge der Didaktik heraus darzustellen, zu fragen und zu vergleichen, um es nicht bei einer Erzählstunde über Spiele zu belassen.

Die Aufarbeitung des Plenums in der Gruppensitzung am nächsten Vormittag zeigte sehr unterschiedliche Reaktionen auf Plenum und Beschimpfungen. Freude und geradezu Euphorie, zum erstenmal bei längerem Zuhören nicht den Faden verloren zu haben; erstmals erfahren zu haben, daß man Lernerfahrungen artikulieren könne; zu sehen, wozu eine didaktische Struktur diene usf..

Aber auch Resignation und Enttäuschung darüber, daß kompetentes Verhalten Sympathieverlust erbracht hatte.

Am Ende der Sitzung formuliert die Gruppe als Globalziel für die weitere Arbeit:„Die Kompetenzangst und der damit einhergehenden Passivität bzw. dem Sich-Verstecken und der Mißachtung der eigenen Fähigkeiten zu Leibe zu rücken und an Beispielen die Vermittlung von Theorie und Praxis in pädagogischem Tun zu klären“.

Dann folgte der übliche halbe freie Tag ohne Arbeitssitzungen.

Am nächsten Vormittag beginnt die Sitzung wie üblich. Wiederholung der Globalziele vom Vortage. Eine Runde Statements zum allgemeinen Befinden.

Sodann Versuch der Präzisierung der Globalziele durch Äußerungen von Wünschen für Komplexionen und für Verrfahren.

Aber statt aufgabenbezogener Antworten werden Albernheiten ausgetauscht, wird hin und wieder geplänkelt, werden die Gruppenleiter zu Witzfiguren stilisiert.

Als sich dies nach etwa einer viertel Stunde totgelaufen hat, äußert sich ein Teilnehmer, er würde ja gerne zur Konkretisierung der Ziele etwas sagen, aber er könne nicht, weil er vom vorhergehenden Abend noch zu beunruhigt sei und erst wissen müsse, wie es den anderen ginge.
Dem folgen reihum Äußerungen, aus denen die Leiter außer Stolz, Scham, Müdigkeit, Schuld, Unverständnis nur entnehmen können, daß es abends einen Teilgruppenstreit gegeben hat, der während seines Höhepunktes mindestens drei Stunden währte. Alle Versuche der Leiter, Näheres zu erfahren oder zur Tagesordnung überzugehen, bleiben erfolglos.
Schließlich einer der Leiter:„Die Aufgabe, über den gestrigen Konflikt ohne Wertung, aber konkret und detailliert zu berichten, gilt jetzt als gesetzt!“
Nach kurzer Verblüffung erzählen die Teilnehmer, sich reihum ergänzend:
Zwei Teilgruppen seien in der nahen Kleinstadt gewesen und hätten sich, in ausgelassener Stimmung, an der nur M. nicht so recht teilnahm, getroffen. Es sei beschlossen worden, noch gemeinsam abendessen zu gehen, und zwar im Wienerwald, weil das das billigste Lokal sei. Darüber sei es schon zum Streit gekommen. M. habe sich „hochnäsig“ geweigert. Er hätte etwas „Anständiges“und in einem gediegenen Lokal essen wollen. Dann sei M. zwar doch mitgekommen. Aber natürlich habe es Dispute über Geld, Lebensweise u.ä. gegeben. Auf einmal aber sei die Stimmung ganz lustig und ausgelasssen geworden, bis einer ins Lokal gerufen habe: „Leute, schaut her, wir sind nämlich alle Lehrer!“ Das sei aber wohl „als Höhepunkt des Chaos“ eingesehen worden, weshalb man das Lokal verlassen habe, nach Hause gezogen sei und dort im Eßsaal, um aneinandergerückte Tische geschart, weitergefeiert habe. Tja, und dann sei die Wirtschaftsleiterin erschienen, habe darauf hingewiesen, daß der Raum schon gereinigt und fürs Frühstück vorbereitet sei und daß die Hausmädchen „nur Arbeiterinnen“ und keine Studentinnen seien.
Man habe aufgeräumt und dabei bemerkt, daß M. nicht mehr anwesend war, woraufhin in der Bar und auf den Zimmern die Diskussion erst richtig entbrannt sei.
Über deren Inhalt wird nun nichts geäußert. Statt dessen ist nur zu erfahren, daß der eine „auf den Putz gehauen habe, „immer wieder“, der andere als „Klassensprecher“ erlebt wurde, der dritte sich als „Drahtzieher“ sah, der vierte den fünften als „an die Wand“ gedrückt.
Die Leiter beenden die Diskussion und schlagen nach kurzer Bera-

tung ein Stegreif-Spiel vor:
Eine Kreisstadt, mittags gegen zwei, am Busbahnhof und dann im Bus, der über die Dörfer fährt. Die Insassen sind Schüler und Erwachsene. Unter diesen ältere und jüngere; Arbeiter von der Frühschicht, Einkäuferinnen, Personen, die vom Arztbesuch kommen u.v.m.. Sechs Studenten sollten die Schüler, sechs die Erwachsenen, spielen. Man sollte in der jeweiligen Teilgruppe überlegen, welches die Befindlichkeit, welches die Bedürfnisse bei der Abfahrt des Busses seien und was man bei entsprechendem Verhalten von der anderen Fahrgast-Gruppe erwarte.
Nun, ein „Fahrschüler" sitzt ruhig da und liest. Die anderen sind mehr oder minder außer Rand und Band; lautstark; werfen Schultaschen; treten Erwachsenen auf die Füße; stoßen Einkaufstaschen um usw.. Auf der Erwachsenenseite ein entsprechend breites Spektrum von Reaktionen. Wir brauchen das nicht im einzelnen auszuführen.
Das Spiel wogt geradezu und erst nach fast zwanzig Minuten zeigen sich die ersten Erscheinungen von Ermattung, wird abgebrochen.
Dem Spielen schließt sich zuerst eine Unterrichtssequenz an, in der jeder sich spontan in Bezug auf irgendeinen Gesichtspunkt äußert. Wir halten einige Begriffe an der Tafel fest, so wie sie der Reihe nach genannt werden:
Identität – Freiheit – Schülerrolle – Erlebnisfähigkeit – Mitgefühl – Verständnis – Solidarität – power play – sozialer Aufschneider – Opamoral.
Der folgenden Unterrichtssequenz liegt eine Aufgabe zugrunde. Ganz offensichtlich – so die Meinung der Gruppenleiter – habe es zwei Bedürfnisdimensionen oder -schichten im Spiel gegeben. Die eine betreffe sozusagen die leib-seelische Befindlichkeit und eine dieser entsprechende Form von Lebensäußerung im Tageslauf und Arbeitsrhythmus: die einen benötigten Ruhe; die anderen Ausgelassenheit. Die andere Dimension betreffe das soziale Gefüge unserer Gesellschaft, nämlich Klassen, Schichten, Gruppen und deren Rechte und Pflichten, Sitten und Gewohnheiten. Den beiden so umrissenen Bedürfniskomplexen sollen verbale Äußerungen und Verhaltensweisen aus dem Bus-Spiel zugeordnet werden, und zwar in zwei Spalten an der Tafel.
Als dies geschehen ist und der Blick vergleichend auf die beiden Spalten und die Stichworte aus der ersten Sequenz nach dem Spiel gerichtet wird, fällt es wie Schuppen von den Augen, was mit dem Streit am Vorabend ausgetragen wurde. Ein Student formuliert es als „Kampf um die Geltung des eigenen Lehrerleitbildes als Such-Kampf um die soziale Identität". Es sei aufgrund des Plenums so-

zusagen der soziale Schmelztiegel der Gruppe übergekocht. Es sei ja wohl so, daß in der Gruppe fast jeder jedem gegenüber ebenso ausgeprägt Überlegenheit wie Minderwertigkeit empfunden habe. Nicht nur wisse man, daß es Arbeitersöhne und Direktorentöchterlein gebe, solche, die noch ihre Füße unter den Tisch der Eltern strecken und andere, die schon mit zwölf Jahren zum Unterhalt der Familie beitragen mußten; diplomierte und beruflich sowie im politischen Kampf Erfahrene und solche im dritten Semester, die ihre studienfreie Zeit mit Häkeln verbrächten. Auch die Art sich zu kleiden, zu sprechen, zu essen, eine Tasse zum Nachfüllen zu reichen, von den einen oder von den anderen praktiziert, führe stündlich neu die sozialen Unterschiede vor Augen!
Die Angst der Studenten vor der Übernahme von Kompetenzen – und damit ist der Anschluß an die o.a. Globalthematik wiedergewonnen – resultierte also aus der eigenen sozialen Zerrissenheit. Einer Zerrissenheit zwischen Herkunftsmilieu, Studenten-Dasein und dem zukünftigen Status als Lehrer. Aber auch zwischen den je widersprüchlichen Bewertungen, die hin und her zerrten. Kompetenz anzuwenden bedeutet unter solchen Umständen, sich in der Handhabung der Verkehrsformen so oder so sozial zu „entlarven". In einem Theorie-Seminar hätten sich an diese Verdichtung als Phase der Entfaltung 2 Studien zur Rollentheorie, zur Klassentheorie, zur Sozialisationstheorie o.ä. angeschlossen. Im „Blauf" wurden nur entsprechende Perspektiven für theoretische Studien gezeigt. Praktisch folgten Übungen zum Kommunikationstraining im Umgang mit Rollen- und Statuskonflikten.

5.2 Der Mann ohne Plakette – Eine Tonbildschau zur Abwehr und Neutralisierung von Konflikten

Das folgende Beispiel ist der Jugendarbeit entnommen. Es zeigt, wie die beabsichtigte Wirkung eines audio-visuellen Hilfsmittels und eines zugehörigen Spiels verpuffen, wie keine Verdichtung zur reorganisierenden Wende sich einstellt, weil Medien und Spiele lediglich einen Spiegel vorhalten bzw. zum wiederholten Male ausdrücken, was in der Gruppe längst beobachtet und ausgesprochen ist, aber nie erklärt und nie verändert wurde. Jede Gruppensitzung blieb – sei es am gleichen Thema über mehrere Stunden, sei es an Themen, die auf einen Tag beschränkt blieben – in der Konfrontationsphase stecken.

In der Gruppe (7 Mädchen und 8 Jungen zwischen 13 und 15 Jahren) gibt es starke altersspezifische und schichtspezifische Rivalitäten zwischen Jungen und Mädchen und zwischen den Jungen sowie zwischen einem Mädchen und den übrigen Mädchen. Der Leiter der Gruppe ist in diese Rivalitäten insofern einbezogen, als es darum geht, wer etwas zu sagen hat. Und damit ist gemeint, wer bestimmt, was und wie es zu geschehen hat und wer erklären kann, warum was wie geschieht.

Thema Nummer eins ist seit langem die Sexualität, und zwar als etwas, das den sozialen Status stellt. Die Jungen bringen dies unverhohlen in pornographischen Witzen zum Ausdruck, die alle auf die gleiche Quintessenz hinauslaufen: Solange ein männliches Wesen weder sexuell noch finanziell etwas zu bieten habe, sei es eine soziale Null.
Den Mädchen geht es darum, ein Schicksal abzuwenden, das sie zu „Sexualopfern“ macht.

Als es um die Vorbereitung einer Freizeit geht, bieten die Jungen, die sich über Monate ausschließlich durch Störaktionen der verschiedensten Art (auch bei handwerklichen Vorhaben) hervorgetan haben, erstmals etwas Konstruktives an. Sie wollen das Kochen übernehmen. Natürlich entbrennt daraufhin zwischen den Jungen und Mädchen ein Streit über die Rangordnung der häuslichen Arbeiten und Dienste und darüber, wer wozu tauge. Aber als es darum geht, ein gemeinsames Arbeitsthema für die Freizeit zu finden, kommt relativ konfliktfrei und unter Beteiligung aller eine Einigung auf „alternatives Leben heute“ zustande.
In den nächsten beiden Stunden wird dieses gemeinsame konstruktive Ergebnis nicht aufgegriffen. Es steht dieses und jenes zur Debatte, und die Jungen verhalten sich wie immer. Zwei Sitzungen vor der Freizeit versucht der Leiter, das Wir-Gefühl der Gruppe wenigstens soweit voranzutreiben, daß zu den drei bereits ausgesprochenen Abmeldungen nicht noch weitere treten. Er hat schon mehrfach betont, daß es vorher meistens recht chaotisch zugehe, daß die Jugendlichen aber beruhigt sein könnten, weil sich immer noch alles hervorragend geregelt habe und hinterher alle begeistert gewesen seien.
Aber ausschließlich will er wohl doch nicht auf das gütige Schicksal oder die menschliche Vernunft auch von Jugendlichen vertrauen. Und so erinnert er sich an eine im Schulunterricht mit Erfolg benutzte Ton-Dia-Serie.

Sie zeigt, frech und farbig gezeichnet, den verzweifelten Kampf eines Sheriffs in einer kleinen Stadt des Wilden Westens gegen den Plaketten-Verweigerer. Die Ortsstatuten der Stadt haben festgelegt, daß jeder Bürger und jeder, der sich mehr als drei Tage dort aufhält, sich plakettieren und entsprechend registrieren lassen muß. Die Plaketten teilt der Sheriff zu (über Modalitäten wird nichts weiter erzählt). Sie sind rund und umso größer, je höher die Nummer ist, die sie tragen. Die Nummern reichen von A 1, was ganz außerordentlich, ganz vorzüglich bedeutet, bis zu Z 99.
Der Bürgermeister, ein ausgemergelter, verkniffener und krummer Mann, halb Uncle Ben, halb Opiumsüchtiger kurz vor dem Ableben, ist ein A 12; der Sheriff ein B 24 und seine Frau – für eine Frau ganz außergewöhnlich – eine B 36. Der Assistent des Sheriffs ist nur ein E 16, der Sheriff schämt sich seiner beinahe, und die Polizisten sind lediglich P-Typen.
Eines Tages nun kommt ein Fremder in die Stadt. Ein großer, ansehnlicher, gut gekleideter Mann, ohne Gepäck, nur mit einer Wolldecke unter dem Arm und ohne Plakette. Er setzt sich auf die Stufen des Wirtshauses, in dem die niedrigen Nummern und diejenigen verkehren, denen nicht einmal mehr ein Z 99 zusteht. Er erzählt ihnen Geschichten und findet mehr und mehr Zuhörer. Als er zum Sheriff beordert wird und dieser ihm eine der großen Plaketten überreicht, betrachtet er diese freundlich, legt sie dann dem Sheriff auf den Tisch zurück und verläßt die Amtsstube.
Tja, so kommt es, daß er verklagt und schließlich gehenkt werden muß. Die Hinrichtung wird zu einem großen Volks- und Verbrüderungsfest verfeindeter Familien.
Nur: es dauert nicht lange, da ist der Fremde wieder da – so jedenfalls wird es erzählt. Und immer mehr Bürger legen ihre Plakette ab, wandern freudig ins Gefängnis und singen und tanzen dort drinnen, weil sie sich endlich frei fühlen. Worin diese Freiheit besteht, außer aus einem großen Gefühl, wird genauso wenig benannt, wie das, wovon oder wozu man sich frei fühle. Von Gleichheit wird im Begleittext nicht gesprochen und sie kommt optisch nur ein einziges Mal ins Bild, als der Sheriff durch eine große X 57-Plakette den Fremden den Wirtshausbesuchern angleicht. – Soweit die Geschichte der Tonbild-Schau.

Die Gruppenrunde, während derer die Ton-Dia-Serie gezeigt wird, beginnt mit einem Spiel. Jeder Teilnehmer erhält einen Zettel mit einer Nummer zwischen A 1 und Z 99. Nur er darf die Nummer ansehen. Zwei gegenüberliegende Wände des Raumes sind A-Punkt und Z-Punkt. Die Jugendlichen sollen sich, eine Reihe bil-

dend, entsprechend ihren Nummern zwischen den Wänden aufstellen.
Großes Verweigern von den Jugendlichen.
„Das hätten sie gerne, uns zu Niggern zu machen!"
„Ich bin sowieso Analphabet und kann mich nicht aufstellen!"
„Immer diese Sozialscheiße!" – u.ä.m.
Der Leiter bleibt hart. Schließlich steht die Reihe. Es wird bestimmt, daß die ersten drei zu bestimmen hätten, was die letzten sechs zu tun haben und daß die mittleren vier für Befehlsausführung sorgen. Selbstverständlich gäbe es Höherstufungen und Degradierungen.
Erneute Tumulte. Auch die A-Leute weigern sich, das Spiel zu spielen. Schließlich befiehlt ein A-Mädchen der mittleren Gruppe, alle unteren zu A-Leuten zu machen.
„Wir haben doch gesagt, wir machen nicht mit", antworten die Z-Leute. Da geht einer der Mittleren an den Schrank, füllt Zettel aus und verteilt sie an die Unteren. Die Zettel enthalten die Bezeichnungen „Arsch 1" bis „Arsch 6". Die neuen „As" laufen johlend zur A-Wand.
Befragt, was ihnen an dem Spiel nicht gefallen habe, antworten einige, das sei kalter Kaffee, den sie immer wieder aufgetischt bekämen. Daß es Bestimmer-Typen gäbe und andere.

- Ja, ob sie das denn gut fänden oder gut heißen könnten?
- Daß die einen die anderen für sich arbeiten ließen?
- Nein, natürlich nicht, abgesehen vom Verwöhnt-Werden. Wenn man krank sei zum Beispiel. Das könne man dann schon genießen. Aber sonst sei man für's selber tun!
- Es gäbe ja solche Chaoten, sagt ein Mädchen, die wollten, daß alle gleich seien. Aber wie man das wohl bewerkstelligen wolle, ohne daß alles drunter und drüber gehe!
- „Du meinst also, daß dann alles drunter und drüber geht?"
- „Natürlich!"
- „Ja, dann will ich Euch noch etwas zeigen".

Und es folgt die Dia-Serie.
Währenddessen wird gegessen, getrunken, geredet und es folgt in regelmäßigem Abstand, von etwa vier Jugendlichen abwechselnd, der Kommentar: „Öd ist das – öd und blöd!"
Nach der „show" beginnen spontan die Kommentare.

- „Sowas Lächerliches, die Bibel auf modern. Außerdem ist es haarscharf der gleiche Quatsch wie das Spiel vorher."
- Sie überlege aber durchaus, wie es sei, wenn alle gleich wären, meint ein Mädchen.
  Die Jungen johlen:„Dann dürftet ihr keine Schweine mehr ha-

ben! Was meinst'n, wie *das* wär?"
- „Die haben wir schon lange nicht mehr, ihr Mondkälber! Bringt euch mal auf den neuesten Stand!"

Der Gruppenleiter beendet das Geplänkel. Er fordert nun auf, daß man sich in kleinen Gruppen zusammensetze und überlege, wie während der Freizeit der Tagesablauf gestaltet werden soll. Es werden drei Zettel abgegeben. Auf ihnen steht:
- Aufstehen, Frühstücken, Mittagessen, Abendessen, Schlafengehen.
- Fressen, Saufen, Party-Feiern, Vögeln, Pennen.
- K. hängen, vierteilen, rädern, strecken. (K. ist der Gruppenleiter.)

K. hängt die Zettel an die Wand und macht darauf aufmerksam, daß nun noch zusammengestellt werden müsse, was einzukaufen sei und wer das mit den Eltern in einem Großmarkt tun könne. Einige Stimmen überschlagen sich daraufhin vor Wut.„ Solch eine Zumutung! Das solle der Gruppenleiter gefälligst alleine erledigen!" Und man rafft die Taschen zusammen, weil die Zeit abgelaufen sei und man es heute eilig habe.

„Der Mann ohne Plakette" ist Beispiel für einen mißlungenen Unterricht. Wir wollen dies erklären:
Dem Gruppenleiter ging es in seiner Arbeit mit den Jugendlichen um ein soziales Lernen, das dazu befähigen sollte, eine demokratisch verfaßte Gemeinschaft zu bilden und solidarisch eine gemeinsame Aufgabe zu bewältigen.
Hierfür wollte er die Jugendlichen zu Aktivität und Spontaneität ebenso führen wie zu Toleranz und Achtung voreinander und zur Einsicht über die Bedeutung von Regeln.
Er bekannte sich zu einem sozial-integrativen Führungsstil, bei dem er sich als Gruppenleiter so weit wie irgend möglich zurückzunehmen hatte. Immer erneut stellte er es als Aufgabe der Gruppe hin, daß sie ihre Treffen nach Inhalt und Verlauf selbst bestimmen sollten. Es gelang dies jedoch so gut wie nie.
Erst als die gemeinsame Freizeit (ein viertägiger Landheimaufenthalt) zur Planungsaufgabe geworden war, verwandelte sich destruktives Verhalten in konstruktives, fand sich ein Projekt-Thema, das alle in gleicher Weise interessierte, nämlich das alternative Leben.
Dieses Projektthema ist, wie Unterrichtsthemen auch, eine Komplexion von Zusammenhängen des gesellschaftlichen wie individuellen Lebens, die zur Aufklärung und Aneignung neuer Erfahrungen drängen. Üblicherweise wird die Komplexion mit dem Unter-

richtsthema vom Lehrenden angeboten. In diesem Fall geht das Angebot, den Gepflogenheiten teilnehmerorientierten Gruppenprozesses entsprechend, von den Jugendlichen aus. Will der Gruppenleiter sich nicht aus dem gemeinsamen Arbeitsprozeß herausnehmen, will er Teil der angestrebten Gemeinschaft sein, so hat er auf das Angebot zu antworten. Genau dieses tut er aber nicht. Er läßt das Angebot der Jugendlichen, das Thema „alternatives Leben“, wohlwollend, aber unkommentiert im Raume stehen. Die Folge davon ist ein Rückfall der Jugendlichen in die sozial destruktiven Verhaltensweisen, die sie seit Beginn ihrer Gruppenarbeit an den Tag gelegt hatten.

Als dem Leiter dieses Verhalten bedrohlich wird (u.a. dadurch, daß sein Berufsprestige ins Wanken gerät), greift er mit der Tonbildschau ein.

Nichts hätte dagegen gesprochen, auf das Angebot der Jugendlichen zurückzukommen und darzulegen, welches *seine* Interessen am Thema „alternatives Leben“ für sich selber wie für das Lernen der Jugendlichen waren, um dann die vorhandenen Erfahrungen und Bedürfnisse aus dem Gesellschaftlichen Implikationszusammenhang heraus zu erhellen. Stattdessen hält er den Jugendlichen, wie schon so häufig, durch ein Spiel und zusätzlich durch die Dia-Reihe einen vermeintlichen Spiegel vor. Als Haupthindernis für die Bildung einer demokratischen und kooperativen Gemeinschaft sieht er den Kampf um die Rangordnung bzw. die Praktizierung von Hackordnungen. Dagegen stellt er als erstrebenswert die Gleichheit aller, die zur wahren Freiheit führe, auch unter Lebensbedingungen wie Gefangenschaft.

Die Antwort der Jugendlichen auf das pädagogische Verhalten des Leiters wie auf das Thema Gleichheit lautete wörtlich: „Soziale Scheiße“.

Wie sollen sie auch anders reagieren, wenn am Ende doch nur das Gefängnis wartet, die Befreiung nur eine der Innerlichkeit ist? Was ihnen vorenthalten bleibt, das ist die Möglichkeit, Formen der Aktivität, der Spontaneität, des Sich-Profilierens zu *erlernen* dabei zu erfahren, daß man nicht zum Gegner anderer zu werden, diese in ihren Entfaltungsrechten und -möglichkeiten zu unterdrücken braucht. Nach allem, was Jugendlichen heute – z.B. in der Schule und auf dem Arbeitsmarkt, ja insgesamt in unserer Gesellschaft – erleben, wäre danach zu fragen gewesen, ob mit alternativem Leben genau das gemeint war, was der Gruppenleiter mit dem sozialen Lernen erreichen wollte, wozu den Jugendlichen aber sowohl das Bewußtsein wie die Verkehrsformen fehlten.

Als der Gruppenleiter ihnen den vermeintlichen Spiegel vorhält, um ihnen zu zeigen, wie konkurrenzhaft sie sich verhalten, spiegeln sie ihm zurück, auf was die Vorstellung von alternativem Leben unter den Bedingungen von Konkurrenz und Entfremdung zusammenschrumpft: Nicht arbeiten – nur konsumieren.
Die Jugendlichen wissen sehr wohl, daß solch eine Vorstellung von alternativem Leben gleich Freizeit und Konsum für ihre bevorstehende Freizeit (Landheimaufenthalt) vom Leiter der Gruppe nicht akzeptiert werden wird. Man kann daher die Zettel mit Wünschen über den Tagesablauf, die sie abgeben, auch so interpretieren: Wenn Du, Leiter, uns immer wieder festnagelst auf dem, was wir falsch machen, dann reagieren wir auch nur mit dem, was wir an Falschem in unseren Köpfen haben. Und indem sie „Fressen, Saufen, Vögeln“ schreiben, provozieren sie den Leiter, ihnen endlich ein Angebot darüber zu machen, wie soziales Lernen vonstatten gehen könnte. Sie wollen endlich Aufklärung darüber, warum der Sinn des Lebens für die Erwachsenen nur im Konsum liegt und warum, z.B. in ihrem Dorf, keiner sich mit irgend etwas hervorwagen darf, weil die soziale Kontrolle alle klein hält. Sie wollen gezeigt und erklärt bekommen, ob man vorsichtig etwas ändern kann. Sie haben diese Fragen und Wünsche wiederholt in Collagen, Diskussionen, Witzen und Freßorgien während der Gruppensitzungen vorgetragen. Eine Antwort ist nie erfolgt. Selbst das Kochen durch die Jungen, für diese Gruppe schon etwas Alternatives, blieb ohne Perspektive. Mit den Eltern für die Freizeit, d.h. für das Projekt „alternatives Leben“ einzukaufen, wird wie ein Zurückstoßen erlebt; wie ein höhnisches „zieht Euch selbst aus dem Dreck“, scheint Beweis, daß man vom Gruppenleiter keine Lern-Nahrung bekommen kann.
Darum packen die Jugendlichen nach der Tonbild-Schau ihre Sachen und gehen.

Sechstes Kapitel

Rückblick und Ausblick

Manche Kommentare zu unserem Manuskript enthielten die folgenden Fragen und Einwände:

- Wo bleiben im Konzept der *Arbeitsorientierten Exemplarik* eigentlich der Technik-Unterricht, das Werken, die Hauswirtschaft?
- Was ist z.B. mit Bastel- und Nähkursen, mit Fotographie und Automechanik im Angebot der Volkshochschulen?
- Läßt sich in dem sehr weiten, anthropologischen Arbeitsbegriff der *Arbeitsorientierten Exemplarik* überhaupt noch etwas von dem wiederfinden, was Alltagsmenschen mit Arbeit bezeichnen? Wo bleibt die körperliche Anstrengung, wo das Einüben von Techniken?
- Und die künstlerische Bildung – ist sie gestorben?
- Ist nicht doch alles zu verkopft? Wo rücken denn einmal ausschließlich die Emotionen in den Blick? Wo steckt die Kultur der Affekte, die zur ganzheitlichen Bildung gehört?
- Müssen nicht doch zuerst die Lehrpläne, Richtlinien u.a. geändert werden, bevor die *Arbeitsorientierte Exemplarik* sich verwirklichen läßt?

Die Exemplarik zielt auf andere Lehrplanstrukturen in unserem gesamten Bildungssystem. Auf mehr künstlerisches Tun in allen Bereichen. Auf mehr praktische Arbeit. Auf andere Rückbezüge zur Wissenschaft und Praxis und darum eine neue Systematik der Fächer zueinander wie der Fachstrukturen selber. Wir haben darauf im dritten Kapitel hingewiesen und bereits im ersten Kapitel geschrieben, daß es im vorliegenden Buch auf die *Arbeitsorientierte Exemplarik* als Prinzip, als Bildekraft für die Planung und Entfaltung von Unterrichtsprozessen unabhängig von curricularer Reform gehe.
Wir gestehen auch, daß die Lösung von den konventionellen Denkmustern und Verfahren in der sogenannten Bildungsarbeit nicht leicht ist.

Aber:
Mehr als einen erprobten Weg zu zeigen, auf dem man versuchen kann, die Verfestigung der Wirklichkeit experimentierend und doch mithilfe eines systematischen Instrumentes aufzubrechen, kann dieses Buch nicht leisten .

Die neue Erfahrung, welche die Bedenken ausräumt, muß jeder erst machen, bevor der dritte Weg, die neue Qualität jenseits der Gegensätze, Raster und Ressorts des konventionellen Denkens sich aneignen lassen.
Aus arbeitsorientiert-dialektischer Sicht verlaufen Lernprozesse als Reorganisation des Wissens und Könnens, Denkens, Fühlens und Wollens und zugleich als entfaltendes Wachstum. Das Schlußkapitel soll in diesem Sinne und zugleich als letzte Ebene des Spiralmodells verfaßt sein, nach dem dieses Buch aufgebaut ist. Rückblick und Ausblick sollen der vergewissernden Aneignung dienen und Impulse für experimentierendes Anwenden, für neue Erfahrungen geben. Wir wählen hierfür drei Zugriffe: die im Titel und im Aufbau enthaltene Systematik; einen systematischen Vergleich mit der konventionellen Didaktik und die aus der Kompetenz-Problematik resultierenden Schwierigkeiten in der praktischen Umsetzung.

1. Titel und Aufbau der Arbeitsorientierten Exemplarik als Ausdruck der Systematik und Programmatik

Als Komplexion bezeichneten wir das zu einem einheitlichen Erscheinungsbild des gesellschaftlichen Implikationszusammenhangs zusammengefügte Lernangebot in Gestalt eines Themas oder in Gestalt einer Thematik. Die Komplexion ist exemplarisch, insofern sie wie ein Knotenpunkt Biographie und Geschichte, individuellen Lebenszusammenhang und gesellschaftlichen Implikationszusammenhang verknüpft und die Lernbedürfnisse anspricht.
Das gleiche gilt für Buchtitel, insofern sie nicht nach Werbegesichtspunkten formuliert werden.
Buchtitel als Komplexion bewirken Konfrontation, und nach dieser ist zunächst rückblickend zu fragen.

Warum Arbeitsorientiert?

Fast alle Leser unseres Manuskriptes und sicherlich die Mehrzahl derer, die auf den Buchtitel stoßen, werden bei „arbeitsorientiert“ an Erwerbsarbeit denken. Aus der Pädagogik heraus gedacht bedeutet dies, daß die Komplexe Berufsausbildung und berufliche Weiterbildung, Umschulung, berufliche Rehabilitation sowie Betreuung und Ausbildung arbeitsloser Jugendlicher ins Bewußtsein rücken. Damit wird aber zugleich daran erinnert, daß es zumindest im deutschen Sprachraum die Entgegensetzung von Bildung und Ausbildung, Berufsbildung und Allgemeinbildung, beruflichem und allgemeinem Bildungswesen gibt. Fragen nach dem Zusammenhang von Bildung und Herrschaft tauchen ebenso auf wie curriculare und bildungspolitische Strömungen; beispielsweise solche zur Einrichtung von Arbeitslehre/Polytechnik in den Schulen oder Modellversuche in der Sekundarstufe II, welche die allgemeine Hochschulreife mit einem berufsqualifizierenden Abschluß verbinden; in der Erwachsenenbildung die Probleme mit der sogenannten Bildungsabstinenz der Arbeiter und dem Versuch, berufliche Qualifizierung und politische Bildung zu verbinden.
In der außerschulischen Jugendbildung sind es die gegenwärtigen Versuche einer Integration von Sozialpädagogik, Berufspädagogik und Schulpädagogik, an welche mit dem Wort „arbeitsorientiert“ gerührt wird.
Historisch und bildungstheoretisch Interessierten mag darüber hinaus einfallen, daß die Arbeit keine zentrale, wenn überhaupt eine pädagogische Kategorie ist.

Im Gegensatz dazu sind Bildung und Erziehung aus unserer Sicht ohne die Kategorie der Arbeit weder zu reflektieren noch zu praktizieren. Dabei muß allerdings beachtet werden, daß wir die Arbeit weiter verstehen als es der Begriff der Erwerbsarbeit tut. Unter Rückbezug auf die Anthropologie, die Philosophie und die Soziologie, deren je spezifische Sicht freilich überwindend, entwickeln wir Arbeit als pädagogische Kategorie; dies heißt als Zentralbegriff menschlicher Entfaltung.
Arbeit ist sinnerfüllte Tätigkeit, insofern in ihr und durch sie menschliche Potentiale entäußert und angeeignet werden und insofern sie das Medium der Befriedigung der Lebensbedürfnisse ist. Nur durch diesen weiten Arbeitsbegriff sichert man – in Kombination allerdings mit dem besondernen Auslegungsinstrument „Gesellschaftlicher Implikationszusammenhang“ – den pädagogischen Zugriff auf Lebenspraxis. Denn: durch arbeitsorientiertes Denken

wird ja ein Weg geebnet, die Gegensätze von Arbeit und Bildung, Bildung und Ausbildung, Berufsbildung und Allgemeinbildung, Arbeit und Muße, Arbeit und Freizeit zu überwinden.
Nun ist aber nicht nur die Auffassung weit verbreitet, daß Arbeit sich in Erwerbsarbeit erschöpfe, die Tabuisierung der Arbeit im Rahmen der Allgemeinen Pädagogik resultiert aus einer weiteren Verblendung dahingehend, daß Arbeit als charakterisiert gedacht wird durch Strafe, Leid, Unterdrückung und Deformierung. Solches ist zwar nicht zu leugnen. Die Anthropologie und die Geschichte der Pädagogik beweisen aber, daß Erziehungswissenschaft gerade dann in die Gefahr gerät, sich dem Zwang verstümmelnder Verhältnisse zu unterwerfen, wenn sie das leugnet, was sie selbst zur Voraussetzung hat: Arbeit als gesellschaftlich formbestimmende und formbestimmte Tätigkeit.
Diese Position ist auch in der Pädagogik im Prinzip nicht neu. Neu ist die Verwendung des Arbeitsbegriffes als Entfaltungskategorie und damit als Zentralbegriff für Bildungstheorie, Methodik, Didaktik und Bildungspolitik.

Warum Exemplarik?

Exemplarisch zu arbeiten heißt in der Pädagogik, die Lernziele aus einem Knotenpunkt zu entfalten, welcher die Lernbedürfnisse, den individuellen Lebenszusammenhang und den Gesellschaftlichen Implikationszusammenhang in sich birgt.
Die Exemplarik hat nichts mit Beispielen zu tun, wohl dagegen mit Muster. Das einzelne Exemplar (z.B. ein Lernziel, ein Thema, ein Stoffgebiet) ist als solches nur erkennbar und definierbar, weil es zu einem Ganzen gehört, dessen Muster geprägt ist durch die Beziehung der Teile zueinander. Worauf es ankommt, das ist, dieses Muster des Ganzen von seinen Teilen aus zu erschließen.
Das Exemplarische daran ist darum kein sogenannter Lerngegenstand sondern ein gestaltendes Prinzip durch Wahrnehmen, Auslegen und Zuordnen von Wesen und Erscheinung, Ganzem und Teilen, Strukturen und Prozessen.
Als Instrument gehandhabt, ist die Exemplarik Prinzip im Sinne der leitenden Idee und strukturierenden Kraft. Freilich nur eine genutzte und für pädagogische Zwecke gewendete. Denn: Die Exemplarik ist Gesetzmäßigkeit der Psychodynamik, d.h. des Zusammenwirkens menschlichen Fühlens, Denkens und Wollens.
Obwohl phasenweise eine dieser menschlichen Wesenskräfte dominant sein kann, wirken sie doch stets als Einheit. Aus der Tatsache heraus, daß menschliches Leben Stoffwechsel ist, welcher über

die zwölf Sinne der Befriedigung der somato-psychischen und der psycho-sozialen Lebensbedürfnisse dient, läßt sich das Gesetz der Exemplarik wie folgt begreifen:
Die Dynamik ist Stoffwechselprozeß zwischen gegliederten Einheiten, die zugleich Träger des Prozesses wie dessen Ziel sind. Es handelt sich um die Einheiten

- Wesenskräfte: Denken, Fühlen, Wollen
- Wesensglieder: Körper, Seele, Geist
- Lebensbedürfnisse: Entfaltung und Entwicklung; Verortung und Orientierung; Autonomie und Gemeinschaft
- Gesellschaftlicher Implikationszusammenhang: Bewußtseinsformen, Verkehrsformen und Produktionsformen

Zwischen dem Potential der Wesenskräfte und Wesensglieder einerseits und dem Material des Gesellschaftlichen Implikationszusammenhangs vermittelt der psychodynamische Prozeß als Stoffwechselprozeß verknotend und entknotend. Immer manifestiert sich darin der Gesellschaftliche Implikationszusammenhang. Da nun menschliches Sein immer gesellschaftliches Sein ist und da der Gesellschaftliche Implikationszusammenhang ebenso ein Ganzes ist, im Rahmen dessen die Lebensbedürfnisse zu befriedigen sind, wie er Teil des Stoffwechselprozesses Leben ist, lassen sich von ihm her in Lernprozessen Verknotungen entfalten und knüpfen. Dies ist gemeint, wenn wir sagen, das psychodynamische *Gesetz* der Exemplarik, das heißt der verknotenden und entknotenden Vermittlung, werde mit dem *Instrument* Exemplarik pädagogisch genutzt.

Seitens der psychodynamischen und d.h. auch der auf Lernen bezogenen Prozesse drückt sich in der Exemplarik nichts anderes aus als die Subjekt-Objekt-Dialektik der menschlichen Existenz. Es ist darum u.E. irrig zu behaupten, eine erst noch zu entwickelnde Theorie des Subjektes sei die Voraussetzung für ein Gelingen pädagogischer Theorie und Praxis. (vgl. Becker 1980)
Nach unserer Sicht ist das Subjekt der sich seiner Gattungsmäßigkeit, seiner Geschichtlichkeit und Individualität bewußte Mensch, der seine Produktivkraft in Arbeit zugleich entäußert und aneignet.

Eine Theorie des Subjektes kann immer nur eine Theorie des lebendigen Menschen sein und insofern muß jede Theorie des Subjektes notwendig Subjekt*bildungs*theorie sein. (vgl. Kosik 1967)

Pädagogik ohne Exemplarik widerspricht der Gesetzmäßigkeit somato-psychischer und psycho-sozialer Prozesse. Deshalb lassen sich allseitige Entfaltung, Aufhebung atomisierten Denkens, Vermeidung einer Überformung der Lernenden und produktives Wenden von Widerständen nur über den Weg der Exemplarik erreichen.

Der Gedanke der Exemplarik hat, wie wir im dritten Kapitel gezeigt haben, in der Pädagogik Tradition. Die Ausarbeitung der Exemplarik zu einem heuristischen Instrument und die Formulierung der Exemplarik als Gesetzmäßigkeit sind das Neue an unserer Theorie.

Drückt sich in der Arbeitsorientierung die Formbestimmtheit des gesellschaftlichen und individuellen Lebens aus, so in der Exemplarik die Gesetzmäßigkeit des Lebensprozesses als Stoffwechselprozeß.

Warum Wahrnehmen, Auslegen und Entscheiden?

Wir haben im vierten Kapitel auf die Bedeutung der menschlichen Sinne für die Entfaltung der menschlichen Wesenskräfte und Wesensglieder hingewiesen.
In der Erörterung von Abwehr und Widerstand ist ferner klar geworden, daß es keine psychodynamisch wirkungslosen Wahrnehmungen gibt. Sieht man von der Waldorfpädagogik und einigen Einzelbereichen im Rahmen des Erziehungs- und Bildungswesens ab, so läßt sich feststellen, daß weder die Pflege der Sinne noch die Berücksichtigung der menschlichen Wahrnehmungen und der hieraus resultierenden depositären psychischen Strukturen die ihnen gebührende Beachtung in der Erziehungswissenschaft und in der pädagogischen Praxis fanden. Zwar gibt es inzwischen Bemühungen um Biographien, Alltagsleben, Hinterhöfe und Hinterbühnen pädagogischen Geschehens, um Rituale sowie um heimliche Lehrpläne. Sie verbleiben aber in der Rezeption aus Nachbardisziplinen oder im phänomenologisch Deskriptiven.
Zweifelsohne hat die Aufarbeitung von Forschungsergebnissen aus Nachbardisziplinen ihre Bedeutung. Worauf es uns ankommt, das ist, die Bedeutung der Wahrnehmung im individuellen Lebenszusammenhang und im Gesellschaftlichen Implikationszusam-

menhang zu einer Theorie pädagogischen Handelns im Sinne der Subjektbildung zu verarbeiten.
Der Begriff des Wahrnehmens ist in der Pädagogik relativ ungewöhnlich. Vergleicht man ihn mit dem weitaus häufigeren und geläufigeren Begriff des Beobachtens, so zeigt sich, woran uns gelegen ist: An der pädagogisch produktiven Nutzung der depositären psychischen Strukturen bei Lehrenden und Lernenden durch das Erkennen der Knotenpunkte im exemplarischen Sinne. Da die „Knoten" so etwas wie zentrale Schaltstellen sind, von denen aus Lebensprozesse „in Gang kommen", bedeutet, sie wahrzunehmen Erkennen und Zufassen zugleich.

Hiermit sind das Auslegen und Entscheiden angesprochen.

Lehren und Lernen sind gekennzeichnet durch permanenten Soll-Ist-Vergleich und dies heißt nichts anderes als durch Auslegen und Entscheiden. Auf der Seite der Lehrenden dies als Charakteristikum der Professionalität herauszupräparieren und mit der Exemplarik ein entsprechendes Instrumentarium zur Verfügung zu stellen, begründet den Untertitel unseres Buches ebenso wie die Tatsache, daß wir den Lernprozeß über Wahrnehmen, Auslegen und Entscheiden durchschaubar machen.
Das Buch trägt insofern einen systematischen Titel.
Er bringt die theoretischen und praktischen Zusammenhänge begrifflich zum Ausdruck. Dadurch wirkt er abstrakt; denn Begriffe sind allemal das zusammenfassende und verallgemeinernde Endergebnis von Denkprozessen.
Die Fachsprache und ihre Begriffe erfüllen damit den Zweck der Kurz-Weg-Verständigung; solches ist mit dem Titel unseres Buches beabsichtigt.
Zufriedenstellend gelingt die Verständigung über die Fachsprache nur, wenn der Sachverhalt den miteinander Kommunizierenden in ihrer Vorstellung verfügbar ist. Dies ist der Grund, weshalb der Aufbau unseres Buches zwar der Systematik des Titels entspricht, weshalb er jedoch nicht vom Endergebnis her durchgestaltet ist, sondern der Genese des Sachverhaltes folgt. Diese läßt sich der Gliederung entnehmen. Sie spiegelt auf folgende Weise das von uns entwickelte Spiralmodell des Lehrens und Lernens:

Der Titel des Buches als Komplexion weckt spezifische Assoziationen und Erwartungen. In Kapitel eins und zwei stoßen diese auf unsere Auslegung der Komplexion als Lernangebot. Dies ist die *Konfrontationsmasse*, die es zu reorganisieren gilt. Wir tun dies in einem ersten Schritt in Kapitel drei. Unsere und der Leser pädago-

gisch relevanten Leitbilder und Erfahrungen sowie die Auswirkungen der gegenwärtigen technisch-ökonomischen Entwicklung werden zu pädagogischen Theorien in Verbindung gebracht, um neue Handlungswege zu finden.
Die Phase der Entfaltung 1 im dritten Kappitel ist ein Prozeß der Klärung und Vergewisserung. Dialektisch, d.h. aus dem Prozeß der Negation der Negation heraus gedacht, beinhaltet die Entfaltung 1 das Aufheben im Sinne des Bewahrens wie des Wendens. Der Entfaltungsprozeß verdichtete sich in unserer Forschung – und wir folgen dieser Logik in unserer Darstellung – zu der Erkenntis der Vermitteltheit des Didaktischen Implikationszusammenhangs von Ziel, Gegenstand und Verfahren mit dem Gesellschaftlichen Implikationszusammenhang. Diese Erkenntnis wird im vierten Kapitel, der Entfaltung 2, zu einer neuen Theorie entwickelt. Das fünfte Kapitel dient der ganzheitlichen Veranschaulichung und der verstehenden Anwendung und Übung.
Das Schlußkapitel bildet schließlich, zusammen mit dem Nachwort, eine neue Phase der Konfrontation, insofern der Leser nun auf eine komprimierte und anders gestaltete Weise der Systematik stößt.

2. Die Arbeitsorientierte Exemplarik im didaktischen Vergleich

Das Folgende ist ein Versuch, die *Arbeitsorientierte Exemplarik* vergleichbar zu machen mit anderen Theorien und Modellen der Didaktik und mit anderen Bildungstheorien. Vor allem Studenten und Praktiker drängten immer wieder auf diesen Vergleich, obwohl er wegen des Grundsätzlichen der wissenschaftstheoretischen Position eigentlich nicht möglich ist.
Die *Arbeitsorientierte Exemplarik* ist weder durch irgendwelche völlig neuen, „noch nie dagewesenen“ Methoden gekennzeichnet noch dadurch, daß nun endlich das Universalrezept gegen Motivationslosigkeit und Disziplinprobleme in allen pädagogischen Lebenslagen gefunden wurde. Im Gegenteil: Beobachten, Analysieren, Vergleichen, Abwägen und Entscheiden werden stärker zur Aufgabe des Lehrens als je.
Freilich – und darin liegen die Güte und die Verläßlichkeit der *Arbeitsorientierten Exemplarik*: bei gleichzeitig konsequenter Teilnehmerorientierung.

Versteht man Bildung nicht als eine mehr oder minder summarische Anhäufung von Kenntnissen und Fertigkeiten sondern als allseitigen Entfaltungsprozeß, dann werden die Formbestimmtheit der Ziele (konventionell: die Bildungsgegenstände) und die Formbestimmtheit der Verläufe (konventionell: die Methoden) zu zentralen Determinanten. Für institutionalisierte Bildungsprozesse heißt dies, die Theorien des Lehrens und Lernens stellen sozusagen den handlungsbezogenen Aspekt der Bildungstheorie dar. Üblicherweise werden didaktische Modelle, Theorien oder Systeme so dargestellt, daß man die zentralen Begriffe, d.h. den terminologischen Apparat erläutert und/oder die Art der Ziele, Gegenstände, Verfahren und Verlaufsformen beschreibt. Indem wir uns in diesem Unterkapitel diesem Verfahren soweit annähern, wie es möglich ist, veranschaulichen wir zugleich das Besondere unseres wissenschaftstheoretischen Zugriffs. Dennoch verzichten wir nicht darauf, ihn als Charakteristikum explizit zu benennen.

Ein System ist ein geordnetes Ganzes von Strukturen, Objekten und Prozessen. Die Antwort auf die Frage, in welchem Ausmaß und auf welche Weise sich Strukturen, Objekte und Prozesse bedingen und implizieren, ist ebenso wie die Frage nach deren Wesen und Erscheinung abhängig vom Erkenntnisinstrument, das man benutzt. Die *Arbeitsorientierte Exemplarik* unterscheidet sich hier grundsätzlich von anderen Didaktiken und Bildungstheorien. Die folgenden fünf didaktischen Kategorien bilden, unserer Theorie entsprechend, zwar die Einheit des Didaktischen Implikationszusammenhangs. Sie lassen sich aber begrifflich, inhaltlich und hinsichtlich ihres Stellenwertes nur partiell in der konventionellen Didaktik wiederfinden.

(1) Die erkenntnistheoretische Grundposition

Wir bezeichnen unsere wissenschaftstheoretische oder erkenntnistheoretische Grundposition als arbeitsorientiert-dialektisch, wovon arbeitsorientiert-exemplarisch die spezifisch pädagogische Ausprägung darstellt. Im Wissenschaftsbetrieb werden die Begriffe erkenntnistheoretisch und wissenschaftstheoretisch häufig synonym benutzt. Wir bevorzugen ersteres, weil es sowohl um wissenschaftliche Erkenntnis als auch um praktische Konstruktionshilfe für Alltagsaufgaben geht.

Unsere Grundposition ist

- *dialektisch und holistisch.* Es heißt dies, daß unsere Überlegungen von Einheiten bzw. Totalitäten im prozessualen Sinne ausgehen und auf sie zielen.
  Als Einheiten sind zu entfalten das Ganze und seine Elemente; Erscheinung und Wesen; Konkretes und Abstraktes; Subjekt und Objekt; individueller Lebenszusammenhang und Gesellschaftlicher Implikationszusammenhang; Verkehrsformen und innerseelische Sinngebung; Bildungsziele und -verfahren;
- *exemplarisch.* Dies heißt, es wird ausgegangen von Knotenpunkten dialektischer Natur im vorerwähnten mehrdimensionalen Sinne; insbesondere von Themen oder Lernzielbündeln, welche Komplexionen sind. Also, sinnfällige Einheiten des Gesellschaftlichen Implikationszusammenhangs und des individuellen Lebenszusammenhangs;
- *arbeitsorientiert.* Hierdurch fallen Bildungsziele und Verfahren in eins; denn Arbeit als Lebensbedürfnisse befriedigende, gesellschaftlich formbestimmte Tätigkeit, in der die Gattungsmäßigkeit, die Individualität und die Geschichtlichkeit entäußert und angeeignet werden, fungiert als Medium von Bildung ebenso wie als gesellschaftliches und individuelles Ziel.

(2) Das Gefüge der Ziele

Bildung als Ziel bedeutet Produktivkraft-Entfaltung und Subjektbildung, vermittelt durch Arbeit. Die in Bildung zur Einheit gelangte Trinität der Geschichtlichkeit, Gattungsmäßigkeit und Individualität des Menschen läßt sich, von der Seite der Arbeit her betrachtet, als Selbst-, Sach- und Sozialkompetenz ausdifferenzieren. Nach der Seite der Gattungsmäßigkeit entfalten sich die Wesenskräfte des Denkens, Fühlens und Wollens und die Wesensglieder Körper, Seele und Geist zur Trinität Befriedigung, Kompetenz und Sinn. Als innerseelisches Korrelat zur Arbeit und zur Geschichtlichkeit vermittelnd ergibt sich die Kultur und damit Befriedigung der Lebensbedürfnisse Entfaltung und Entwicklung, Verortung und Orientierung sowie Autonomie und Gemeinschaft. Damit ist unsere Sicht von Bildung abgeleitet von anthropologischen Erkenntnissen und gerichtet auf den im ersten Kapitel skizzierten höchsten Wert. Unterscheiden wir uns, indem wir vom Gefüge der Ziele sprechen, von konventionellen Ansätzen dadurch, daß wir nicht eine einzelne, mehr oder minder allgemeine Norm der Teileinheit „gesellschaftliches Bewußtsein" des Gesellschaftlichen Implikationszusammenhangs zum einzigen, dominanten Ziel erheben.

(3) Der Horizont der Entäußerung und Aneignung

Bildung als Produktivkraft-Entfaltung vollzieht sich im Horizont der Aneignung und Entäußerung des *gesellschaftlich objektiven Implikationszusammenhangs* als realer Erfahrungszusammenhang und als Erfahrungsgrund. Die ältere Pädagogik kennzeichnete diesen Sachverhalt als die Dualität von Individuum und Gesellschaft bzw. als die Dualität von Innerem und Äußerem im Lernprozeß.
Nun erfolgt die Rezeption des Gesellschaftlichen Implikationszusammenhangs nicht ungebrochen, weshalb man in Bezug auf das Individuum vom *individuell erfahrbaren Horizont des Gesellschaftlichen Implikationszusammenhangs* sprechen muß. Vermittelt wird der Gesellschaftliche Implikationszusammenhang, wie im Kapitel Psychodynamik beschrieben, über Stoffwechselprozesse, worin die menschlichen Sinne eine organisierende Funktion übernehmen.
Insbesondere die auf unvollständigen Stoffwechselprozessen basierende *Psychodynamik* als realer intrapsychischer Prozess ist Erkenntnismittler und Wegbereiter der Reorganisation des (kognitiven und emotionalen) Verflochtenseins in den Gesellschaftlichen Implikationszusammenhang, weil sie, wie wir schrieben, nichts anderes ist als das Signal einer inneren Bewegung, welche nach der individuell angemessenen Einmündung des Lehrangebotes in das eigene Denken, Fühlen und Wollen sucht.
Soweit die Sinne unvollständig, dürftig und fehlerhaft ausgeprägt sind bzw. gebildet wurden, ziehen sie unvollständige Stoffwechselprozesse nach sich und behindern so die Sinnbildung als Produktivkraft-Entfaltung durch Widerstand bzw. Abwehr, Verdinglichung, Verblendung und Entfremdung.

Ob Curricula geplant und Lernziele entwickelt, Stoffe für Unterrichtsstunden oder Kurse ausgewählt, ob Unterrichtsschritte geplant oder Verfahren und Medien kombiniert werden, wie Lehrende und Lernende sich zueinander und zu Vorgefundenem oder Zukünftigem verhalten – das alles ist abhängig vom Horizont ihrer individuellen und vom Horizont der kollektiven Erfahrung und den Möglichkeiten der Entäußerung und Aneignung, die im Rahmen dieser Horizonte wahrgenommen werden. Der Gesellschaftliche Implikationszusammenhang und die Psychodynamik sind also nicht nur Erfahrungszusammenhang und Erfahrungsgrund sondern in der Dialektik von Aneignung und Entäußerung gleichzeitig Instrumente des Wahrnehmens, Auslegens und Entscheidens.

(4) Die Manifestationsbereiche des Lehrens und Lernens

Dies ist alles, wodurch Lehr-/Lernverfahren und jegliches Involviertsein sinnfällig und damit intersubjektiv nachprüfbar werden. Es manifestiert sich als Gesamteinheit letztlich der Didaktische Implikationszusammenhang von Zielen, Gegenständen und Verfahren, und zwar durch

- Sprache, Mimik, Gestik
- Instrumentelle Verfahren, wie u.a. die Unterrichtsmethoden sie darstellen
- kollektive und individuelle Ausdrucksformen der Befriedigung der Lebensbedürfnisse.
  Wir finden sie umgangssprachlich altmodisch in den Kategorien Geschmack, Benehmen, Haltung, Lebensgewohnheiten und politische und kulturelle Betätigung eingefangen. Diese von uns gewählten „gutbürgerlichen" Ausdrücke zielen noch klar auf Bildung als Resultat und Ausdruck der menschlichen Sinne *wie* der Vorgaben des gesellschaftlichen Bewußtseins. Innen und Außen, Individuum und Gesellschaft, Gesellschaftlicher Implikationszusammenhang und Psychodynamik fallen dabei nicht auseinander. Das, worin die Menschen involviert sind, äußert sich in Geschmack, Lebensgewohnheiten usw. als Ganzheiten, deren ständige Präsenz im Unterricht das Material für die bewußte und unbewußte, erlaubte und unerlaubte Befriedigung der Lebensbedürfnisse abgibt.

Die Ausdrucksformen der Befriedigung von Lebensbedürfnissen sind im konventionellen Sinne keine didaktische Kategorie.

(5) Die Verlaufsform des Lehr-/Lernprozesses und seine Planung

Die Exemplarik, so hatten wir gezeigt, ist die Gesetzmäßigkeit der Psychodynamik. Soll Lernen sich nicht im wesentlichen in Umwegen, im Kampf mit Widerständen und im Aufnehmen und Abwerfen von Ballast erschöpfen, soll es also bildend wirken, dann muß es der Gesetzmäßigkeit der Psychodynamik folgen. Das der Exemplarik entsprechende Modell psychodynamischer Prozesse bzw. bildenden Lernens ist der Spiralverlauf. Seine Rhythmik zwischen Entfaltung und Verdichtung entspricht dem „Verknoten" und „Entknoten" und ist damit Reorganisation.

Das folgende Schema für eine Unterrichtsverlaufsplanung (Dekker 1980, S.21) kann als prototypisch gelten für eine weit verbrei-

Schema für die Unterrichtsverlaufsplanung (Decker 1980/S. 21)

Unterrichtsphasen	Ziel der Phase	Methoden, Lernhilfen Medien, Arbeitsmaterialien
1. Motivation Einstieg Problematisierung	Durch Provokation, Motivation, Aktivation das Thema in den Interessen- und Fragehorizont des Lernenden holen	z.B. – Darstellung eines Falles – Problemfilm – Kontroverse Texte – Pro- und Kontra-Spiel – Impulsfördernde Folien – Karikaturen
2. Beobachtung Erschließung Problemdefinition	Zielorientierte Auswertung der Probleminformationen und Beschaffung von Zusatzmaterial z.B. durch Lehrer oder in Gruppenarbeit Erkennen des Problems	– Auswertung der Informationen (aus Phase 1) unter Berücksichtigung der Ziele durch Erschließungsfragen, Tafelanschrieb – Beschaffen von Zusatzinformationen z.B. d. Schüler, z.B. – in Gruppengespräch, durch – Ausschneiden aus Zeitungen – Nachlesen im Schulbuch – Benutzung von Lexika
3. Verarbeitung Entwicklung Analyse	Gewinnung systematischer und strukturierender Einsichten bzw. Lösungsansätze. Schrittweise Entwicklung des Unterrichtsthemas	– Schrittweise Behandlung, Entwicklung des Themas – Arbeitsaufgaben – Lehrervortrag durch Lehrgespräch – Analyse von Texten, Karikaturen zu einzelnen Teilzielen und -inhalten – Auswertung der Gruppenarbeit (aus Phase 2) – Bearbeiten von Arbeitsblättern
4. Vertiefung Urteilsbildung Zusammenfassung	Zusammenfassung und Vertiefung des Themas	– Zusammenfassendes Tafelbild, Merksätze – Ergänzung durch vertiefende Fragen, Probleme, fächerübergreifende Aspekte – Vergleich von unterschiedlichen Urteilen, Stellungnahmen, Interessen – Verhaltensübung
5. Übung Anwendung Lernzielkontrolle	Übung, Wiederholung des Zusammenhanges. Umsetzung in Handlung	Wiederholung durch – Kontrollfragen, Test – Hausaufgaben – Informationsblatt – Zusammenfassende Folien – Durchführung einer Aktion (z.B. Betriebserkundung)

tete Auffassung von gelungener Unterrichtsgestaltung. Wir zitieren es, um zu zeigen, daß in der *Arbeitsorientierten Exemplarik* Verlaufsplanung und Steuerung von Lehr-/Lernprozessen entsprechend der Planung weitgehend ersetzt werden durch Wahrnehmen, Auslegen und Entscheiden als permanentem Prozeß.

Fast alle Planungsmodelle für Unterricht beginnen mit thematischen Vorüberlegungen bzw. Sachanalysen einerseits und Verfahrensüberlegungen bezüglich des Unterrichtseinstiegs andererseits. Ob beides gleichzeitig in den Blick genommen wird oder das eine vor dem anderen ist individuell unterschiedlich. Bei den thematischen Vorüberlegungen geht es um die Verankerung in den Lehrplänen, um Umfang und Differenziertheit der Lernziele und deren Abstimmung mit der zur Verfügung stehenden Zeit, dem Vorwissen der Schüler und dem Vorwissen des Lehrers. Das Stoffpensum, zu dem der Lehrende sich letztlich mehr oder minder autonom entscheidet, wird in der Unterrichtsplanung zumeist so behandelt, als gäbe es die Sache oder den objektiven Sachverhalt an sich, der in seinen „wesentlichen Zügen" zum Wissensbestand oder zum Könnensrepertoire der Lernenden zu werden habe.
Wenn es so etwas wie eine pädagogische Paranoia gibt, dann liegt sie hier, d.h. in dem Wahn, als gäbe es den Stoff an sich.
Wir haben mit unseren Beispielen in den vorangegangenen Kapiteln immer wieder gezeigt, daß der Stoff oder Unterrichtsgegenstand etwas ist, das man erst nach Abschluß des Lehr-/Lernprozesses fassen kann. Worauf der Lehrende sich besinnt und wofür er sich entscheidet, dies sind lediglich Lernziele als dialektische Einheiten von Bewußtseinsformen, Verkehrsformen und Produktionsformen, die trotz gleicher Formulierung in Lehrplänen, trotz gleichlautender Darstellung in Lehrbüchern nicht an sich existieren sondern nur in Abhängigkeit von der Intentionalität.

Wenn nun das Thema oder der Stoff in der Eingangsphase des Unterrichts „in den Interessenhorizont der Lernenden" gebracht werden soll, anders ausgedrückt, wenn es gilt, diese zu motivieren, dann wirkt die pädagogische Paranoia auch dahingehend verblendend, daß sie glauben macht, in Analogie zu ökonomischen Werbemethoden ließe sich Subjektivität und Produktivkraft entfalten. Sie verschleiert, daß die Lernenden sich lediglich auf kurzweilige Weise unter das Thema beugen. Je schlechter nun die Mitarbeit ausfällt, je weniger die Schüler behalten oder anwenden können,

desto mehr sucht die Paranoia die Ursache im schlechten Werbeerfolg.
Im Gegensatz dazu setzt die *Arbeitsorientierte Exemplarik* das Thema bzw. dic Lernziele den Interessen der Lernenden geradezu aus. Das, woran es zu arbeiten gilt, ergibt sich konkret erst nach zwei Schritten bzw. Unterrichtsphasen: nach der Konfrontation und nach der Verdichtung.
Sich gründlich vorzubereiten bedeutet in der konventionellen Unterrichtsplanung hinsichtlich der Fachkompetenz vor allem, Detailwissen verfügbar zu haben. In der *Arbeitsorientierten Exemplarik* kommt es dagegen zunächst auf Zusammenhangswissen an, auf ein Denken in Wechselwirkungen von Strukturen und Prozessen.

Das zitierte Verlaufschema zeigt unter dem zweiten und dritten Punkt, wie die Motivationsphase zur Manipulation und das Anknüpfen an den Interessen der Schüler zum Selbst- und Fremdbetrug der Beteiligten gerät. Dies nämlich dadurch, daß der Unterrichtseinstieg nichts anderes ist als eine „fertigungstechnische" abwechslungsreiche Sammlung von Informationen, die es anzueignen gilt. Die mehr oder minder systematische Zusammenfassung, die der übenden Anwendung vorausgeht, ist dann bei solcher Art von Unterricht nichts anderes als der Höhepunkt eines Verordnungsaktes; nicht aber von Erkenntnis.

Betrachtet man in dem oben angeführten Schema die Spalte der Unterrichtsphasen für sich alleine, so läßt sie sich unschwer den Phasen des Spiralmodells einfügen. Ihre förderliche oder hinderliche Funktion in der Produktivkraftentfaltung erweist sich aber erst aus der Totalität des Didaktischen Implikationszusammenhangs und der Beachtung der Gesetzmäßigkeit der Psychodynamik.

3. Hürden und Klippen bei der praktischen Umsetzung der Arbeitsorientierten Exemplarik

Die Reorganisation in der Exemplarik umfaßt sowohl ein neues In-Beziehung-Setzen von Wissenselementen über die konventionellen Grenzen der Schulfächer, der wissenschaftlichen Disziplinen, der Künste und Gewerbe hinaus als auch ein Gegenwirken gegen Isolation, Atomisierung, Verselbständigung von Teilen. Damit sind die Fach-, die Sozial- und die Selbstkompetenz der Lehrenden besonders gefordert, hat pädagogisches Handeln aber auch erst die Chance, sich voll als Kunst und Könnerschaft zu verwirklichen.

3.1 Exemplarik, Stoffpensum und Fachkompetenz

Ohne fächerübergreifendes bzw. integratives Denken und Lehren ist Exemplarik nicht zu verwirklichen. Daß dieses bis in die Lehrpläne hinein möglich ist, beweist der Lehrplan der Freien Waldorfschulen. Auf anderer wissenschaftstheoretischer Grundlage basierend als die *Arbeitsorientierte Exemplarik*, doch konsequent ganzheitlich denkend, hat Rudolf Steiner den Lehrplan der Waldorfschulen als integrativen und exemplarischen angelegt. Wir finden in der Geschichte des neueren Bildungswesens nichts Vergleichbares, obwohl es immer wieder bildungspolitische und bildungstheoretische Strömungen gab, welche die Exemplarik verlangten.

Die Frage nach den Ursachen dafür, daß sich die Exemplarik in unserem Bildungswesen nicht durchgesetzt hat, wurde und wird im wesentlichen mit folgenden Argumenten beantwortet:

(1) Exemplarik verlange fächerübergreifenden bzw. fächerintegrativen Unterricht. Solches erlaube aber weder die Fächerorientierung in unserem gesamten Bildungswesen noch die zeitliche Organisation der „Bildungsveranstaltungen". Von der Ausbildung der Lehrenden und deren Zeit und Bereitschaft zur Kooperation zu schweigen. Allenfalls könne ein exemplarisches Arbeiten in der Grundschule, vielleicht noch in der Mittelstufe bzw. dort möglich sein, wo ein Lehrer mehrere verwandte Fächer, Kurse oder Thematiken in ein und derselben Gruppe vertrete.

(2) Überall dort, wo das Lernen auf die Erlangung eines Abschlusses ziele, der im Bildungssystem oder auf dem Arbeitsmarkt spezielle Berechtigung erteile, sei der Stoffplan und dessen Systematik einzuhalten. Fast immer seien solche Pläne nach Fächern gegliedert. Exemplarisch zu arbeiten bedeute in solchen Fällen ganz einfach, daß man das Stoffpensum zeitlich nicht bewältigen könne, wodurch ein erfolgreiches Bestehen der Abschlußprüfung gefährdet werde.
(3) Wo Exemplarik gleichzeitig eine konsequente Teilnehmerorientierung beinhalte, drohe die Gefahr, daß die Lehrplangebundenheit durch die Willkür der Teilnehmerinteressen aufgelöst werde.

Man kann diese Argumente nicht einfach beiseite wischen, denn sie verweisen auf die reale Struktur unseres Bildungswesens.
In der Tat läßt sich die *Arbeitsorientierte Exemplarik* dort, wo epochales Arbeiten, Kooperation der Lehrenden und Koordination der Fächer stundenplantechnisch, aber auch aufgrund des Betriebsklimas möglich sind, besonders gut verwirklichen. Sie ist aber auf solches nicht angewiesen. Das Haupthindernis scheint uns vielmehr darin zu liegen, daß in unserem Wissenschaftsbetrieb nicht gelernt wird, wozu die Fachsystematik dient und wie man sie hinsichtlich der Anwendung von Wissen in der Praxis durchbrechen kann.
Insbesondere fehlt in jeglicher, auch der akademischen Berufsausbildung, ein Pfichtkanon von miteinander verzahntem gesellschaftswissenschaftlichem, wirtschaftswissenschaftlichem und tiefenpsychologischem Grundwissen, sofern dieses zum Verständnis und zur Bewältigung des öffentlichen und privaten Lebens erforderlich ist.
Das Integrative und das die Fachsystematik Überwindende an der *Arbeitsorientierten Exemplarik* ist aber nicht die Kombination von Wissen und Verfahren von allen möglichen Disziplinen, sondern die Aufklärung von Zusammenhängen der Lebenspraxis, die den Menschen nur einheitlich widerfährt.
Was dadurch an Verständnis, an Begreifen und Durchdringen des eigenen gelebten Lebens möglich wird, erleichtert sowohl emotional als auch kognitiv den Erwerb fachgebundenen Wissens, soweit dies erforderlich ist. Wegen der Langzeitwirkung, der aus der *Arbeitsotientierten Exemplarik* resultierenden formalen Schulung, wirkt die *Arbeitsorientierte Exemplarik* zeitsparend; vorausgesetzt, der Lehrende plant nicht von Lektion zu Lektion, sondern in zeitlich ausgedehnteren Phasen. Dieses, sowie eine Bündelung von

Lehrplanelementen entgegen der Abfolge, wie sie Unterrichtspläne enthalten (aber so gut wie niemals vorschreiben), ist allerdings ebenso Voraussetzung für ein arbeitsorientiert-exemplarisches Arbeiten wie es sich ohne Schierigkeiten bewerkstelligen läßt.

Unser gesamtes Bildungswesen, von der Grundschule bis zur Universität, von der kirchlichen Altenarbeit bis zur gewerkschaftlichen Jugendbildung ist jedoch so geprägt von zeitlicher und inhaltlicher Stückelung und Portionierung, daß es sehr schwer fällt, sich hiervon zu lösen. Und was ohne weiteres möglich wäre, nämlich ein Arbeiten in größeren Einheiten, erscheint geradezu als Wagnis.
Um zu veranschaulichen, wie sehr die überkommene Fachsystematik das Denken der Lehrenden fixiert und einengt, wurde über mehrere Semester ein kleines Experiment in unseren Didaktik-Seminaren durchgeführt. Wir haben den angehenden Lehrern für kaufmännische Schulen, die außer dem Grundstudium in Ökonomie in vielen Fällen eine kaufmännische Lehre absolviert haben, immer wieder folgende Aufgabe gestellt:

> „Planen Sie eine sechsstündige Einführung in die Wirtschaftslehre für ein Gruppe oder Klasse Jugendlicher oder Erwachsener mit unterschiedlicher Vorbildung. Ihre Einführung kann völlig unabhängig von irgendwelchen bestehenden Lehrplänen sein."

In neun von zehn Fällen schlugen die Studenten das Thema:
„Warum wirtschaftet der Mensch – Bedürfnisse und Bedarf"
vor.
Diese Thematik entspricht dem Standarteinführungskapitel in fast allen Wirtschaftslehrebüchern.
Ihre Quintessenz lautet:
Der Mensch kann ohne die Befriedigung seiner Urbedürfnisse nach Nahrung, Behausung und Bekleidung nicht existieren. Da aber die Mittel zur Befriedigung seiner Bedürfnisse knapp sind, muß er wirtschaften. Dies bedeutet, mit gegebenen Mitteln ein möglichst großes Ziel bzw. ein gegebenes Ziel mit möglichst geringem Aufwand zu errichen. Die Summe aller individuellen Bedürfnisse, die sich als Nachfrage auf dem Markt niederschlägt, ist der Bedarf. –
Man braucht nur etwas geschickt mit Fragetechniken, Aufgabenstellung und Unterrichtsmaterialien zu hantieren, dann kann man mit diesem Glaubensbekenntnis aus der Mottenkiste der Ökono-

mie sechs Stunden füllen.
Anstatt über Stunden bei einem noch dazu fragwürdigen Theorem zu verharren, könnte man die Thematik „Bedürfnisse und Bedarf" jedoch auch dazu nutzen, die Komplexität unseres wirtschaftlichen Gefüges in seinen Grundstrukturen zu erhellen und dabei auch nach dem Zusammenhang von Ursache und Wirkung zu forschen. Sieht es so aus, daß die Menschen mit unendlichen Bedürfnissen die Wirtschaft antreiben und wollen, was diese gar nicht so schnell leisten kann oder ist auch die andere Sichtweise angemessen, die danach fragt, was die Wirtschaft alles will und muß, und was demzufolge die Konsumenten und Arbeitenden wollen sollen?

Eine derart gestaltete Einführung, wenngleich aktuell und auf die Realität bezogen, vor allem auf die Komplexität wirtschaftlicher Institutionen und Organisationsformen, auf Widersprüche und Dilemmata bei der Lösung von Problemen, ginge freilich weit über das hinaus, was in den Schulbüchern als Einführung in die Wirtschaftslehre abgehandelt wird. Sie würde auch voraussetzen, daß der Lehrende gelernt hat, über die Ziele, Inhalte und Verfahren der Wirtschaftswissenschaften nachzudenken und sie mit den Zielen, Inhalten und Verfahrensmöglichkeiten des Wirtschaftslehre-Unterrichtes zu vergleichen.
Er müßte wissen – und diese Erkenntnis aushalten können – daß die Wirtschaftswissenschaften weithin mit Modellen und mit Axiomen arbeiten, die sich in den Schulbüchern wie Naturgesetze lesen, obwohl sie deren Gegenteil sind. Der Lehrende müßte ferner in der Lage sein, die ökonomischen Erfahrungen und das ökonomische Reflexionsniveau seiner Schüler einerseits und die zentralen Strukturen und Prozesse des Wirtschaftsgeschehens andererseits in Beziehung zu setzen. Erst dann würde er zu einer Zielsetzung, zu Inhalten und Verfahren gelangen, die Sinn und Zweck wie Gegenstände und Verfahren der Wirtschaftslehre so aufschlüsselten, daß daraus ein Konkreszenz-Angebot wird.

Wahrscheinlich würden die vorgesehenen sechs Stunden dann nur noch sehr knapp ausreichen. Es lassen sich aber mit einer die Realität durchdringenden und nicht nur formalistischen Behandlung des ökonomischen Prinzips Verknüpfungen zu späteren wirtschaftskundlichen Phasen herstellen, die den scheinbar zusätzlichen Zeitaufwand reichlich kompensieren. Das jedenfalls ist unsere Erfahrung, die wir in unterschiedlichen Bildungsinstitutionen parallel zu dem Experiment mit den zukünftigen Handelslehrern gemacht haben.

Wir hoffen, daß wir insbesondere im Zusammenhang mit den Beispielen im fünften Kapitel solchen Mißverständnissen vorgebeugt haben, als gäben wir einem sogenannten Diskussionsunterricht den Vorzug vor gründlicher Wissensaneignung.
Das Seminarbeispiel im Kapitel 5, Punkt 3 belegt, in welchem Umfang und wie intensiv in der Exemplarik „Stoff" durchgearbeitet wird. Es belegt ebenfalls, daß sich durch *Arbeitsorientierte Exemplarik* mehr leisten läßt, als das Pensum der Pläne verlangt.

3.2 Psychodynamik, Fremdverstehen und Selbstkompetenz

Stellen wir uns eine zehnte Klasse vor. Der Deutschunterricht behandelt in einer dreiwöchigen Epoche täglich zwei Stunden lang das Gebiet „Poetik". Es geht um das Kennenlernen der literarischen Gattungen. An der Schule ist es üblich, daß zu Beginn des Unterrichts Schüler und Lehrer gemeinsam ein Gedicht sprechen, welches Lehren und Lernen als Erschauen der Welt und des Lebens beschreibt. Hieran schließt sich, von Einzelnen vorgetragen oder von allen gemeinsam rezitiert, ein zweites Gedicht an, das der jeweilige Fachlehrer ausgewählt hat und das die Schüler nur während seiner Epoche lernen und sprechen. In einer der vorangegangenen Mathematikepochen war dieses Rilkes „Herbsttag".
In diesem Gedicht werden Reife, Fülle und Ernte ebenso beschworen wie die Angst vor der Einsamkeit und Kälte des Alters derer, die keine Lebensernte einfahren konnten.
In der Stunde nun, die wir uns vorstellen, sagt der Deutschlehrer nach dem Eingangsgedicht: „Wir verbleiben in dieser Stimmung. Ich möcht Ihnen ein anderes Gedicht vortragen." Kaum aber hat er mit der Rezitation begonnen, da fliegen einige Arme hoch, zwei Schüler setzen sich und einer ruft in die Klasse: „Aber Herr M., das Gedicht kennen wir doch!" „Das schadet nicht", erwidert Herr M. und bittet um Zuhören. Doch kaum will er mit dem Vortrag fortfahren, da bemerken weitere Schüler lauthals, daß man das Gedicht nicht nur kenne sondern auch könne. Herr M. weiß sich durchzusetzen. Die Stunde nimmt ihren Lauf und am Ende findet das Unterthema „Stimmungsbild und Stimmungsausdruck am Beispiel der Jahreszeiten Herbst und Winter" seine übende Anwendung in einer Hausaufgabe. Über diese kommt es in der nächsten Stunde, wiederum gleich zu Anfang, zu einem neuen Konflikt. Ihre „Gefühle" im Herbst und in der Vorweihnachtszeit zu beschreiben, hatten einige Schüler abgelehnt. Ihre Verweigerung eskalierte in z.T. schriftlich niedergelegten Sätzen wie „In den ge-

schmückten Einkaufsstraßen kann ich nicht fühlen. Ich habe damit zu tun, mein Denken im Zaum zu halten. Es irrt in die dritte Welt zu den verhungernden Kindern".
„Stimmung" im Klassenraum war auch an diesem Morgen nicht zu leugnen. Sie setzte sich auch diesmal in den Nachmittag fort; denn nun lautete die Hausaufgabe: Versuchen Sie, ein persönliches Stimmungsbild – keine Gefühlsbeschreibung – aus Herbst oder Vorweihnachtszeit zu geben." Fragen wir nicht, was hieraus wurde. Wohl aber danach, wie es mit Psychodynamik, Fremdverstehen und Kompetenz bestellt war.
Eine zehnte Klasse – das heißt „Sturm und Drang" ebenso wie „Null Bock"; das heißt Zukunftsperspektive in vielfältiger Gestalt: Endlich die Schule verlassen können und eine Berufsausbildung erhalten; endlich im Unterricht für voll genommen werden und sich freier und kühner äußern dürfen; Vorgeschmack vielleicht von Studium und Freude an intellektuellen Scharmützeln. Es heißt aber auch Angst vor einem schlechten Abgangszeugnis, vor der Arbeitslosigkeit, vor dem Numerus clausus.
Das Rilke-Gedicht berührt fast ausschließlich die Ängste der Schüler, und zwar solche vor dem Versagen und solche vor dem Alter, die in Zusammenhang gesehen werden müssen mit dem Jugendfetischismus in unserer Gesellschaft. Es ist darum nicht verwunderlich, daß Rilkes Herbstgedicht schon in der Mathmatikepoche auf die entschiedene Ablehnung der meisten Schüler stieß. Es muß aber angesichts der Tatsache, daß die Schüler unfähig waren, dem Deutschlehrer gelassen zuzuhören, nach einem Mehr für ihre impulsive Abwehr gesucht werden.
Der Deutschlehrer ist körperbehindert. Die Ängste der Schüler, die durch das Gedicht aktualisiert werden, sind gesellschaftlich verursachte Behinderungsängste. Behinderung aber stand den Schülern im Deutschlehrer sinnlich faßbar gegenüber. Durch das Eingangsgedicht waren die Schüler, wie unbewußt auch immer, auf „Erschauen der Welt gerichtet. Was sie erschauten, war dem in besonderem Maße altersspezifischen Lebensbedürfnis nach Entfaltung aber so sehr entgegengesetzt, daß die Psychodynamik der Abwehr sich ungehemmt durchsetzte. Soviel zum Fremdverstehen der Schüler aus arbeitsorientierter Sicht.
Gewissen Trends in der Erziehungswissenschaft folgend, müßten wir jetzt unter Rückgriff auf Methoden der Interpretation danach fragen, wie der Lehrer die Reaktionen der Schüler gedeutet hat, so daß seine Gegenwehr verständlich wird. (vgl. S. Kade, 1983)
Wir gehen so nicht vor, sondern wir fragen nach der Intentionalität des Unterrichtsvorhabens.

Die Poetikepoche des Deutschunterrichts, so sagten wir, zielte auf Vertrautwerden mit literarischen Gattungen. Dies heißt, sie zielte auf Formbestimmtheit, und zwar auf die Verkehrsform der Sprache. Das Unterthema „Stimmung" beinhaltete Dynamik, d.h. Prozesse und Bewegung der Emotionen, vermittelt über die Sinne. Von den Aspekten Formbestimmtheit und Dynamik her betrachtet, handelte es sich also um einen ganzheitlich intendierten Unterricht. Die didaktische Einheit Formbestimmtheit und Dynamik allerdings wurde zerrissen, wobei sich die Dynamik als Psychodynamik verselbständigte, weil der Lebenszusammenhang der Schüler im gegenwärtigen Gesellschaftlichen Implikationszusammenhang vom Lehrer her ausgeblendet bleibt. Über die Psychodynamik wird er unbewußt durch die Schüler wieder eingeholt, aber als sogenannte Unterrichtsstörung. Auf diese reagiert der Lehrer, oberflächlich betrachtet, planungs- und stoffixiert und damit unflexibel. Aus dem Gesellschaftlichen Implikationszusammenhang heraus betrachtet, konkret von dem her, was Behinderten in unserer Gesellschaft von klein auf an Ablehnung widerfährt, handelt der Lehrer wahrscheinlich seiner gesellschaftlich geprägten Biographie entsprechend: nämlich dem Zwang, sich durchsetzen zu müssen. Möglicherweise verdoppelt sich auch die in der Pädagogik dominante Fixierung auf Stoff und Planung durch den individuellen Durchsetzungshabitus des Lehrers.
Betrachtet man die pädagogische Kompetenz des Lehrers im vorliegenden Falle unter dem Gesichtspunkt der Selbstkompetenz, so muß danach gefragt werden, ob er sich hinreichend auf die neu übernommene Klasse und den Unterricht vorbereitet hat. Dies hätte verlangt, die Kollegen (notfalls das Klassenbuch) daraufhin zu befragen, welche Gedichte im vergangenen Halbjahr gesprochen wurden und wie die Schüler darauf reagiert haben. Sicherlich wären in einer zehnten Klasse wegen des bevorstehenden mittleren Abschlusses auch die Leistungs-, Begabungs- und Sozialstruktur zu betrachten gewesen.
Trotz guter Vorbereitung kann es immer noch zu Überraschungssituationen derart kommen, daß ein Lehrer abrupt und unvermutet damit konfrontiert wird, daß sein Angebot an die Schüler zurückgewiesen wird. Immer dann, wenn Stimmungen genutzt werden sollen, ist dieses einzukalkulieren; ist in besonderem Maße die Selbstkompetenz des Lehrers gefordert; benötigt er Frustrationstoleranz und Selbstironie zur Distanzierung von seiner Planung.
„Die Stimmung stimmt nicht" – diese sicherlich auch im vorliegenden Fall blitzartige Erkenntnis des Lehrers hätte ausgehalten und aufgegriffen werden müssen. Wenn die Stimmung nicht stimmt,

dann waren Lehrer und Schüler so vorgestimmt, daß kein Zusammenklang und keine gleichgerichtete Psychodynamik entstehen konnten. Ein solcher, im Grunde zum Alltag gehörender pädagogischer Kunstfehler – oder heiter: ein solches Künstlerpech –, wird umso weniger als persönliche Kränkung erlebt, je ausgeprägter die Fachkompetenz und die Sozialkompetenz stützend zur Selbstkompetenz eingreifen. Im vorliegenden Fall beispielsweise durch ein Methodenrepertoire oder durch eine Textsammlung, mit denen sich die Stimmung in der Klasse selbst hätte thematisieren und in eine literarische Form bringen lassen.

Die jugendsprachliche Frage „Wie findest Du das?", die mit Gefallen die Befindlichkeit anspricht, hätte sich zum Beispiel zu Aufgaben nutzen lassen können, welche das Mißfallen an Rilkes Gedicht und die mißglückte Einstiegssituation in unterschiedlichen literarischen Formen thematisieren; sei es in einem Gedicht, einem Witz, einer Kurzgeschichte oder einer dramatischen Szene. Der Gesetzmäßigkeit der Psychodynamik entsprechend, wären dabei ausreichend Aussagen gefallen, aus denen sich die Lebenssituation der Schüler, ihre Ängste und ihr Mißfallen hätten deuten lassen. Der Zusammenhang zwischen Formbestimmtheit, Inhalt und Stimmung dessen, was die Schüler zu schreiben hatten, hätte das Stoffpensum garantiert, weil es in des Wortes unmittelbarer Bedeutung den Stoff-Wechsel-Bedürfnissen entsprochen hätte.

3.3 Lebensbedürfnisse, Professionalität und Sozialkompetenz

Pädagogen – sind sie die Proviant- und Zuchtmeister der Nation; die armen Hanswurste, die sich mit „ander-Leut's Kindern" herumärgern; die hilflosen Helfer; die nach Liebe Hungernden oder ein Heer von Baumeistern?
Solche und alle anderen Auffassungen von Pädagogen, seien es Dozenten oder Kindergärtnerinnen, Lehrer oder Jugendgruppenleiter, beinhalten stets sowohl die gesellschaftliche Funktion wie das soziale Ansehen. Erfolg oder Mißerfolg der Tätigkeit wird dementsprechend als abhängig betrachtet von der Persönlichkeitsstruktur (dem Charakter) oder von den institutionellen Vorgaben. Außerhalb des Blickfeldes bleibt die spezifisch berufliche Kompetenz bzw. Qualifikation. Speziell im Rahmen der außerschulischen Jugend- und Erwachsenenbildung, der Volkshochschulen und freien Träger scheint das, was die pädagogische Kompetenz ausmacht, tabuisiert zu sein. Natürlich hat dies etwas mit den finan-

ziellen Rahmenbedingungen zu tun; insbesondere damit, daß die Lehrgänge und ähnliches überwiegend von nebenberuflich Tätigen geleitet werden. Die Bedeutung der pädagogischen Kompetenz für das Gelingen der Lehr-/Lernprozesse zu leugnen oder zu bagatellisieren, hat aber notwendig zur Folge, daß ausschließlich Fachwissen und Persönlichkeitsstruktur zum Maßstab pädagogischer Eignung werden. Wir haben im dritten Kapitel dargelegt, daß die Erwachsenenbildung in Theorie und Praxis ihr Wesen verkennt und sich in die Erscheinungsebenen von Interaktion, Narration, Biographie und Lebenswelt verirrt. Die mit diesen (auch wissenschaftlichen) modischen Strömungen einhergehende Entprofessionalisierung und Dequalifizierung stellt die größten Hürden bei der Umsetzung der Arbeitsorientierten Exemplarik in die Praxis.
Wir schließen deshalb dieses Kapitel ab mit einem *Plädoyer für Lehren als Profession.*

Unter Profession wird verstanden ein komplexes System von Tätigkeiten, die gesellschaftlichen Aufgabencharakter haben und zu deren Ausführung besondere Fähigkeiten, Fertigkeiten und Kenntnisse erworben und auch öffentlich ausgewiesen werden müssen. Die Ausübung der Tätigkeiten erfolgt als Beitrag zum Sozialprodukt im Rahmen der gesellschaftlichen Arbeitsteilung. Funktionen des Berufes sind die Sicherung der zum Lebensunterhalt notwendigen Subsistenzmittel, die mit dem Beruf verbundene gesellschaftliche Anerkennung als Status und Prestige, die Sinnerfüllung des Lebens durch die berufliche Tätigkeit und die damit verbundene Wahrnehmung von Lebenschancen als Lebensqualität (Freizeit, Urlaub, Wohnen etc.).
Kennzeichen von Professionalisierungsprozessen ist das Eindringen von wissenschaftlichen Erkenntnissen wie von Wissenschaft selbst in die Ausbildung und in die Arbeitsausführung. Darum erscheint es plausibel, daß Professionalisierung als ein Vorgang gesehen wird, der im Sinne einer verfeinerten, angehobenen und aufgewerteten Berufsposition zu einem akademischen Berufstyp hinführt. Dabei stehen wir heute allerdings an einem Punkt, an dem das spezialisierte und systematisierte Wissen „computerisiert“ kombiniert und abgerufen werden kann.
Schon erfassen Mikroelektronik und Verkabelung alle Lebensbereiche. Droht dadurch den Lehrern und allen pädagogisch Tätigen die Alternative zwischen „Sozialarbeiter“ oder „Informationsingenieur“?
Verwandelt sich das gesamte Bildungswesen, ohne daß wir es merken, zu einem Rangierbahnhof, wo nurmehr an- und abgekoppelt wird?

Auf die zugrunde liegende gesellschaftliche Situation der Rationalisierung reagierte die Soziologie mit einer Reihe von Untersuchungen zum Beruf, insbesondere zur Genese von Berufen als Teil gesellschaftlicher Strukturen und Prozesse. Die am häufigsten rezipierten Analysen der Soziologie (Daheim 1966, Hesse 1966, Hartmann 1968) verstanden sich als Grundlagenforschung zur Lösung ökonomischer Probleme. Im Vordergrund steht der Gedanke der Anpassung an wirtschaftliche Erfordernisse.

Die Professionalisierungsdiskussion wird Ende der 60er Jahre sowohl von der Bildungspolitik (Strukturplan) wie von der Erziehungswissenschaft aufgegriffen. Der Umfang dessen, worum es auch heute und für alle Arten von Lehrenden geht, war bereits 1972 ausführlich expliziert. Es läßt sich dies spannend nachlesen in W. Dörings Buch „Lehrverhalten – Zur Professionalisierung erzieherischen Verhaltens“ von 1970, neu bearbeitet 1980 unter dem Titel „Lehrverhalten: Theorie-Praxis-Forschung“ und in Groothoffs Buch: „Funktion und Rolle des Erziehers“ (1972).

Anhand von empirischen Untersuchungen belegt Döring 1980, daß Lehrer überwiegend frontal unterrichten, sich kaum eines differenzierten Medieneinsatzes bedienen und Unterrichtsplanung nur spärlich vornehmen. Kurz: insgesamt sei die Handlungskompetenz gering.

Zwar sei die Professionalisierung im Sinne berufssoziologischer Kriterien abgeschlossen. Gemessen aber an den berufsinternen didaktischen und sozialen Erfordernissen könne nicht von einer Professionalisierung gesprochen werden. Die fachliche Ebene scheint für ihn weniger relevant zu sein, weil die Ausbildungsgänge von Lehrern ohnehin ein fachwissenschaftliches Übergewicht aufweisen.

Professionalisierung habe sich, so Döring, in einer Theorie didaktischen Handelns auszuweisen. Sie werde es ermöglichen, die allgemeinen Bestimmungsmerkmale von Pädagogentätigkeit, nämlich: akademischer, didaktischer, bürokratischer und ethischer Beruf, Gesellschafts- und Kulturberuf, auszudifferenzieren.

Dazu modifiziert Döring das Modell der Berliner Didaktik.

In einem als Nachtrag ausgewiesenen Kapitel skizziert Döring aber erst die tatsächliche Professionalisierungsproblemlage. Er befaßt sich in diesem Nachtrag mit dem Technologiedefizit der Pädagogik und der Lehrerangst, die er hinsichtlich Bezugsgruppen gliedert. (Den sozialpsychologischen, ökonomischen und technologischen Gründen der Ängste spürt Döring nicht nach.) Außerdem enthält der Nachtrag Erörterungen zum Komplex Junglehrer und Schulwirklichkeit. Diese sei so sehr durch Bürokratisierung gekenn-

... Organisationsform zum Selbstzweck werde und ...istische deformiere. Döring möchte darum das aus ...s- und Organisationssoziologie stammende Human- ...Modell angewendet sehen und Junglehrer entsprechend ...

...mmenfassend bedeutet also Professionalisierung für Döring ...fangreichere und effizientere didaktische, eigentlich methodische Kompetenz, angereichert durch Regeln des Führungsmanagementes.

Die Entwicklung des Bildungssystems ist Ausgangspunkt für Groothoffs Überlegungen.
Lehrer fühlten sich in diesem System unbehaglich, seien verunsichert, sie hätten Schwierigkeiten im Durchschauen der Bürokratie. Darum könnten sie die Folgen ihrer Tätigkeit nicht abschätzen. Sie erführen auch wenig Unterstützung von Wissenschaft und Verwaltung und seien im unklaren, ob es um Selbständigkeit und Miteinander zu gehen habe oder um eine am Wirtschaftswachstum orientierte Ausbildung und Leistung.
Im Rückgriff auf historische Umbruchsepochen formuliert Groothoff seine Fragestellung an die Gegenwart: Er fragt:

a) Welchen Auftrag aufgrund welcher gesellschaftlich legitimierten Übereinkunft haben Lehrer und Erzieher; welches sind im Auftrag enthaltene Entscheidungsspielräume?
b) Welchen Charakter hat die Tätigkeit der Lehrer und Erzieher? Ist sie überwiegend instrumentell, also bürokratisch und technologisch oder ist sie an einer Struktur interpersonaler Kommunikation orientiert?

Unter dem Aspekt einer pädagogischen Theorie professioneller Erzieher- und Lehrertätigkeit müsse nun folgendes berücksichtigt werden:
a) aufgrund der sich abzeichnenden Technologisierung und der damit einhergehenden Forschungsdynamik in Wirtschaft und Verwaltung werde Bildung auch auf Wirtschaft und damit auch auf die Arbeit hin ausgelegt werden müssen;
b) durch die hohe Eigengesetzlichkeit der technischen Zivilisation werde diese selber zum Problem. Es werde darum um neue Kompetenzen gehen müssen, nämlich Dispositions-, Sach- und Fachkompetenzen im Hinblick auf technologische Strukturen und Prozesse der Gesellschaft;
c) schließlich müsse bedacht werden, daß aufgrund der gesamtgesellschaftlichen Situation sich die Schul- und Ausbildungszeiten

verlängert haben. Die sich dadurch ergebende neue Lebensphase entbehre aber vormals stabilisierender Traditionen und Institutionen. Insgesamt, so Groothoff, komme es zu einer Verunsicherung in den Wertorientierungen und Handlungsmustern, die auch alle übrigen Lebenssphären erfasse. Ausdrücklich weist Groothoff darauf hin, daß es im öffentlichen Leben, vor allen Dingen aber im Bildungswesen zu bisher unbekannten Krisen auch sozialer bzw. psychosozialer Natur kommen werde, vor denen Erziehende und Lehrende zu versagen drohten. Groothoff betont darum an verschiedenen Stellen ausdrücklich die Wichtigkeit von tiefenpsychologischen und sozialpsychologischen Kenntnissen.

Eine pädagogische Theorie des Erziehers und Lehrers werde somit nicht umhinkommen, einerseits den Bedürfnissen des wirtschaftlich-industriellen Systems Rechnung zu tragen. Andererseits werde aber das pädagogische Konzept, welches sich der Demokratie verpflichtet weiß, neu durchdacht werden müssen. Eine pädagogische Theorie des Erziehers und Lehrers werde

- eine kritische Theorie sein müssen, die eine Revision der bestehenden erziehenden Praxis ermöglicht;
- einen Zweck-Mittel-Zusammenhang zu entwerfen haben, der ideologiekritisch Entstehungs- und Verwendungszusammenhang von Technologie bedenkt.

Eine Reform der Funktion des Pädagogen nicht zuletzt zugunsten seiner Rolle in der Gesellschaft sei nur möglich im Zusammenhang einer Reform des Bildungswesens, imsbesondere des Schulsystems.

Groothoffs Anliegen ist demnach die Wahrung der Demokratie und der seelischen Gesundheit der Menschen, wozu das Bildungssystem bzw. die Pädagogen durch entsprechende Kompetenzen beizutragen hätten.

Betrachtet man die erziehungswissenschaftliche Professionalisierungsdiskussion insgesamt, so bewegt sie sich zwischen drei Antinomien, nämlich Anpassung an und Widerstand gegen die technisch-ökonomische Entwicklung; Heteronomie und Autonomie sowie zwischen den Polen der Handlungtechnik und des Persönlichkeits-Leitbildes.

Will man aus dem Dilemma dieser entwicklungshemmenden Widersprüche herausgelangen, so ist zu bedenken:
Die technologische Entwicklung bewirkt eine ständig zunehmende

Umschlaghäufigkeit des Wissens. Diese läßt die Resultate des Fachstudiums rasch veralten. Die *erste Reformthese* im Dienste einer arbeitsorientierten Professionalisierung von Pädagogen lautet darum:
Die Fachstudien sind zu verkürzen und auf ein Grundstudium zu beschränken.
Die Aktualisierung des Wissens wäre im Rahmen von Weiter- und Fortbildung zu organisieren und zwar im Sinne eines Rotationsverfahrens, welches entweder im Bereich der Universität praktiziert werden könnte oder aber in dafür vorgesehenen Institutionen der pädagogischen Fortbildung. Fachwissen könnte so fexibler, d.h. mit einem geringeren time-lag und mit geringeren Reibungsverlusten umgesetzt werden. Eine solche Organisationsform würde der Anpassungsfunktion, die ja zweifelsohne zu berücksichtigen ist, gerecht werden.
Anpassung meint darüberhinaus etwas weiteres. Aufgrund der Entwicklung des Bildungssystems einschließlich seiner Verwaltung hin zur Großorganisation verschärft sich die Vertrags- und Dienstleistungsstellung des Lehrers als ausführender einer staatlichen Exekutive und den damit verbundenen Heteronomiemomenten. Hier nun, und dies ist die *zweite These*, hätte eine juristische Neuregelung, insbesondere der Lehrertätigkeit dazu zu führen, die Lehrertätigkeit einschließlich des damit verbundenen Berufsethos einer selbständigen, staatsunabhängigen Profession zu überlassen. Zu denken wäre beispielsweise an die in der Waldorfpädagogik praktizierte Form von autonomen Lehrerkollektiven, die ihre Fort- und Weiterbildung selbst organisieren, wie sie zugleich sich selbst und ihrem gesellschaftlichen Auftrag verantwortlich sind. Die Auflösung des rigiden staatlichen Vertrags- und Diestleistungsverhältnisses des Lehrers und die Abgabe von fachwissenschaftlichen Studienkontingenten an einen institutionalisierten Bereich der Weiterbildung führt nun insgesamt zu einer Entlastung zugunsten einer neuartigen pädagogischen Orientierung. In dieser hätte, und dies sei die *dritte These*, eine berufsbezogene Professionalisierung zu erfolgen, die tiefenpsychologische, sozialpsychologische, ökonomische, juristische und technische Fähigkeiten, Fertigkeiten und Kenntnisse integriert und zur Einheit der Selbst-, Fach- und Sozialkompetenz führt.

Eine so gedachte Professionalisierung von Pädagogen hätte nicht nur umfangreiche curriculare Änderungen in den Blick zu nehmen. Sie hätte selbst arbeitsorientiert exemplarisch zu erfolgen.

Statt eines Nachwortes

Im Spiralverlauf der *Arbeitsorientierten Exemplarik* gleiten die Schlußphase des ausschwingenden und die Anfangsphase des neuen Dreischritts ineinander. Statt eines Nachwortes bieten wir darum mit dem folgenden Text eine Konfrontation. Sie greift den Titel der Reihe auf, in der dieses Buch erscheint, nämlich Serapion – Leben und Erkenntnis. Die geflügelte Schlange, das Kennzeichen der Reihe, steht, wie der Name Serapion, symbolisch für die Einheit der Intellektualität und Lebensfülle; für die Entdeckung und Entfaltung des Rationalen im Nicht-Kalkulierbaren. Eine Aufgabe, mit der die Literatur und die schönen Künste der Pädagogik den Weg gewiesen haben.

Die Verdichtung der Widersprüche von Logik und Gefühl, Kausalität und Analogie, Wissenschaftsgläubigkeit und Kulturpessimismus, Ganzheitlichkeit und Zerlegtheit, Sachlichkeit und Gestimmtheit, Distanz und Involviert-Sein, an denen wir uns während unserer Forschung abarbeiten mußten, enthüllt sich im folgenden Text, wenn man denkend und empfindend den stilistischen Gegensatz zur Einheit fügt, mit dem die Aussage geformt ist; wenn man entdeckt, welchen Auftrag zur Subjektbildung er in sich trägt:

> *„Über dem Atlantik befand sich ein barometrisches Minimum; es wanderte ostwärts, einem über Rußland gelegenen Maximum zu, und verriet noch nicht die Neigung, diesem nördlich auszuweichen. Die Isothermen und Isotheren taten ihre Schuldigkeit. Die Lufttemperatur stand in einem ordungsgemäßen Verhältnis zur mittleren Jahrestemperatur, zur Temperatur des kältesten wie des wärmsten Monats und zur aperiodischen monatlichen Temperaturschwankung. Der Auf- und Untergang der Sonne, des Mondes, der Lichtwechsel des Mondes, der Venus, des Saturnrings und viele andere bedeutsame Erscheinungen entsprachen ihrer Voraussage in den astronomischen Jahrbüchern. Der Wasserdampf in der Luft hatte seine höchste Spannkraft, und die Feuchtigkeit in der Luft war gering. Mit einem Wort, das das Tatsächliche recht gut bezeichnet, wenn es auch etwas altmodisch ist: Es war ein schöner Augusttag des Jahres 1913.“*

(Musil, Der Mann ohne Eigenschaften)

Verzeichnis der verwendeten Literatur

Achten, U.: Gemeinsam lernen, solidarisch handeln. Ein Beitrag zum Selbstverständnis gewerkschaftlicher Jugendbildungsarbeit, Köln 1976

Achtenhagen, F.: Allgemeindidaktische Modelle als Ausgangsbasis und Rahmen bei der Konzeption von Curriculumsprozessen. In: Frey, K. (1975), Bd. I, S. 453-457
Ders.: Die Bedeutung von Curriculumanalysen für die Curriculumreform. In: Frey, K. (1975), Bd. I, S. 176-185

Adl-Amini, B.: Grauzonen der Didaktik. Plädoyer für die Erforschung didaktischer Vermittlungsprozesse. In: Adl-Amini, B.; Künzli, R. (1980a), S.210-237

Adl-Amini, B.; Künzli, R. (Hrsg.): Didaktische Modelle und Unterrichtsplanung. München, 1980a
Dies.: Seminar: Unterrichtvorbereitung, IPN-Arbeitsberichte 38. Kiel 1980b

Adl-Amini, B.; Oelkers, J.; Neumann, D. (Hrsg.): Didaktik der Unterrichtspraxis. Stuttgart 1979

Adorno, T.; Horkheimer, M.: Dialektik der Aufklärung. Frankfurt 1969

Adorno, T.: Stichworte, Kritische Modelle 2. 3. Aufl., Frankfurt 1970
Ders.: Erziehung zur Mündigkeit. 4. Aufl., Frankfurt 1975
Ders.: Soziologische Schriften I. Frankfurt 1979
Ders.: Eingriffe, Neun kritische Modelle, Frankfurt 1980

Auwärter, M.; Kirsch, E.; Schröter, K.: Seminar: Kommunikation, Interaktion, Identität. Frankfurt 1976

Bachmann, C.H. (Hrsg.): Kritik der Gruppendynamik. Grenzen und Möglichkeiten sozialen Lernens. Frankfurt 1981

Baethge, M. (Hrsg.): Arbeitssituation, Lebenslage und Konfliktpotential. In: Studienreihe des Soziologischen Forschungsinstitutes Göttingen (SOFI). Göttingen 1975

Becker, E.: Curriculare Sackgassen. Probleme sozialtechnologischer Theoriekonstruktionen und curriculumtheoretisch begründeter Planungsstrategien. Königstein 1980

Beck, U.; Brater, M.; Daheim, H.: Soziologie der Arbeit und der Berufe. Reinbek bei Hamburg, 1980

Beier, Ch.: Zum Verhältnis von Gesellschaftstheorie und Erkenntnistheorie. Frankfurt/M. 1977

Belardi, N.; Zuschlag, Ch.: Arbeiterbewußtsein und Arbeiterbildung. Ansatzpunkte für exemplarische Bildungsarbeit. 2. Aufl., Gießen 1977

Benner, D.: Die Hauptströmungen der deutschen Didaktik und Curriculumsforschung. In: Göttingischer Gelehrter Anzeiger, Bd. 223, 1971, S. 293

Berger. P.; Luckmann, T.: Die gesellschaftliche Konstruktion der Wirklichkeit. Eine Theorie der Wissenssoziologie. Frankfurt 1969

Bergmann, K.; Frank, G.: Bildungsarbeit mit Erwachsenen. Reinbek bei Hamburg 1977

Bernfeld, S.: Antiautoritäre Erziehung und Psychoanalyse. 3 Bände. Hrsg.: Lutz von Werder. Frankfurt 1971
Ders.: Sisiphos oder die Grenzen der Erziehung. 2. Aufl., Frankfurt 1976

Bernstein, B.: Studien zur sprachlichen Sozialisation. In: Loch, W.; Priesemann, G. (Hrsg.): Internationale Studien zur pädagogischen Anthropologie. Düsseldorf 1972

Bierbaum, C.; u.a.: Ende der Illusion? Bewußtseinsveränderungen in der Wirtschaftskrise. Frankfurt 1977

Bilden, H.: Das unhistorische Subjekt. Zur Kritik sozialisationstheoretischer Grundkonzepte. Weinheim 1977

Bischoff, J.: Gesellschaftliche Arbeit als Systembegriff. Über wissenschaftliche Dialektik. Berlin 1973
Ders.: Grundbegriffe der marxistischen Theorie. Hamburg 1978

Bittner, G.: Didaktik. Methodik. In: Zöpfl, H.; u.a. (Hrsg.): Kleines Lexikon der Pädagogik und Didaktik, Donauwörth 1970, S. 35-38

Blankertz, H.: Bildung – Bildungstheorie. In: Wulf, Chr.: Wörterbuch der Erziehung. München u. Zürich 1974, S. 65-69
Ders.: Theorien und Modelle der Didaktik. München 1969

B.-Lisop, I.; Huisinga, R.: (Sozial-)pädagogische Aufgaben im beruflichen Schulwesen. In: Die Deutsche Berufs- und Fachschule, 75. Bd., Heft 11, 1979, S. 803-817

Bloom, B.S. (ed.): Taxonomy of Educational Objectives. The Classification of Educational Goals. Handbook I: Cognitive Domain, New York 1956

Boadella, D.: Wilhelm Reich – Leben und Werk eines Mannes, der in der Sexualität das Problem der modernen Gesellschaft erkannte und der Psychologie neue Wege wies. Frankfurt 1983

Bonne, L.: Lernpsychologie und Didaktik. Weinheim u. Basel 1978

Born, W.; Otto, G.: Didaktische Trends. München 1978

Bourdieu, P.; Passeron, J.-C.: Grundlagen einer Theorie der symbolischen Gewalt. Frankfurt 1973

Brammerts, H.; Gerlach, G.; Trautwein, N.: Lernen in der Gewerkschaft. Beiträge aus dem DGB-Projekt „Mitbestimmung und politische Bildung". Frankfurt u. Köln, 1976

Brenner, Ch.: Grundzüge der Psychoanalyse. Frankfurt 1967

Brocher, T.: Gruppendynamik und Erwachsenenbildung. Braunschweig 1967

Brock, A.; Müller, H.D.; Negt, O.: Arbeiterbildung. Soziologische Phantasie und exemplarisches Lernen in Theorie, Kritik und Praxis. Reinbek bei Hamburg 1978

Brown, G.I. (Hrsg.): Gefühl und Aktion – Gestaltmethoden im integrativen Unterricht. Frankfurt 1978

Buck, G.: Lernen und Erfahrung. Stuttgart 1967

van Buer, J.: Anwendung des Didaktikmodells der Berliner Schule beim Fremdsprachenunterricht als Ausgangsbasis und Rahmen bei der Konzeption von Curriculumprozessen. In: Frey, K. (1975), Bd. I, S. 458-462

Cecco, J.P.: The Psychology of Language, Thought and Instruction. London 1969

Claußen, B.: Didaktische Konzeptionen zum sozialen Lernen, – Übersicht und Vorüberlegungen zur Integration. München 1978

Daheim, H.: Der Beruf in der modernen Gesellschaft. 2. Aufl., Köln 1970

Dahmer, H.; u.a.: Das Elend der Psychoanalyse-Kritik. Beispiel Kursbuch 29. Subjektverleugnung als politische Magie. Frankfurt 1973

Decker, F.: Schema für die Unterrichtsverlaufplanung. In: Unterrichtspraxis Wirtschaft + Beruf. Heft 0, 1.Jg., 1980

Der Neue Brockhaus. 6. Aufl., Wiesbaden, 1979

Derbolav, J.: Das „Exemplarische" im Bildungsraum des Gymnasiums. Versuch einer Ortsbestimmung des exemplarischen Lernens. Düsseldorf 1957
Ders.: Versuch einer wissenschaftstheoretischen Grundlegung der *Didaktik*. In: Didaktik in der Lehrerbildung (= 2. Beiheft der Zeitschrift für Pädagogik), Weinheim 1960, S. 17-45
Ders.: Das Exemplarische als didaktisches Prinzip. In: Unsere Volksschule 1960/61, S. 95-97
Ders.: Prinzipien einer kategorialen Didaktik. In: Gerner, B. (1963), S. 140-151

Deutscher Bildungsrat: Gutachten und Studien der Bildungskommission. Bd. 4. Roth, H. (Hrsg.): Begabung und Lernen. Ergebnisse und Folgerungen neuer Forschungen. Stuttgart 1968

Diemer, A.: Elementarkurs Philosophie – Dialektik. Düsseldorf 1976

Döring, W.K.: Lehrerverhalten. Zur Professionalisierung des erzieherischen Verhaltens. Weinheim 1970

Edelstein, W.; Keller, M. (Hrsg.): Perspektive und Interpretation. Beiträge zur Entwicklung des sozialen Verstehens. Frankfurt 1982

Fengler, J.: Grenzen der Gruppendynamik. In: Bachmann (1981), S. 118-156

Fietkau, H.-J.; Görlitz, D. (Hrsg.): Umwelt und Alltag in der Psychologie. Weinheim u. Basel 1981

Fischer, W.: Über Recht und Grenzen des Gebrauchs von „Bildung". In: Zeitschrift für Pädagogik, Jg. 28, Heft 1, 1982, S. 1-9

Flitner, W.: Theorie des pädagogischen Weges und Methodenlehre. In: Nohl, H.; Pallat, L.; Handbuch der Pädagogik, 3. Bd., Berlin u. Leipzig 1930, S. 59-118

Floßdorf, B.: Kreativität. Bruchstücke einer Soziologie des Subjekts. Frankfurt/M. 1978

Freud, A.: Das Ich und die Abwehrmechanismen. 5. Aufl., München o.J.
Dies.: Einführung in die Psychoanalyse für Pädagogen. Hamburg 1973

Freud, S.: Psychologie des Unbewußten, Bd. 3 der Studienausgabe. 2. Auflage, Frankfurt 1975

Frey, K. (Hrsg.): Curriculum-Handbuch. 3 Bände. München u. Zürich 1975

Frey, K.; Isenegger, U.: Bildung curricularer Sequenzen und Strukturen. In: Frey, K. (1975), Bd. II, S. 158-164

Fritz, J.: Methoden des sozialen Lernens. München 1977

Fromm, E.: Psychoanalyse und Ethik. Zürich 1954
Ders.: Marx Beitrag zur Wissenschaft vom Menschen. In: Analytische Sozialpsychologie und Gesellschaftstheorie. Frankfurt 1970, S. 145-161
Ders.: Das Menschenbild bei Marx. 10. Aufl., Frankfurt 1980
Ders.: Die Revolution der Hoffnung. Frankfurt 1981

Geißler, H.: Vorbereitende Skizzen zu einer prozeß- und kriterienorientierten Unterrichtsplanungstheorie und ihrer praxisorientierten Vermittlung durch ein Unterrichtsplanungsraster. In: Adl-Amini, B.; Künzli, R. (1980b) S. 26-57

Geißler, K.A.; Hege, M.: Konzepte sozialpädagogischen Handelns. München 1978

Gerner, B.: Das exemplarische Prinzip. Beiträge zur Didaktik der Gegenwart. Darmstadt 1963

Geulen, D.: Das vergesellschaftete Subjekt – Zur Grundlegung der Sozialisationstheorie. Frankfurt 1977

Giere, W.: Der Trainer und die Macht. In: Bachmann, H.C. (1981) S. 157-182

Gorz, A.: Abschied vom Proletariat. Frankfurt 1980

Görs, D. (Hrsg.): Gewerkschaftliche Bildungsarbeit. Kontroversen und Konzepte. München 1982

Göttler, J.: Stichwort Methode. In: Lexikon der Pädagogik, Band 3, Hrsg.: Roloff, E.; Freiburg 1914, S. 659-673

Grell, J.: Techniken des Lehrerverhaltens. 3. Aufl., Weinheim 1975

Groskurth, P. (Hrsg.): Arbeit und Persönlichkeit. Reinbek bei Hamburg 1979

Groothoff, H.H.: Funktion und Rolle des Erziehers. München 1972

Grunberger, B.: Vom Narzißmus zum Objekt. Frankfurt 1977

Hartmann, H.: Arbeit, Beruf, Profession. In: Soziale Welt, 19. Jg., 1968, Nr. 3, S. 193-216

H., Carola: Geschlagen und verwundet – Protokoll eines Referendariats. In: päd.extra, Nr. 11, 1979, S. 22-24

Habermas, J.: Theorie und Praxis. 3. Auflage, Frankfurt 1974
Technik und Wissenschaft als Ideologie. 7. Auflage, Frankfurt 1974
Ders.: Legitimationsprobleme im Spätkapitalismus. 3. Auflage, Frankfurt 1975
Ders.: Erkenntnis und Interesse, 4. Auflage, Frankfurt 1977

Haugg, F.: Erziehung und gesellschaftliche Produktion – Kritik des Rollenspiels. Frankfurt 1977

Hausmann, G.: Didaktik als Dramaturgie des Unterrichts. Heidelberg 1959

Havemann, R.: Dialektik ohne Dogma. Frankfurt 1979

Häsing, H., Stubenrauch, H., Ziehe, T.: Narziß – Ein neuer Sozialisationstyp. Bensheim 1979

Heimann, P.: Didaktik als Theorie und Lehre. In: Die Deutsche Schule, Jg. 54, Heft 9, 1962, S. 407-427

Heimann, P.; Otto, G.; Schulz, W.: Unterricht. Analyse und Planung. Berlin, Darmstadt u. Dortmund 1965

Heller, A.: Das Alltagsleben. Versuch einer Erklärung der individuellen Reproduktion. Frankfurt/M. 1978
Dies.: Philosophie des linken Radikalismus. Hamburg 1978
Dies.: Theorie der Gefühle. Hamburg 1980

Hesse, H.A.: Berufe im Wandel. Stuttgart 1966

Heydorn, H.J.: Über den Widerspruch von Bildung und Herrschaft. Frankfurt 1970

Heymann, H.W.: Zusammenhänge zwischen Unterrichtsvariablen, insbesondere zwischen Lernmethoden und Lerninhalten. In: Frey, K. (1975), Bd. II, S. 69-76

Hiller, G.: Konstruktive Didaktik. Düsseldorf 1973

Honeth, A.; Jaeggi, U. (Hrsg.): Arbeit, Handlung, Normativität. Theorien des Historischen Materialismus 2. Frankfurt/M. 1980

Horn, E.: Vergleichende Sinnesphysiologie. Jena, 1982

Horn, H.A.: Methode, Methodik. In: Horney, W. u.a. (Hrsg.): Pädagogisches Lexikon, Band 2, Gütersloh, 1970, Sp. 367-370

Horn, K. (Hrsg.): Gruppendynamik und der subjektive Faktor – Repressive Entsublimierung oder politische Praxis. 2. Aufl., Frankfurt 1973
Ders.: Zum Stellenwert von Subjektivität im organisierten Kapitalismus. In: Neue Praxis, 6 Jg., Nr. 3, 1976, S. 187-200

Huisinga, R.: Die neue Stufe der Vergesellschaftung und das Bildungsproblem. Frankfurt 1982 (Diss.)

Huisken, F.: Zur Kritik bürgerlicher Didaktik und Bildungsökonomie. München 1974

Iljenkow, E.W.: Die Dialektik des Abstrakten und Konkreten im „Kapital" von Karl Marx. Berlin 1979

Israel, J.: Die sozialen Beziehungen. Reinbek bei Hamburg 1977
Ders.: Der Begriff Dialektik. Reinbek bei Hamburg 1979

Jappe, G.: Über Wort und Sprache in der Psychoanalyse. Frankfurt 1971

Kade, S.: Methoden des Fremdverstehens. Bad Heilbrunn 1983

Karras, H.: Der Grundgedanke der sozialistischen Pädagogik in Marx' Hauptwerk „Das Kapital". 2. Aufl., Berlin 1958

Kern, H.; Schumann, M.: Industriearbeit und Arbeiterbewußtsein. Frankfurt 1977

Klafki, W.: Das pädagogische Problem des Elementaren und die Theorie der kategorialen Bildung. 2. Aufl., Weinheim 1963
Ders.: Didaktische Analyse als Kern der Unterrichtsvorbereitung. In: Die Deutsche Schule, Jg. 50, H. 10, 1958, S. 450-471; wiederabgedruckt in: Auswahl, Reihe A, Heft 1, 6. Aufl., Hannover 1964, S. 5-34

Ders.: Zur Diskussion über Probleme der Didaktik. Antworten auf Fragen der Schriftleitung. In: Rundgespräch, Jg. 1967, H. 3/4, S. 131-140
Ders.: Zum Verhältnis von Didaktik und Methodik. In: Zeitschrift für Pädagogik, 22. Jg., Heft 1, 1976, S. 77-94
Ders.: Studien zur Bildungstheorie und Didaktik. 2. Aufl., Weinheim 1975
Ders.: Replik auf Peter Mencks „Anmerkungen zum Begriff der Didaktik." In: Zeitschrift für Pädagogik, 22 Jg., Heft 5, 1976, S. 803-810

Klein, M.; Riviere, J.: Seelische Urkonflikte – Liebe, Haß, Schuldgefühle. München 1974

Klingberg, L.: Einführung in die Allgemeine Didaktik, Frankfurt/M. o. J.

Kochan, D.C. (Hrsg.): Allgemeine Didaktik, Fachdidaktik, Fachwissenschaft, Darmstadt 1970

Kohut, H.: Narzißmus. Eine Theorie der psychoanalytischen Behandlung narzißtischer Persönlichkeitsstörungen. Frankfurt 1976

Korsch, K.: Marxismus und Philosophie. 6. Aufl., Frankfurt 1975
Ders.: Die materialistische Geschichtsauffassung. 2. Aufl., Frankfurt 1974

Kosik, K.: Die Dialektik des Konkreten. Frankfurt/M. 1967

König, E.; Riedel, H.: Systemtheoretische Didaktik. 3. Aufl., Weinheim, Basel 1976

Kramp, W.: Hinweise zur Unterrichtsvorbereitung für Anfänger. In: Auswahl, Reihe A, Heft 1, 6. Aufl., Hannover 1964, S. 35-67

Krathwohl, D.R.; Bloom, B.S.; Massia, B.B.: Taxonomy of Educational Objectives. The Classification of Educational Goals. Handbook II: Affective Domain, New York 1964

Kron, F.W. (Hrsg.): Das erzieherische Verhältnis. Quellentexte. Bad Heilbrunn 1970.

Kron, F.W.: Theorie des erzieherischen Verhältnisses. Bad Heilbrunn 1971

Kubli, F.: Gesichtspunkte zur Anwendung erkenntnis- und entwicklungspsychologischer Konzepte bei PIAGET in der Konstruktion naturwissenschaftlicher Curriculumeinheiten. In: Frey, K. (1975), Bd. II, S. 93-100

Künzli, R.: Aspekte der praktischen Philosophie. In: Frey, K. (1975), Bd. I, S. 151 - 160

Laplanche, J.; Pontalis, J.-B.: Das Vokabular der Psychoanalyse. 3. Aufl., Frankfurt/M. 1977

Lautermann, E.D.: Interaktionen – Person, Situation und Handlung. München 1980

Lenzen, D.: Didaktik und Kommunikation. Frankfurt/M. 1973
Ders.: Curriculumentwicklung für die Kollegstufe. Der obligatorische Lernbereich. Frankfurt/M. 1975

Lenzen, D. (Hrsg.): Die Struktur der Erziehung und des Unterrichts – Strukturalismus in der Erziehungswissenschaft? Kronberg 1976

Lenzen, D.: Pädagogik und Alltag. Stuttgart 1980

Lenzen, D.; Meyer, H.L.: Das didaktische Strukturgitter – Aufbau und Funktion in der Curriculumentwicklung. In: Lenzen, D. (1975), S. 185 - 251

Leithäuser, T.; u.a.: Entwurf zu einer Empirie des Alltagsbewußtseins, Frankfurt 1977

Leithäuser, T.; Volmerg, B.: Anleitung zur empirischen Hermeneutik. Psychoanalytische Textinterpretation als sozialwissenschaftliches Verfahren. Frankfurt 1979

Lewin, K.: Field Theory in Social Science. New York 1951

Liebel, M.: Produktivkraft Jugend. Frankfurt 1976

Lisop, I.: Die Berufs- und Wirtschaftspädagogik in Wissenschaft und Praxis. In: Lisop, I.; Markert, W.; Seubert, R., (1976), S. 3 - 64

Lisop, I.; Markert, W.; Seubert, R.: Berufs- und Wirtschaftspädagogik, Kronberg 1976

Lisop, I.; Huisinga, R.: vgl. B.-Lisop, I.; Huisinga, R. (1979)

Lisop, I.: Die didaktische Vorbildung der Studienreferendare in Südhessen, Unveröffentlichte Umfrage. Frankfurt/M. 1980

Lorenzer, A.: Über den Gegenstand der Psychoanalyse oder: Sprache und Interaktion. Frankfurt 1973

Luhmann, N.; Schorr, K.-E.: Reflexionsprobleme im Erziehungssystem. Stuttgart 1979

Lukács, G.: Geschichte und Klasenbewußtsein – Studien über marxistische Dialektik. Amsterdam 1967
Ders.: Die Eigenart des Ästhetischen (2 Bände). Berlin und Weimar 1981

Lukácz, G., Heller, A., Fehér, F.: Individuum und Praxis – Positionen der ‚Budapester Schule'. Frankfurt 1975

Lurija, A.: Sprache und Bewußtsein. Berlin 1982

Mahler, M.S.: Symbiose und Individuation. Band 1, Stuttgart 1972

Marx, K.: Das Kapital. In: Marx-Engels Werke, Band 23, Berlin 1976
Ders.: Das Kapital. In: Marx-Engels Werke, Band 25, Berlin 1977
Ders.: Grundrisse der Kritik der politischen Ökonomie. 2. Aufl., Berlin 1974

Marx, K.; Engels, F.: Werke. Ergänzungsband. Erster Teil, Berlin 1977

Meerten, E.: Der situationsorientierte Curriculumansatz. Königstein/Ts. 1980

Menck, P.: Methode. In: Wörterbuch der Erziehung, Hrsg.: Wulf, Chr.; München 1974, S. 412ff
Ders.: Unterrichtsanalyse und didaktische Konstruktion. Frankfurt 1975
Ders.: Anmerkungen zum Begriff der Didaktik. In: Zeitschrift für Pädagogik, 22. Jg., Nr. 5, 1976, S. 793 - 801

Menne, K.; Schröter, K. (Hrsg.): Psychoanalyse und Unterschicht. Frankfurt 1980

Mentzos, S.: Interpersonale und institutionalisierte Abwehr. 2. Aufl., Frankfurt 1977

Metz-Göckel, S.: Theorie und Praxis der Hochschuldidaktik. Frankfurt/M. u. New York 1975

Meyer, H.L.: Leitfaden zur Unterrichtsvorbereitung. Königstein/Ts. 1980

Mitscherlich, A.: Krankheit als Konflikt. Studien zur psychosomatischen Medizin (2 Bände), Frankfurt 1968

Mollenhauer, K.: Theorien zum Erziehungsprozeß. 3. Aufl., München 1976

Ders.: Erziehung und Emanzipation – polemische Skizzen. 4. Aufl., München 1970

Moser, H.: Ansätze zu einer kritischen Didaktik und Unterrichtstheorie. In: Probleme der Unterrichtsmethodik. Ders. Kronberg 1977

Nagel, H.; Seifert, M.: Inflation der Therapieformen. Gruppen- und Einzeltherapie in der sozialpädagogischen und klinischen Praxis. Reinbek bei Hamburg 1979

Negt, O.: Soziologische Phantasie und exemplarisches Lernen. Zur Theorie der Arbeiterbildung. 5. Aufl., Frankfurt/M. u. Köln 1975 (1971)

Negt, O.; Kluge, A.: Öffentlichkeit und Erfahrung. Zur Organisationsanalyse von bürgerlicher und proletarischer Öffentlichkeit. Frankfurt/M. 1972
Dies.: Geschichte und Eigensinn. Frankfurt/M. 1981

Newe, H.: Der exemplarische Unterricht als Idee und Wirklichkeit. 2. Aufl., Kiel 1961

Nohl, H.: Die pädagogische Bewegung in Deutschland und die pädagogische Theorie. In: Handbuch der Pädagogik, Band 1, Hrsg.: Nohl/Pallat, Berlin und Leipzig 1930

Oberlercher, R.: Zur Didaktik der politischen Ökonomie. 2. Aufl., Hamburg 1973

Oerter, R.: Psychologie des Denkens. Donauwörth 1971

Oevermann, U.: Schichtenspezifische Formen des Sprachverhaltens und ihr Einfluß auf die kognitiven Prozesse. In: Deutscher Bildungsrat. Gutachten und Studien der Bildungskommission Bd. 4, Stuttgart 1968

van Onna, B.: Jugend und Vergesellschaftung, Frankfurt 1976

Opahle, P.: Methode. In: Lexikon der Pädagogik der Gegenwart, 2 Bände, Freiburg i.B. 1932, S. 374 - 376

Orban, P.: Sozialisation. Frankfurt 1973
Ders.: Subjektivität. Über die Produktion von Subjektivität und den Prozeß ihrer Zerstörung. Wiesbaden 1976

Osterland, M.: Materialien zur Lebens- und Arbeitssituation der Industriearbeiter in der BRD. 5. Aufl., Frankfurt 1973
Ders.: Lebensgeschichtliche Erfahrung und gesellschaftliches Bewußtsein. In: Soziale Welt, o.J., Nr. 4, 1973, S. 409ff

Ottomeyer, K.: Anthropologieprobleme und marxistische Handlungstheorie. Gießen 1976
Ders.: Soziales Verhalten und Ökonomie im Kapitalismus. Gaiganz 1974
Ders.: Ökonomische Zwänge und menschliche Beziehungen. Reinbek bei Hamburg 1977

Palmer, C., u.a.: Methode. In: Encyklopädie des gesamten Erziehungs- und Unterrichtswesens, 4. Band, Hrsg.: Palmer u.a., Gotha 1865, S. 694 - 712

Perls, F.S.: Gestalt-Therapie in Aktion. Stuttgart o.J.

Petzold, H.G.; Brown, G.J. (Hrsg.): Gestalt-Pädagogik – Konzepte der integrativen Erziehung. München 1977

Prondczynsky, A.: Gesellschaftliche Arbeit und Identität. Frankfurt 1980

Reese, I.; u.a.: Gefahren der informationstechnologischen Entwicklung. Frankfurt 1979

Reich, W.: Charakteranalyse. Frankfurt 1973
Ders.: Der Einbruch der sexuellen Zwangsmoral. Frankfurt 1975
Ders.: Die Massenpsychologie des Faschismus. Frankfurt 1974
Ders.: Die sexuelle Revolution. Frankfurt 1971

Rempen, H.: Neue – außerbetriebliche – Institutionen für Personalförderung und Personaltraining. Unveröffentlichtl. Diplomarbeit. Frankfurt/M. 1981

Riegel, K.F.: Psychologie, mon amour. Ein Gegentext. München 1981

Ritter, U.P.; Rieck, W.: Lehr-/Lernsituationen im Hochschulunterricht. Typen und Erfahrungsebenen. Frankfurt/M. 1980

Robinsohn, S.B.: Bildungsreform als Reform des Curriculums. Neuwied u. Berlin 1967

Rogers, C.R.: Lernen in Freiheit. München 1974

Roth, H.: Pädagogische Psychologie des Lehrens und Lernens. Berlin 1957
Ders.: Pädagogische Anthropologie. Berlin 1966 u. 1971. Band I: Bildsamkeit und Bestimmung (1966). Band II: Entwicklung und Erziehung (1971)

Roth, L.: Effektivität von Unterrichtsmethoden. Hannover 1972

Rumpf, H.: Inoffizielle Weltversion – Über die subjektive Bedeutung von Lehrinhalten. In: Zeitschrift für Pädagogik, 25. Jg., Nr. 2, 1979

Rückriem, N.: Lehrerverhaltenstraining – Wege zur Selbstausbildung. Ravensburg 1977

Schäfer, K.H.; Schaller, K.: Kritische Erziehungswissenschaft und kommunikative Didaktik. 2. Aufl., Heidelberg 1973

Scheuerl, H.: Die exemplarische Lehre. Sinn und Grenzen eines didaktischen Prinzips. Tübingen 1958

Schiller, F.: Über die ästhetische Erziehung des Menschen, in einer Reihe von Briefen. In: F. Schiller: Werke in 3 Bänden. 2. Band, Leipzig 1955, S. 509ff

Schmidbauer, W.: Die hilflosen Helfer. Über die seelische Problematik der helfenden Berufe. Reinbek b. Hamburg 1978

Schmidt, A.: Geschichte und Struktur – Fragen einer marxistischen Historik. Frankfurt 1978

Schmied-Kowarzik, W.: Dialektische Pädagogik. München 1974

Schmölders, G.: Konjunkturen und Krisen. Hamburg 1972

Schneider, M.: Neurose und Klassenkampf. Reinbek 1977

Schreiber, W.: Interaktionismus und Handlungstheorie. Studien zu einem wissenschaftstheoretischen Paradigma und seiner erziehungswissenschaftlichen Relevanz. Weinheim u. Basel 1977

Schulze, Th.: Thesen zur wissenschaftlichen Erschließung autobiographischer Quellen für pädagogische Erkenntnis. In: Neue Sammlung, 1978, S. 324 - 332
Ders.: Methoden und Medien der Erziehung. München 1978
Ders.: Autobiographie und Geschichte. In: Aus Geschichte lernen. Ders., München 1979

Schütz, A.: Das Problem der Relevanz. Frankfurt/M. 1971 a)
Ders.: Das Problem der sozialen Wirklichkeit. Den Haag 1971 b)
Ders.: Der sinnhafte Aufbau der sozialen Welt. Frankfurt/M. 1974

Schwäbisch, L.; Siems, M.: Anleitung zum sozialen Lernen für Paare, Gruppen und Erzieher. Kommunikations- und Verhaltenstraining. Reinbek bei Hamburg 1974

Schweiz, B.: Studienangebote über Gestaltpädagogik an den Universitäten und Hochschulen in der Bundesrepublik. Unveröffentl. Manuskript. Frankfurt 1980

Seifert, W.: Gruppendynamik – Veränderung durch Selbsterfahrung. Köln 1975

Sève, L.: Über die materialistische Dialektik. Frankfurt 1976
Ders.: Marxismus und Theorie der Persönlichkeit. Frankfurt 1977

Srubar, J.: Die Ebene der Lebens-Welt im Aufbau der Marxschen Theorie. Konstruktion sozialer Lebens-Welten bei Marx (II), In: Waldenfels, B.; Broekman, J.M./ Pažanin, A. (1979), S. 95 - 127

Steiner, R.: Zur Sinneslehre. Stuttgart 1980a
Ders.: Erkenntnistheorie der Goetheschen Weltanschauung. 7. Aufl., Dornach, 1980b

Stenzel, A.: Stufen des Exemplarischen. In: Bildung und Erziehung, 13.Jg., Heft 3, 1960, S. 129 - 141

Stubenrauch, H.; Ziehe, T.: Plädoyer für ungewöhnliches Lernen. Reinbek bei Hamburg, 1982

Taeni, R.: Das Angst-Tabu und die Befreiung. Ich-Selbst-Abwehr oder Liebe. Gesellschaft-Kerker oder Heimat. Reinbek b. Hamburg 1981

Trescher, H.-G.: Sozialisation und beschädigte Subjektivität. Frankfurt 1979

„Tübinger Beschlüsse": In: Bildung und Erziehung, 5. Jg., 1952, S. 58 - 61

Ullrich, O.: Technik und Herrschaft. Frankfurt 1979

Vinnai, G.: Die Misere des Kleinbürgertums und ihr Niederschlag in therapeutischen Prozeduren. In: Inflation der Therapieformen. Hrsg.: Nagel, H.; Seifert, W. (1979), S. 54 - 103
Ders.: Sozialpsychologie der Arbeiterklasse. 2. Aufl., Reinbek 1975

Vogel, A.: Artikulation des Unterrichts. 5. Aufl., Ravensburg 1976

Vogel, R.M.: Gesellschaftliche Subjektivitätsformen. Historische Voraussetzungen und theoretische Konzepte. Frankfurt 1983

Vopel, K.: Lebendiges Lernen und Lehren. Heft 1 - 7, Interaktionsspiele, 2. Aufl., Hamburg 1976

Vygotsky, L.S.: Thought and Language. London and Cambridge (Mass.) 1962

Wagenschein, M.: Zur Klärung des Unterrichtsprinzips des exemplarischen Lehrens. In: Die Deutsche Schule, 51. Jg., Heft 9, 1959, S. 393 - 404; erneut in: Gerner, B. (1963), S. 1 - 18

Waldenfels, B.: Möglichkeiten einer offenen Dialektik. In: Waldenfels, B.; Broekman, J.M.; Pažanin, A. (1977a), S. 143 - 158

Waldenfels, B.; Broekman, J.M.; Pažanin, A.: Phänomenologie und Marxismus. Frankfurt (M.) Bd. 1: Konzepte und Methoden, 1977a. Bd. 2: Praktische Philosophie, 1977b. Bd. 3: Sozialphilosophie, 1978. Bd. 4: Erkenntnis- und Wissenschaftstheorie, 1979

Watzlawick, P.; Beavin, J.H.; Jackson, D.D.: Menschliche Kommunikation. 4. Aufl., Bern 1974

Watzlawick, P.; Weakland, J.H.; Fisch, R.: Lösungen – Zur Theorie und Praxis menschlichen Wandels. Bern 1974

Weiner, B.: Theorien der Motivation. Stuttgart 1976

Weizenbaum, J.: Die Macht der Computer und die Ohnmacht der Vernunft. Frankfurt 1980

Weidenmann, B.: Lehrerangst – Ein Versuch, Emotionen aus der Tätigkeit zu begreifen. München 1978

Worm, H.: Zur Dialektik von Affekt-, Sozial- und Ichbildung. Heidelberg 1972

Ziehe, T.: Pubertät und Narzißmus – Sind Jugendliche entpolitisiert?. Frankfurt/M., Köln, 1975
Ders.: Lebensgeschichte und politisches Bewußtsein. In: Lebensgeschichte und Identität. Ders. u.a., Frankfurt 1981

Literatur zur Chronologie der Trends in der Didaktik von 1970 bis 1980 (R.H.)

1970

Ballauff, Th.: Skeptische Didaktik. Heidelberg 1970.

von Cube, F.: Der kybernetische Ansatz in der Didaktik. München 1970.

Züghart, E.: Disziplinkonflikte in der Schule. Hannover 1970.

1971

Blackham, G.J.: Der auffällige Schüler. Weinheim 1971.

Boensch, M.: Über den Zusammenhang von Unterrichts- und Lerntheorie. In: Die Deutsche Schule, 12/71, S. 830-841.

Peterssen, W.H.: Die Strukturtheorie der Didaktik. Hamburg 1971.

Schäfer, K.H.; Schaller, K.: Kritische Erziehungswissenschaft und kommunikative Didaktik. Heidelberg 1971.

Scheuerl, H.: Der Dialog in Erziehung und Unterricht. In: Einführung in pädagogisches Sehen und Denken. München 1971, S. 223-236.

Ullich, D.: Gruppendynamik in der Schulklasse. München 1971.

Ulshöfer, R.: Grundzüge der Didaktik des kooperativen Unterrichts. Stuttgart 1971.

1972

Baacke, D.: Kommunikation zwischen Zwang und Freiheit. Ansätze einer pädagogischen Kommunikationstheorie. In: Kybernetikon. Neue Modelle der Information und Kommunikation. Hrsg.: Glaser. München 1972.

Boensch, M.: Beiträge zu einer kritischen und instrumentellen Didaktik. München 1972.

Boensch, M.: Wissenschaftstheoretische Aspekte der Didaktik. In: Neue Deutsche Schule, 5/72, S. 101-103.

Isenegger, U.: Lernzielerhebung zur Curriculumkonstruktion. Weinheim 1972.

Klötz, G.: Beiträge zu einer analytischen Didaktik. In: Zeitschrift für Erziehungswissenschaftliche Forschung. 1972.

Schroeter, G.: Didaktik als Struktur der Lehrerfunktion. Düsseldorf 1972.

1973

Boettcher, W.: Kritische Kommunikationsfähigkeit. Bebenhausen 1973.

Brusten, M.; Hurrelmann, K.: Abweichendes Verhalten in der Schule. München 1973.

Fingerle, K.: Funktion und Probleme der Schule. Didaktische und systemtheoretische Beiträge zu einer Theorie der Schule. München 1973.

Hiller, G.: Konstruktive Didaktik. Düsseldorf 1973.

Hoffmann, M.; u.a.: Verhaltenstherapie in Erziehung und Unterricht. Stuttgart 1973.

Lenzen, D.: Didaktik und Kommunikation. Frankfurt 1973.

Michel, G.: Erziehungsstile oder kommunikative Interaktionsformen. In: Unterricht heute, 24. Jg., Nr. 7, 1973, S. 296-311.

Rogers, C.R.: Schülerbezogenes Unterrichten. In: Die klientbezogene Gesprächstherapie. München 1973.

Schulze, Th.: Kommunikation oder Kompetenz. Grundlagen einer Didaktik der Kommunikation und ihrer Medien. München 1973.

o.V.: Didaktik und Lerntheorie. Bad Heilbrunn 1973.

1974

Ausubel, D.: Psychologie des Unterrichts. Weinheim 1974.

Biermann, R.: Gruppenunterricht. Didaktische Überlegungen zu einer Unterrichtsform. In: Lebendige Schule, 29. Jg., 1974, S. 123-130.

Boensch, M.: Grundzüge einer materialistischen Didaktik. Nr. 6, 1974, S. 347-357.

Fehm, K.: Positive Kritik der didaktischen Transformation. In: Wirtschaft und Erziehung, 26. Jg., Nr. 9, 1974, S. 241 ff.

Freibichler, H.: Computerunterstützter Unterricht. Hannover 1974.

Gramm, A.: Interaktion zwischen Allgemeiner Didaktik und Fachdidaktik Chemie. In: Naturwissenschaften im Unterricht, 22. Jg., Nr. 12, 1974, S. 523.

Garlichs, A.; Rumpf, H.: Didaktik offener Curricula. 1974, o. Ort.

Ginott, H.: Takt und Taktik im Klassenzimmer. Göttingen 1974.

Grell, J.: Techniken des Lehrerverhaltens. Weinheim 1974.

Klauer, K.J.: Methodik der Lernzieldefinition und Lehrstoffanalyse. Düsseldorf 1974.

Potthoff, W.; Wolf, A.: Einführung in die Strukturbegriffe der Erziehungswissenschaft. Freiburg 1974.

Winkel, R.: Stoerfunktion im Unterricht – Ein Beitrag zur kritisch-kommunikativen Didaktik. In: Die Deutsche Schule. 66. Jg., 1974, S. 129-141.

1975

Arbeitsgruppe „Soziale Organisation“: Soziale Organisation, soziales Lernen und Differenzierung. In: Die Deutsche Schule, 67. Jg., 1975, S. 489-512.

Boettcher, W.: Metakommunikative Didaktik. Überlegungen zum Problem gestörter Kommunikation im Deutschunterricht. In: Diskussion Deutsch, 24. Jg., 1975, S. 379-398.

Flechsig, K.H.; Haller, H.D.: Einführung in didaktisches Handeln. Ein Lehrbuch für Einzel- und Gruppenunterricht. Stuttgart 1975.

Minsel, B.: Spannungsreduzierende Verhaltensformen in pädagogischen Konfliktsituationen. In: Beratung im Raum der Schule. Heilbrunn 1975.

Roye, W.: Didaktische Planung und Organisation. Stuttgart 1975.

Wenzel, E.: Probleme einer kommunikationstheoretisch orientierten Didaktik. In: Die Deutsche Schule, 67. Jg., 1975, S. 513-521.

Winkel, R.: Der gestörte Unterricht. In: Die Deutsche Schule, 67. Jg., 1975, Nr. 5, S. 357 ff.

1976

Ammer, C.; u.a.: Veränderung von Schülerverhalten. München 1976.

Becker, G.E.: Unterrichtssituation, Gespräche und Diskussionen. München 1976.

Boensch, M.: Grundzüge eines offenen und kommunikativen Unterrichtskonzeptes. In: Die Deutsche Schule, 68. Jg., 1976, Nr. 11, S. 709 ff.

Boettcher, W.: Lehrer und Schüler machen Unterricht. München 1976.

Brophy, J.E.; Good, L.: Die Lehrer Schüler Interaktion. München 1976.

Burk, K.: Lernbereichsdidaktik versus Unterrichtsfächer. In: Beiträge zur Reform der Grundschule. (Sonderband 25/26), 1976.

Junker, H.: Konfliktberatung in der Schule. München 1976.

Kounin, J.S.: Techniken der Klassenführung. Stuttgart 1976.

Lenzen, D.; Meyer, H.: Das Didaktische Strukturgitter. Frankfurt 1976.

Minsel, B.; u.a.: Lehrerverhalten II. Verständnis und Konflikt. München 1976.

Neumann, G.; Stiehl, H.: Unterricht als kommunikatives Handeln. Hannover 1976.

Nickel, R.: Kooperatives Lernen. 1976.

Rauschenberger, H.: Von der Schulzucht zur Verhaltensstörung. In: Westermanns Pädagogische Beiträge, 28. Jg., 1976, Nr. 12, S. 665-671.

1977

Fatke, R.: Schulumwelt und Schülerverhalten. München 1977.

Feike, D.: Der kommunikativ-kooperative Ansatz in der Didaktik. In: Lehrerzeitung Baden-Württemberg, 10. Jg., 1977, Nr. 5, S. 34-40a.

Geisreiter, E.: Zur Didaktik eines Schülerorientierten Unterrichts. In: Blätter für Lehrerfortbildung, 29. Jg., 1977, Nr. 1, S. 9-13.

Hornstein, H.: Interaktion und Organisation in pädagogischer Beratung. In: Zeitschrift für Pädagogik, 13. Beiheft, 1977.

Klafki, W.: Zur Entwicklung einer kritisch konstruktiven Didaktik. In: Die Deutsche Schule, 69. Jg., 1977, Nr. 12, S. 703.

Menck, P.: Sinn und Struktur. In: Neue Sammlung, 17. Jg., 1977, Nr. 4, S. 367-375.

Messener, G.: Systemtheoretische Didaktik – ein erneuter Ansatz. In: Aula, 10. Jg., 1977, Nr. 2, S. 140-142.

König, E.; Riedel, H.: Systemtheoretische Didaktik. Weinheim 1977.

Ramsegger, J.: Offener Unterricht in der Erprobung. München 1977.

Rothermel, G.: Was ist und will „kommunikative Didaktik". In: Die Deutsche Schule, 45. Jg., 1977, Nr. 11. S. 673.

o.V.: Die Gestaltung des Unterrichts auf der Grundlage lernpsychologischer Erkenntnisse. In: Blätter für Lehrerfortbildung, 29. Jg., 1977, Nr. 7 + 8, S. 274-279.

1978

Atzesberger, M.; Frey, H.: Verhaltensstörungen in der Schule. Stuttgart 1978.

Baacke, D.: Vom Nutzen und Nachteil der „kommunikativen Didaktik" für die Planung und Durchführung von Unterricht. In: Schriftenreihe des pädagogischen Instituts, Bd. 28, Düsseldorf 1978.

Barsch, W.: Erziehungskonflikte. Kronberg 1978.

Becker, G.: Konfliktbewältigung im Unterricht. Heilbrunn 1978.

Boensch, M.: Kommunikativer und offener Unterricht. In: Erziehung und Unterricht, 1978, Nr. 3, S. 137-151.

Bonne, L.: Lernpsychologie und Didaktik. Weinheim 1978.

Born, W.; Otto, G.: Didaktische Trends. München 1978.

Fellsches, J.: Disziplin, Konflikt und Gewalt in der Schule. Heidelberg 1978.

Haerle, H.: Didaktisches Handeln und seine lernpsychologischen Begründungen. In: Pädagogische Welt, 32. Jg., 1978, Nr. 2, S. 67-82.

Hanke, B.; u.a.: Aggressiv und unaufmerksam. München 1978.

Havers, N.: Erziehungsschwierigkeiten in der Schule. Weinheim 1978.

Kunert, K.: Theorie und Praxis des offenen Unterrichts. 1978. (ohne Ort).

Loddenkämper, H.: Kommunikative Didaktik. In: Der Religionslehrer an beruflichen und allgemeinbildenden Schulen. 26. Jg., 1978, Nr. 5, S. 162.

Lohmann, J.; Minsel, B.: Störungen im Schulalltag. München 1978.

Messner, R.: Planung des Lehrens und Handlungsinteressen des Schülers. In: Westermanns Pädagogische Beiträge, 30. Jg., 1978, S. 145-150.

Schell, B.: Offener Grundschulunterricht. Weinheim 1978.

Sienger, M.: Didaktik und Fachwissenschaft. In: Die Realschule, 86. Jg., 1978, Nr. 4, S. 209-219.

1979

Biller, K.: Unterrichtsstörungen. Stuttgart 1979.

Lingelbach, K.C.; Diederich, J.: Handlungsprobleme des Lehrers. Königstein 1979.

Riedel, H.: Standort und Anwendung der Systemtheoretischen Didaktik. 1979.

Schulz, W.: Unterrichtsplanung. München 1979.

1980

Heinze, Th.: Schülertaktiken. München 1980.

Schwarzer, Ch.: gestörte Lernprozesse. München 1980.

Das Druckkollektiv der Werner von Siemens-Schule, Wetzlar, hat auch die folgenden Bücher erstellt:

Martin, W.
Rauner, F.
[Hrsg.]

MIKROELEKTRONIK UND BERUFLICHE QUALIFIKATION

NEUERSCHEINUNG

In keinem anderen Technik-Sektor schreitet die Entwicklung so schnell fort, wie in der *Mikroelektronik.* Mit einer Mischung aus Faszination, Angst und Ratlosigkeit verfolgen nicht nur die unmittelbar Betroffenen diese Entwicklung, mit ihren Auswirkungen auf nahezu alle gesellschaftlichen Bereiche. Für die gewerblich-technische Berufsausbildung trifft dies in besonderer Weise zu. Die *Elektroberufe* sind in *doppelter* Hinsicht betroffen, einmal durch den Tatbestand, daß es sich bei der Mikroelektronik um ein Teilgebiet der Elektrotechnik handelt und zum anderen ergeben sich, wie in vielen anderen Berufszweigen, neue Formen und Inhalte der durch die Automation betroffenen industriellen Arbeitsplätze.

Diese Zusammenhänge werden in den Beiträgen dieses Bandes untersucht. Lassen sich die Inhalte der Berufsausbildung direkt von der Technik und ihrer Entwicklung ableiten? Ergeben sich damit aus den ingenieurwissenschaftlichen Veröffentlichungen bereits genügend inhaltliche Anhaltspunkte für die Lehrinhalte der Berufsschule? Oder bedarf es der genauen Untersuchung der sich ändernden Arbeitsorganisation, da nur über sie, die *neuen Qualifikationsanforderungen* zu ermitteln sind? Werden nicht gar die Inhalte bei dieser rasanten Entwicklung austauschbar und damit für die Formulierung vieler Lehr- und Lernziele der Berufsausbildung unwichtig? Treten an ihre Stelle nur noch allgemeine Lernziele wie *flexible Einstellung zu sich ändernden Arbeitsplatzstrukturen* und *Bereitschaft und die Fähigkeit, sich mit neuen Inhalten wie der Mikroelektronik zu befassen?*

Auf diese Frage werden in den Beiträgen dieses Sammelbandes erste Antworten von Ingenieuren, Ökonomen, Sozialwissenschaftlern und Berufspädagogen gegeben. Zunächst wird untersucht, welcher unmittelbarer Zusammenhang zwischen der Mikroelektronik-Entwicklung und den „neuen" Lehrinhalten besteht. Ein technischer Determinismus liegt, so die übereinstimmende Schlußfolgerung, nicht vor. Vom Gegenstand der Mikroelektronik lassen sich die Lehrinhalte nicht einfach kurzschlüssig ableiten. Vermittelnd zwischen Mikroelektronik und sich ändernden Inhalten und Zielen der Berufsausbildung steht die *Arbeitsorganisation.* Der Untersuchung dieses Sachverhaltes gelten die meisten Beiträge dieses Bandes. Das Ergebnis ist für Berufspädagogen aller Lernorte von großem Interesse, da die Mikroelektronik offenbar größere Gestaltungsmöglichkeiten für industrielle Arbeit und Berufsausbildung eröffnet. Es besteht auch ein Bedarf an *pädagogischen Kriterien zur Gestaltung von Arbeit.* Insofern kehrt sich eine Diskussion um, in der bisher nur nach den *ökonomischen Kriterien für die Gestaltung der Berufsbildung* gefragt wurde.

Für Ihre Notiz

Für Ihre Notiz

Für Ihre Notiz

Für Ihre Notiz